Walter Kempowski

HAMIT

Tagebuch 1990

Albrecht Knaus

FSC
Mix
Produktgruppe aus vorbildlich
bewirtschafteten Wäldern und
anderen kontrollierten Herkünften
Zert.-Nr. SGS-COC-1940
www.fsc.org
© 1996 Forest Stewardship Council

Verlagsgruppe Random House FSC-DEU-0100
Das für dieses Buch verwendete FSC-zertifizierte Papier *EOS*
liefert Salzer, St. Pölten.

1. Auflage
Copyright © 2006 by Albrecht Knaus Verlag, München,
in der Verlagsgruppe Random House GmbH
Umschlaggestaltung: Uwe C. Beyer unter Verwendung
einer Zeichnung von Renate Kempowski
Gesetzt aus der Stempel Garamond
von Filmsatz Schröter, München
Druck und Einband: GGP Media GmbH, Pößneck
Printed in Germany
ISBN-10: 3-8135-0227-9
ISBN-13: 978-3-8135-0227-5

www.knaus-verlag.de

Für Kirsten Hering

Januar 1990

Nartum   Mo 1. Januar 1990, Neujahr

Wer sik nich wohrt, ward oewerkort. (Mecklenburg)

Dieses Jahr wird uns ein Wiedersehen mit der Heimat bringen.
Heimat – ein altmodisches, diskreditiertes Wort.

Heimat, theure Heimat, dir nur allein
Gilt all mein Sehnen, all mein Sein:
Theure Heimat mein!

sangen wir in Bautzen. Von heute aus gesehen: Ein bißchen
übertrieben, man hat schließlich noch was anderes zu tun. Auch
die Emigranten aller Zeiten mögen so voll Heimat gewesen sein.
Aber gesungen haben sie gewiß nicht. Mancher spuckte auf sein
Heimatland, aber im Innern wird auch er an die Linde vorm
Vaterhaus gedacht haben.
Rostock ist im wahrsten Sinne des Wortes eine «Heimat»-
Stadt, sie hat etwas von Heimat an sich, ganz allgemein, wie
Göttingen etwa, man kann nicht begreifen, daß es Menschen
gibt, die diese Stadt nicht mögen: die alten Kirchen und Tore,
die Universität ... Die See nicht zu vergessen! – So wenig wie
man es versteht, wenn Menschen sagen: «Heimat? Ich bin über-
all zu Haus.» Leute ohne eine Bindung an Heimat sind mir ver-
dächtig.
Immer bin ich in Rostock gewesen, auch in den Jahren der
Trennung. Ich habe diese Stadt vor und zurück beschrieben,
Fotos gesammelt, ja, ich bin sogar so weit gegangen, sie in Papier
nachzubauen! Sehnsucht ist gar kein Ausdruck!
Vielleicht wäre mein Heimat-Drang gar nicht so stark gewesen,

wenn man mich an einem Wiedersehen nicht gewaltsam gehindert hätte?

Ein Zarah-Leander-Film hieß «Heimat». Eine ziemlich kitschige Sache. Aber das Lied «Drei Sterne sah ich scheinen …» hatte es doch in sich.

Setzen wir das Wort «Hamit» an die Stelle des abgegriffenen Wortes «Heimat». «Hamit», wie die Erzgebirgler sagen. Da fühlt man sich schon ganz anders! Und man hat sie ganz für sich, die theure Heimat, weil alle Welt denkt, man spricht von einem fernen Stern. So fern war sie auch, die Heimat, in den vergangenen vierzig Jahren, fern, aber gegenwärtig. Wir möchten sie gerne berühren, die alte Welt, die der Ort unserer frühen Schmerzen ist. Vielleicht geht von einer Berührung «Heilung» aus?

Es ist leichter fortzugehen, als wiederzukommen.
(Zarah Leander in «Heimat»)

Wir haben Abschied genommen von den Achtzigern und schwenken in die Neunziger ein.

Die goldenen Fünfziger, noch halb in Bautzen, schon halb im Westen, die nicht minder goldenen Sechziger, mit Studium, Ehe, Job und Kindern (zunächst das düstere Breddorf und dann das liebliche Nartum), die verhunzten roten Siebziger, die Achtziger, die mir Sommerklubs bescherten mit viel Jugend und Seminare mit reiferem Alter, mit «Herzlich Willkommen» den Abschluß der Chronik und die «Hundstage».

Die Freßwelle, die Möbelwelle, die Reisewelle … Wir schwimmen noch immer geduldig Zug um Zug, mal mit, mal gegen den Strom.

Nun also die Neunziger, sie werden uns ein Wiedersehen mit der «Hamit» bescheren und manches andere, wenn ich nur immer schön meine Pillen nehme! Wer hätte das gedacht. Morgen fällt auch für uns die Mauer, die ja nach Meinung des Staatsratsvorsitzenden Honecker noch 100 Jahre stehen sollte. Mit Prophezeiungen dieser Art sollte man vorsichtig sein. Hitler hat mit seinen 1000 Jahren ja auch ziemlich vorbeigehauen, mit den vier

Jahren jedoch richtig gelegen. Nach vier Jahren war Deutschland in der Tat nicht mehr wiederzuerkennen, so wie er es vorausgesagt hatte. Im vorigen Jahr habe ich mir die «Friedensgrenze», den «Schutzwall», noch angesehen, sauber geharkt, ein Jeep patrouillierte zwischen den Stacheldrähten und Mauern dahin. Und diesseits pflückten Türkenfrauen Melde. Die Visumpflicht für den Arbeiter-und-Bauern-Staat ist aufgehoben worden. Ich fahre also morgen mit Robert nach drüben, in das «Phänomen», wie Kurt Georg Kiesinger die DDR nannte. Hübsche deutsche Formulierung: «Unrechtsstaat». – «Ostzone» war von Anfang an die richtige Bezeichnung. – «Wie meinen Sie das?»: Sie enthielt das Armselige, was der sogenannten DDR bis zum Schluß anhaftete.

Heimwärts reitet Silen. Er spielt auf der lieblichen Flöte
freilich vielerlei, doch meistens nur düdellütt!
(Wilhelm Busch)

Nartum/Hamburg   Di 2. Januar 1990

Alle Morgen Grött, alle Möddag Môss, alle Abend Päkelflêsch
on alle Nacht en Stoss. (Alt-Pillau)

Heute also nach Rostock: Auf, auf! sprach der Fuchs zum Hasen, hörst du nicht die Hasen blasen? – Robert war schon von anderer Seite aufgefordert worden, nach Rostock zu fahren, ich konnte ihn gerade noch davon abhalten. Dieses Erlebnis sollten wir schon gemeinsam haben.
Beim Zusammensuchen des Reisegepäcks sah ich mir mit einem gewissen Wohlgefallen meine Siebensachen an, die neuen Hemden, die Krawatten. Das lederne Necessaire, das Hildegard mir schenkte, liegt obenauf, mit «Paco Rabanne» , dem bisher noch nicht benutzten Duftwasser, dem silbernen Pillenschachtel-Set mit Gelonida, Aspirin, Valium, Vitamin C, Spartocine N, Pra-

vasin, Stilnox, den Fläschchen mit Kamillosan und Bifiteral, der Speick-Seife und dem freundlichen Taschenkamm, «handgesägt». Den echten Schwamm muß ich leider zu Hause lassen, weil er die Feuchtigkeit zu sehr hält.

Beim Heraussuchen der Anzüge langes Überlegen: Räuberzivil? oder in Schale werfen? – Als Herr zurückkehren oder als verlorener Sohn? Ich werde mich der Heimatstadt in Tarnkleidung nähern, das wird das Beste sein. Von hinten anschleichen, kein Aufsehen erregen.

Auf die Türme werden wir verzichten müssen, sie loderten im April 1942 gen Himmel, wie es schlechte Heimatschriftsteller formulieren.

Je mehr Mahnmale, desto weniger fühlen sich die Menschen betroffen.

Jedes Denkmal legt Erinnerungen für immer ad acta.

Rostock   Do 4. Januar 1990

Iwarôl is's guad sain, ôwa dahoam is 's am besten.
(Niederösterreich)

Ich fuhr gestern abend zu Robert nach Niendorf. Er hatte sich was «hinter die Binde gegossen», was ich natürlich sofort bemerkte. Offensichtlich aus Furcht vor unserm Abenteuer hatte er was getrunken. Er sei ja nur «auf Bewährung» entlassen worden, sagte er, also, beim geringsten Anlaß sperrten sie ihn womöglich wieder ein? – Das ist «der Respekt vor dat Hus», wie John Brinckman es ausdrückte. Es wäre ja herrlich, wenn wir in dieser Hinsicht Schwierigkeiten bekämen, das wäre ja im Hinblick auf Publicity äußerst wertvoll!

Einsperren werden sie uns nicht, aber vielleicht setzen sie Schläger auf uns an.

Wir kauften Gemüse ein und Obst für unsere Gastgeber – junggesellenhaft viel – und fuhren los. Mit Gott für Kaiser und

Reich. Robert hatte einige Jazz-Kassetten eingesteckt, für unterwegs, sein Fundus ist sagenhaft. Wenn er in seiner Stube sitzt, zündet er sich eine Zigarre an und läßt sich von seiner Musik umspülen. Teddy Wilson, Nat Gonella, Ella Fitzgerald. – Translocationen in jeder Hinsicht. Auch das sind Denkmäler. Sie erinnern mich an Roberts Freunde, die eben noch die Platten auflegten und dann hinaus mußten und «fielen». Dicki Möller, Erni Weber, Helmut Wischeropp … Als sie sich verabschiedeten, waren sie bereits zum Tode verurteilt. Müssen wir ihr Leben leben? Da war doch noch was offen?

Carry me back to Old Virginny …

Ich habe den Jazz-Professor Berendt nie leiden können. Er nahm uns durch Erklärungen weg, was wir doch schon alles wußten.

Nicht viel Verkehr, wir dachten, es würde jetzt, nach dem Wegfall der Visumpflicht, eine Völkerwanderung in umgekehrter Richtung einsetzen. Ein zweiter Mauerfall. Wir waren weit und breit die einzigen. Der Grenzbeamte am «antifaschistischen Schutzwall» in seinem Glaskasten winkte uns einigermaßen freundlich durch, unsern Ausweis wollte er nicht sehen. Wie der sich wohl noch vor zwei Monaten benommen hat! Mit Spiegel unter dem Wagen nachgekuckt, ob da Propagandamaterial versteckt ist? Einen dieser deutschen Herrenmenschen in ausgestopftem Zustand ins Museum stellen. Ob diese Leute wohl mal fotografiert wurden?
Der alte Witz von «Gänsefleisch» geht einem durch den Kopf. «Gänsefleisch den Kofferraum öffnen …»
Durch intensives Grinsen kann nichts ungeschehen gemacht werden.

Wir hatten es dann ganz gemütlich, vollgetankt bis zum Stehkragen, zwei Reservekanister hinten drin (wer kann wissen, was uns drüben noch alles blüht?), Roberts Jazz-Kassetten, belegte Brötchen und das behagliche Gefühl, irgendwie als Sieger der Geschichte heimzukehren. Über der traurigen Landschaft lag Braunkohledunst, alles war naß, programmgemäß regnete es: isländischer Sommer. Die Gelassenheit des Niederschlags übertrug sich auf unsere Stimmung.

In einem Dorf stoppte uns ein kleiner Junge, er spielte Bananenbegrüßung à la Bundesrepublik und schenkte uns Äpfel aus einem Korb. Komischer Gedanke, daß die Chausseebäume hier schon seit Kaisers Zeiten stehen. Und hier strömten 1945 Flüchtlinge und Soldaten in Richtung Westen. Und die Russen hechteten irgendwie zähnefletschend hinterher.

... Oh, my poor Nelly Gray
they have taken you away
and I never see my darling anymore ...

In Wismar hielten wir kurz an, bis hierher waren damals die Russen gekommen. Hatten sich die Alliierten die Hand geschüttelt? Ich hätte es im April 1945 noch schaffen können, warum bin ich nicht weggelaufen? Zu Fuß, oder sogar mit unserm Dampfer, der noch am 1. Mai im Rostocker Hafen lag.
In einer ausgebauten Garage aßen wir einen Napf Kartoffelsuppe, «daß die hier eine so gute Kartoffelsuppe haben, hätten wir nicht gedacht», so in diesem Stil. Von zwei Arbeitern wurden wir beäugt, ohne daß ein Gespräch in Gang gekommen wäre. Robert, der sonst nie um Worte verlegen ist, hatte es die Sprache verschlagen. Er versuchte es auf Platt, ohne Erfolg, wahrscheinlich waren es Sachsen. «Kennwort *Nußbaum*» hätte hier nichts genützt. Sein britischer Schnurrbart wird ihnen im Gedächtnis bleiben.

Nachdem wir Wismar durchfahren hatten, an der in die Luft gesprengten Marienkirche vorüber, und ich dabei zum weiß nicht wievielten Male die Erinnerung an eine junge Russin hervorgeholt hatte, die sich anno 1947, als ich noch ein Jüngling war, an mein Bett gesetzt, meine Hand gefaßt und von ihrer Heimat erzählt hatte, und nachdem ich Robert ins Ohr geschrien hatte, was ihn «vergleichsweise kalt ließ», nämlich daß St. Georgen, die da langsam vor sich hinrottet, die entfleischten Rippen gen Himmel gedreht, eine Schwesterkirche von St. Marien in Rostock ist, verließen wir bei Züsow – ein Name, der ihm gefiel – die Transitstraße, hin und her überlegend, was wohl das Schild zu bedeuten hat:

Auf der TS ist wegen
Rekonstruktionsarbeiten
kein DK zu erhalten.

Wir fuhren durch mecklenburgische Landschaft, Oscar Peterson hinauf, hinunter, hin und wieder eine Bischofsmütze, so nennt man die charakteristischen Kirchtürme hier, und die Scheibenwischer immer hin und her, ohne daß uns ein Mensch begegnete. Robert erzählte lange Geschichten von seinem Kollegen in der Deutschen Bank, pi-pa-po, der ihm schon seit 15 Jahren am Schreibtisch gegenübersitzt, und wir dachten beide an Rostock, an die «Hamit», die wir hatten verlassen müssen und in die wir jetzt tatsächlich wohl irgendwie als Sieger wieder einziehen würden. Wenn auch mit Blessuren und gänzlich ohne «Hosianna!»
Sieger? Als gute Onkels aus dem Westen mit stark ausatmendem Gemüse und Apfelsinen im Kofferraum.
In den Dörfern hier und da ein paar nasse, herabhängende Tücher auf einem Zaun oder im Gesträuch, eben noch zu ahnen waren die darauf gepinselten Aufschriften: Herzlich willkommen! – Vor einer LPG hing trotzig eine Fahne mit Hammer und Zirkel.
«Sozialismus heißt Siegen.»
Ein Mann auf einem Moped fiel uns auf, der trug einen sehr komischen Schutzhelm. «Vorsintflutliche» Lastwagen, einer hinten links Schlagseite, mit tropfendem Kies beladen.

13

Oscar Peterson hinauf, hinunter, und natürlich sprachen wir auch von «damals» – auch das ein Film mit Zarah Leander –, und uns fiel vorwiegend Lustiges ein: Die sogenannten Typen zählten wir her, «Tante Bertha» mit ihrer übergroßen Handtasche, hinter der die Straßenjungen herhöhnten, wenn sie sich irgendwo sehen ließ, «Zucking», der stets Bonbons in der Tasche für junge Mädchen bei sich trug. Der Sohn von Gärtner Kapp, der Parademarsch machte, wenn man hinter ihm herpfiff, und «Ich habe alle meine Examen mit Auszeichnung gemacht», ein Herr mit Kavalierstaschentuch, der Studenten in der Eisdiele um 10 Pfennig anging. «Überstudiert», sagte meine Mutter zu dem. «Luden Patent» nicht zu vergessen, immerfort auf dem Weg zum Bahnhof, seine Geliebte abzuholen, die ihn vor Jahrzehnten im Stich gelassen hatte.
Ob wohl je irgendein Rostocker an uns Typen gedacht hat?

Dann kam Satow in Sicht mit der Kirchenruine aus dem Dreißigjährigen Krieg, von Efeu überwachsen, jetzt möglicherweise «Freilichtbühne» für Störtebeker-Laienspiele, Kritzmow, wo Vater eine Freundin hatte, die Dorfschullehrerin war. Und schließlich der Neue Friedhof mit den eingeebneten Gräbern unserer Großeltern. Lichter über dem Strom? Und dann «Rostock», das gelbe Schild. «Diese Stadt arbeitet im antifaschistischen Sinne» hatte früher darunter gestanden. Es regnete immerfort, ganz undramatisch, ein Landregen, der nie aufhört.

Treu auch bist du von je, treu auch dem Flüchtlinge blieben,
Freundlich nimmst du, wie einst, Himmel der Heimat, mich auf?
(Hölderlin, «Der Wanderer»)

Bevor wir uns in die Stadt hineintrauten, nicht so sehr «Buddenbrooks» im Sinn, sondern eher «Nosferatu», die Ratten in dem Film von Herzog, wie sie in Lübeck durch die Hinterhöfe huschen, unsere aufwallenden Gefühle mehr fürchtend als Verkehrsschwierigkeiten, trafen wir auf die «Trotzenburg», dieses Kaffee-Lokal, in dessen Garten früher ein Keramikhuhn gestanden hatte, das Blecheier legte.
Kaffee und Kuchen gab es hier damals und stark verdünnten Himbeersaft. Vater trug Knickerbocker und ein weißes Leinenjackett. Der obligate Sonntagsausflug: Erst sich im Tierpark ergehen, den Bären Kunsthonigschnitten zuwerfen, die in ihrem engen Käfig auf und ab liefen, jeden Winkel ausnutzend, wie wir später in Bautzen, dann zum Kaffeetrinken in die Trotzenburg, wo man ewig auf den Kellner warten mußte.

Im Garten der Trotzenburg pinkelten wir uns erst mal richtig aus, wer konnte denn wissen, was uns erwartete! Genau an dieser Stelle hatte früher ein Kinderkarussell gestanden mit traurigen kleinen Ponys, die es in Gang hielten, immer rundherum. Das Menschengeschlecht. Das Menschenpack.

Ich zögerte noch etwas mit dem Weiterfahren, bis Robert schließlich sagte: «Ja, was ist denn nun?»
Wir putzten also die Brille und fuhren weiter: vorüber am Sportpalast, wo Hitler mal geredet hat und wo wir dann als Pimpfe «geschliffen» wurden, die Parkstraße hinunter an dem Sockel des eingeschmolzenen Skagerrak-Denkmals vorüber: quer über die Straße ein meterdickes, silbriges Fernheizungsrohr, das sogar, wie wir später sahen, auf Stelzen durch die Wallanlagen geführt wurde.
Wir fuhren erst mal um die Stadt herum und näherten uns von Osten, wie damals die Picknickgesellschaft meines Großvaters,

vor dem Weltkrieg, «mit *de* Pierd will'n Se noch na Rostock?» –
Am Petritor saß kein Mütterchen, das uns erkannt hätte, das Tor
ist verschwunden, es wurde von den Kommunisten gesprengt.
Warum? – Die bröckelnde Stadtmauer, die ruinierte Petrikirche, Schutthaufen rechts und links.

Wir parkten den Wagen vor dem Hotel «Warnow» und gingen
über einen Trümmerweg in die Innenstadt hinein. Robert
sonderbar kühl, der wollte Emotionen gar nicht erst aufkom-
men lassen.

Das Kröpeliner Tor.

Herrgott, wie sieht die Stadt aus! Die Kröpeliner Straße ging ja
noch, streckenweise sogar ganz hübsch wiederaufgebaut, aber
vorne hui und hinten pfui! In den Seitenstraßen verfallene Häuser mit eingestürzten Dächern, Dreckhaufen, die Straßen voller Schlaglöcher, Pfützen. Und über allem der gelbliche Braun-
kohlen-Qualm aus den Schornsteinen, giftig, der sich auf die
Bronchien legt.

Die Menschen mit Parkas und Anoraks in den verschiedensten
Farben, obwohl doch gar kein Schnee lag, und wunderlichen
Mützen. Junge Leute in DDR-Jeans, Aktenkoffer mit Früh-
stücksbrot in der Hand. Ich mit meiner Prinz-Heinrich-Mütze
war gut getarnt, aber Robert mit steifem Hut und britischem
Schnurrbart erregte Aufsehen. Er sagte zum Uniontheater «Metropol» und wußte zeitweilig gar nicht, wo er war. Nun ja, vierzig Jahre sind seither vergangen.

Das Metropol, «Union» und die «Schauburg»: Dick und Doof
als Elektrohändler – das Kinogeld mußte zuvor vom Großvater
erbettelt werden.

Auf dem Universitätsplatz der Anflug von Herausgeputztheit,
neue Häuser anstelle von Baracken der Nachkriegszeit, bereits
ein wenig angebröckelt – und alte Häuser, deren «Rekonstruk-
tion» schon wieder Risse zeigt. In der Mitte des Platzes der
«Brunnen der Lebensfreude», ein bißchen nazihaft, wie auch die
anderen zahlreichen Skulpturen, die in der Stadt gleichmäßig
verteilt sind, bronzene Mädchen im Ringelreihen, Lebensfreude

17

auf Deubel komm raus. Wer wird denn sauertöpfisch hinterm Ofen hocken?

Altvertraute Denkmäler sind verschwunden: der Marmorknabe auf dem Rosengarten, angeblich ein Enkel des letzten Großherzogs, deshalb verdammenswürdig, das Fritz-Reuter-Denkmal vorm Kröpeliner Tor, «ein Wanderknabe in Granit», wie Robert es ausdrückte, und Pogge, der wohl wegen seiner Afrikaforscherei hier nicht tragbar ist. Auch den Füselier auf dem St.-Georg-Platz hat man entfernt, mit dem verkehrtrummen Gewehr: eigentlich ja charakteristisch für Revolutionsleute 1918, unter dem wir als Kinder Schneemänner bauten mit Albrecht Josephy, der grade noch rechtzeitig in die Schweiz ging. Großherzog Friedrich Franz, um den herum Platzkonzerte stattfanden. «Blasen Sie fis!» hatte der Musikmeister dem Oboisten zugerufen. Das Denkmal hatte schon im Krieg dran glauben müssen.

Aber «Pingel und Topp» existiert noch und natürlich «Blücherten» vor der Universität, zu dem die Russen aus waffenbrüderlichen Gründen ein freundliches Verhältnis hatten.

Auf dem Hopfenmarkt hatte ein westdeutscher Händler Tische aufgestellt mit Lederwaren, leicht beschädigten Handtaschen und Aktenkoffern. Das Zeug ging rasend weg. Gleich daneben südländische Geldwegzauberer.

Wir schlenderten über den «Boulevard». «Ich geh' in die Stadt», pflegte meine Mutter immer zu sagen, damit meinte sie die Blutstraße mit den feinen Geschäften: Juwelier Dieken, Leinenhaus Ratschow. Sie setzte sich dann ihren Vogelbalghut auf und zog das Netz übers Gesicht: im Spanischen Garten Datteln kaufen oder bei «Leopold» ein Buch.

Jetzt ist im Leinenhaus Ratschow, dem alten gotischen Pfarrhaus der Heiliggeistkirche, eine Bibliothek untergebracht, sie ist nach Willi Bredel benannt, dem alten Lügenbold. Das Kruzifix über dem Eingang hat man mit Zement zugewischt.

Vor dem Krieg trafen sich auf dem «Boulevard» nachmittags von fünf bis sechs junge Leute zum «Bummel». Nur auf der linken

Straßenseite wurde ge«bummelt», und dort auch nur vom Markt
bis zur Universität. Mädchen ankucken, anrempeln, rüberrufen.
Zu Kaisers Zeiten taten das schon die Korpsstudenten in ihren
Farben. Vielleicht waren sie es, die damit angefangen hatten?

Witten Schal – schlag em daal,
stiefen Hot – schlag em dot ...

Hier passierte es mir, daß mir Hitlerjungen den Hut vom Kopf
schlugen. Einen Hut tragen, das war unmännlich. Auch das waren Rostocker. In Bautzen saß ich mit ihnen dann zusammen.

Rostock   Fr 5. Januar 1990

*De nich eens dumm west is, kann sin Läwdag nich
klauk wardn.* (Mecklenburg)

Nach flüchtiger Durchmusterung der Stadt fuhren wir nach
Rövershagen. – «Rövershagen», was für ein schöner Name. Von
hier aus begannen früher die elend langen Sonntagswanderungen nach Graal, die Eltern auf der Geradeaus-Schneise vorneweg und wir uns hinterdrein schleppend, Tee mit Zitrone in der
Feldflasche, der Vater vorn mit Kartentasche und Fernglas aus
dem 1. Weltkrieg und die Mutter mit Wandertasche, an «Brandts
Kreuz» vorüber, dem «vielfach erneuerten Holzkreuz», das zur
Erinnerung an einen Forstmann Brandt errichtet wurde, dem
ein Eber den Leib aufgeschlitzt hat, weiß der Himmel, wann.
Diese Sonntagswanderungen gehörten zu den Pflichten, die man
als Bürger auf sich nahm. Ruth Schaumann + Wandertasche.
Und in der Schule den a.c.i. und «Die Bürgschaft». Den langen
Weg zu machen, um an der Küste dann eine halbe Stunde auf
einer Bank zu sitzen, Brote zu essen und die See anzukucken,
die man doch kannte?
Unsere Gastgeber wohnen direkt am Waldesrand. Eine kleine

mecklenburgische Fahne steckte an der Tür, als wir da vorfuhren. Sie freuten sich über das Gemüse, das wir mitgebracht hatten. Ob die roten Paprikaschoten echt sind?, fragte die junge Frau, und die Kinder probierten die Datteln: «So was haben wir noch nie gegessen.» (Ein bißchen wie: «Stellen Sie sich das mal vor ...») Das erinnerte mich an die Nachkriegsgeschichte mit den Kirschen. «Kirschen, Mami? was ist das?» Als ob davon die Seligkeit abhing.

Ich aß Datteln zuletzt vor dem Krieg: Auf der Spanholz-Packung sind heute wie damals Kamele abgebildet, und auf den Früchten liegt eine kleine Blechgabel. Seit damals habe ich nie wieder Datteln gegessen. Klebrige Finger kriegt man davon.

Wir fühlten uns gleich wie zu Hause, die netten Kinder, ein reich bestückter Abendbrottisch mit wundervollem Brot und erstklassiger Wurst. Eine Art Wohlgefühl breitete sich aus, mecklenburgisch getönt. Man wollte dem «Chronisten des deutschen Bürgertums» Gutes tun und dessen Bruder, der immer so lustige Sprüche losläßt.

Ich aß eine ganze Schüssel Rostocker Mettwurst, Scheibe für Scheibe, mit der ich dann prompt in der Nacht zu tun hatte. Robert ließ seine speziellen Geschichten ab (er wisse, daß er manchmal sehr viel rede), und: «Ich darf doch *du* sagen?» Schnaps wurde hingestellt und Rostocker Bier, und ich verkniff mir meine blaukreuzlerischen Bevormundungen für diesmal und genehmigte mir hinsichtlich der Mettwurst auch den einen und anderen Rostocker Doppelkümmel.

Lange SED-Geschichten, Neues Forum, Mißstände und daß man die Leute noch längst nicht beseitigt habe und so weiter, die liefen immer noch frei herum und seien in Amt und Würden. Allerhand Verbitterungen: Anstatt die Vertreter des Neuen Forums zu interviewen, sind westdeutsche Fernsehleute aufs Rathaus gezogen und haben mit dem SED-Bürgermeister gesprochen. Aber, liebe Freunde, das ist doch selbstverständlich, die gläubigen Westler, wohin sollten die denn gehen? Es sind manche DDR-Verherrlicher darunter, die von mir, dem Bautzener, kein Stückchen Brot nehmen würden.

Die westdeutschen Autofahrer seien so wahnsinnig höflich ...,
das wunderte sie. Höflich seien sie, das könne man nicht anders
sagen. Ich hörte mir das alles sehr ungern an. Von diesen Geschichten
mag ich nichts hören. Ich habe mit ganz was anderem zu tun.
Mir hängt das Heimat-Spruchband aus dem Mund heraus. Besser,
man schluckt's wieder herunter.

Man zeigte uns geschmuggelte Kempowski-Taschenbücher, die
in Rostock bis zur völligen Zerfledderung von Hand zu Hand
gegangen waren, und die Kinder holten ihre Schulbücher, voller
Lügengeschichten und Verdrehungen, die ich mit Wohlgefallen
durchsah. In der Deutschen Schule zu Stockholm wird
noch heute danach unterrichtet, wie zu hören ist, Westermann
oder Schrödel kommen denen nicht ins Haus!
Die Kinder saßen rechts und links von mir, leicht nach Seife riechend
und mit entzückend Rostocker Anklingungen im Dialekt.
Der Junge schenkte mir sein Pionierhalstuch. Vielleicht
kriege ich die vollständige Uniform eines jungen Pioniers zusammen?
Ich werde eine Schaufensterpuppe damit bekleiden
und mir ins Arbeitszimmer stellen.
Eine Literaturgeschichte wurde mir vorgelegt, in der auch ich
mit dem «Tadellöser» verzeichnet bin:

Das alltägliche Leben einer Rostocker Reederfamilie während des
Faschismus und danach wird vorgestellt, die geschichtliche Umbrüche
und Katastrophen weitgehend unberührt und ohne Gewinn
an Erfahrung hinnimmt. Kempowskis Unverständnis für die
revolutionäre Umgestaltung im Osten Deutschlands und der DDR
mündet in seinen folgenden Romanen in antikommunistische Tendenzen.

So schreibt die Autorin Ursula Reinhold in der «Geschichte
der Literatur der Bundesrepublik Deutschland», erschienen
im Volk und Wissen Verlag 1983. «Kempowski schildert kleinbürgerliches
Verhalten ohne jede Distanz.» Ob man sich mit
der Dame Reinhold mal unterhalten kann? Bei Kaffee und

Kuchen? Wes Geistes Kind sie ist? Alle Tassen im Schrank? –
Aber warum eigentlich. Es ist anzunehmen, daß auch in westdeutschen Universitäten dieses Buch Verwendung findet. «Drüben» werde ich noch ganz anders tituliert, das kommt alles aus
der gleichen Richtung, und mir weht's das Haar nach hinten.
Es wäre interessant, einmal nachzuschlagen, welche Autoren in
dem Literatur-Buch wohlgefälliger behandelt werden. Aber
irgendwelche Rückschlüsse lassen sich wohl nicht daraus ziehen. Sage mir, wer dich lobt, und ich sage dir, wer du bist?

2005: *Diese Hochschullehrerin veröffentlicht neuerdings das
Buch «Gemütlichkeit. Erinnerungen an Kindheit und Jugend». Hätte mir eigentlich einen Brief schreiben können,
daß es ihr leid tut.*

Unsere Gastgeber erzählten von ihrem ersten Besuch in Lübeck, gleich nach dem Fall der Mauer. Der Schock über die un-
durchdringliche Grenze bei Grevesmühlen, die man erst jetzt
zum ersten Mal zu sehen kriegte. Die drei Kinder mitgenommen wegen des Erlebnisses: «Die haben sie uns gleich weggefan-
gen.» Als Entschuldigung in der Schule angegeben, man wolle
«Heimatkunde» betreiben. Der völlig unerwartet freundliche
Empfang im kapitalistischen Westen, über dessen Spontaneität
sich die ganze DDR gewundert hat: So wirksam war die sozialistische Propaganda! Der Klassenfeind existierte überhaupt
nicht! Man hatte den Menschen ein X für ein U vorgemacht.
In Lübeck: Taxifahrer verteilt Geld.
Lange, sorgenvolle Gespräche auch über Steuer, wie das zu
deichseln ist, Krankenversicherung und so weiter? Bleibt alles
beim alten?
Den Schluß des Abends bildete wunderlicherweise das gemeinsame Ansehen der «Feuerzangenbowle» im Fernsehen, auf das
ich auch an diesem Tag – Heimat hin, Heimat her – nicht verzichten mochte. Ich sprach die Dialoge zum Erstaunen der
Kinder zeitweilig mit.
«Wahr sind nur die Träume ...» Dieser Satz, der irgendwie

nicht stimmt, aber doch so voll von wohltuendem Sentiment ist.

«Wahr sind nur die Träume, die wir spinnen, und die Erinnerungen, die wir in uns tragen – damit müssen wir uns bescheiden ...» Wem da nicht die Tränen fließen, dem ist nicht zu helfen.

Gegen Mitternacht lag ich im Bett. In einem 1985 erschienenen Gedichtband des Dichters Jens Gerlach, ursprünglich Hamburger, dann in die DDR gegangen, fand ich ein hübsches Gedicht: «Sendschreiben an meine ehemaligen Landsleute» betitelt. Er bezeichnet die Westler darin als dummdreistes Pack.

Was könnte euch helfen?
noch einmal gewaltige dresche?
nein – zwangserziehung bei marx & co.!

2005: *Wo mag der Mann jetzt stecken? Mitglied des PEN ist der Lyriker nicht, aber in der SS-Leibstandarte Adolf Hitler war er und später dann Cheflektor für Schlagertexte am Staatlichen Rundfunk der DDR. – Der vielseitigkeitsgeprüfte Hans Werner Henze hat einiges von ihm vertont. – Heinrich-Heine-Preis 1967.*

Ich wachte heute früh erst gegen 10 Uhr auf und hätte wohl noch länger geschlafen, wenn mein Bruder nebenan nicht auf vertraute Weise gehustet hätte.

Der tiefe Schlaf war auf die intensive Seelenarbeit des letzten Tages zurückzuführen, man glaubt immer, die Seele habe keine Muskeln. In einem unbeschreiblich fremden Land ganz zu Hause sein, sich selbst als fremd empfinden bei aller Vertrautheit. Es sind die alten vertrauten Formeln, in Blindenschrift gestanzt, die wir abtasten, aber sie sind eingekleidet in sehr Fremdes, nicht zu Entzifferndes.

Zu den angenehmen Seiten des Besuches gehörte es, daß wir die Füße unter den Frühstückstisch strecken konnten und dem

Ehepaar zukucken, wie es umeinanderläuft. Nartum ganz in der Ferne, wie auf einer Hallig im Meer.

Frische Brötchen kauften wir in einem Kaufhaus – sie waren nicht aus Backmischung hergestellt –, Frauen aus der Nähe, sehr mecklenburgisch. Die DDR-Fabrikate in den Regalen: Waschmittel, Knäckebrot, alles fremd und doch irgendwie vertraut. Ich kaufte vier Zahnputzbecher aus «Plaste», braun, gelb, grün, rot mit weißen Punkten. Aber vielleicht stirbt man dann vorzeitig, weil die Dinger giftig sind?

Ich nahm auch einen Zuckerhut mit, in blaues Papier gewickelt, wie es sie früher zum Einmachen zu kaufen gab, ich glaube nicht, daß so etwas bei uns noch hergestellt wird. Zumindest wird das blaue Papier mit Blümchen versehen sein.

Ein kleiner Morgenspaziergang. Intensive Überlegungen, ob man hier ein Grundstück erwerben sollte und sich ansiedeln? «Greesenhorst»? Wenn schon, dann müßte man jetzt schnell handeln, denn auf diese Idee werden gewiß auch andere Leute kommen. Kriegt man so was für'n Appel und Ei?

Oder vielleicht doch näher an die Küste heran? In Graal? Wenn man schon an der Ostsee wohnt, will man schließlich nicht so weit laufen. Und ein Blick aufs Meer wäre auch nicht zu verachten.

Graal wäre das rechte. In Graal haben sich die Eltern kennengelernt 1913, was Robert zu dem Ausspruch verleitete: «Der Ring schließt sich, Walter, der Ring schließt sich.» Der Vater war damals siebzehn, und wir sind jetzt über sechzig.

Er sah immer etwas befremdlich aus, der Vater, er hatte wohl viel mit sich abzumachen. Es wäre schrecklich gewesen, wenn er mal die Haltung verloren hätte.

Gegen Mittag machten wir uns auf die Socken. Wir fuhren, wiederum wie die Großeltern es 1903 taten, dem Rostocker Stadtbild entgegen, nun schon etwas nüchterner gestimmt (weil in Kolonne), parkten vor dem uns bereits vertrauten Warnow-Hotel, das uns als Stasi-Schuppen beschrieben worden war, und «begaben uns in die Stadt» wie Charlie Chaplin in «Goldrausch» in die Berge, an den Resten des Kaufhauses «Wert-

heim» vorüber, später AWAG – «Auf Wunsch Arisch Geworden» – und jetzt KORREKT, und über die wüste Stätte, wo die
Jakobikirche gestanden hat, jetzt eine Art Schuttabladeplatz mit
einheitlich gestalteten Würstchenbuden darauf, die schon seit
langem vor sich hinrotten. Ratten huschten uns zwischen die
Beine. Dahinter die inzwischen wieder umbenannte Stalinallee,
als eine Kulisse modernen sozialistischen Wohnungsbaus, die
sich gar nicht mal so übel ausnimmt im Gesamtbild der Stadt. –
«Immerhinque», wurde da gesagt.

Über den von den Kommunisten ruinierten Neuen Markt zu
unserer alten Schule. Zur «Schule bei den Sieben Linden», wie
die Nazis das Realgymnasium tauften. «Mach's Buch zu – *ich*
kann's so.»
Weiß nicht, an was Robert dachte, «Gottsdonner!» sagte er ab
und zu. Das Lernen war in diesem Institut nicht heiterer Selbstzweck gewesen. In der Hosentasche klimperten die Lehrer mit
ihrem Taschengeld, und ihre alten Anzüge trugen sie auf. «Open
your books!» – das war der ganze Witz gewesen. Die Klassenkameraden moderat, aber: Rechts neben mir hatte ein Nazi gesessen, der dann später zur Stasi ging.
Dem Lehrer «Hannes» verdanke ich zwei gerettete Jahre, das
ist wahr: «Was blüht denn da?», das Bestimmen von Blumen und
Gräsern im Rain. Nichts kapiert, nichts gelernt, aber geschont
worden. Weshalb habe ich mir noch kein Foto von ihm über
den Schreibtisch gehängt? Unvergeßlich die Radtour zum Kon-
venter See: im Grase lagen wir und beobachteten die Störche,
wie sie sich zu ihrer Reise in den Süden sammelten.
In der alten Reichsbank tauschten wir 100 Mark West gegen
300 Mark Ost. Robert wurde von einem Schwarzhändler abge-
fangen und in Machenschaften verwickelt, aus denen er sich
aber herauswinden konnte. Ich belauschte zwei Tschechen
oder Polen, die miteinander tuschelten, auch sie werden teilha-
ben an einträglichen Transaktionen, die man dann den Westlern
in die Schuhe schieben wird. Viele Leute werden am DDR-
Desaster erheblich verdienen.

Das Schiffahrtsmuseum. Irrte ich mich oder steht hier eines unserer alten Stehpulte aus dem Kontor? Dr. Ditten, Dr. Düwel, Dr. Dietz: das Haus steht noch. Wenn auch andere Leute jetzt da drin sitzen. Kleine Erinnerung an Erika, der ich einmal die Schultasche tragen durfte. Und Hansi Ditten, dem ich viel verdanke.

Wir setzten uns ins überfüllte Café Drude und teilten uns das letzte Stück Obstkuchen und tranken dazu «Mokka», also Kaffee.

Gegenüber die «Theaterklause» fremdartig wieder aufgebaut, in der sich die Eltern nach Bruckner und Brahms einen Schoppen genehmigt hatten. «Fürwahr, dies Huhn ist nicht von Pappe!»

Die Bedienung war zu Robert belustigt-freundlich, wie überall, wo er auftaucht, zu mir eher scheel und von der Seite. Robert, der bereits ansetzte zu einem allgemeinen Bericht über Vergangenes und Zukünftiges, verlangte es nach einem Schnaps, und ich mußte an die unwürdigen Jahre 46/47 denken, wo ich direkt gegenüber als Lehrling bei der Firma Hansa-Druck gearbeitet hatte: durchgetretene Schuhe, «Stahlhelmer-Jackett», Baujahr 1922, von Vater noch, von Schneider Pipping notdürftig umgeschneidert.

Schon damals war die Stadt ruiniert, jetzt ist sie zermürbt, ja, verfallen. Ein allgemeiner Bröckelhaufen. Das alles wieder in Ordnung zu bringen wird Jahre dauern.

Nach der Stärkung strebten wir an identifizierbaren Häusern mit Vorkriegs-Anstrich vorüber. Zu jedem Haus Anekdoten repetierend. Die Privatklinik, in der Roberts Unglück seinen Anfang nahm. Daneben Allwardt, der «Treppenbäcker» genannt, weil drei Stufen nach oben. Gegenüber das von Efeu bewachsene Haus der Frau Speer, in dem ich mal am Fenster saß und in den Garten kuckte, während meine Mutter im dunklen Salon eine Tasse Kaffee trank. Gipsbüsten standen auf der Mahagoni-Etagère: griechische Zitate, denn der Mann war Studienrat gewesen. Jahrelang studieren, promovieren und am Ende den Schülern das Gerundium beibringen?

26

Die große Kastanie in der Prinzenstraße, in die schon mein Vater als Kind den Knüppel geworfen hatte, steht noch, kein Walnußbaum, sondern eine Kastanie.

Das winzige Haus mit den Pekinesen im Fenster, die wir gern ärgerten, wenn wir zur Schule gingen. Dahinter hatte die Synagoge gestanden, «Abraham Glücksmann, Synagogendiener» stand im Adreßbuch. Alles verschwunden. Jetzt steht dort ein Wohnblock für Stasi-Angehörige. Eine ganze Straße hat man dafür abgerissen, obwohl es doch weiß Gott Trümmergrundstücke genug gegeben hätte in der Gegend. Die Leute huschen jetzt um die Ecke, sie werden geschnitten, keiner grüßt sie. «Was haben wir denn getan?» Am sogenannten Unrechtsbewußtsein scheint's zu mangeln.

Drogerie Kotelmann. Man muß ja nicht gleich bei der Stasi gewesen sein: Der Drogist verkaufte meiner Mutter nicht einmal einen Kamm, damals, als sie aus Hoheneck heimkam. Schlachter Timm und Café Heyde. Die Art-déco-Tür und Tortenmodelle aus Gips im Fenster. Die dänische Serviererin hatte gesagt: «Eisch isch ausch.»

Es war geschlossen. «Wir sind noch nicht wieder so weit», sagte eine Frau, als wir an der Tür rüttelten. Sie müßten sich erst auf die neue Zeit einstellen. Als Kinder kauften wir hier für 5 Pfennig Kuchenkrümel.

An der Ecke Seifenheimchen, jetzt HO.

Optiker Baudis – «geht's besser so oder so?» –, das Delikatessengeschäft Max Müller, bei dem es gute Lebens- und Metzwurst gab. Buchhändler Joerges, wo meine Mutter jeden Sonnabend ein Buch kaufte. Und so weiter und so fort. Alles abgerissen. Es hat ja alles keinen Zweck.

Dann das Haus Nr. 90, von dem alte Rostocker wissen, wer dort gewohnt hat. Hier war wieder ein «Gottsdonner!» fällig.

Ob im Wald, ob in der Klause
Dr. Krauses Sonnenbrause.

Eigentlich hieß der Spruch:

Der Sonne Licht, des Apfels Kraft
in Kempgens Nordmark-Apfelsaft.

Die Brausefabrik existiert noch, und das Haus, in dem wir wohnten, die Nr. 90, dient jetzt den Arbeitern als Kantine. Ich

zog Robert mit ins Treppenhaus. Ein interessantes Treppenhaus im Bauhaus-Stil. «Datt Water ward affslaten!» riefen die Arbeiter vom Städtischen Wasserwerk – diesen Ruf kennt wohl jeder alte Rostocker.
In diesem Treppenhaus hatte mein Großvater mich gestoppt, als ich aus der Schule kam, und mir ins Ohr geflüstert: «Dein Vater ist tooot ...», und bei meiner Verhaftung, als sie mich hinunterführten, hatte die Mutter oben gestanden und gesagt: «Armer Junge.»
Hinauf in unsern 2. Stock. Anstelle der Etagentür befindet sich da jetzt eine weiße Tür mit der Aufschrift «Männer». Wir gingen hinein. Zu zwei Arbeitern, die sich gerade umzogen, sagten wir: «Guten Tag, meine Herren!»
Links hatte der offene Schrank mit den Wolffschen Telegraphenberichten und – «Giftfische und Fischgifte» – unzähligen

Kosmosbändchen gestanden, nie gelesen. Und über der Eichentruhe die Schießscheiben und der Säbel meines Vaters, jetzt also Klo der Arbeiter. Robert zeigte den Arbeitern im Aufenthaltsraum überflüssigerweise die Stelle, wo, wie er sagte, der Flügel gestanden hat. Glückes genug? Ja, Schnauze voll. «Hier stand der kleine Tisch mit der Weinbrandflasche, dort das Harmonium.» Jaja. Is schon gut. Das Eßzimmer: mittags beim Abmachen der Maischollen «Schulbericht» – klare Sache und damit hopp!

Das Wohnzimmer mit dem Bild von der «Alten Liebe» in Cuxhaven: Das Bild ist gerettet, es hängt jetzt bei Robert in Niendorf. Die Bücher – wo mögen sie geblieben sein? In den Büchern stand doch unser Name – es werden sich vielleicht noch welche anfinden. Lafcadio Hearn, Ernst Wiechert: «Das einfache Leben».

Ja, die «Alte Liebe» ist gerettet worden, aber die andern Bilder sind futsch, die Kapitänsbilder, die Kastanie – was man so hatte. Desgleichen die «Ahnenpapiere» in der Kommode, mit den Briefen und Aufzeichnungen der Altvorderen. Auch das gehört in die Liste der Verluste, die Sachen hätten mir beim Schreiben meiner Bücher sehr nützlich sein können.

Die Bilderbibel von Doré, die ebenfalls in der Kommode lag, habe ich mir inzwischen wiederbeschafft. Moses zerbricht die Gesetzestafeln. Auch die Bibliothek der Eltern, Buch für Buch, in Antiquariaten.

Aber das Porzellan, das Silber? – Wer war es, der sich hier bedient hat? Die Tür habe offengestanden, und alle möglichen Leute seien aus und ein gegangen. Fußhoch habe der Dreck gelegen. Wie vielen Familien ist es so gegangen wie uns damals, den Flüchtlingen, den Vertriebenen, den Juden, den Emigranten. Durch diesen Verlust sind wir ein Teil des Ganzen geworden. Aber das eine oder andere hätte man eben doch gern wieder um sich gehabt ...

Wir standen also in der alten Wohnung. Ich hatte Mühe, mich zu konzentrieren, nicht wegen der Menschen, die hier herumliefen, sondern weil sich Fechners Film dazwischenschob. Wenn

29

ich versuchte, mich an die Möbel zu erinnern, dann waren es
die Möbel der Filmrequisite, und wenn ich versuchte, den Vater
zu sehen, kam Karl Lieffen ins Bild: Pape ist mir piepe, ich pupe
auf Pape.

An einem der Fenster hing noch das Außenthermometer, des-
sen Glas schon damals an der unteren Schraube gesprungen war.
«Gottsdonner!» sagte mein Bruder.
Der Rostfleck in der Badewanne.

Wir stiegen auch in den 3. Stock, besahen mein kleines Zimmer,
in dem ich im Winter 39/40 mit Scharlach gelegen hatte und
Ende des Krieges Swingplatten gehört. – Hier stehen jetzt
die Spinde der Herren Knüttel, Uhlmann und Kaden. An der
Tür ließen sich noch die Spuren meines Namensschildes ausmachen, das ich mir am Bahnhof in der Maschine ausgestanzt
hatte.
Mauerschau: alles registriert, nichts vergessen. Uns ging's ja
noch gold. – Es ist ein besonderes Glück, daß gerade die Mansarde unverändert geblieben ist. Die Scharlachzeit war wie
eine Vorübung zur Einzelhaft zehn Jahre später. Bei ein wenig
Stammheim-Komfort hätte ich es in meiner Zelle lange ausge-
halten. Für mich war es nie ein Problem, eingesperrt zu sein.
Das Rauskommen war es. Da kam es dicke.

«Acht Jahre sind eine lange Zeit ...»
(Zarah Leander in «Heimat»)

Unterm Fenster, wo mein Bett gestanden hat, ist noch die kleine Leiste zu sehen, auf der ich, während meiner Krankheit in
Ruhe gelassen, mit Märklin-Autos spielte und Hinrichtungen
an Halma-Steinen vornahm. Es ist noch der Originalanstrich,
cremegelb, und oben auf der breiten Fensterbank, von der aus
ich damals die Klingelschlitten beobachtete, lag – es ist fast
peinlich zu sagen – ein vertrockneter Schmetterling. Für wen
halte ich das alles fest? Es ist der Erinnerungsschock, der registriert werden muß.

Hier stand das Bett, quer unter dem Fenster.

Wieder draußen auf der Straße – vom Schlachter Timm aus winkten sie uns zu –, fielen wir dann noch einem Verrückten in die Hände.

Als wir uns gerade das Geschäft vom Landfrauenverband ansehen wollten, in dem gerupfte Gänse, eine neben der anderen, gelegen hatten, was heute ein kleines Papiergeschäft ist, wurden wir von einem Fanatiker angesprochen.

Wir wären seine Zeugen! Wenn ihm jetzt was passierte, Autounfall oder so etwas, könnten wir das klarstellen.

Er führte uns an eine Pforte, wartete noch ein bißchen auf eine etwas miesepetrige Frau von der Presse und versuchte die Pforte zu öffnen. «Dies ist nämlich ein geheimer Zugang zur Stasi-Zentrale!» sagte er. Da sich aber direkt daneben eine breite Einfahrt befindet und das Stasi-Hauptquartier darüber hinaus von Bürgern besetzt gehalten wird, verzichteten wir auf weitere Enthüllungen und machten uns davon.

Schon merkwürdig, daß sie die Stasi-Zentrale direkt neben unser Haus setzten. Und daß dort der Schulkamerad residierte, der mich zeitweilig jeden Morgen zur Schule abholte.

Es gibt ja nicht nur Irregeleitete, sondern auch Verrückte, das muß man immer bedenken.

Wir rissen uns los und machten, daß wir weiterkamen. An «Pingel und Topp» gingen wir vorüber und wortkarg durch die Schwaansche Straße in die Stadt zurück. Das Gefängnis in der Schwaanschen Straße: Hier saß dann ja Mutter und winkte zwischen den Gitterstäben hindurch dem Herrn Cornelli zu, den es gar nicht gegeben hat.

In der Nachkriegszeit beobachteten wir hier PG-Frauen, wie sie von der Straße aus sich mit ihren eingesperrten Männern zu verständigen suchten. Ich stellte mir vor, wie Mutter da oben gestanden hat. Wir hätten uns nicht verständigen können mit ihr, wir saßen damals schon in Bautzen. Erinnert sei an die eine Volkspolizistin, die sie tröstete und ihr Weißbrot zusteckte.

Wir erregten nicht gerade Aufsehen, wie wir da durch die Stadt schritten, die Häuser betrachtend, als müßten wir sie «abnehmen», aber doch drehte sich der eine oder andere nach uns um, wie Luden Patent es getan hatte bei der Suche nach seiner treulosen Geliebten.

In einer Musikalienhandlung erbat ich von der kassemachenden Verkäuferin provokativ fortschrittliche revolutionäre Kampfliteratur. Andere Verkäuferinnen kamen herbei. Sie durchschauten mich sofort und wendeten sich ab, obwohl nichts zu beweisen war. Ich kaufte das Buch «Leben – Singen – Kämpfen» für 3,75 Mark. Ich werde das von der Steuer absetzen.

Auf den Schultern tragen wir die Sonne in das Land.

Bei Leopold fand ich allerhand Interessantes. Das werde ich mir in Nartum zu Gemüte führen. Eine Schießfibel der NVA und anderes Zeugs, das mir fröhlich eingepackt wurde, da es sich um Ladenhüter handelte. Auch eine Gedichtanthologie kaufte ich: «Landschaft unserer Liebe» heißt sie: es ist sagenhaft! Es haben sich an dieser Sammlung auch Autoren mit Mumpitz beteiligt, die im Westen hochgelobt werden und mit Preis auf Preis versehen wurden. Versteh das, wer will. In einer solchen Nachbarschaft wäre es mir nicht wohl gewesen. Und was haben sie denn davon gehabt? Wie Uwe Johnson sagte: Sie haben ihre Biographie ruiniert.

Die Buchhändlerin ließ es sich nicht anmerken, daß sie mich erkannt hatte. Auch zum Schluß nicht, als ich ihr meinen Namen auf die Quittung buchstabierte.

Einwickelpapier so dick wie Pappe. Aber: warum nicht? Geht doch auch.

Für die Schallplatten, die ich haben wollte, mußte eine umständliche Tour in ein fernliegendes Lager angetreten werden: Es handelte sich nämlich um Liedgut, das in der DDR jetzt unverkäuflich ist: Deutsche Volkspolizei singt und musiziert, Arbeitersportlermärsche, Schalmeienlieder (Aktivistenmarsch). Ich nahm aber auch eine Platte mit, die sich «Erzgebirgs-Weihnacht» nennt. Es ist leider kein «Hamit»-Lied dabei.

Nicht zu vergessen: eine Platte mit Liedern des unerträglichen Ernst Busch, die werde ich abspielen, wenn sich Friedensfreunde in Nartum einstellen. Der nicht minder unerträgliche Brecht:

> ... Zum Umsturz aller bestehenden Ordnung aufzurufen Scheint furchtbar. Aber das Bestehende ist keine Ordnung ...

Wer sich gegen den Kommunismus stellt, sei ein Feind des Menschengeschlechts, sagte er, und Busch deklamiert es pathetischer, als Brecht es vermutlich gemeint hat.

Unser Geschäftshaus in der Straßstraße!

Robert kaufte sich im Zigarrenladen Welp am Neuen Markt noch hiesige Zigaretten. Alle Verkäuferinnen kamen herbei und scharten sich um ihn. Ich sah ihn mir an in den Spiegeln der Vitrine: Was für ein liebenswerter Mensch.

Seid verwöhnt, raucht Welp-Zigarren!

Inzwischen dämmerte es, und wir fuhren zu unseren Gastgebern zurück, wo wir nun schon ganz zu Hause sind. Hier händigte man uns die Uniform einer jungen Pionierin aus, Rock, Bluse, Schiffchen und so weiter, die man uns inzwischen besorgt hatte.

Rostock   Sa 6. Januar 1990, Epiphanias

Dus hemd is mir nehnter wi dus klejd. (Jiddisch)

Heute morgen fuhren wir wieder in die Stadt, um die Besichtigung fortzusetzen, die sich allmählich in eine Inspektion wandelte. Wir stellten den Wagen diesmal in der Strandstraße ab, in eine Trabbi-Reihe, und sahen uns den Trümmerhaufen an, der einmal unser altes Geschäftshaus gewesen war, 1904 für 90 000 Goldmark gekauft. Das war nun schon fast komisch: herausgeschlagene Fenster, zugenagelte Türen, und das Fenster, hinter dem Großvater K. gesessen hatte («Du bist och so'n oll Morslock»), mit dem Ausblick auf das jenseitige Warnowufer, gar zugemauert. Wir erfuhren, daß das Haus demnächst abgerissen werden soll. – Wie können sie das tun, es gehört doch uns? OTTO WIGGERS – SCHIFFSMAKLER, das Schild hatten sie übertüncht. Zeitweilig soll sich hier ein Polizeirevier befunden haben. Im obersten Geschoß die Familie Scheel, drei Söhne gefallen.
Ich konnte es nicht lassen und kletterte in der Ruine herum.

Vom Dachgeschoß aus blickt man auf die Marienkirche, durch das Fensterchen sieht sie aus wie eingerahmt. Das wäre was für mich. Robert könnte unten eine Kneipe aufmachen, «Kumm rin, kannst rutkieken», und ich oben im Dachgeschoß aus dem Fenster kucken. Aber was sollte ich dort oben? Noch ein Buch über Rostock schreiben?

Im Mai 1945 lag unser Dampfer «Friedrich», mit Flüchtlingen randvoll, nicht weit vom Mönchentor, am Kai, wir hätten ohne weiteres mitfahren können. In allerletzter Stunde lief er aus, die russischen Panzer fuhren schon am jenseitigen Ufer umher. «Was würde Vati sagen, wenn wir alles im Stich lassen», sagte Mutter damals. Und: «Wir halten die Stellung.» Und das war's denn. Hier hatte sie der Instinkt im Stich gelassen.

Den alten Hafen, in dem früher einmal die größte Segelschiffflotte des Ostseeraumes zu Hause gewesen war, in dem Motorsegler anlegten aus Aalborg oder Rotterdam, gibt es nicht mehr. Sie nennen ihn jetzt den «Alten Stadthafen», und sie wollen eine Anlage daraus machen. Das hatten schon die Nazis vorgehabt.

Das Mönchentor, das Pestkrankenhaus, das Katharinenkloster. – Die Kneipe von Alphons Köpcke mit dem versteinerten Arsch einer Südseeinsulanerin existiert nicht mehr. Ein Neffe des Wirtes, ein Polizeimeister, genannt «Winnetou», hat mir als alter Rostocker in Bautzen mal geholfen, mich «gerettet», wäre zuviel gesagt: Wir sollten wegen gehorteter Illegalien bestraft werden, und da hatte ich den Einfall, den Mann beim Verhör auf Platt anzureden, ich wußte ja, daß er aus Rostock war. «Ach, Se sünd ok 'n Norddütschen?» sagte er, und da war die Sache erledigt.

Dann wanderten wir durch die Hafengassen. Die Straßennamen: Schnickmannstraße, Große Mönchenstraße, Alte Grube. In der Koßfelderstraße ist John Brinckman geboren (Nr. 23), und hier wohnte auch unser Wohltäter, Carl Grosschopff (Nr. 16). Beide Häuser sind nicht mehr vorhanden. An John

Brinckman erinnert nichts. An unsern Großonkel natürlich auch nichts.

Wir stolperten, taumelten, denn das Pflaster war aus den verschiedensten Steinen zusammengeflickt. Löcher, Aufwellungen, die Häuser links und rechts, mit Bäumchen in der Dachrinne: «Achtung Einsturzgefahr», vernagelt, eingestürzt, als ob die Stadt von aller Welt verlassen worden sei. – Hier und da zeigten sich Bürgeraktivitäten, einzelne renovierte Fassaden. So manches Haus wird zu retten sein: das muß aber schnell gehen. – Das düstere Januarwetter, der schmierige Nebel, die Dunstglocke der Braunkohleöfen. Wir beide waren uns einig: Dies ist nicht mehr die Heimatstadt, eine Rückkehr kommt nicht in Frage. Ganz abgesehen davon, daß wir uns hier reindrängeln müßten, die würden sich schön bedanken! Ja, irgendwie priesen wir sogar die Zuchthauszeit, durch die sich die Flucht erledigt hatte, die wir vielleicht nie gewagt hätten. Man hatte uns aus dem Verkehr gezogen und dann hinausgeleitet. Nie hätten wir die Kurve gekriegt, wer läßt schon ohne Not alles im Stich?

Der Hinstorff-Verlag, dem wir dann als alte Rostocker noch einen Besuch abstatteten, zum Zwecke freundschaftlicher Anknüpfungen, hat sich in einem rekonstruierten Giebelhaus der rekonstruierten Altstadt darangemacht, sich zu rekonstruieren. Nach und nach füllte sich der Raum, ein Herr Simon, der jetzt die Geschäfte leitet, eine Reklametante und der freundliche Herr Hamer von der liberalen Zeitung. Wir erörterten die Umstände meiner geplanten ersten Lesung in Rostock. Vielleicht könnte man auch ein Buch herausbringen mit Ausschnitten aus meiner Chronik. Robert: «Eine Art Blütenlese?» Ich ließ Westbücher da (also Taschenbücher meiner «Chronik») und zog mit Ostbüchern ab (also Strittmatter und dergl.).

Zu Mittag trafen wir uns mit unseren Gastgebern im Ratskeller. Wir hatten einen Tisch bestellt, gingen also an den vorm Eingang wartenden Rostockern vorüber. Ich richtete eine An-

sprache an das Volk, daß mir das peinlich sei, daß wir aber einen
Tisch bestellt hätten und so weiter.
«Jaja, ist schon in Ordnung.»
Es ist mir ein Rätsel, wieso draußen so viele Leute auf einen
Tisch warteten, das halbe Lokal war doch leer?
Im Ratskeller: von den bemalten Gewölben hingen früher ein-
mal alte Schiffsmodelle herab, und die Wände waren mit Kapi-
tänsbildern gepflastert. Von dem allen ist nichts mehr vorhan-
den, kein Stammtisch, keine Tischbuchten, kein Kellner im
Frack, eine leere, schmutzige Kellerflucht. – Wo ist der Zauber
der alten Hansestadt geblieben? Wann haben sie der Stadt das
Herz herausgerissen?
Bei säuerlichen Rouladen («Metzger Art» mit Schinkencham-
pignons und Kartoffelschnee, 9,65 Mark) schrieb ich die Speisekarte ab.

Speisekarte Ratskeller Rostock 1990

Wir begrüßen Sie auf das herzlichste in der HOG Ratsweinkeller
Rostock.
Betrachtet man die historischen Daten, so wurde in den Kellerge-
wölben schon 1421 der Ausschank durchgeführt. Im Laufe der
Zeit wurden immer mehr Bereiche erschlossen. Da gab es die Her-
renstube, eine Billardstube, den großen Rheinischen Keller, eine
Geldbude, eine Düstere Kammer und noch einiges andere.
Ein halbes Jahrtausend verkehrte nur die herrschende Schicht in
diesen Räumen.
Anfang des 19. Jahrhunderts wurde der Ratskeller für den öffentlichen Verkehr freigegeben.
Nach 1945 wurde das Haus wieder versorgungswirksam und ist
heute die Heimstätte der sozialistischen Gastronomie und gleich-
zeitig Ausbildungsobjekt für den gastronomischen Nachwuchs.
Ziel der Arbeit unseres qualifizierten Mitarbeiterkollektivs ist es,
allen Gästen ständig Behaglichkeit, Gastlichkeit und hohe gastro-
nomische Leistungen in Küche und Service zu bieten.
Für Ihre Anerkennung unserer Arbeit, aber auch für einen kriti-
schen Hinweis sind wir Ihnen dankbar.
Das Kollektiv.
VE EHB (HO) Gaststätten Rostock

Unsere Gastgeber hatten mir eine Krawatte mitgebracht, weil sie glaubten, man würde mich sonst nicht reinlassen. Die Eheleute genossen das Essen, zu dem sie sich wohl nicht sehr oft aufraffen. Ich bezahlte 62 Ostmark, das heißt also, daß wir für 20 Mark West satt geworden waren, alle vier.

Im übrigen wurde uns eine Lage Kognak serviert, den wir nicht bestellt hatten. Der Kellner deutete auf einen Tisch in der Nähe, an dem ein westdeutsches Ehepaar saß. Sie hatten uns den Schnaps spendiert und verbeugten sich nun ganz comme il faut. Wir hoben die Gläser! *Das* ist Lebensart!

In Nebenräumen wurde eine Hochzeit gefeiert. Von dort hörten wir das Baßgebumse einer falsch eingestellten Musikbox. Robert meinte schon, ob das vielleicht eine Pumpe sei? Ich traf wunderlich gekleidete Menschen auf der Toilette. – Gegen die Plastikbrille auf den Klos habe ich nichts einzuwenden, die gibt's wohl im gesamten Ostblock. Klobrillen müssen ja nicht aus Holz oder womöglich beheizbar sein, wie in den USA bei den Reichen. Oder mit Nerz besetzt. Hauptsache, sauber, ihr Leute! Hauptsache, sauber.

Anschließend zeigten wir unseren Gastgebern – umeinanderstolpernd – die historischen Kempowski-Stätten, die Alexandrinenstraße Nr. 81: das Loch also, wo vor 60 Jahren einmal unser Geburtshaus stand. 1942 durch eine einzige Bombe bis auf die Grundmauern zerstört. In einem Menschen-Biotop waren wir aufgewachsen: Bäcker Schering (Rumkugeln und Kopenhagener Gebäck), Kaufmann Schulz (Liebesperlen und Lakritze), Schlachter Bries (Jagdwurst mit Knoblauch und fette Koteletts), Malermeister Mund mit der Kitt-Tonne, alles drum herum, und hinterm Haus ein Hof mit Hühnern, Pferdestall und einer alten abgestellten Kutsche, Katzen zogen in ihren Polstern Junge groß.

Dahinter die alten Gebäude des St.-Jürgen-Klosters.

Von dem allen ist nicht mehr viel vorhanden.

Erst jetzt fiel mir ein, ich hätte doch eigentlich den Boden küssen müssen bei meiner Rückkehr, wie das der Papst tut, aber wo? In der Trotzenburg? Am Mönchentor? – Als mein Blick auf die gußeiserne Platte des Straßengullys fiel, wußte ich: Dies wäre der rechte Platz gewesen. Hier hatte ich als Kind Straßenarbeiter beobachtet, wie sie einen kleinen Köter hinunterließen in die Unterwelt, wegen der giftigen Gase, der dann irgendwo anders wieder zum Vorschein kam, wenn ihm die Gase nicht den Garaus gemacht hatten.

Zur Andacht blieb keine Zeit, eine Nachbarin in Kittelschürze eilte herbei, die bereits davon wußte, daß wir in der Stadt waren. Von hier bis hier, erfuhren wir, ging damals das Haus, und da hinten war der Pferdestall.

Nach Besichtigung weiterer historischer Stätten («Hier war früher mal ein Laden!»), der Villa in der John-Brinckman-Straße, in der sich das Untersuchungsgefängnis der Russen befand, Großvaters Haus und dem Konservatorium, verabschiedeten sich unsere Gastgeber dann doch abrupt. Irgendwann reichte es den guten Leuten. Und: so genau wollten sie es gar nicht wissen. Die Fiktion, die sie den abgegriffenen Taschenbüchern entnommen hatten, war der Realität weit überlegen.

Daß man uns anbot, das Biotop zu besichtigen, in dem *sie* aufgewachsen sind, blieb uns Gott sei Dank erspart.

Wir gingen wieder in die Stadt zurück, da war noch manche Frage offen. Der Rosengarten, der Wall. Das Kloster der Brüder vom Gemeinsamen Leben.

Robert setzte sich ins Café Herbst. Zeit für mich, die Marienkirche aufzusuchen, ich tat es für mich allein, meinen dunklen Koloß. Durch den Muttermund schlüpfte ich hinein. Es schlug mich nicht zu Boden. Ich blieb sonderbar unberührt: Das ist sie nun, dachte ich. Alles ist noch wie früher, nur etwas heruntergekommen.

Ein bißchen störte es mich, daß ich gleich beim Eintritt auf den großen Grabstein der Familie Mann stieß, unübersehbar, direkt am Eingang.

Einmal rum ohne Gedanken, ohne Gefühle. Der kleine Judas in der astronomischen Uhr. Zweimal pro Tag versucht er seine Runde zu drehen, und jedesmal knallt ihm die Tür vor den Latz. Wundern tut es mich, daß in dieser großen Kirche heute an Epi-

phanias nicht die geringste Spur des großen Festes zu finden
war. An die Jugendweihe werden sie noch in Jahrzehnten denken. Aber vielleicht auch an die Donnerstag-Demonstrationen,
die hier mit einem Gottesdienst beginnen, wo sie dann statt eines Chorals «We shall overcome» singen. Lenin und Stalin hatten schon gewußt, weshalb sie die Kirchen zerstörten.

Ich setzte mich in eine Bank, und plötzlich fiel es mir ein, der
Reihe nach all die Leute zu verfluchen, die es im Westen – warm
und sicher sitzend – so schön fanden und interessant und zu-
kunftsweisend, was hier in der DDR geschah!

Dann zu Robert ins Café Herbst, den ich dort völlig vereist
vorfand, weil sich eine wohl geistesgestörte alte Frau an seinen
Tisch gesetzt hatte und ihn vollquasselte. Also Stellungswech-
sel in ein Restaurant am Hopfenmarkt. Hier setzten sich zwei
schweigsame Herren zu uns. Robert redete sie an, ob sie ebenfalls Rostocker seien, ja, sie seien Rostocker. Der eine war sonderbarerweise Schiffsmakler. Er legte besonderen Wert darauf,
uns davon zu unterrichten, daß in Rostock das erste Düsen-
flugzeug der Welt gebaut worden sei, das wisse hier niemand
mehr, überhaupt, Rostock ...

Und dann kam allerhand über die deutsche Wehrmacht zur
Sprache, was ich hier zuallerletzt erwartet hatte. Glorreiche
Vergangenheit hatte hier überlebt. Ob Helmut Kohl auch Schle-
sien noch hole, fragten sie.

Unser Auto stand unversehrt zwischen den Trabbis, allerdings
hatte man uns an die Heckscheibe ein Hakenkreuz gemalt.

Rostock/Nartum   So 7. Januar 1990

Mer muß überall Lehrgeld zoahl'n. (Franken)

Gestern abend versammelten sich einige Bürger der Stadt, darunter ein dicker Architekt mit langem Bart, und der dünnhäu-

41

tige Gauck, der die Gottesdienste in der Marienkirche organisiert und die anschließenden Demonstrationen. Widerständler allesamt. Laotse hatte recht, als er sagte: Am Ende wird das Schwache doch das Starke sein.

Der Abend verging mit dem Erzählen von Anekdoten aus den Zeiten des Aufbruchs und mit der Erörterung kleiner und großer Politik. Die Stasi-Leute noch überall, die kleinen und großen Bonzen, nun butterweich.

Sie waren immer noch ganz baff von dem, was sie erreicht hatten. Und wir: Es wird schon werden ...

Der neue Phantom-Trick der SED, daß der Russenfriedhof angeblich von Neonazis verwüstet worden sei, machte ihnen zu schaffen, wenn das man gutgeht ... «Das werden sich die Russen nicht gefallen lassen.» Und dabei waren es natürlich Stasi-Leute gewesen, die das inszeniert hatten.

Die Herrschaften wirkten irgendwie niedergeschlagen. «Wir schaffen es nicht, wir schaffen es nicht ...», sagten sie. Ich schlug ihnen vor, nach Art einer Hochrechnung die Latte des bisher Erreichten in einer Art von Überschlag an die nahe Zukunft anzulegen, und mußte mich sehr wundern, daß schon diese wenigen Worte wie ein aufrichtendes Opiat wirkten.

Immerfort memorierten sie einander ihre Geschichten. Wir standen ziemlich außen vor. Ein sehr zeitig eingetretenes «Weißt du noch?» Manchmal traf mich ein halber Blick. Und manchmal schien es so, als wollten sie etwas von mir wissen, aber sie fragten mich nicht, vielleicht fürchteten sie sich vor der Antwort?

Es ist ja schon vorbei, es ist alles gestrig, alles gewesen.

Wir haben nicht nur das Weitgereiste, sondern auch das Weggehen ihnen voraus. Mit unsern 2 × 25 Jahren plus Mutter hatten wir ein Erlebnisübergewicht, das durch keine aufrechte Haltung wettzumachen war. – Nach *damals* gefragt hat uns keiner.

Nicht gerade ausgelassen, aber doch getrost gingen sie auseinander. Fester Händedruck. Norddeutscher Blick in norddeutsche Augen. Man läßt sie allein und macht sich fort.

Wir hatten den Eindruck, daß die Stadt aufatmete, als wir gen
Westen davonfuhren, sie hob sich im Aufatmen und sank wieder in sich zurück.

Nartum, Haus Kreienhoop: Wie eine dicke schwarze Kröte
liegt es da und wartet auf mich.

Nartum   Mo 8. Januar 1990

E jedes Hüüsli hett sy Chrützli. (Alemannisch)

Heute wieder 2000 Übersiedler! Alle kommen sie zu uns, und
trotzdem sind wir verhaßt.

Herr Lafontaine hat heute das Christentum mit dem Sozialismus verglichen. Man schaffe das Christentum ja auch nicht
ab, trotz Kreuzzügen und Hexenverbrennungen, warum also
nicht einen neuen Anfang mit dem Sozialismus machen?
Er vergißt, daß die Christen schon lange nicht mehr das Sagen
haben, und er verschweigt, daß die Demokratie, eben weil sie
ideologiefrei ist, die humanste Regierungsform ist, die wir auf
Erden kennen. Vielleicht sagt ihm das mal einer.
Was die Christen hier im Westen angeht, so demontieren sie
ihre altehrwürdige Kirche zielbewußt und eigenhändig; was sie
da tun, grenzt an Selbstverbrennung. Man denke nur an die
Verhunzung der Bibel, an die Entzauberung der Liturgie. Die
evangelische Kirche hat damit angefangen, und die Katholiken
tun es ihnen nun gleich. Weihrauch und Myrrhe? Das Mysteri-
um des Glaubens? Das alles ersetzen sie durch Neonlicht. Der
Priester zeigt bei der Opferung seinem Gott den Rücken. Und
niemand scheint das zu stören.
«Hören Sie mal, Sie sind aber konservativ ...»
Ja, ich betätige mich gelegentlich als Bremser.
Früher hieß es «Sursum corda», heute: «Die Herzen in die
Höhe». Was liegt dazwischen? Welten.

Simone schafft die Post weg. Die freundlichen Briefe meiner Leser («Weiter so!»). Die Einsendungen, die Einladungen … Es ist wundervoll, im Sessel zu sitzen und Zeitung zu lesen und gleichzeitig zu wissen, daß unterdessen anderswo jemand die Arbeit macht. Die Kommunisten prangern so was an. «Arbeitsteilung» ist ihnen suspekt

Auch eine Amerikanerin geht durchs Haus, sie kommt aus Pittsburgh. Gleich am ersten Tag machte sie sich in der Küche nützlich. Sie gehört zu den Studenten, denen ich in Taos in einem Anfall von Spendierlaune einen Freiplatz anbot für vierzehn Tage, zwei waren im vorigen Jahr schon da. Völkerverständigung in kleinen Schritten, Leberkäse mit Spiegelei und zum Kaffee Topfkuchen. Und bloß kein einziges Wort davon, daß die Amis unser schönes Schiff nach dem Krieg versenkt haben, sie hätten's doch noch brauchen können? Oder uns zurückgeben. Aber versenken? Hatten sie es denn so dicke? Wen wollten sie damit bestrafen?

Ja, die Amerikaner waren es, die den Dampfer «Friedrich», der über dreitausend Flüchtlinge aus Ostpreußen geholt hatte und dessen Kapitän von den Nazis erschossen wurde, weil er sich weigerte, den Kreisleiter mitzunehmen, mit Gasgranaten beluden und im Atlantik versenkten. Wäre hübsch, wenn sie die Ladung jetzt wegen der Verseuchung der Meere selbst wieder heben müßten. Wie ich unsere Regierung kenne, würde sie das sogar noch bezuschussen.

Aber weshalb sollte ich das unserm Gast unter die Nase reiben? Vielleicht hat die Grandma dieser jungen Frau in der Nachkriegszeit ja Care-Pakete nach Deutschland geschickt?

Mit der Post ist ein Leichenpaß von 1910 gekommen, Simone reichte ihn mir beim Tee über den Tisch.

> Die nach Vorschrift eingesargte Leiche … soll mittels Fuhrwerks von Stargard nach Cashagen zur Bestattung gebracht werden. Sämtliche Behörden, deren Bezirke dieser Leichentransport berührt, werden ersucht, denselben ungehindert und ohne Aufenthalt weitergehen zu lassen. (Archivnummer 2653)

Stargard in Pommern – wenn man bedenkt, was fünfunddrei-
ßig Jahre später dort los war ... Heißt es jetzt Stargowice?
Am Abend sahen wir einen netten französischen Film: «Die
Verführerin», den ich vor fünf Jahren aufzeichnete. Sehr deli-
kat, so etwas können Deutsche nicht machen.
Ich wollte schon ins Bett gehen, da geriet ich noch in eine Talk-
Show von SAT 1 hinein. Die unbedarfte Frau Schüller und der
alerte, glatte Herr Fischer-Fabian hatten sich nichts weniger vor-
genommen, als die Dreckschleuder, den alten schlauen Fuchs,
Karl-Eduard von Schnitzler, «fertigzumachen». Das mußte
natürlich schiefgehen! Alle Anwesenden inklusive Publikum
schrien erregt durcheinander, ja, sie forderten den Herrn «von
Schmutzler» sogar auf, sofort den Raum zu verlassen, was
der natürlich ablehnte, weil er ja eingeladen sei und weil ihm
daran gelegen sein mußte, sich als Märtyrer darzustellen. Saß
breit in seinem Sessel, wenn auch mit Schweißtropfen auf der
Stirn. Sein Kalkül ging auf. Die West-Leute hatten sich offenbar überhaupt nicht vorbereitet, vermutlich keine von seinen
Sendungen angesehen, niemanden um Rat gefragt. Konfus
überschrien sie sich, und wenn «Karl-Eduard von» antworten
wollte, schnitten sie ihm das Wort ab. Er solle bereuen, forderten sie, und er solle sich schuldig bekennen. Schnitzler: «Ich
habe nach den Direktiven der Partei gehandelt, ein Verfahren,
das sich schon im Untergrund gegen die Nazis bewährt hat.»
Bumms!
Er stellte sich als Befehlsempfänger dar, und das wäre eine gute
Gelegenheit gewesen zuzustoßen. Es hilft nichts: Man hat sie
geschult, diese Leute, deshalb sind sie die Stärkeren. Für unsere jungen, unbeleckten Leute, die gern einen Ringelreihen tanzen auf blumiger Wiese, müßte man eine Kaderschmiede einrichten. Vielleicht sitzt ja in der Intendanz einer, der ihnen mal
ordentlich was auf den Hut gibt. Glaube kaum.
Gut und dumm – das paßt zusammen. Aber ob sie gut sind, das
ist noch sehr die Frage, sie sind blöd – das ist es.
Bös und klug ist der Schnitzler. Aus einer alten Familie stamme

er, wurde gesagt. Was ist eine «alte» Familie? Um ein Haar wäre er nach dem Krieg in Westdeutschland hängengeblieben.

Archiv: aus der Lebensgeschichte eines Hamburger Import-Kaufmanns. Er beginnt mit Ahnenbetrachtungen und schreibt dann:

> Meine lieben Kinder, wenn Ihr dereinst diese Aufzeichnungen zur Hand nehmet, denkt daran, dass über Jahrhunderte hinweg der Strom des Blutes die Geschlechter verbindet. Generationen sind vor uns dahingegangen, und Generationen werden nach den ewigen Gesetzen der Natur nach uns kommen. Wir selbst sind immer nur ein kleiner Zweig unseres Geschlechtes. Haltet darum die Reihe unserer Ahnen fest, denn das Wissen um die Geschichte unseres Geschlechtes wird uns die Erkenntnis vertiefen, dass wir ein Teil unseres Volkes sind, verwurzelt in Heimat und Vaterland.

Wenn man heute auch lächeln muß über solche Töne, dann stimmt die weitere Lektüre doch nachdenklich: das Emporarbeiten aus Armut und Elend. Das Bestreben, eine «alte Familie» zu etablieren. Es ist ganz einnehmend, bei einer Tasse Tee solchem Leben nachzusinnen.

> Gummi Traganth, Gummi Arabicum, Gummi accroides, Gummi Benzoe, Gummi Kopal, Dammar, Mastix, Schellack, Knopflack, Rubinlack, Körnerlack sowie Lackrohstoffe standen auf der Einfuhrliste unserer Firma ...

> Nicht vergessen werde ich den Anblick meines brennenden Hauses, wie sich langsam von den obersten Stockwerken das riesige Feuer nach unten durchfraß ... (Archivnummer 2664)

Mir ist der Gedanke unerträglich, daß solche Lebenszeugnisse weggeworfen werden könnten. Und doch: Was geht es mich an?

Jede Biographie ist ein Gegenstück zu einer anderen. Alle zusammen bilden eine Kuppel, und wir stehen unter ihr und sinnen den Mustern nach, die sich aus den Lebenslinien bilden und sonderbarerweise großartig zusammenfügen.

Einen Augenblick meinte ich, den ältesten unserer Vorfahren vor mir sitzen zu haben, Friedrich Wilhelm Kempowski, den Schiffseigentümer und Eigengärtner aus Elbing 1862. Es gibt ein Foto von ihm, da hat er die Beine übereinandergeschlagen. Ich spreche mit ihm, und ich wundere mich, daß er Lebensansichten hat, die sich sehr von meinen unterscheiden. Irgendetwas muß doch zu finden sein, eine Kempowski-Spur, die bis zu ihm hinabreicht? Es hat sich einiges ausmäandert. – Immerhin hat sein Vater, der auch Friedrich Wilhelm hieß, als Schneider oder Schuster eine Lehrerstelle in Succase innegehabt. Da haben sie ihn dann allerdings wegen Trunkenheit abgesetzt. Die Kempowskis haben alle gesoffen. Deshalb bin ich auch Abstinenzler. Ich sitze bei meinem Tee und höre den «Vorfahr» eine Weile sprechen, dann verabschiedet er sich. Er hat sich nicht «rüberbringen» können. War ich zu ungeduldig? Zerkrümeltes Brot läßt er auf dem Tisch zurück.

Die Amerikanerin ißt nichts Rohes, also kein Hackepeter und keinen Schinken. Auch Schwarzbrot lehnt sie ab. Über Brötchen hingegen, obwohl sie ledrig sind, macht sie sich her. Ich esse keine Brötchen mehr, weil ich immer fürchte, sie hebeln mir meine kostbaren Zähne aus. Brötchen! Kein Mensch weiß mehr, wie frische Brötchen schmeckten. Noch backwarme Brötchen von Bäcker Schering gegenüber. – Altmännergeschwätz? Ja, sie waren backwarm, nicht per Kurzwelle aufgewärmt, und sie knisterten nicht von der Chemie, die heute in den Brötchenteig gemengt wird. – «Mein Vater grabbelte sich stets die krossesten», ist im «Tadellöser» zu lesen. Daraus konstruierte eine Seminaristin, daß ich einen egoistischen Vater gehabt hätte.

Ein Adenauer-Brief vom 31. Dezember 1949. Er schreibt, daß ihn die Polizeibude in seinem Garten ärgert. Ob das flache Dach nicht durch ein schräges ersetzt werden könnte, und zwar ein beschiefertes?

Leider ist bei ihm fürs «Echolot» nichts zu holen.
Dunkle Sache mit seiner Frau. Hatte sie sein Versteck verraten?

Im Bett Baudelaire: sein Aufsatz über Kinderspielzeug. – Das Zerstören eines Spielzeugs durch Kinder deutet er als Suche nach der Seele der Dinge, nach dem Metaphysischen. Die Überraschung des Kindes, wenn es im Lederbalg der Puppe nur Sägemehl findet!

Nartum Di 9. Januar 1990

Speije Kenger, deije Kenger. (Aachen)

Die Wieser-Bombe ist gestern hochgegangen. Der Autor Wieser hat im «Stern» ein dolles Ding gegen mich losgelassen. Titel: «Der Abschreiber». Die Sache wurde mir per Telefon schon avisiert, es sei ziemlich schlimm, der Artikel sei infam. Und dann kriegte ich eine Fotokopie des Artikels zugestellt. Darin allerhand Lügen und Entstellungen mit Rührseligkeiten gemixt. Tenor: Ich hätte bei dem Rostocker Autor Tschirch abgekupfert.

Ich ging hinauf in mein Kabinett, legte mich aufs Bett, um mich erst einmal zu besinnen, während unten das Telefon klingelte: ob das wahr ist, daß ich abgeschrieben habe ... Ich ließ es klingeln und betrachtete die Astknorren an der Zimmerdecke.

Schließlich raffte ich mich auf, schob die arme Hildegard nach drüben und rief meinen Verleger Paeschke an. Der habe keine Zeit, sei in einer Sitzung, hieß es. – Ich sagte: Nein, nun muß er mal Zeit haben.

Bloß keine Statements, sagte Paeschke, stellen Sie sich taub. Dann aber wechselte er den Kurs und sagte, es sei wohl doch besser, jeder Zeitung Rede und Antwort zu stehen. Sein Ton hatte etwas Seelsorgerisches, Einverständliches, anders als Schlotterer von Hanser vor Jahren, der mich sofort angriff, als ich in der Presse wegen irgendeiner Äußerung angegeifert wurde. Gegen Mittag rief plötzlich Karasek an, den Wieser in dem Artikel gleich mit angegriffen hat. Seine tiefe Baßstimme floß wie Honig in mein Ohr. Das dürfe ich nicht auf mir sitzen lassen usw. Er habe vor, im «Spiegel» etwas darüber zu bringen. Ach, war das schön.

Wie es scheint, schadet Wieser sich selbst mehr als mir mit diesem Ausfall, aber etwas von den wüsten Beschuldigungen wird im Gedächtnis der Leser hängenbleiben; Leute, die zu unwissend oder unkritisch sind, sich selbst ein Urteil zu bilden.

Aus Bad Honnef kam ein Tagebuch. Fahrt eines Soldaten an die rumänische Front im Juli 1944, über Wien, durch Ungarn. Der Verfasser fand sogar Zeit, es zu illustrieren.

Leider verraten wir uns durch eigenes Feuer, das uns der Russe aus seiner guten Deckung, die aus Mais- und Sonnenblumenfeldern besteht, gründlichst erwidert. Kriechend arbeiten wir uns noch ein Stück vor, bis der Leutnant und ich verwundet werden. Der Leutnant bekommt eine Handgranate vor den Bauch, und ich erhalte im Liegen einen Brust-Bauch-Durchschuß. Ein kleiner PKW bringt uns zurück. Nach etwa anderthalb Stunden sind wir im Operationsraum des Hauptverbandsplatzes. Die Kugel wird mir herausgepolkt und der Magen aufgeschlitzt und wieder schön verbunden. Als ich von der Narkose aufwache, liege ich im Bett, nur mit dem Hemd bekleidet. (Archivnummer 2654)

Adolf Hitler mit seinem Verwundetenabzeichen. Mir ist ein Rätsel, warum man Vater keines verliehen hat. Er hatte doch Gas abgekriegt, im 1. Weltkrieg. Noch bis zu seinem Tode hatte er damit zu tun. – Verwundete. Die schlimmsten Fälle kriegte man gar nicht zu sehen. Es gibt gräßliche Fotos von Gesichtsverletzungen.

Nartum Mi 10. Januar 1990

Wenn ma's net anders weiß – schmeckt's Kraut
wie Fleisch. (Bayern)

Drei Damen von SAT 1 zu Filmaufnahmen wegen des Wieser-Artikels. Was die Spielzeugburgen in meinem Arbeitszimmer bedeuten, fragten sie. Angesichts der Angriffe auf mich ist das doch nicht schwer zu verstehen? Du bist meine Zuflucht für und für? Tanja Schickert kam. Sommerklub 1983. «Kann Werbung Kunst sein», darüber schreibt sie was. Wir erörterten mein Projekt, Werbetexte auf Bütten zu drucken, wie Lyrik, hellblauen Einband mit Silberleiste. Knaus, dem ich davon erzählte, verstand nicht, was das soll. Eine Anfrage bei mehreren Werbefirmen brachte es ans Licht, daß diese Leute ihre Sachen nicht aufheben. Das sind doch auch alles gebildete Menschen? Sie achten ihrer eignen Arbeit nicht.

Nartum Do 11. Januar 1990

Dir werf ich aach emol e Staa in'n Garde.
(Hessen)

Wieser und kein Ende. Gestern den ganzen Tag. Ich saß am Telefon, und Hildegard machte mir immerfort Fleischbrühe, Tasse für Tasse, und legte mir holländische Mürbeplätzchen hin, eines nach dem anderen.
Die ganze Affäre bringt mich dazu, meinen Status noch einmal zu überdenken.
Thomas Mann hat das, was bei mir «vorliegt», am besten beschrieben. Bei Michael Mann liest sich das so:

50

Das objektiv Gegebene «aufkleben» und «die Ränder sich
verwischen» lassen, so bezeichnet Thomas Mann einmal die
Montagetechnik, wie er sie, mit äußerster Konsequenz, in
dem Roman «Doktor Faustus» geübt hat.
(Michael Mann: «Fragmente eines Lebens»)

Und Thomas Mann selbst:

Ich weiß nur zu wohl, daß ich mich schon früh in einer Art
von höherem Abschreiben geübt habe.
(Brief an Adorno vom 30. 12. 1945)

Das Wort «Fundstück» ist eigentlich das mir gemäße. Ich hebe
Erzählpartikel auf, wo immer ich sie finde. Die kleinen Gold-
stücke am Ärmel blank reiben und sie einfügen in das große
Bild. Das Wort «aufheben» hat hier eine doppelte Bedeutung.
Angebote, die mich aus Lebensgeschichten erreichen, für wert
halten und davor bewahren, daß sie vergessen werden.
Man muß sich wundern, daß eine allgemeine Unkenntnis
herrscht über literarische Collagen und deren Funktion in der
Literatur. Zitate gab es schon in der Barockmusik, und in der
Malerei bei Schwitters ist die Verwendung von Versatzstücken
nichts Ungewöhnliches. Benjamin mit seinem Passagenwerk:
«Ich habe nichts zu sagen, nur zu zeigen.»
Im «Tadellöser» stehen auf jeder Seite ungekennzeichnete Zitate, das Buch ist, wie auch «Gold», eine einzige große Collage.
Die gesamte Chronik besteht bekanntlich aus Romanen und
den sogenannten «Befragungsbüchern», die einander ergänzen.
Ja, innerhalb der beiden Romane «Kapitel» und «Zeit» gibt es
aus gutem Grund die «Fremderzähler» (unglückliches Wort)
mit großen Passagen fingierter und originaler fremder Texte. Im
«Echolot» wird sich die Verwendung fremder Erzähler noch extremer zeigen, dort wird kein einziges Wort von mir erscheinen.

2005: *In den Ortslinien gehe ich noch einen Schritt weiter. Hier versuche ich das zu realisieren, was Marie Luise*

Kaschnitz in ihrem Tagebuch am 27. 8. 1950 skizzierte: «Noch ein Vorhaben: Film ohne Leinwand. Roman in Form eines Drehbuchs, mit vielen kleineren, voneinander unabhängigen Episoden, dazwischen große Textzeilen, Fragen, Anrufe. Wechselgespräch aus Lautsprechern, die überall zwischen den Sitzen verteilt sind. Sprechchöre, Gedichte allgemeinen Inhalts, das Geschehen in der Natur.»

Dies alles läuft auf eine Befreiung der Literatur hinaus. Auf die Überführung in eine andere Dimension, die erst mit neuen technischen Möglichkeiten zu erreichen ist.

Ich hatte übrigens versucht, mit Tschirch in Verbindung zu treten, er wohnte noch bis 1980 in Rostock, hat aber (wohl aus Angst, in Schwierigkeiten zu geraten) mir, dem ehemaligen Bautzener, nie direkt geantwortet. Ein Besuch kam nicht in Frage, weil ich keine Einreiseerlaubnis erhielt.

Ein Team von Radio Bremen kam, «Buten und Binnen», sehr freundliche Leute, die ganz auf meiner Seite standen. Die Moderatorin bewahrte mich davor, daß ich Unsinn redete. Die Hühner mußte ich füttern.

Die Wieser-Affäre hat auch ihre Vorteile, ich bekomme jetzt vermehrt Angebote von biographischem Material für das Archiv. In diesem Punkt wirkt sich die Aktion Wieser als eine Empfehlung aus.

Per Post kam eine Kiste Rotwein vom Verlag, zum Trost.

Nartum   Fr 12. Januar 1990 abends

Hool di am Tuun, de Himmel ös hoch. (Ostpreußen)

Gestern kam es nach den Aufregungen der letzten Tage zu einem kleinen Zusammenbruch. Mir schwanden die Sinne, wie man so sagt, und ich kippte um. Dörfler kam und gab mir eine seiner schönen Spritzen, ihm schien die Sache peinlich zu sein.

Gorbatschow fragte die Abgeordneten, ja oder nein, ob sie wegwollten von der SU. «Ja!» riefen die Leute. Da wurde Gorbatschow wütend! Rollt mit den Augen. Das hatte er nicht erwartet. Woran liegt es, daß er den Menschen sympathisch ist, er ist doch gewiß ein ganz ausgekochter Bursche?

Stalinismus/Faschismus/südamerikanische Diktatur/Mafia – eine Kreuzung von all dem sei Rumänien gewesen. Ceauçescu hat sogar die Wetterberichte fälschen lassen. Unterrichtsminister sitzt vor leerem Bücherregal. Inzwischen mißtraut die Öffentlichkeit der «Revolution» unserer Brüder und Schwestern. Alles sehr sympathisch, aber kein vollendeter Umbruch. Von allgemeiner Umkrempelung sind sie noch weit entfernt. Sie möchten den Sozialismus behalten, aber anders soll er sein.

Wolf und Heym sind verstummt. Ja, Kinder, Revolution macht Arbeit.

Buch, Piwitt, Bichsel, Fichte, Herburger.

Frans Hals. Nichts hat er hinterlassen als Bilder. Nicht mal ein Selbstbildnis.

Hans Henny Jahnn habe wie ein Bäuerlein in der Küche gesessen und aus dem Telefonbuch vorgelesen.

Nartum   Sa 13. Januar 1990

Wer nich hiert, muß fiehle. (Altenburg)

Die erste Nacht ohne Pille. Ich habe es, scheint's, überstanden. Nun werde ich es mit den Folgen zu tun kriegen.

Neulich hat jemand beanstandet, daß in den «Hundstagen» keine Abschnitte angegeben seien. Das sei «formlos». – Fechner amüsierte sich, daß der «Tadellöser» 56 Kapitel umfaßt. Manch einer kriegt kein einziges zustande. Hinsichtlich des Collageproblems sagt er: «Ich bin der Schnitt.»

Ein lieber Mensch aus Stralsund schreibt, es sei absolut in Ordnung, daß ich als Germanist «gucken» mit «k» schreibe, dagegen sei nichts zu sagen. Aber er versteht nicht, wieso die Westgermanen «Trabbi» mit nur einem «b» schreiben. – Er liest gerade «Ein Kapitel für sich», das ihn wahnsinnig aufrüttelt, mit Kuli unterstreicht er alles mögliche. Sie hätten einen großen Garten, und im Sommer könnte ich kommen, ich wäre jederzeit willkommen und könnte bei ihnen im Garten sitzen. Wenn ich beim Signieren bemerke, daß einer in meinem Buch was unterstrichen hat, dann versuche ich, ihm das Buch abzuschnacken. Das sind doch alles Antworten auf meine in die Welt geschickten Briefe.

Bienek hat wegen der Wieser-Attacke sehr nett geschrieben, auch Raddatz und Hark Bohm. Fechner hat sich äußerst fair verhalten, und auch Krogoll ist mir beigesprungen. Das sollte nicht vergessen werden! Kleßmann, Rachhuth, Dierks.

In der ČSR räumt die KP freiwillig 100 Sitze im Parlament. Von so was kann in der DDR keine Rede sein. Erst Anfang Dezember sind die Vorwürfe in Sachen Wahlfälschung oberflächlich untersucht worden.
Modrow hat versucht, die Stasi neu zu etablieren.
Tagesschaumoderator Friedrichs in den Tagesthemen über die Wieser-Affäre: Manchmal gelinge die Demontage eines Monuments nicht auf den ersten Anhieb: Es wurde ein Schornstein gezeigt, der sich nach der Explosion nicht rührte.
Damit meinte er mich.
Will er mir denn den Todesstoß versetzen? Warum?

Immerhin Tagesschau. Wann kommt man schon mal in die Tagesschau! Und daß ich als ein Monument gelte, war mir neu.

2005: *Erst bei dem Erscheinen des «Echolots» wurde ich wieder in einer Tagesschau erwähnt, und zwar von Ulrich Wickert. Das nächste Mal wohl irgendwann anläßlich meines Todes: «Wie wir erst jetzt erfahren, erhängte sich der Schriftsteller in seinem Schlafzimmer...»*

21 Uhr – Wichtigste Nachricht des Tages: Es gibt wieder eine SPD im Osten. Dies ist ein origineller Weg zur Wiedervereinigung, der erste Schritt, der einem Gewißheit gibt, daß die Sache klappen wird. Die SED hat beschlossen, westliche Kapitalbeteiligung auch über 49% zuzulassen. Wie sagte der Alte Dessauer? «Datt bedriewt mir nich.»

Aus Österreich kam ein Paket mit Kriegsbriefen von der Ostfront 1943–1945 und anschließender Kriegsgefangenenpost aus Rußland 1946–1949. Mich wundert, wie ausführlich die Briefe aus der Gefangenschaft in Jaroslawl sind. Ich werde den Autor bitten, sie zu kommentieren, denn es steht natürlich wegen der Zensur nichts Konkretes drin. (Archivnummer 2651) Schon vor zehn Jahren hat er uns was geschickt, ein 250-Seiten-Manuskript: «Meine Leerjahre, eine Jugend unter Hitler und Stalin».
Vor einiger Zeit habe ich mal Titel von Autobiographien herausgeschrieben. Sie ergeben eine Geschichte des Jahrhunderts in Kurzfassung. Zum Beispiel:

Komm, wir sammeln Bombensplitter
Durch Lücken im Zaun
Lager 6437
Am Ende war der Anfang
So war es!

Was den letzten Titel angeht, so hat der Autor im Text dann manches geändert und sich selbst die Frage gestellt, er sei sich nicht ganz sicher, ob's wirklich so gewesen sei ...

Nartum   So 14. Januar 1990, 7 Uhr

Let man de Düvel in de Kark, denn will he ok glieks
up de Kanzel. (Plattdeutsch)

In den Zeitungen wird gesagt, ich sei «traurig».
Hildegard: «Das ist doch ein ganz ungebräuchliches Wort!»
Sogar dpa hat es verwendet. – Gestern in der Sendung bekam Karasek Applaus, Wieser nicht. Seine Sache wirkt schmierig. Sogar der Briefträger spricht mir Mut zu, und in der Post findet sich manch freundlicher Zuspruch.
Hildegard hat beobachtet, daß sich die Leute anstießen: «Das ist sie!», als sie vorgestern im Konzert war.

Die Revolution drüben kippt ins Kitschige um: Menschenketten und brennende Talglichter. In dieser Hinsicht einzigartig in der Weltgeschichte. In früheren Zeiten liefen sie mit blutigen Äxten herum. Barrikadenkämpfe usw. Der Hubschrauber fliegt die Menschenschlange entlang, damit wir sie zu sehen kriegen. Was man nicht abbilden kann, hat sich nicht ereignet. Soundsoviele Kilometer lang. Die längste Menschenkette in der Geschichte der Menschheit. Was nützt die schönste Demonstration, wenn man sie nicht sieht.
Es soll gar nicht so einfach gewesen sein, die Sache zu organisieren. Die Leute sind von weit her zusammengekommen. Mit Spontaneität hat das nichts zu tun, eher mit Rummel.
Trotzdem: sehr ehrenwert.

17 Uhr – Habe gerade mal wieder den «Spiegel»-Artikel von Karasek über mich gelesen, wenn ich eben durch bin, fange ich

vorn wieder an, zehnmal lese ich ihn, so großartig ist er. Herrlich! – Auch Volker Hage meldete sich heute. Er will für die «Zeit» etwas Größeres machen. – Deutlich merke ich, wie mich der Alb verläßt. Dies ist der Zeitpunkt, wo eine gesunde Konstitution sich durchsetzt. Das rasende Klappern des Gehirncomputers muß einmal enden, sonst wird man verrückt. Abstellen läßt er sich leider nicht.

Mich wundert es noch immer, daß Robert mit mir zusammen nach Rostock gefahren ist. Vielleicht überwog die Neugier? Wie man überhaupt an ihm eine zunehmende Reiselust bemerkt. Er kann keine zwei Takte sogenannter klassischer Musik anhören. Und wenn er merkt, beim Fernsehen, daß sich ein «Unhappy-End» nähert, stellt er ab. Es ist bei ihm also etwas unter Verschluß, was ihn kippen könnte, und auf seine Weise hat er Gegenmittel erprobt. So ging er durch Rostock nicht etwa kopfschüttelnd und auch nicht angelaunt, wie ich es am ehesten vermutet hatte, sondern fremd und kühl. Er zeigte keine Regung, als wir an Großvaters Haus vorüberkamen. Konsequent die Weigerung, die verschiedenen Häuser zu betreten. Ich mußte ihn in die Nr. 90 direkt hineinziehen, und um die John-Brinckman-Straße machte er einen Bogen, stellte sich tot. Was in dem Seelchen wohl alles so vor sich geht.

Am letzten Tag machte er dann selber noch Vorschläge und ging in aufgeräumtester Stimmung gerade jene Straßen noch einmal ab, gegen die er Aversionen gehabt hatte. Großer Auftritt im Tabakgeschäft Welp. Die Verkäuferinnen kamen geströmt. So einen liebenswerten älteren Herrn hatten sie lange nicht gesehen.

Inzwischen laufen die Vorbereitungen für eine zweite Rostock-Reise. Wir werden sechs Tage dort drehen, die beiden Damen vom WDR, die das machen wollen, haben alle Genehmigungen erhalten. Die sehen ziemlich couragiert aus. Hildegard sagt, eine Frau habe ganz andere Möglichkeiten, sich durchzusetzen, nämlich mit Charme.

So was fällt bei Männern leicht keck aus.

In Rostock hat mich niemand nach meinen Erlebnissen in Bautzen gefragt. Ich selbst habe auch nicht davon angefangen. Die waren mit sich selbst beschäftigt.

Nartum   Mo 15. Januar 1990

Wear koi Weib hot, hot leicht schwätze. (Allgäu)

In der Frühe in Sachen Wieser mit Taxi zum Frühstücksfernsehen nach Hamburg. Gab mich mürrisch dem Fahrer gegenüber, damit er mir nicht den Tag verdirbt durch dumme Reden. Den Wieser hatten sie vor mir drangenommen: Als ich das Haus betrat, verließ er es durch eine andere Tür, um mir nicht zu begegnen. Roch es noch nach ihm? Mir schien es so.

In Oldenburg sprach ich an der Universität über Märchen. Ich gab Zettel aus, die zukünftigen Lehrerinnen sollten aufschreiben, welche Märchen sie kennen. «Schneewittchen» und «Max und Moritz», das kam dabei heraus, so ungefähr. Ich habe das schon einmal gemacht, nach Märchen gefragt: mit demselben Ergebnis. Also Null. Ein älteres Semester stand auf: sie liest Kindern keine Märchen vor, weil sie so grausam sind. (Die Kinder oder die Märchen?)

Wenn man mal beobachtet, was dieser Trickfilm-Hase, wie heißt er noch, seinen Widersachern alles antut, oder was der Katze bei Disney alles widerfährt? Und das ist «Kinderstunde»!

Hat Herburger sich nicht mal zu «Schweinchen Dick» geäußert?

Märchenwelt – das ist doch auch Heimat, wie Heimat eben ist, alles andere als «gemütlich». *Europäische* Heimat übrigens (Rotkäppchen = *chaperon rouge*) und tief aus der Vergangenheit kommend. Das Nibelungenlied (Der goldene Berg). Vielleicht bis in das von Wapnewski so bezeichnete «schweigende Jahrhundert» hinunter. Manches kommt sogar aus dem Orient. Was wohl die Türkenkinder zu Grimms Märchen sagten, wenn man sie ihnen vorläse. Einiges würden sie vielleicht erkennen: den «Similiberg» zum Beispiel. Oder den Geist aus der Flasche. Man denkt, drüben, im Osten, wüßten die Menschen besser Bescheid mit dem «kulturellen Erbe» als wir, aber die haben wohl andere Märchen zu hören gekriegt und geglaubt.

«Der Wind, der Wind, das himmlische Kind ...», «Rapunzel, laß dein Haar herunter ...» und «Heißest du etwa Rumpelstilzchen?»

Ich will nicht davon reden, daß man bei der Mutter saß und die Tischlampe brannte und so weiter. Es geht hier um eine Mythenwelt, wer sie nicht kennt, wer nicht in ihr lebt, kappt auch die Verständigung mit unseren Nachbarn. Ja, mit unseren Träumen. Also mit sich selbst.

Märchen, Sagen, Volkslieder – von der Bibel gar nicht zu reden. Was ist heutzutage alles entbehrlich! Wie stößt man uns aus, uns Ausgestoßene! Alles werfen sie ab, um nur immer höher hinaufsteigen zu können. Am Ende platzt der Ballon, das wissen wir doch schon heute.

Märchen der Völker – ein Zigarettenbilderalbum, mit dem Dilldapp, und «Bobby Box», als Kind immer wieder angesehen, und nun steht's hier im Regal, «nachgekauft», ab und zu nehme ich es zur Hand. Wer hätte das gedacht, daß ein Zigarettenkonzern soviel tut fürs Gemüt?

Die Brüder Grimm gaben den ersten Teil ihrer Sammlung im Oktober des schrecklichen Jahres 1812 heraus, den zweiten 1814. – Zufall?

Was ist in dem großen Jahr 1989 entstanden? Müssen wir nicht auch diese Geschichten sammeln?

Es ist immer höchste Zeit.

Das Erstaunen der Gäste, wenn ich bei den Literatur-Seminaren am letzten Tag um Mitternacht Volkslieder spiele. Was sind das für schöne Lieder? sagen sie.

Es sind schreckliche Lieder.

St. Marien, 1990

Nartum/Rostock Di 16. Januar 1990

A Ei es schnell gelêt, aber nit schnell ausgebrüt. (Nassau)

Filmfahrt nach Rostock mit zwei Damen vom WDR und ihrem Team aus Köln. Simone begleitet mich.
Wird nun die Heimat vermarktet?
Es ist wie mit dem Weihnachtsbaum drei Tage nach dem Fest ... Oder wie mit der Verfilmung von «Buddenbrooks», nichts stimmt, nicht einmal die Folie.
Es beginnt zwiespältig. Ich habe natürlich meine eigenen Vorstellungen von dem Film, schließlich dreht es sich um *mein* Leben und *meine* Arbeit, und da bin ich doch nicht gerade inkompetent. Meine Vorschläge bergen jedoch ein Risiko in sich, das ich dem Produzenten nicht zumuten kann, der arbeitet auf sein eigenes. Außerdem geht von ihm die Initiative zu dem Film aus, er hat den Plan bei der Sendeanstalt durchgedrückt, und er

trägt die Verantwortung. Da heißt's also willfährig sein bis hin zur guten Miene. Was nun entsteht, ist ein wahrscheinlich hübscher, aber eher konventioneller Film, also genau das, was von mir erwartet wird, eine Art Illustrierte, die «Damals» heißt. Doch meine Arbeit ist eigentlich zukunftsbezogen. Auch wenn ich über Vergangenes schreibe, hat das mit Zukunft zu tun, zum mindesten mit Gegenwart. Insofern liegt die ganze Sache falsch. Mit Nostalgie haben wir nichts zu schaffen gehabt in all den Jahren.

Dieses Filmunternehmen meint eine Erinnerung, die mir, wenn ich denn mit ihr konfrontiert werde, selbst gar nichts bedeutet. Rostock, Augustenstraße: sie sehen mir ins Gesicht, ob ein Zucken des Mundes seelische Erregung verrät. «Was denken Sie, wenn Sie jetzt vor Ihrer alten Wohnung stehen?» Ganz was anderes, ihr lieben Leute, ganz was anderes.

Sehnsucht nach Heimat hat immer mit Geheimnissen zu tun. Wenn sie gelüftet sind, ist die Unschuld flötengegangen.

So wäre das Katharinenkloster in Rostock, das ich damals nie gesehen habe, an das ich also gar keine alten, ausgegorenen Erinnerungen habe, in seiner Unentdecktheit ein würdiges, interessantes Thema für einen Film über Kempowski. Stralsund, Wismar – kaum gekannt; Lübeck: vielleicht eher Heimat als Rostock, weil noch unentdeckte Parallelitäten. Das sind die Verwandten, die man so lange zu befragen vergessen hatte.

Die Vergangenheit: ein zernarbtes, aber noch ziemlich intaktes Gemäuer, das ich gerne immer wieder durchforsche, wenn man mich in Ruhe läßt; die Gegenwart: Verhunzung; die Zukunft: die Vision eines wiederhergestellten Rempters, in dem ein Streichquartett spielt. Während ich an meinem Roman sitze, musizieren sie, und daß das auch in hundert Jahren immer noch die A-Dur-Sonate von Mozart sein wird, ist ein tröstlicher und zugleich verzweifelter Gedanke.

Andererseits ist der Gedanke, die alten Stätten im Bild festzuschreiben, für alle Zeit, auch nicht ohne Reiz. Die Wollust, die ich neulich empfand, als ich nach vierzig Jahren wieder in meiner Mansarde stand. Fragt sich, ob sich ein solches Gefühl auf den Zuschauer übertragen läßt. Aber das ist nicht mein Problem.

Es ist schon tragisch: mit Akribie einen Film vorbereiten und drehen, von dem man schon vorher weiß, daß er genau das zeigen wird, was man nicht meint, und daß das herausgeschnitten wird, was einem am Herzen liegt. Die Geduld der Techniker, das Produzieren von Einfällen, alles umsonst, ja sogar schädlich, denn die Kraft für das Wesentliche geht dadurch verloren. Was hier entsteht, ist nicht einmal eine Metapher. Das Erinnern funktioniert doch ganz anders.

Den Leuten in der DDR einen Papagei mitbringen?
Die beiden Frauen unterhalten sich über ein Medikament. Die eine hält es in der Hand, die Schachtel ist grün/weiß.
Ich sagte zu der Chefin: «Ich bin fünfundzwanzig Jahre unfallfrei gefahren!»
Da sagte sie: «Den Trick kenn' ich!»
Was ist mit diesem Rätselwort gemeint?
Hinzu kommt ja, daß mir nicht nur das Unternehmen fragwürdig vorkommt, auch die Menschen, die es realisieren, sind mir fremd. Im Grunde interessieren sie sich für das, was ich bin/darstelle, überhaupt nicht, sie wollen einen Film in meine Richtung machen. Ich soll so agieren, wie sie sich vorstellen, daß ein Schriftsteller ist. Und ich interessiere mich für ihre Arbeit nicht, ich habe abgeschaltet. Und, ehrlich gesagt, ich achte sie nicht sehr, diese Leute, sie stellen Mumpitz her, auf dessen Herstellung wir allerdings angewiesen sind, sonst nimmt man uns nicht wahr. Also schweigen.
Dialoge:
«Ich fange ihn von hier aus auf, gehe mit ihm mit, ziehe hoch/drauf auf den Kasten, und dann mache ich das Ganze noch mal mit großer Subjektive!»
«*Ihn*» – weshalb ärgert mich das?
Die Zerstörung eines Falk-Stadtplans.
Leider sind die Damen politisch links gestrickt.
«Jedes Land hat schließlich einen Verfassungsschutz.»

Warum sagt sie das? Wir wollen einen Kempowski-Film drehen, keinen über Modrow.

Das Restaurant an der Grenze, Intershop, natürlich geschlossen, von 2–3 Uhr.

«Bei uns kriegt man um die Zeit auch nichts Warmes», wird gesagt. Es wird darauf hinauslaufen, daß man bei jeder Gelegenheit das Arbeiterparadies verteidigt, auch wenn niemand etwas dagegen sagt.

Sie können meine Gedanken lesen.

Erste Einstellung: der Grenzgraben bei Schlutup. Ich muß Simone vor der Kamera erklären, daß das der Grenzgraben ist, über den ich damals 1947 in den Westen gesprungen bin. Ich zögerte in jener kalten Nacht, das schwarze Wasser, von Eisrüschen bekränzt, trennte nicht nur den Osten vom Westen, sondern auch das Gestern vom Morgen. Natürlich vollziehen wir einen solchen Schritt täglich, aber hier wurde es überdeutlich, was das bedeutet: weil ich springen mußte und weil ich gejagt wurde?

Auch wenn ich heute wieder hätte *springen* müssen, hinüber in den Osten, wäre die Vergangenheit damit nicht ungeschehen gemacht.

Fechner hat diese Szene in «Ein Kapitel für sich» ganz gut getroffen. Es herrschten bei den Dreharbeiten damals 10 Grad Kälte. Der Produktionsleiter hatte sich für die Unterbringung der Schauspieler und Komparsen etwas ganz Besonderes ausgedacht, er hatte Eisenbahnschlafwagen gemietet, die sich jedoch nicht heizen ließen!

Hinter der Grenze fuhren wir an einem vermauerten See mit Wachttürmen entlang, damit keiner rüberschwimmt nach Lübeck.

In Grevesmühlen hat das erste Café, das wir ansteuern, «zu».

Ich: «Neulich in Rostock hatten sämtliche Museen geschlossen.»

Die Chefin: «Das kann Ihnen in Italien auch passieren!»

In Grevesmühlen war noch einer jener Fensterspione zu sehen, wie es sie früher in jeder Kleinstadt gab. Viele verrostete Fahnenhalter.

Im Schaufenster eines Friseurs das Protestschild einer Mitarbeiterin: sie werde in diesem Laden ausgebeutet.

Schönes altes Haus mit Arkaden-Innenhof, der demnächst abgerissen wird.

Ich in Wismar, als wir an den Kasernen vorüberfahren: «Jetzt können Sie gleich einen Russen sehn.»

Chefin: «Hat der 'n Schild um 'n Hals?»

Rostock: Hotel «Warnow». Obwohl die Rostocker wissen, daß ich, der Tadellöser & Wolff-Mensch, heute hier im Hotel «Warnow» absteige: keinerlei Aufmerksamkeiten, nichts. Das ist Rückkehr. Aber sie wissen, daß ich schon mal da war und daß ich wiederkomme, weshalb sollten sie sich also aufregen?

Krusche, der Generalsuperintendent der DDR, sagt im Fernsehen, er hat unter den SED-Funktionären unheimlich viele honorige Leute kennengelernt. – Und ich kenne eine Menge Pastoren, die ziemliche Blindgänger sind.

Ein Fotograf erscheint im Hotel, bietet seine Dienste an.

Ich sage: «Sie können uns gerne bei den Dreharbeiten begleiten.»

Er: «Ich denke, Sie brauchen mich?»

Ich: «Sie haben doch gefragt, ob Sie fotografieren dürfen.»

Er: «Ja, wollen Sie denn nicht fotografiert werden?»

Ich: «Ich sage doch, daß Sie uns ...»

Es war klar, der Mann will Bilder von mir machen und hinterher verkaufen, dagegen habe ich doch gar nichts. Wieso versteht er mich nicht, wieso begreife ich nicht, was er eigentlich will?

Als ich die Sprengung der Giebelhäuser am Markt beklage, sagt die Chefin: «Die hatten vermutlich was anderes zu tun, damals, andere Sorgen.»

Und dann gelacht, als ich «St. Marien» als Gebärmutter bezeichnete. Das war ja auch ziemlich bescheuert von mir. Warum kehrt man im falschen Moment das Innerste nach außen? Warum verschrottet man sich? Geduld: es wächst nach.

Im Frühstücksraum des Hotels erklingt «Solveigs Lied».

Wir müssen Westmark gegen papierne Hotelmark umtauschen, die uns hinterher wieder abgenommen wird. Wozu der Umstand?

Mich wundert, daß die Stasi noch nicht hinweggefegt ist. Es heißt, daß die Leute noch immer brav alles notieren. Man zeigt mir den Abhörraum in diesem Hotel. «Da drüben», sagt der Kellner und legt den Finger auf die Lippen.

Böll: im Krieg jeden Tag Briefe geschrieben! Sind alle noch vorhanden. Wann werden wir sie zu sehen kriegen? Am Ende wird man sie zu seinem Hauptwerk zählen. Die Romane wird man vergessen.

Noch zu Rostock: «Sättigungsbeilage», «Wurstscheibe mit Brotsockel», das las ich auf der Speisekarte.

Lachen darf ich nicht, sonst kriege ich von den Damen welche auf den Deckel.

Ich spüre, daß ich älter werde. Besonders das sogenannte Nervenkostüm ist nicht mehr so robust. Abgesehen von den Zähnen habe ich das jetzt zum ersten Mal beim Aussteigen aus dem Auto gemerkt. Man tastet nach der Hand des Türaufhalters, daß er einem raushilft. Theater? Adele Sandrock spielen? – Ich atme geradezu auf, nicht mehr so jugendlich und elastisch erscheinen zu müssen.

Den Abstand zur Jugend wahrnehmen. Das angesammelte Wissen, Lebenskenntnis, die unübertragbaren Erfahrungen. In die Mienen der Jungen ist ein anderer Ausdruck eingezogen, wenn sie mir gegenüberstehen, Befremden – sie haben sich und mich abgemeldet. Man ist außer Konkurrenz. Das läßt Heiterkeit zu, die neben dem Bedauern sitzt.

Heute früh, beim Einpacken meiner Sachen für die Fahrt nach Rostock, kam aber dann doch so etwas wie Lebensungeduld hinzu. Man spürt, daß aus dem Herumstehen und Warten auch etwas herauskommen muß. Das Verhältnis zwischen den Plänen, die man noch hat und realisieren möchte, und der Zeit, die man eben nicht mehr hat, beginnt bedrohlich zu werden. Der Argwohn, daß sich die Erinnerungen, die man noch braucht, abnutzen.

«Flachglas», ein ziemlich blödes, unangenehm auszusprechendes Wort. Ein Auto mit Flachglasscheibe? Stufenheck. Wir fuhren schon mal den «de Gaulle der Autoindustrie», das ist zwanzig Jahre her. Einen Roman mit Stufenheck schreiben. Ein Gedicht in Stromlinienform. Gedanken aus Flachglas ...

Das wird ein Stachel bleiben: Warum hat Karasek im Fernsehen gesagt, daß er nicht den kleinen Finger krumm gemacht hätte für mich, wenn Wieser nicht auch ihn angegriffen hätte? «Das können Sie mir glauben.» Warum sagte er das? Und was bedeutet das?
War das nötig?

Rostock   Mi 17. Januar 1990

Pock verkleetsj, Pock vertreetsj. (Altenburg)

Man muß es auseinanderhalten: das, was anders ist, und das, was widerlich ist.
Das Schlagwort vom «Ausverkauf der DDR». Der Ausverkauf hat ja schon 1945 begonnen. Wir haben es doch mit eigenen Augen gesehen! Lange Güterzüge mit übergroßen Kisten drauf, kyrillisch beschriftet. Schiffsladungen von Möbeln, Nähmaschinen, Motoren, alles Richtung Osten.
«Woher wußten Sie, daß die Sachen in den Osten gingen?»
Es ging damals die Fama um, das Zeug werde drüben einfach

ausgekippt und verrotte im Freien. Berichte von Kriegsgefangenen, die diese Güterzüge entladen mußten, haben wir im Archiv. Diese Leute erzählen, was aus dem Reparationsgut wurde. Siehe «Uns geht's ja noch gold». Daß die Russen sich schadlos hielten, war ihr gutes Recht, aber ich hatte immer das Gefühl, daß es dabei nicht mit rechten Dingen zuging.

10 Uhr – Augustenstraße 90.
In den vierzehn Tagen seit unserm ersten Besuch hat sich vieles verändert. Was? Wir selbst sind anders geworden. Der Film ist von Standfotos durchsetzt.
Die Perversität, die Erinnerungen exhibitionistisch vor der Kamera zur Schau stellen zu wollen oder zu müssen, wird erträglicher durch die tatsächlich vorhandenen Gefühlsströme, die doch immer noch so stark sind, daß sie die Umstände vergessen lassen. Vielleicht wird jetzt nicht das Erinnerte dokumentiert, sondern das Erinnern, und noch brauche ich kein Theater zu spielen.
«Kucken Sie mal nachdenklich nach rechts ...»

Simone trinkt eine Brause, ich verkrieche mich in meinen Mantel.
Das Treppenhaus – «dein Vaaater ist tooot» –, die Wohnung. Abgeplatzter Lack erregt Phantasie. Irgendwo stand eine Heizung, die nicht mehr da ist, und ein Rohr läuft an der Wand entlang, das uns schon damals geärgert hat.
Simone meint: «Hast du hier damals nicht irgendwas versteckt, was du jetzt wiederfindest?» – Leider nicht!
Die Chefin sagte, ich sollte nicht erschrocken sein, wenn ich die Wohnung betrete. Ich soll also Haltung bewahren, vor Gummistiefeln und alten Wehrmachtsspinden, die da jetzt stehen. Warum sollte mich das erschrecken?! Es wäre grauenhafter, wenn hier an diesem Tisch mein Vater noch immer säße, vielleicht als Mumie wie bei Kubricks «Odyssee im Weltraum».
Immer noch bewegt es mich, daß damals unsere gesamte sogenannte Habe gestohlen wurde. Wo sind die Bilder? Wer hat die

Meißner Teller? Das gehörte doch uns! Was sind das für «staatliche Organe», die so etwas einfach wegnehmen? Oder waren's die Nachbarn? Ich möchte eine Anzeige in die Zeitung setzen, daß ich alles zurückkaufe, meinetwegen über «Mittelsmänner». Die altdeutschen Briefmarken von Vater könnte ich mir wieder besorgen, aber nicht das Album, das er in der Hand gehalten hat.
Verrückterweise spielt der Christusdorn eine Rolle in meiner Erinnerung. Dauernd denke ich an den Christusdorn. Das sind diese langweiligen Dinger, die einen gummiartigen Saft absondern, wenn man sie mit ihren eigenen Stacheln sticht.
Es ist wirklich läppisch, aber das Türschloß ist noch dasselbe. Diese Feststellung bringt uns zwar nicht weiter, aber es ist nun mal so! Wenn ich noch den Türschlüssel besäße, könnte ich aufschließen, oder besser noch: endlich abschließen.

Westgermanen/Ostgermanen.

Rostock   Do 18. Januar 1990

*A hering is genüg far zehn perschojn – a hihn
kaum far zwej.* (Jiddisch)

12 Uhr, Café Herbst.
Ausgeleert, angewidert, beschämt, traurig.
Der Wunsch, endlich mit Rostock Schluß zu machen.
Die Arbeit an dem Augustenstraße-Abschnitt des Films liegt wie ein düsterer, dreckiger Alp auf mir. Als hätte ich mich durch das Nachspielen der Vergangenheit beschmutzt. Ist nun ein für allemal Schluß?
Schluß. Schluß. Schluß. – Abschließend ist zu sagen, daß meine ganze Arbeit unnötig war, das, was sie jetzt die «Die Deutsche Chronik» nennen, ist mißglückt. Von Herzen gern möchte ich alles ungeschehen machen. Da bleibt nur noch das «Echo-

lot» als einziger Trost. Ohne das «Echolot» würde meine «Chronik» noch sinnloser sein.

Es ist ja völlig egal, daß die Rostocker «Kulturschaffenden» mich nicht zu den Rostocker Kulturtagen, die hier morgen stattfinden, eingeladen haben. Leider empfinde ich aber doch Beschämung und Wut, wenn ich das höre. Ich möchte so gerne dazugehören.

Als wir gestern in der Augustenstraße drehten, stand ein Arbeiter neben uns, der uns zukuckte. In einer Seitentasche seiner

Hose hatte er einen Schraubenschlüssel. Simone hat einen hübschen Dialog mit angehört:
1. Arbeiter: «Komm mit, du mußt sägen!»
2. Arbeiter: «Nee, ich kann nicht!»
1. Arbeiter: «Los, nu komm mit in die Halle!»
2. Arbeiter: «Nee, ich muß hier helfen!»
1. Arbeiter: «Dann gib mir die Säge!»
2. Arbeiter: «Nee, geht nich, ist mein Privateigentum!»

Bei meiner Arbeit an den Rostock-Romanen habe ich nie an eine Art Anerkennung gedacht. Das war Selbstzweck. Nun aber verletzt mich das Ausbleiben von Applaus denn doch. Ich merke, wie sich das von Stunde zu Stunde in mich einbohrt.
«Das hast du gut gemacht», dies kriegt man selten zu hören, dieses einfache Wort.
Es ist gut, daß der Fotograf mir zur Seite steht. Auch Simones Dabeisein wirkt wohltuend. Ich wäre der Geschäftsmäßigkeit der beiden Damen sonst doch ausgeliefert. Nun kann ich meinen Unmut kaschieren. «Er ist halt schwierig», sagen sie. Die ganze Situation ist schwierig.
Alles, was ich sage, befremdet sie. Ich bin das Okapi unter den Giraffen.
Mit Jähzorn habe ich zu kämpfen, das ist wahr. Wie sie sich angezogen haben! Wie peinlich hier unter den ärmlichen Rostockern, das Pfauenhafte. Wie sie reden.

Im Hotel sind ganze Etagen an Banken vermietet und Industriebetriebe. In der Lobby sitzt an einem Seitentisch ein Balkanmensch mit Familie. Dicke Zigeunerfrauen, keine Ahnung, ob Roma oder Sinti, ein Opa mit Pelzmütze usw. Sie boten mir einen Blechbecher mit Glaseinsatz zum Kauf an. Ich bekreuzigte mich, wodurch ich sie mir vom Leibe hielt. Altes Rezept, das mir schon in «Gdansk» geholfen hat.
Simone kriegte einen hysterischen Anfall, weil sie «Kakerlaken» in ihrer Badewanne entdeckte. Die hätten vorne so Hörner oder Zangen, hat sie gemeint. Ich mußte mit hinaufkommen und un-

ter die Dusche kucken. Ich nannte das erlegte Tier einen «Heuschober», was sie irgendwie beruhigte.

Ich erzählte den Damen, daß das Zimmermädchen die Russen als «Dreckschweine» bezeichnet hätte, die hätten im Hotel zwei Extraetagen reserviert bekommen, weil sie überall hinspucken, abkochen und scheißen. Na, da kriegte ich aber was zu hören! Die Russen seien doch auch Menschen, was *wir* denen angetan hätten und so weiter.
Die Chefin erzählte von ihrem Ferienhaus in Ibiza.
Ich: «Das muß ja ekelhaft sein, dauernd aufs Meer zu glotzen!» Daß sie es einmal an zwei Bismarck-Urenkel vermietet habe, die sich (auch) wie die Schweine benommen hätten und dann nicht bezahlt.
Ich: «Vielleicht hatten Sie ein Plakat von Che Guevara in der Küche hängen, so was provoziert manchen …», und zu Simone laut und deutlich: «Die Bismarck-Enkel haben 'ne Russin als Großmutter.»
Der liebe Gott gab mir zur rechten Zeit das Rechte ein. Es war ein ziemliches Gefetze. Und das verhinderte, daß ich tränenden Auges durch die von giftigen Braunkohledünsten belagerten Straßen ging. Ich schritt nur noch und erinnerte mich daran, daß ich mich vor zehn Tagen erinnert hatte.

Heute früh Arbeit in der Marienkirche. Ich verknipste nebenher ein paar Filme. Die Sonnenuhr am Südportal ist verschwunden. Sie sei bei einem Sturm abgefallen. Das Ding habe noch lange auf dem Dachboden gelegen und dann weggeschmissen. Auch darüber traurig.
Gestern hatte ich in der Augustenstraße eine Horde junger Mädchen auf der Straße gestoppt und die Kindchen von links und von rechts fotografiert. Sie kamen aus Stralsund und machten einen Schulausflug. Simone flüsterte ihnen zu, daß ich ein berühmter Schriftsteller sei, der hier in diesem Haus gewohnt hat – das machte sie nicht zutraulicher. – Die rätselhaften Physiognomien, alle wollen in den Himmel kommen.
Ich sagte: «Jetzt müßt ihr mir aber auch eine Adresse geben, da-

mit ich euch die Bilder schicken kann.» Da sagte das eine Mädchen: «Ich wohne da und da, mein Vater ist Arzt.»

Den geretteten Hauptaltar von St. Nikolai, der jetzt in der Marienkirche steht, fotografierte ich auch. Das Hantieren mit dem Apparat half mir, lästige Gefühlsausbrüche zu vermeiden. – Die

Physiognomien der Apostel sind sehr niederdeutsch. Man merkt es an den Gesichter, das sind alles Norddeutsche, wie auch die Figuren an der Astronomischen Uhr. Einer der vier Apostel, die die Bronzefünte halten, trägt sogar eine Fischerkrause.
Die Frau Pastorin dieser Kirche, die unpassenderweise Luther heißt, war übrigens nicht erschienen, obwohl wir uns mit ihr verabredet hatten. Gott sei Dank. Sonst hätte man ihr vielleicht erzählt, daß ich ein bekannter Schriftsteller bin.
Es gibt ja auch Leute, die was anderes vorhaben.
Der kriechende Mann an der Kanzel, die beiden Kriegsgötter mit den dicken Bäuchen, der Gefangene, der den Sarg des Todes trägt, der Grabstein mit dem Hündchen, der Grabstein der Familie Mann und natürlich die Orgel. Die Orgel – ich hielt der Chefin einen Vortrag über die Marienkirche als Gebärmutter, das Querschiff als überdimensionale Scheide, die Orgel als himmlisches Jerusalem, aus dem wir kommen und in das wir uns zurücksehnen. Daß mich das bewegt, sagte ich.
«Aber doch auch das Rostocker Umfeld», sagte sie daraufhin,

«Rostock als Ganzes?» oder irgend sowas, also Blech. Und daß mir der Name meines Vaters, der in dem Gedächtnisbuch für die Gefallenen verzeichnet ist, in der Kirche nichts bedeutet. Sie stelzte mit ihren Husarenstiefeln durch die Gegend: peinlich. Pelzjacke mit Plustertuch. Handelte es sich denn um eine Entweihung? Kann mir das nicht alles ganz gleichgültig sein?

16 Uhr, Irritationen: Nachdem wir die Aufnahmen in der Marienkirche einigermaßen elegant hingekriegt haben, wobei ich der Chefin meine reizenden Kleinigkeiten geradezu aufprügeln mußte, hieß es plötzlich: Und jetzt dreh'n wir vom Hochhaus aus die ganze Stadt. Diesen Einfall hielt die Dame wohl für besonders genial. Aber, erstens: Was habe ich mit dem Hochhaus zu tun, für das ein altes Postgebäude abgerissen wurde? Zweitens: Es gehört sich nicht, die Marienkirche von oben zu filmen! Sie ist dazu gebaut, daß Menschen zu ihr aufschauen!
Nichts zu machen, wir stiegen alle hinauf, störten dort einen Kunstmaler, der auf bessere Zeiten wartete. Ah, Kempowski. Kein Gespräch möglich. Eine Art Verstockung herrschte hier vor.
Aus dem neunten Stockwerk wirkt die Kirche wie ein Modell. Durch dieses Bubenstück ging uns wertvolle Zeit verloren. Mich brauchten sie dabei nicht. Hätte ich mich wie ein Wasserspeier über die Brüstung lehnen sollen? Runterkotzen?

Danach ging es mit Sack und Pack an den Hafen. Am Mönchentor ließ man mich vierzig Minuten in eisiger Kälte warten. Und dann kam die Dame gleich mit fixen Vorschlägen, am Hafen wollte sie entlangfahren und all solche Sachen. Da platzte mir der Kragen.
Ein paar Fotos habe ich geschossen, während wir da warteten. Pfütze mit Wasserlache, von Heizungsrohren durchbrochene Gipsfriese, verrammelte Fenster.
Ich stieg dann noch einmal durchs Fenster in unser Geschäftshaus ein, machte das ganz originell, wollte ihnen das zum Drehen anbieten: der Enkel besieht sich die Reederei seines

Großvaters ... Um ein Haar wäre ich in den Bierkeller gestürzt. Verfluchte Zeit, vertrackte Kursänderungen, vergebliche Tagesrettungsaktionen.
Heute abend geht's zur «Demo», wie der Bürgerprotest hier verniedlichend genannt wird. Ekelhaft, sich dazwischenzudrängen. Mein Trost, auch hier wird man es nicht erkennen, daß ich der Mann bin, der ihre Stadt beschrieben hat.

Rostock   Fr 19. Januar 1990

Mer b'halt sei Fieß 's bescht unnich 'm eegne Disch. (Pfalz)

Nochmals vor der Augustenstraße. Eine Dame, die uns zusah, laut und deutlich: «Beginnt jetzt der Ausverkauf der DDR?»

Gestern also die «Demo». Zuerst *Opera tragica* mit der Chefin in dem Kinderkaufhaus, gleich neben der Kirche. Von hier aus warteten wir auf die aus der Marienkirche strömenden Demonstranten. Kuckten auf das noch geschlossene Portal hinunter, durch das in früheren Jahrhunderten die Ratsherren einzogen und meine Eltern zur Trauung, wozu man Eintrittsbillets ausgab, und nun gleich das Volk quellen sollte. *We shall overcome...*
Ich verkroch mich hinter den Kinderanoraks. Bloß nicht dran rühren!
Die Chefin: ob sie mich mal sprechen dürfte? Und dann beklagte sie sich über meine «Weiberfeindlichkeit». Wenn die wüßte! Ich genoß ihren erregten Monolog in vollen Zügen, setzte mir eine Kindermütze auf und weidete mich an der Standpauke. Ihr geschminktes Gesicht vibrierte, einzelne Muskeln zuckten, mal links oben, mal rechts unten, und mit den Händen segelfliegerte sie. Eine Stunde dauerten die Vorhaltungen, die ich mir unter Kinderröcken, rosa Anoraks und Kappen interessiert anhörte: Sie machte mir Vorwürfe über Vorwürfe, mein ganzes Leben wurde in Frage gestellt.
Als die Menschen dann anfingen, aus der Kirche herauszuquellen – «Sie kommen!» –, erst tröpfeln, dann quellen, mischte ich mich unter sie und sorgte, von oben gefilmt, mit finsterem Demonstrantengesicht für den Abspann des Filmes. Ich lief dann noch ein Stück mit, die Leute um uns herum sprachen über alles Mögliche, bloß nicht über die Wende. Vorne flatterten Fahnen im eisigen Wind, keine Sprechchöre. Ein Mann schrie in die murmelnde Masse hinein: «Nu mal nicht so lahm! Oder müssen wir erst die Sachsen holen?»

75

Den Abend beendete ich gemütlich mit Simone, der ich einige Belehrungen über den Ernst des Lebens zuteil werden lassen konnte. Kakerlaken mußten nicht mehr gesucht werden.

Heute früh mit gespielter guter Laune die ödesten T/W-Einstellungen, eine Wiederkäuung von Erlebnissen, die längst zu Ende gedacht sind.
Das Interessanteste noch war eine Fahrt um die Stadt, wo wir denn auch prompt auf jenen Panorama-Blick stießen, der schon von ganzen Maler-Generationen abgemalt, abgepinselt und abgeschmiert wurde. Leider absolut ruiniert durch Krieg und Nachkriegszeit: die Turmstümpfe der ausgebrannten Kirchen,

die sozialistischen Neubauten quer davor, und die «Fehlstelle», die weggesprengte Jakobikirche nämlich. Die Chefin kämpfte mit ihren bunten Pleureusen wie eine Bark mit den Segeln in widrigen Fallwinden, und ich stolperte durch ölige Pfützen.

Rostock   Sa 20. Januar 1990, 15 Uhr

Schlöft dr Gärtner, pflanzt dr Teifel Ukraut.
(Erzgebirge)

Eine geköpfte Windmühle.
Heute früh mußte ich mir dann das Panorama noch einmal so ansehen, als wär' das was ganz Neues für mich. Ich tat es ohne jede innere Anteilnahme und ärgerte mich darüber, daß es nicht regnete. Was mir so einfiel, hielt ich unter Verschluß. – Dann die versaute Petrikirche, Altstadtbruch wie nach einem Fliegerangriff.
In der Innenstadt dann Massen von West-Idioten, denen man Fischbrötchen anbot. Sie wurden aus Lautsprechern mit schwedischen Nachrichten beschallt. Die Caféhäuser hatten dichtgemacht, desgleichen die Souvenirläden, zum Teil mit Scherengittern. Die Gäste aus Bremen spielten «Paris ankucken», westdeutsch ist gar kein Ausdruck. Die Blutstraße wurde zum Laufsteg: den Ossis wurde bei der Gelegenheit die neueste Garderobe vorgeführt. Hin und wieder löste sich jemand aus der westdeutschen Menge und konnte es nicht fassen: Kempowski in Rostock! – Und wie! Einer fragte mich, ob ich Kempowski heiße. Es kam dazu, daß ich antwortete: «Ja, leider.» Die Chefin rügte mich und sagte, ich müsse doch zu diesen Menschen freundlich sein, das wären doch alles Fans von mir. Die meinten das doch nicht bös. Sie versuchte im übrigen, Simone auf ihre Seite zu ziehen, und das geschah in Hörweite. Sie sollt' doch mal zugeben, daß ich ein unangenehmer Patron sei, wie sie es bloß mit mir aushielte! …

An der Nikolaikirche stießen wir auf einen freundlichen Mann, der mich in den Kohlenkeller eines alten Hauses führte. Er zeigte mir Gewölbe und eine ausgetretene, schiefe Treppe. Immer gehören auch die Keller dazu. Les Miserables. Juden waren hier nicht versteckt worden.

Die Damen warteten draußen, wo ich denn bleibe?

Ein Besuch bei Pastor Wolter in Biestow. Was ich über die DDR denke. Wiedervereinigung und all dieser Laberkram. Auch der grandiose Mauerfall, dieser unglaubliche 9. November, verändert sich in der Meinung der Leute wie auf einer Drehbühne. Der sogenannte Stellenwert. Wie gut für die Wiedervereinigung, daß ihr ein solches gewaltsames Erlebnis zugrunde liegt. Du lieber Himmel!

Der dicke Lahl war extra mitgekommen, mit dem ich dann alte Geschichten austauschte. In der Kieskuhle habe ich ihn mal unter herunterstürzenden Sandmassen hervorgezogen, das ging ruckzuck. Schüler waren wir da, und es war streng verboten, dort zu spielen.

Der Pastor in seinem Pfarrhaus: Was mich störte: Die erwachsenen Kinder des Pastors saßen im Nebenzimmer und sagten mir nicht guten Tag. War ich denn auch hier der Klassenfeind?

Das Warnow-Hotel hat mir gefallen, keine Musik, gutes bekömmliches altdeutsches Essen, freundliche Bedienung. Ein sogenannter Stasi-Schuppen.

In meinem Zimmer die Daumen gedreht und auf die Straßenbahn hinuntergekuckt. Daß im Fernsehen Märchen über den Bürgerkrieg in Spanien vorgetragen wurden, Anhimmelungen und Heldenverehrung, durchmischt mit allerhand Lügen und Verschweigungen, dafür können die Leute hier ja nichts! – Im ZDF und NDR gab es Talk-Shows zu sehen, die fleischliche Dummheit dieser Sendungen wurde hier in der proletarischen Umgebung erst so recht deutlich.

Abschließend ist zu sagen, daß die Leute sich hier in ihrer Brühe ganz wohl zu fühlen scheinen. Viel herumdösen! Warum auch nicht?! Fleischerläden sind voll, wärmende Anoraks für Kinder, Brot, Butter, nur daß die Cafés dauernd «zu» sind – und das ewige Lügenmüssen.

Man verstellt sich aus Höflichkeit.

Noch etwas brauchbare Literatur für das «Echolot» gekauft, aber was ich sonst «rausschleppen» sollte aus der DDR, ist mir ein Rätsel. Einen Kinderanorak?

Nartum, 20 Uhr.

Bei der Rückfahrt, kurz vor Lübeck, sagte ich zu Simone, so laut, daß die beiden Damen vorne es hören mußten: «Komisch, so viele Tierhandlungen ...»

Die beiden Damen: ? Was sagt er da? Was sagt er da?

Ich sagte: «Da steht doch überall ‹Peep-Show› dran.»

Des Kopfschüttelns war kein Ende.

Die Verständigung mit den Fernsehfrauen aus Köln war bedeutend schwieriger als die mit DDR-Leutchen.

Simone stand mir die Tage tapfer zur Seite. Da sie nur dünne Leinensachen trug, flüchtete sie sich vor dem beißenden Januarwind ins Auto, wenn's irgend ging.

Es wird ein Tonsurfilm werden: denn es kam dahin, daß ich ununterbrochen ins Bild gehen mußte, damit die Kamera mir folgen konnte, was von vorne ja noch geht. Aber von hinten? Die Haare! – Oder die Hände auf dem Rücken auf nachdenkliche Weise widerliche Gebäude ankucken. Immer alles von hinten!

«Jetzt freuen Sie sich aber doch ein bißchen, daß Sie wieder nach Hause kommen, ja?» – «Allerdings.»

Eine eisenharte Frau mit einer Willensstärke, wie ich sie noch nicht erlebt habe. Das, was ich gedreht haben wollte, lehnte sie ab, und was ich nicht wollte, drehte sie. Immer wieder kam sie auf mein Geburtshaus zurück, das es ja gar nicht mehr gibt, auch das wollte sie unbedingt aufnehmen. Sollte ich kopfnickend vor einem Loch stehen? Als ich aber darum bat, die Flaschen in der Brausefabrik zu zeigen, wie sie soldatenartig angeruckelt kommen, war das irrelevant.

Ich zeigte ihr eine leere Nische in der Fassade des abgebrann-

79

ten Giebelhauses von Dohlichs Erben und sagte: «Da kommt meine Büste eines Tages hin.» – «Das ist doch wohl nicht Ihr Ernst?» sagte sie da. – So in diesem Stil ging's die ganze Zeit. Ungleichnamige Brüche.

Auf keinen Fall werde ich den Bautzen-Film mit ihr machen, dann lieber gar nicht. Heute sprach ich mit einem holländischen Fernsehmann, vielleicht macht der es ja. Ich glaube schon, daß das mit dem besser gehen würde.

Was das Leerkaufen der Zone angeht: Ich sah es wohl, daß sich die beiden Wohlstandsdamen mit Klassiker-Ausgaben in einem Antiquariat eindeckten: «Sagenhaft billig.»

Hier in Nartum fand ich eine Menge Post vor. Darunter auch einen Brief von Uta Ranke-Heinemann, die mir in der Wieser-Affäre Mut zusprach, ihr wär' so was auch schon mal passiert. Im Ganzen bin ich für die Öffentlichkeit der milde freundliche Dummerjan, ich bin «ihr» Kempowski, der ganz still und leise sich ein Œuvre zusammengeschnorrt hat, aus viel Sand und kleinen Steinen.

Schluß jetzt! Tür zuschlagen, Ohren anlegen und immer schön mit dem Wind pinkeln!

Nartum   So 21. Januar 1990

Döig de Döer zou, et Vöjelche flügt erus. (Aachen)

Erinnerungstag an den heiligen Meinrad. Ich will nicht gerade sagen, daß er «mein» Heiliger ist, aber die Sache mit den Raben hat mich immer bewegt. – Die Kaschnitz hat in der «Engels-brücke» über ihn geschrieben.

Mit der Amerikanerin nach Bremen zum Flohmarkt, wo ich zwei Fotoalben kaufte und ein kleines Tagebuch. Alles fast ge-schenkt, aber auch nichts Besonderes.

Ich suche schon seit längerem eine Arzberg-Tasse Marke «Adria». Das Service wollten wir uns 1960 für unsern jungen Ehestand kaufen. Möchte mir das Ding gern auf den Schreibtisch stellen. In Weiß sieht man es häufiger.
Wir setzten uns in ein Café und rührten in der Kaffeetasse. Ich dachte an Taos, wo ich sie aufgabelte. Nach ihren Eindrücken von Deutschland mochte ich sie nicht fragen. Sie wunderte sich, daß es hier in den Straßen keine Trinkwasserzapfstellen gibt und daß die Verkehrsampeln nicht gleich von Rot auf Grün springen, beziehungsweise umgekehrt. Ein harmloses Menschenkind mit länglichem Gesicht. Haben Amerikaner auch ein Heimatgefühl? Sie ziehen viel um, heißt es, und das steht dem entgegen.

Wuppertal   Mi 24. Januar 1990

Bäter bewoart as bekloagt. (Strelitz)

Der Sozialdemokrat Meckel im «Spiegel»: «Das Gerede von
der Wiedervereinigung kann ich nicht ertragen.»
«Spiegel»: «Welches Gerede?»
Meckel: «Das von Herrn Kohl zum Beispiel, der anfangs von
einem schnellen Weg zur Wiedervereinigung gesprochen hat.
Wir denken, daß genau das nicht möglich ist. Erstens wegen des
Begriffes nicht, der rückwärtsgewandt ist. Und zweitens ... Wir
wollen eben nicht den Anschluß, der hier sämtliche sozialen,
ökologischen und auch demokratischen Prozesse behindern
oder gar verhindern würde ...»

Eine Lesung in einer aufgelassenen Kirche, die einen unwohn-
lichen Eindruck macht. Sie repräsentiert ein Katheder-Chri-
stentum, das mir fremd ist, ein bißchen erinnerte sie mich an
Boston. Der freundliche Herr Weber hatte mich eingeladen.
Doderer-Spezialist der ersten Stunde. Merkwürdig: in Boston
war es eine Studentin namens Weber, die mir dort zeitweilig
Gesellschaft leistete.
Die Lesung litt etwas durch die schlechte Akustik. Und hinter-
her bei der «Diskussion» kriegte ich Wind von vorn: Ein Stu-
dent machte mich rüde an. Ich fragte zweimal nach, legte die
Hand hinters Ohr, da reduzierte er seine Vorwürfe.
Hinterher in einer weißen Pension, innen alles weiß gestrichen,
Lampen, Möbel, alles weiß, Bettzeug hingegen schwarz/gelb
gestreift.
Ob ich irgendeinen Wunsch habe, wurde ich gefragt. – «Ja, alles
kaputt schlagen!» hätte ich am liebsten gesagt.

Bonn   Do 25. Januar 1990

Hinterm Berg san aa no' Leut. (Bayern)

Wenn man niest, gefragt zu werden, ob man erkältet ist.

Gestern Vortrag über das «Echolot» in der Bayerischen Vertre-
tung, etwas zu privat vielleicht. Ich sprach zuerst allgemein,
dann speziell über den 20. April 1945, Hitlers letzten Geburtstag. Das war jener Tag, an dem er für immer in den Katakom-
ben verschwand.
Jeder Zuhörer bekam eine Zusammenstellung der Texte dieses
einen Tages in die Hand. 25 Seiten für *einen* Tag! Sie machten
sich gierig darüber her.
Die Zuhörer – überwiegend Herren vom Bundestag – zeigten sich gönnerhaft. Die Idee, Gutes und Böses im «Echolot»
nebeneinanderzustellen, die Hausfrau neben den Oberstleutnant, diese Gleichzeitigkeit, regte sie an. Mit so was können sie
was anfangen. Dieses Projekt in die Welt zu setzen machte sie
geradezu unruhig, so als ob die Straßenbahn gleich abfährt. Sie
gaben sich «aufgeräumt». Ist es eine Art von Neugier? Sie nick-
ten einander zu: Hier versteht einer sein Geschäft ...
Schwilk hat mein Rede-Manuskript mitgenommen, er will das
im «Rheinischen Merkur» veröffentlichen. Ob das richtig ist?
Im Antiquariat noch Bücher für das «Echolot» gekauft. Einiges Brauchbare darunter.
Wie ein taumelnder Weltraumsatellit komme ich mir vor.

Nun mal die schönfärberischen Berichte der letzten Jahre über
die DDR nachlesen. Inge Jens, Marlies Menge. Sie haben doch?
Oder haben sie nicht? Leider habe ich die «Zeit» immer gleich
weggeschmissen, da könnte man jetzt manches entdecken.
Jeden Tag kommen jetzt Sensationsmeldungen über die Demontage des sozialistischen Paradieses. Bergsdorf sagte heute,
500 Milliarden Mark koste es, den Dreck wieder in Ordnung
zu bringen. Nicht nur die Städte seien in einem erbärmlichen

Zustand, auch die Fabriken – die Flüsse total vergiftet. Einfach alles reingekippt. Umweltschutz sei drüben unbekannt.

Ein Herr im Speisewagen: Ja, ich dürfe «sehr gerne» an seinem Tisch Platz nehmen, «Herr Kempowski».
So was tut wohl.

Wieder in Nartum. Das Telefon ging ununterbrochen. Eine Menge Briefe.
Hab' wieder das Leibschneiden.
Woher die Feindschaft? Die Gehässigkeit?
«Glauben Sie mir – ich hätte keinen Finger gerührt für Kempowski!» Das hat sich tief eingebrannt. Aber er hat!, und das sollte man nicht vergessen.

Im TV: wie das ekelhafte Emblem der SED weggeschweißt wird vom ZK-Gebäude. Sie haben sich ja nur gegenseitig die Hand gedrückt, nicht den andern. – Nein, ich habe keinen Spaß daran, recht behalten zu haben. Das ist zu teuer gewesen, für alle Seiten.
Immer noch kommen 12 000 Menschen pro Woche. Nur noch die Grünen reden gegen die Wiedervereinigung. Wählerstimmen wird es sie nicht kosten.

Nartum   Sa 27. Januar 1990, 7 Uhr

E kleenet Etwas ös bäter als e grootet Nuscht.
(Ostpreußen)

Gestern nachmittag kamen fünfundzwanzig Amerikaner, Studenten aus Cleveland. Es war sehr anstrengend, weil sie schlecht deutsch sprachen. Ich fragte: Spielt einer Klavier? Ja, eine japanisch aussehende Studentin spielte Schubert aus dem Kopf. Kann jemand ein deutsches Gedicht?

Nein. – «Können Sie?» – Ja, ich konnte: «Füllest wieder Busch und Tal ...» Bautzen sei Dank.
Die Klavierspielerin war sich offenbar nicht bewußt, daß sie japanisch aussieht. Ich sprach sie darauf an, aber sie wußte nicht, was ich damit meinte.

Viel Post erledigt und an «Sirius» gearbeitet: November 1983. Im FAZ-Fragebogen gibt der Maler Wolfgang Mattheuer bekannt, daß sein Lieblingsschriftsteller Günter Grass ist. – Der kennt wohl keinen andern? Bis 1988 war er in der SED. So etwas jemandem vorzuhalten gilt heutzutage bereits als denunziatorisch.
«Ich war *natürlich* in der SED.» Das schafft hingegen eine gereinigte Atmosphäre.

Johannes Gross in der FAZ:

Von besorgten Politikern und Literaten hört man gelegentlich die Frage: Entsteht nicht ein Machtvakuum, eine Anarchie, wenn nicht ganz behutsam mit den SED-Ruinen in der DDR umgegangen wird? In der Geschichte ist nichts seltener als eine vom Volk verursachte Anarchie. Ein Vakuum mit allgemeiner Unordnung entsteht viel eher dann, wenn Machthaber versagen, ihre Macht nicht vernünftig zu gebrauchen verstehen, aber sich an die Macht klammern. Ich erinnere mich an die Befreiung meiner Heimatstadt Marburg im April 1945. Die Nazis waren wie weggewischt, eine funktionierende Militärregierung gab es nicht sogleich, dennoch von Anarchie keine Rede. Am nächsten Tag war die Verwaltung wieder in Funktion. Das Machtvakuum ist eine Chimäre, dienlich den Leuten, die einen Status quo retten wollen.

Die Rehabilitierung der napoleonischen Beamten und Offiziere nach 1815 – ein paar wurden hingerichtet. Die Erbarmungslosigkeit der Holländer und der Dänen ihren Nazi-Landsleuten gegenüber. Sogar die Kinder mußten es büßen, in Norwegen, die Besatzerkinder wurden gebrandmarkt.

Nartum   So 28. Januar 1990

De Fuchs giht nit äher off's Eis, bis e do droff
en Gäulsappel laje sieht. (Hessen)

Im «Neuen Deutschland» freut sich eine Frau Wozobule über
das Ozonloch. «Seit heute nun weiß ich, daß meine Bedenken
grundlos waren, können wir doch Gott und Marx aus dem
Ozonloch danken für den derzeit so milden Winter.»
Befragung von Kurt Hager. Befehlsempfänger auch er. Man
habe nicht alles von der SU übernehmen können, so z. B. den
Antialkohol-Beschluß. – Kein Schuldbewußtsein. Alles richtig
gemacht.
Der Interviewer paßt ihn beim Spazierengehen ab. Dreimal
Exil – er möchte das nicht noch einmal erleben, sagte Hager.
Wieso dreimal?
Auch Sindermann war Befehlsempfänger, wie sich jetzt her-
ausstellt. Er hat nur aufs ZK gehört, weiter nichts.
Die Direktiven der Partei.
Es tut ihnen leid, dies und das. Aber wenn sie nicht abgesetzt
worden wären, hätten sie weitergemacht. Manch einer lebt
nicht lange genug, um das Erlebnis des Leidtuns zu haben.
Im ND ein dolles Foto von der abmontierten SED-Plakette.
Auch Befragungen: *Protokolle über eine alte Zeit* steht drüber.
Als ob das schon Jahrzehnte her wäre.
Um die Lügen und Verdrehungen einer einzigen Nummer des
ND, und zwar der vom 27. 1., zu widerlegen, brauchte man ein
ganzes Jahr intensiver Arbeit. Das wäre doch mal was für eine
Dissertation? Die Geschicklichkeit und der Aberwitz, mit dem
die Leute argumentieren, kommt direkt vom Teufel. Insofern
hatte US-Präsident Reagan doch recht mit seinem «Reich des
Bösen». – Wie er sich in Berlin hinstellte und sagte: «Mister Gor-
bachev, tear down this wall!» Gott, was gab es da für ein Geheul, und zwar von Leuten, die weder an Gott noch an den Teufel glauben. Er war der einzige, der es aussprach. Und wie

86

haben sie sich darüber aufgeregt, daß er Schauspieler war. Einen
«Cowboy» nannten sie ihn. Andere Politiker waren Tischler
oder Dachdecker. Das sind doch alles ehrbare Berufe.
Krenz ist gefragt worden, was er jetzt machen will. «Ich werde
wohl Schriftsteller», hat er geantwortet. («Zeit» Nr. 5)

Syberberg: «Der Wald steht schwarz und schweiget», seine
«Notizen aus Deutschland». Der Mann ist schwer gekränkt, sie
schneiden ihn hier in Deutschland, im Ausland sei er hingegen
sehr angesehen. Er bringt allerlei Beispiele für den Boykott, ich
glaube ihm aufs Wort. Das Buch ist 1984 erschienen, und man
kann sagen, daß von ihm jetzt überhaupt nicht mehr die Rede
ist. Ein Mann mit so einem gewaltigen Œuvre! Können wir uns
das leisten?

2002: *Es soll ihm sehr schlecht gehen, in einer Garage haust*
er, mit gestopftem Pullover. Mir schrieb er sehr sonderbare
Briefe. Im Internet begann er ein Bruchstück-Tagebuch zu
veröffentlichen.

Ein Herr will mir seine drei Erstlingsromane zur Begutachtung
schicken. – Die meisten Erstlingsromane sind in drei Abteilun-
gen gegliedert: Vorkrieg, Krieg und Nachkrieg. Eine naheliegende Einteilung, ich habe mich ja auch daran gehalten.
Allgemein: viele Angebote für das Archiv. Es ist schrecklich,
aber verständlich, daß mir alle Menschen ihr Leben erzählen
wollen, aber am Telefon? – Da haben sie endlich mal einen an
der Strippe, sonst hört ihnen ja keiner zu.
Viele Berichte von Kriegsgefangenen. Rußland überwiegt. Die
Berichte von Gefangenschaften in Frankreich sind besonders
widerlich. Von den Russen hatte man es nicht anders erwartet,
aber die Franzosen? Hatten die das denn nötig? Sie sollen ja
auch beim Einmarsch ziemlich gehaust haben, durchaus rus-
senähnlich, oder sogar darüber hinaus.
Heute der Bericht eines Mannes, der zu einem Minenräum-
kommando in Frankreich gehörte.

Vieles Wertvolle wird nie gedruckt werden, aber deshalb braucht man es doch noch lange nicht wegzuwerfen. Die Kultur eines Volkes ist auch an den Archiven zu messen.

Bonn–Bremen, im Zug   Mo 29. Januar 1990

Wer dek vele wat to mule swatzet, dei wil dek anforen. (Göttingen)

Gestern fuhr ich nach Bonn, Norbert Blüm wollte sich mit mir schmücken. Der polnische Arbeitsminister sollte mit einem Festmahl gefeiert werden, und da gehört natürlich auch ein Schriftsteller an den Tisch.
Ich hatte einen Ehrenplatz, saß neben Breit, dem Gewerkschaftsbonzen. Zuerst dachte ich: um Gottes willen, aber dann zeigte es sich, daß dieser Mann umgänglich, schlagfertig und in jeder Hinsicht interessant war. Eine ausgesprochene Führernatur. Ich lief wieder einmal als Zwölfjähriger durch die Straßen ... Jeder Widerstand schmilzt dahin. Daß wir uns auf Anhieb gemocht hätten, wäre wohl zuviel gesagt. Er ist Briefträger im Zivilberuf gewesen. «Postbote», wie man früher sagte, «Zusteller», wie man heute sagt.
Harry Tisch, der DDR-Gewerkschaftsmensch, habe sehr getrunken bei seinem letzten Besuch, er sei aber noch Herr seiner Sinne gewesen. Ein Reporter habe Harry Tisch gefragt, was er zu den Vorwürfen der Arbeiter gegen ihn sagt. Das interessiere ihn nicht, habe er geantwortet.
«Es interessiert Sie nicht, was die Arbeiter sagen?»
Es fand zu gleicher Zeit in einem andern Raum eine Talk-Show statt, zu der man mich sofort einladen wollte. Ob ich eben mal rüberkomme?

Leute, die in der Ersten Klasse des Intercitys das Bundesbahnorgan «Schöne Welt» lesen.

Bremen. An der Front des Hauptbahnhofs zwei allegorische Figuren mit Blitzableiter auf dem Kopf: So was könnt' ich auch brauchen.
Aus den Menschencrowds manch neugieriger Blick: Das ist der, der geklaut hat. – Das beschädigte Selbstwertgefühl. Halunken, die aus der DDR kommen, lenken keine solchen Blicke auf sich, die sind nicht gebrandmarkt.
Judensterne, Hakenkreuze auf dem Rücken oder «POW», das «X», das man den sogenannten Aufrührern vom 17. Juni auf die Jacke malte. Und Menschen, die sich selbst kennzeichnen: Parteiabzeichen jeder Art.
Ich habe lediglich eine Nase zur Verfügung, sie sitzt mir mitten im Gesicht.

Bei dem jetzt kollabierenden Umbruch drüben hat man ständig den Eindruck, was zu verpassen.
Meine Idee damals in Berlin, die Mauer abzufilmen, einmal rum, das war schon richtig, aber so was wird einem aus der Hand geschlagen. Es wäre leicht zu realisieren gewesen, aber es lag nicht im Trend.
Für gehabte Ideen gibt man nichts.
Videos unter der Überschrift: Erleben Sie, was Sie erlebt haben!

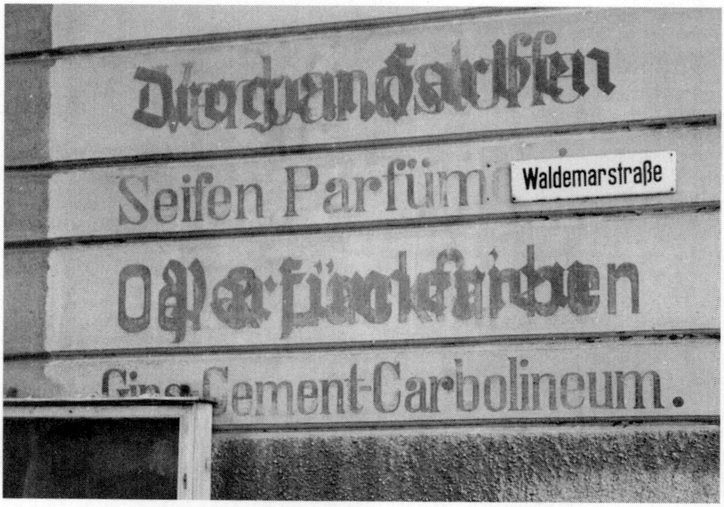
Seifen Parfüm
Waldemarstraße
Cement-Carbolineum.

Februar 1990

Nartum   Do 1. Februar 1990

Wer lang huast, werd lang alt. (Bayern)

Erste Lesung in Rostock, in der Kunsthalle. Der Verlag hatte
zu diesem Zweck das Eingangskapitel von «Aus großer Zeit»
als Broschüre gedruckt, die «Bilder», sie wurden dort in Men-
gen verteilt, manch einer schleppte einen ganzen Stoß davon
weg. Knaus war gekommen, Ulla aus Kopenhagen, Robert
und KF. Der Andrang war gewaltig, ich wurde von den an-
drängenden Menschen in die Höhe gehoben. Ein Arzt saß in
der ersten Reihe, eine Beruhigungsspritze in der Tasche, für alle
Fälle.
Bissige Begrüßung durch die Direktorin der Kunsthalle, bei
Siegfried Lenz seien viel mehr Zuhörer erschienen, sagte sie
(was mir ziemlich spanisch vorkam, denn in den hinteren Re-
gionen *standen* die Leute, und zwar dichtgedrängt). Endloses
Signieren in abenteuerlich aussehende Illegal-Exemplare, im
Schlüpfer über die Grenze geschmuggelt und von Hand zu
Hand gegangen. Uralt-Bekannte tauchten aus der Menge auf,
Jazz-Kameraden und sogar Schulfreundinnen. Eine teilte mir
gar mit, daß sie mich gar nicht gemocht habe, sie habe meinen
Bruder vorgezogen. Ich las unter anderem die Klavierstunde
aus T/W und kam gut über die Runden. Wenn Rührung auf-
steigt, muß man einen Schluck Wasser trinken, das ist ein gutes
Rezept. Nicht zu sagen, wenn ich hier die Fassung verloren
hätte!
Hinterher wurden wir in die «Kogge» gebeten, ein Große-Frei-
heit-Nr. 7-Lokal mit Schiffsmodellen unter der Decke. Es war
der große runde Tisch reserviert worden, aber der war besetzt!

Leider habe man ihn an Bremer Geschäftsleute abtreten müssen, das sähen wir doch ein? Die saßen da mit ihren goldenen Manschettenknöpfen und ließen sich durch einen Schifferklavierspieler zünftig-laut unterhalten.
Nein, es war nicht einzusehen.
Wir mußten dann oben auf der Galerie sitzen, mit eingezogenem Kopf in schlechter Luft. Im Hinaufsteigen – wo dann brüllende Unterhaltung fällig war – noch an zwei Schulkameraden vorüber, einer aus West-, einer aus Ostdeutschland. Den Westmenschen hörte ich grade rufen: «Wie konntet ihr das zulassen ...» (daß die Stadt so heruntergekommen ist).

Am nächsten Morgen dann ein längerer Rundgang durch die Stadt mit Hildegard, Ulla und KF: die Stätten der Kindheit. Hildegard sah nun zum ersten Mal die Originalschauplätze, von denen sie so viel gehört. Ulla ging die Sache eher kühl an, wie das so ihre Art ist, KF höflich. Er mag sich die Stadt seines Vaters anders vorgestellt haben. Das Geburtshausloch, das Haus des Großvaters: Ditmal betahl ick noch so ...!
Die heruntergekommenen Häuser.
Die Dunstglocke benahm uns den Atem, ich steckte eines dieser tödlichen Braunkohlebriketts ein für meine Sammlung. Es war mir etwas peinlich, dem Sohn die Stadt, die ich einmal für das neue Jerusalem hielt, in diesem Zustand präsentieren zu müssen.
Das offiziellere Rostock nahm keine Notiz von uns, kein Stehempfang, kein Goldenes Buch. Immerhin hatte der Küster der Marienkirche in dem Totengedenkbuch die Seite aufgeschlagen, auf der der Tod unseres Vaters verzeichnet steht. Da liegt es unter Glas und wird an jedem 28. April schwarz auf weiß präsentiert, was ich noch immer nicht begreifen kann, daß Vater vor fünfundvierzig Jahren durch eine kleine Bombe zerfetzt wurde. «Bei Frische Nehrung» sei er gefallen, steht auf dem Gedenkblatt, das ist zumindest etwas sonderbar.

Auf der Rückreise nahmen wir die Strecke über Bad Doberan, und da bot es sich an, auch in Neuhaus einzukehren, wo wir 1936 mit Großvater Collasius die Ferien verlebt hatten (siehe «Schöne Aussicht»). Wir aßen dort und wurden scheel angesehen, offenbar handelt es sich um eine Stasi-Domäne. Unterm Tisch war aber kein Mikrophon installiert. Als wir abfahren wollten, sah ich einen Herrn unser Auto betrachten. Ich sagte: «Wollen Sie es mal fahren?» und gab ihm die Autoschlüssel. Er fuhr bis zur nächsten Straßenecke und kehrte um. «Wie ein Schiff!» sagte er zu seiner Frau, «ganz sanft und ohne Erschütterungen…»

Nartum   Sa 3. Februar 1990

Wenn's om Hilfe schreit, da spräng gleich zu;
Göbste Geld aus, mach' de Agen off;
Kaaf dei Ochsenfläsch nech von d'r Kuh!
Gihst trepponger du, da guck nech noff.
(Thüringen)

Jetzt hat auch Modrow vor der Volkskammer einen Vorschlag zur Einheit gemacht. Er weiß wohl nicht mehr ein noch aus? Will sich schnell noch zwischenschieben.

Rostock: Eine Ablösung ereignet sich jetzt, die mich orientierungslos macht. «Stern»-Affäre, Rostock-Film und Rostock-Lesung bündeln sich zu einer johlenden Explosion, deren Ausschüttungen mich schwefelgelb umnebeln. Ich kann nicht sagen, daß mein übergroßes Engagement für Rostock falsch gewesen wäre, ich handelte ja unbewußt, ich war getrieben. Aber, was soll ich jetzt tun? Es hatte mich, und nun ist es erledigt.
Die Leibschmerzen, die ich bekam, als wir Rostock verließen, die Mattigkeit, die Leere im Kopf, die sich danach einstellte, zeigen mir, daß der Körper das alles auch satt hat.

Was bleibt? Das «Echolot» weitertreiben als Hobby, «Mark und Bein» fragmentarisch abschließen und dann irgendwann den kleinen «Dorfroman» schreiben. Dies klingt sentimental, ist aber ganz nüchtern gemeint. Augenblickliche Stimmung blasiert, leer, angeekelt.

Ob eine Deutsche Einheit kommt oder nicht, interessiert mich, ausgerechnet mich, nicht mehr so sehr, jedenfalls nicht im Augenblick. Für mich hat sie immer bestanden.

Einen Moment dachte ich daran, vom 8. Stock des Warnow-Hotels hinunterzuspringen. Dies war vielleicht ein letzter Versuch, so etwas ähnliches wie Anerkennung zu erzwingen.

Über das Wort «Anerkennung» in meinem Lebenslauf müßte ich auch mal nachdenken.

Nartum   So 4. Februar 1990, 5 Uhr

Wos mer sich eingebruckt hot, muß mer o ausfrasse.
(Altenburg)

Ich liege seit zwei Stunden wach mit schlimmen Leibschmerzen. Lese in Syberbergs Notizen (Wald), merke plötzlich, daß es um das gleiche Jahr geht wie mein «Sirius»: 1983.

«Wenn *Pastiche*», wie Susan Sontag sagt, «das Kunstmittel dieses Jahrhunderts, also die künstlerische Übernahme und Nachahmung des anderen zum Zwecke der Parodie und Nachahmung ins neue System ist, dann ist es durch neue Geschäfte der Juristen unserer Demokratie nun endgültig unmöglich – oder nur mehr unter Vermeidung des Rechtsweges dieser Spießer-Demokratie mit allen Folgen des Diebstahls. Kein Bild, kein Ton, kein Text darf ohne Anfrage und Agenturverhandlungen benutzt werden, ohne Genehmigung, schriftliche Erklärung der Zitierten. Geschäftlicher Tod der Polemik, Diskussion und der Ironie in einer derart demokratisierten Kunst.»

Im Radio um diese Zeit, Sonntag früh, nur Pinkel-Musik. Ich fuhr zweimal die Skala ab: Sonntag! Da denkt man: Nun sind sie durchgedreht. – Warum sie nicht wenigstens mal Volkslieder bringen oder einen anständigen Choral?

2001: *Inzwischen ist dieser Wunsch in Erfüllung gegangen, sie bringen nur noch «Volkslieder», von einem Mann namens Wewel aufrechten Blickes geknödelt oder von Heino.*

19.45 Uhr. – Wer jetzt die Nachrichten hört, ist fast versucht zu glauben, man machte sich einen Jux mit uns. Die Meldungen haben die Wirkung des Orson-Welles-Hörspiels aus den dreißiger Jahren, nur fröhlicher, und die Wiedervereinigungs-Visionen des Herrn Altmann aus den Siebzigern weit übertreffend. Da sieht man Gorbi, wie er sagt, daß er *natürlich* für die Einheit Deutschlands sei, auch Modrow hat nichts dagegen; Leute, die sich noch vor einer Woche, ja vor Tagen eine Einheit Deutschlands absolut nicht vorstellen konnten oder wollten, kippen nun um.

Heute wurde drüben die FDP gegründet, die SPD gibt es schon, wenn sie auch von einem Struwelkopp vertreten wird, der wie ein Strauchräuber aussieht. Hildegard meint, er wirke wie ein Strohmann. Zu diesem Vergleich paßt es nicht, daß er dunkle Haare hat. Die seriöse Volksschullehrernatur Rau nahm sich ihm gegenüber recht bieder aus. Immer noch geht's um Sozialismus. Ein Hoch dem Föderalismus, ich hab's ja immer gesagt. Je mehr autonome Landesteile, um so besser haben es die Untertanen. An den berühmten Strukturen hängt's. «Ich bin ein Köther, kennst du meine Farben?» Der frühere Bundesverfassungsrichter Benda sagte heute, nach der Verfassung brauchten die einzelnen Länder drüben nur den Antrag zu stellen, in den Bund aufgenommen zu werden, rechtlich wäre das ohne weiteres möglich. Solch klare Auskunft gefällt manchem nicht.

Große Diskussion: NATO, KSZE, Neutralisierung – gefühlsmäßig bin ich für das letztere, aber das geht wohl irgendwie nicht.

In der SU wird's auch immer wilder. Heute haben 200 000 Menschen in Moskau für ein Mehrparteiensystem demonstriert. Zaristische Fahnen waren nicht zu sehen. Die Sowjetmenschen wissen wohl gar nicht mehr, wie die aussahen. Ich glaube: Weiß mit Blau irgendwie. Man spricht von einer Februar-Revolution. Wenn man bedenkt, daß die Russen 1917 bereits einen sozialdemokratischen Status hatten, der dann von einer Handvoll Bolschewisten gekippt wurde, dann kann es einem angst und bange werden. Vielleicht werden jetzt in dem allgemeinen Holterdipolter irreparable Fehler «festgeschrieben»?

TV: Ein Mann wurde gezeigt, ein 79jähriger, der zehn Jahre ohne Urteil bei den Stasi-Leuten gesessen hat, weil er gegen die Vereinigung der Arbeiterparteien war. Er verlangt Entschädigung von der Partei, die heute beschlossen hat, ihren so verhaßten Namen zu streichen. Sie denken wohl, sie können sich wegducken?
Die allgemeine Auflösung wird im kleinen noch einmal in Jugoslawien nachgespielt. Vielleicht sollten sie da unten die alte Donau-Monarchie wiederherstellen, geredet wird schon davon. – Die Moskauer führten Transparente mit, auf denen sehr sinnfällig Hakenkreuze mit Hammer und Sichel kombiniert waren.

T: Ich träumte von einem Elefanten, der seine Wange zärtlich an meine lehnte.

Im FAZ-Fragebogen gibt Albrecht Schöne bekannt, daß seine Lieblingsbeschäftigung «Pfeiferauchen im Sattel» ist. Ja, gehört sich das denn? – Schöne ist mir wohlgesinnt, sein Name steht mit goldenen Lettern in meinem Notizbuch geschrieben, auf der Liste der Guten, Lieben.
Was bin ich froh, daß ich nicht Germanistik studiert habe. In Göttingen saßen sie bei Kayser im Seminar, und dann endeten ihre Träume beim Korrigieren von Aufsätzen.
Aus Allersheim (ich las «Altersheim») die ersten Seiten einer

Autobiographie, die nicht weniger als 20 000 Seiten umfaßt. Diese ersten Seiten machen Appetit, aber wie soll der alte Herr das ganze kopieren?

«Der deutsche Bauer ist zum Soldaten der Erzeugungsschlacht geworden und wird von seinem Feldherrn gerufen. Ja, noch in das Reich des Weibes greift der Geist des Eisens ein; auch die Frau ist heute Kameradin und Kämpferin zwischen Maschinen und Kanonen geworden.» (Archivnummer 2652)

Der Verfasser hat ganz geschickt eigene Erinnerungen mit Zeitungsmeldungen collagiert. Was tun?

Nartum   Mo 5. Februar 1990, Sonne

Wer gege an Bachofe blose will,
mueß a groß Maul han. (Allgäu)

Gorbatschow in Moskau: Auf Machtmonopol verzichten, andere Parteien möglich. – «*Februar-Revolution*».
SED hat sich jetzt in «PDS» umbenannt: Partei des Demokratischen Sozialismus.

P = Parasiten
D = Diktatoren
S = Stalinisten

Übergangsregierung mit Opposition in der DDR.
15 Milliarden von Bonn verlangt als «Lastenausgleich» (Luft).
Von Bonn abgelehnt.
Vereidigung in der Volkskammer, sonderbare Typen ohne Schlips, im Pullover.
18. März Wahl, vorverlegt.
Westdeutsche Korrespondenten müssen sich wie Ausländer legitimieren, Ausweis vorzeigen usw.

Einführung der D-Mark, Volksentscheid.
Keine Wahlredner aus der BRD?
Leipzig wieder: «Einheit jetzt!»
Neue-Forums-Frau wurde ausgepfiffen, weil gegen sofortige Einheit redend.
Post wird nicht mehr kontrolliert! Erst jetzt!
Rumänien: Hilfsgüter verschoben.
Die Bremer fordern Notopfer.

TV: Auch im 1. Programm über Gorbatschow, aber kürzer.
Regierung der nationalen Verantwortung, wegen zunehmender Verschlechterung der allgemeinen Lage.
Neutralitätsforderung nimmt Modrow zurück.
Lastenausgleich wird sofort zurückgewiesen, es gehe nicht um Vergangenheit, sondern um die Zukunft, wird gesagt.
Leipzig, Demonstration: Deutsche Einheit Hauptthema.
Übersiedler: 14 500 letzte Woche aus der DDR.
62 900 seit 1. Januar.
Seit 1961 mehr als 1 Million (seit Bau der Mauer) aus der DDR.
EG will der DDR die Vollmitgliedschaft einräumen.

22 Uhr – Über 3sat, daß sich die KPdSU vielleicht spalten wird, weil Perestroika nicht durchzuführen ist.
23 Uhr – Was die europäische Landkarte angeht, da steuern wir offenbar die zwanziger Jahre wieder an, ohne Schlesien, Ost- und Westpreußen. Was die SU mit ihrem Teil von Ostpreußen anfangen will, wenn Litauen selbständig wird?
Es ist wie ein Riesen-Krimi, in dem wir alle mitspielen. Hat es einen solchen Rutsch schon mal gegeben in der Geschichte der Menschheit?
«Die deutsche Frage steht nicht auf der Tagesordnung», das wurde vor wenigen Wochen noch gesagt, sowohl in Ost als auch in West.
Wunderbar, wie die Forums-Dame heute ausgepfiffen wurde, als sie meinte, es solle nicht so schnell vorangehen mit der Ver-

einigung (Leipzig). Das hat mir wohlgetan. Pfiffe zur rechten
Zeit.
Ich bekam von der radikalen Linken eine Aufforderung, mich
an einer Demonstration gegen die Wiedervereinigung zu betei-
ligen. Der Brief war von den Grünen abgestempelt.
Interessant das alles. Die spannendsten Wochen meines Lebens.
Wahrscheinlich kracht die ganze Sache da drüben erst jetzt zu-
sammen.

In Oldenburg hielt ich eine Vorlesung über die Pädagogin Ilse
Rother. Daß sie aus Oldenburg stammt, weiß dort kein Mensch
mehr. Eine tüchtige Frau! Wie menschenfreundlich kann Pädagogik sein. Daß eine Pädagogik, die gut funktionierte, so völlig in Vergessenheit gerät.

Nartum   Mi 7. Februar 1990

Hett dei Kauh den Swanz verluren, weit sei ierst,
wurtau hei gauh is. (Mecklenburg)

FAZ-Schlagzeile: «Ein Gott kehrt zurück.» – Wer ist dieser
Gott? Ein Blues-Gitarrist namens Eric Clapton.
Rasendes Parteiengequatsche, türenklappende Aktivitäten!

Post von den Mädchen aus Stralsund, die ich im Januar fotografierte. Es ist alles so weit weg, äonenweit weg, wie man sagen
könnte: «Stralsund», Schule und Mädchen … Sie legten mir
Presseschnipsel über meine Rostocker Lesung ein. Kümmerlich, entwürdigend, beschämend. T/W wird als Anekdotenbuch
bezeichnet. Und: «Nicht so dicht gedrängt wie bei Siegfried
Lenz, aber doch sehr zahlreich» sei das Publikum erschienen
(«Ostseezeitung»). Der Autor heißt Horst Krieg, diesem Menschen müßte man bei Gelegenheit mal eine runterhauen. Ausführlich findet die Wieser-Affäre Erwähnung. Dafür war Raum
genug vorhanden. – Es schmerzt etwas, daß Lenz zu DDR-Zei-

ten hier lesen durfte und daß er mich dabei mit keinem Wort erwähnt hat. Er hätte sich – wie sagt man? – keinen Zacken aus seiner Krone gebrochen.
Die «Norddeutschen Neuesten Nachrichten» berichten sachlich über die Lesung, aber auch kümmerlich.

Bad Bevensen.
Vortrag vor dreißig Journalisten: «Wie mache ich Unterhaltung?» Ich griff auf einen Vortrag zurück, den ich schon einmal gehalten hatte. Meine wunderbare Formel. Wenn ich sie an die Tafel male, sind sie alle mucksmäuschen still.
Ein Journalist erzählte mir hinterher, bei Jagdwurst und Spiegelei, daß er leider sofort abreisen müsse, er soll für seine Zeitung eine Dependance in Eisenach aufmachen. Hilfstruppen werden also in Marsch gesetzt in Richtung Osten. Oder handelt es sich um etwas anderes? Soll denen gezeigt werden, was eine deutsche Harke ist?

Alle möglichen Leute stellen Füße in irgendwelche Türen.

Kohl will auf Biegen und Brechen die Währungsunion. Wenn's gutgeht, dann wird's ein neues Wirtschaftswunder geben, wenn nicht, kommen schlimme Zeiten, Steuererhöhungen, Geldverknappung, Arbeitslosigkeit.

Das Neue Forum schwatzt noch immer von Eigenständigkeiten. Derweil rutscht ihr «Eigenständiges» in den Orkus. Man rechnet mit einem allgemeinen Kollaps, wenn nicht bald etwas geschieht. Das Desaster da drüben soll unbeschreiblich sein und auf allen Gebieten.

In SU Kommunisten nicht mehr automatisch an der Spitze. Gorbatschow hat sich durchgesetzt.

Anruf von Starkmann, dem «Welt»-Korrespondenten, aus New York. Dort allgemein positive Erwartungen. Ich habe ihm vor zwanzig Jahren mal eine Rezension ausgeschlagen, das hat er mir wohl inzwischen verziehen.

Ich will Ende Februar zehn Tage in Klausur nach Bonn gehen, wegen «Sirius».

Nartum   Do 8. Februar 1990

Rache ist ein neu Unrecht. (Elsaß)

Daß die Rotarmisten in Jüterbog abends an die Tür kommen und um Brot betteln. Sie dürfen die Kasernen eigentlich gar nicht verlassen.

Russen verkaufen Benzin und Ausrüstungsgegenstände, weil Hunger.

24 Mark am Tag kriegen die Soldaten, die «Magazine» seien leer. Dürfen mit Deutschen nicht reden, kein Bier trinken usw. Die Bevölkerung ist ihnen wohlgesinnt. Das segelt unter «arme Schweine». Wer hat sie hinabgestoßen? Sie hatten doch den Krieg gewonnen?

Post: Die Lebensbeschreibung eines Mannes, der im KZ Menschenversuchen ausgesetzt war und nach dem Krieg nicht wieder Fuß fassen konnte, «eine Straftat nach der anderen», Ehegeschichten und Sexuelles. Sitzt – vielleicht heute noch – in Sicherheitsverwahrung.

Nartum   Fr 9. Februar 1990

*Dä zoletz us der Kann drink, dem schleit der
Deckel op de Nas.* (Rheinland)

Gestern hat's wieder gestürmt, bösartige Windstöße. Feuer faucht im Kamin wie in einer Esse.
Viel Rostock-Post. Ich werde gefragt, ob ich wieder dorthin ziehen will. Verständlich eine solche Frage, aber doch nicht zu beantworten. Soll ich wie Theodor Jakobs mit Schlapphut durch die Straßen schreiten und bei jeder «Kulturveranstaltung» in der ersten Reihe sitzen? Sich als lebendes Denkmal verkaufen? Vielleicht könnte ich in der Augustenstraße die Dachkammer als Zweitwohnung mieten und im Sommer dann immer schön nach Warnemünde fahren?

Zum Kaffee kamen Freunde zu Besuch. Da sie meine Bücher nicht gelesen haben, gestaltete sich eine Unterhaltung schwierig. Alte Zeiten mußten herhalten. Auch wurden Krankheiten geschildert.
Danach bei mir drüben drei Leute aus Bremen (Oldenburger Seminar «Colloquium»), liebe Leute, die alle etwas leer in die Gegend kucken. Einer der Studenten besitzt ein Möbelgeschäft. Ich war versucht, ihnen mein Leibschneiden und dessen Folgen recht drastisch auszumalen.

Nartum   So 11. Februar 1990, 6 Uhr

Der enge verliebt sisch en e Ruseblatt, der angere en
ne Kohflade. (Aachen)

Gorbatschow stimmt in Moskau einer Wiedervereinigung zu.
Wer hätte das gedacht?

Langer Traum über und mit Uwe Johnson. In Berlin, in einer
Buchhandlung. Er spricht zu mir über meine «Hundstage». Es
sei ein schönes Buch, aber er habe vermißt, daß etwas Besonderes geschieht, es fließe so dahin. Die Figur des Kunsthistori-
kers Votalius habe ihm am besten gefallen. – Ich konnte mich
überhaupt nicht daran erinnern, daß der in dem Roman vorkommt. Ich sagte, etwas später, zu den Buchhändlerinnen: In
dem Buch kämen Tausende von Personen vor – ich kennte mich
da überhaupt nicht mehr aus! – Die Bücher in der Buchhandlung wurden in der Nacht durch Attrappen ersetzt. Zum Schluß
kramte Johnson hinter einem Buch ein sogenanntes Kunstwerk
hervor, dessen Urheber Grass sei, eine Pappschachtel mit sehr
locker aufgehängten Glocken (Schellen), ein ziemlicher Mist,
der in sich sehr wackelte. – Und dann entdeckte ich an der Seite die Seriennummer 6949 mit roter Tinte. Sauteuer das Ganze,
und ich mußte es kaufen.
Danach Traum von einer KZ-Marter. Wir mußten, zusammen-
gekettet, einen Hügel hinablaufen und springen. Danach
(Kriechtraum!) unter Bohlen entlangkriechen. KF war dabei,
ich sah ihn von ferne.
Auch langer Traum über die Russen, ich stelle Freunde und Feinde morgens früh um halb 6 Uhr so auf, wie ich meine, daß die
im Falle eines russischen Angriffs stehen: «Sie wiederholen den
Schlieffen-Plan der Deutschen!» sage ich, «ohne jede Phantasie.»

Kohl in Moskau. Das große Holterdipolter.
Jugendliche in der DDR werden gefragt, ob sie für die Wiedervereinigung seien. Sie wissen nicht so recht ...

Die DDR-Revolutionäre wollen immer noch ihren eigenen, sozialistischen Weg gehen. Helmut Schmidt sagt zu Recht, das hätte die Solidarność auch versucht, mit null Ergebnis. Modrow wirkt wie ein kleiner Beamter, Aktentasche mit Thermoskanne, die resche Frau Koeppen neben ihm mit ihren schönen blauen Augen. Auf der anderen Seite Helmut Schmidt, der Held, und ein Pater. Diskussion im Ost-Fernsehen. Moskau: Kanzler in seliger Stimmung. Offenbar hat Gorbatschow «grünes Licht» gegeben, wie das jetzt ausgedrückt wird.

Den ganzen Tag über habe ich am «Sirius» gearbeitet.
Im TV: Thomas Bernhards «Der Weltverbesserer». Wir haben sehr gelacht! – Der Schluß ist schwach.
Allerhand Anbiederungen.

Bremen/Oldenburg   Mo 12. Februar 1990

Viell Küök verdiärwt den Bri.
(Münsterland)

Heute mittag in Bremen zum Zahnarzt, hinten rechts ein Loch. «Ihr Gebiß hab' ich im Griff!» sagt der Arzt, der mich gern an sich drückt. Vorher nimmt er mich in die Arme und hinterher noch mal, legt den Kopf auf meine Schulter, als ob er sich ausruhen will. Über die Wiedervereinigung will er gelegentlich mal mit mir sprechen. Du lieber Himmel! Das hätte mir noch gefehlt.
Beim Bäcker: «Buttercreme?» frage ich. – «Ja. Wir können Ihnen das aber auch mit Sahne füllen, das ist 'n Momentsache.»

Auf der Autobahn nach Oldenburg: Schneeschauer, die Leute rasten durch den Flockenschleier. Der erste Schnee in diesem Jahr bei 9° Wärme.

Rebecca saß mit einer Freundin auf dem Flur vor dem Seminarraum. Sie schien auf mich zu warten. Als ich aus dem Aufzug trat, ging sie weg. Ich sagte zu ihr: «Guten Tag!» und fragte sie, was sie so macht. – «Ein süßes Brötchen essen! Das siehst du doch!» Sie wollte ihrer Freundin wohl zeigen, wie sie mit mir umspringt.

Traurig, daß diese Freundschaft so endet. Die Tour mit Simone durch Frankreich. Wir hatten doch viel Spaß miteinander?

Keinen Menschen von sich lassen wollen. Aber manche wünscht man eben doch sonstwohin. Dazu gehört Rebecca übrigens nicht.

Pädagogik-Seminar. «Mein Vortrag ist echt trocken», sagt die Studentin, bevor sie mit ihrem Referat anfängt. Auch eine Art von *fishing for compliments.*

Es fehlt mir das Faszinosum. Wenn ich den Raum betrete, reden die Leute einfach weiter. Kein Mensch dreht sich nach mir um. Daß ich Bücher geschrieben habe, davon wissen sie überhaupt nichts. Manche mag auch von der Mutter geschickt worden sein: Wie isser denn so?

Wie kann man Studenten begeistern? Man muß selbst begeistert sein. Seit zehn Jahren habe ich sie begeistert zu begeistern versucht. Am Ende blieben es Stockfische. Für mich ist Pädagogik jetzt kalter Kaffee. Sie «geht» nicht. Aber das darf man nicht laut sagen.

Es fehlt den Studentinnen die Kinderliebe. Sie kennen gar keine Kinder und interessieren sich offenbar auch gar nicht für sie. Vielleicht kommt das ja noch.

Ein Kind mit ins Seminar bringen und den Studenten die feinen Finger zeigen, die Augen, und daß sie vor Freude tanzen, hüpfen wie später nie wieder im Leben. – Lehrer sein: Kinder glücklich machen, sie zum Lachen bringen, begeistern, ihnen die Angst nehmen, sie zu sich führen. O Gott! Was für ein herrlicher Beruf. Aber dann sieht man die zukünftigen «Erzieher», wie sie dasitzen wie Klöße und sich was vormachen lassen, sitzen kloßhaft da und rühren sich nicht.

In einer Hochschule, deren Wände über und über beschmiert

sind mit Albernheiten und Schweinereien, kann nichts Erspießliches gedeihen.

Die Einrichtungsgegenstände dieser Hochschule sind wie für Tobsüchtige hergestellt. – Daß in diesem aufs Sachliche eingerichteten Raum, einem Neubau, die Akustik verheerend ist! Das ist auch symptomatisch.

Das Erotische fehlt. – Vielleicht kann Pädagogik nur dort funktionieren, wo Mangel besteht.

Ein Lehrer muß übrigens zeichnen können.

Nach dem Abendessen das literarische Seminar: Wie lerne ich schreiben? – Alles so weit weg: eine alte Frau, die so alt ist wie ich, liest uralten Kram vor. «Listigkeit», dieses Wort beanstandete ich, da war aber was los.

«Nach dem Kaffee zogen sich die Herren auf das Gobelin-Sofa zurück ...»

Zum Kotzen. – Nach dem 9. November kann man doch nicht einfach so weitermachen, als wenn nichts gewesen wäre?

«Aschblondes Frauenhaar.»
«Der Gast brach auf, nicht ohne vorher wieder eingeladen zu sein.»

Rostock: die Braunkohleschwaden in den zerfallenden Straßen.
Daß ich die Kolik kriegte, entsprach dem.
Stausam = satt machend.

Vorschläge an Duyns für den holländischen Bautzen-Film:

Bautzen-Modelle
Original-Kassiber zeigen
Terminbriefe aus Bautzen
Foto von mir, Robert und Mutter
Fotos von Bautzen und Hoheneck

Entlassungsschein
Paketschnipsel
Kirchenchor-Chronik, Noten, Tonband
Güterwagen-Modell
Verschiedene Tonbandaussagen anderer Häftlinge
Musik: Schostakowitsch, Symphonie 15 (2. Satz)
Stadt vom Gefängnis aus zeigen und was von dort aus vom Gelben Elend zu sehen ist

Passanten befragen: ob sie was mitgekriegt haben. «So hoch war nicht der Lagerzaun ...»

Nartum/Oldenburg   Di 13. Februar 1990

Me soll kai Roß uffstiige, eh me's Biß üigmacht hett.
(Breisgau)

Ich war heute äußerst nervös. Der ganze Körper vibrierte. Konnte Wutanfälle nur mühsam unterdrücken.
Am Nachmittag kam ein betrunkener «Handwerksbursche», also Landstreicher. Als er im Haus stand, rief mich Hildegard: «Das muß eigentlich ein Mann machen, den abwimmeln!»
Ich habe dem WDR wegen des Bautzen-Films abgesagt, mache das lieber mit Duyns. Noch einmal mit der Chefin arbeiten? Auch sie wird das nicht wollen.
Der Mann hatte ihr gesagt, sie solle recht freundlich zu mir sein, ich sei so eine Art Aktie für ihn. Das hat sie nun leider nicht beherzigt.

Archiv: Ein kurzer Lebensabriß aus Düsseldorf, sechs Seiten. Was für ein Schicksal! Aber es ist unmöglich, den lieben Deutschen die Ameisengänge zu öffnen. Vielleicht ist das «Echolot» das einzige Mittel, noch etwas zu retten. Vielleicht werden sie später einmal sagen: Warum habt ihr nicht *alles* aufgeschrieben?

Ich glaube kaum, daß Lebensläufe aus heutiger Zeit für irgendeinen Menschen von Belang sind. Vielleicht Sonden anlegen: Urlaubseindrücke? Verkehrsstaus?

Oldenburg: Fibel-Vergleich DDR – BRD. – Ich führte die Volkspolizei-Seiten der DDR-Fibel vor. Lenin. Abgesehen von dem politischen Kram ist die DDR-Fibel viel besser, «sinnlicher» als unsere zurechtgerechnete westdeutsche Professorenscheiße. Schönschreiben. Ich zeigte Dias von mittelalterlichen Handschriften und schwärmte ihnen was vor. Schöne Großbuchstaben in deutscher Schrift. «Soso.» Graffiti, daß die manchmal auch ganz hübsch sind. Daß also in diesen Menschen auch der Wunsch nach Gestaltung lebt. Notizen: Mich wundert, wie ungepflegt die Studentinnen sind. Das sind so struppige Urwaldweiber. Zwei oder drei Puppenhafte sind unter ihnen. Auch nicht das Wahre. Im Literaturseminar bezeichnet eine Tagebuchschreiberin ein Loch in bedecktem Himmel als Gottesauge. Murmelt beim Vorlesen vor sich hin. Unerträglich, aber lieb. Sie ist von Flensburg nach Genua zu Fuß gelaufen. Las aus dem Tagebuch vor und gab zusätzlich fortgesetzt Erklärungen. – Die Vögel sängen bei Regen nicht, liest sie vor. Es ist aber August in ihrer Geschichte, und da singen die Vögel doch sowieso nicht. Und: Italien? Gibt es dort überhaupt noch Vögel? Die Italiener fressen doch alle auf. – Sie hat sich einen aufblasbaren Kleiderbügel angeschafft, der wiegt nicht soviel und nimmt keinen Platz weg. «Osterwegen – Schinkenbrot», liest sie als Tagebucheintragung vor.

Post: Ein Mann schreibt, ich soll seiner Mutter zum 60. Geburtstag gratulieren. Sie würde sich sehr darüber freuen.

Eine Familie aus dem Erzgebirge stellte sich ein, Frau, Sohn und Schwiegertochter: Käse und Wein. Vorsichtige Unterhaltung,

bloß keinem auf die Füße treten. DDR? Diese Leute sind emp-
findlich. Die sonderbarste Verdrehung der deutschen Sprache.
Eine sogenannte Mundart.

Deitsch un frei woll'n mer sei,
und da blei'm mer auch dabei,
weil mer Erzgebirgler sei!

So sangen die Jungens in Bautzen.

Archiv: Ein Rechtsanwalt aus Oldenburg schreibt, daß er die
Tagebücher einer Tante schicken will, die früher mit den Nazis
sympathisiert hat. Über die Kapitulation des Kessels von Stalingrad schreibe sie, daß sie Beethovens Eroika hört und in den
Nachthimmel schaut.

Nartum   Mi 14. Februar 1990

Alde Leit gewwe guder Root. (Pfalz)

Ich mag keine Nachrichten mehr hören. Angst, daß sie nun
alles zerreden.
Daß Kohl denen nicht mal eben schnell 15 Milliarden in den
Rachen stecken will, kann ich verstehen. Das Geld, das Helmut
Schmidt den Polen damals gegeben hat, soll spurlos versickert
sein. Man spricht von 700 Millionen Mark.
Gegen Mittag kam Frau Pröhl mit einer Frau Timm, einer Dra-
maturgin, deren Mann eventuell die «Hundstage» verfilmen soll.
Wir saßen auf den Ledersofas und tranken Selterswasser.
Danach kurzer Schlaf und ein sehr aufdringlicher österreichi-
scher Fotograf für die «Zeit». Er gab mir Nachhilfeunterricht
in Geschichte, Deutschland habe 1914 Österreich in den Krieg
«ke-trie-pen»!
Nun, ich schaltete auf dämlich, was mir ja habituell immer ganz

gut gelingt. Ich frage mich nur, woher diese jungen Leute den Mut nehmen, dem ehrbaren Alter gegenüber so aufzutreten.

Danach Post mit Simone, und dann nach Schenefeld gerast, wo ich jetzt eine Lesung habe, im Rathaus, für 500 Mark.

Mit Duyns bin ich soweit einig, er wird die Bautzen-Sache machen. WDR habe ich abgesagt. Die Damen werden erleichtert sein. Die «Aktie» ist ins Bodenlose gefallen.

Eine Leserin aus Bremen schickt mir einen handschriftlichen Lebensbericht. Sie fügt einen Leserbrief aus dem «Weser Kurier» bei:

Kein Kniefall.
Zum Thema «Kempowski – ein Plagiator?»
Hier soll in einer beispiellosen Diffamierungskampagne ein Autor kriminalisiert werden, der sein ganzes Leben dem Kampf gegen das Vergessen gewidmet hat ... Seine Bücher waren kein Kniefall vor linken Ideologien. Er hat menschenverachtende Systeme immer demaskiert. Daß er es schon immer ... besser wußte, wird ihm von der «Linken» nun übelgenommen. (Archivnummer 2663)

Nett, so was zu schreiben, und nett, es mir zu schicken. Die Leserbriefe, die der «Stern» veröffentlichte, waren alle gegen mich gerichtet. Freundliche wurden unterschlagen.

Nartum   Fr 16. Februar 1990

Laß det Kind doch die Buletten, et spielt ja
bloß mit se. (Berlin)

Gestern früh kam ein «Chefdramaturg für Weltliteratur und Theater vom Fernsehen der DDR», wegen der Verfilmung von «Aus großer Zeit». Ich habe einer Option zugestimmt. Daß gerade dieses Buch eine reine DDR-Produktion werden könnte, ist ein reizvoller Gedanke.

Am Abend (gestern) kamen dann 20 Studenten aus Oldenburg, darunter die hübsche Kirsten. Es wurde sehr spät. Heute früh rief Keele an, daß er über die «Dog Days» (amerikanische Ausgabe von «Hundstage») noch einmal mit Schmirgelpapier gegangen sei.

Im Augenblick sind 35 «Hermann-Ehlers»-Leute hier, bis Sonntag bleiben sie.

Bin ziemlich kaputt.

Der Dramaturg sagte zum Schluß: Eines müsse er mir noch «gestehen», er sei natürlich Mitglied der SED gewesen. – Ich kann nicht sagen, daß mich das gestört hätte. Solange die Mauer noch existierte, wäre das ein «Scheidungsgrund» gewesen. Aber jetzt? – Ich erinnerte mich, daß das nach dem Krieg genauso war, mit den PG. Zum Beispiel die Hitlerjungenführer. Das hat mich nach '45 absolut nicht mehr interessiert. Der Feind war geschlagen – also, was soll's.

Frau Timm, die Begleiterin von Frau Pröhl, Dramaturgin am Residenz-Theater, bezeichnete Karl Lieffen als «Knallcharge», was mich störte. Es klang fast so, als ob sie das auf meinen Vater gemünzt hätte.

Daß es ein Unternehmen für Mauerverkauf in der DDR gibt. Ein Segment kostet 500 000 Mark! Das hätte sich niemand ausdenken können. Grotesk.

Wenn sie da drüben von ihren sozialen Errungenschaften sprechen, dann nennen sie sofort die Kinderkrippen, sogenannte «Kitas», also eine Einrichtung, die es den Muttis ermöglicht, ihre Kinder an irregeleitete Kindergärtnerinnen loszuwerden. Als ob es so was hier nicht auch gäbe. Im übrigen war das ja auch nicht kostenlos drüben, das wird meistens nicht erwähnt. Und nicht jeder kriegte einen Platz.

«Kindergarten» – eine der wenigen deutschen Vokabeln, die auch im Ausland verwendet werden. «Kindergarten» und «Sauerkraut». Im Russischen gibt es noch «Buttjerbrot».

Bonn   Mo 19. Februar 1990

Probiere macht d'Jungfrau teuer. (Allgäu)

Im «Steigenberger Hotel»: Urlaub. Ich wohne in einem Appartement. Ein sehr geräumiges Wohnzimmer und ein großes Schlafzimmer.
Fürstlich! – Vielleicht halte ich es hier zehn Tage aus?
Gestern kam ein Bericht über den Hark-Bohm-Film «Herzlich willkommen». Scheint mit meinem Roman nicht viel zu tun zu haben.
Hier in Bonn hab' ich mir erst mal Lesestoff besorgt. Ein Buch über Christian Morgenstern, ein Reisetagebuch von Gerhart Hauptmann, ein pädagogisches Buch über Liebe in der Aufklärung und anderes. Mal sehen, ob ich hier arbeiten kann. Das Manuskript liegt auf dem Schreibtisch.

Ich sitze im Restaurant. Hatte mir die Speisekarte aufs Zimmer bringen lassen und für 19.30 Uhr das Essen bestellt:

Rehkraftbrühe mit Pilzklößen und Seeteufelmedaillon an Safransauce.

Ob das Essen pünktlich kommt? Das interessiert mich. Hab' das Essen vorher bestellt, damit ich nicht so lange warten muß.
Schöner Ecktisch mit gestärkter Serviette.
Am Nebentisch ein Herr, der überlaut spricht. Um mich nicht ärgern zu müssen, schreibe ich mit.
Er erzählt was von China. Schlangen zu essen sei eine Tabuschwelle, sagt er. Spinnen habe es dort gegeben, in Gelee, und Schlangen.
Nun erzählt er von einer Reise in den Nahen Osten, von der Sozialistischen Internationale. Er sei immer dabeigewesen.
In einem Wüstenhotel. Für vierzig Menschen mehr gedeckt, als da saßen. Da gab es auch tolle Sachen. Kamelhoden. Deliziös.

«Was grinst du», sagt einer zu mir.

«Du hast Kamelhoden gegessen!» sagte ich zu ihm.

Er habe bei den Reisen schon Idiotisches erlebt. Aber auch Beklemmendes. Sein Bedarf sei gedeckt. – Man mache sich eine völlig falsche Vorstellung von den Reisen in den Orient zum Beispiel, den offiziellen Reisen. Nach dem Abendbrot sei Schluß, da spiele sich nichts mehr ab. – Anders, wenn die herkommen. Da erwarteten die was.

Der Mann schreit fast, mitschreiben ist die einzige Lösung. Was denkt er sich? Ich habe nicht darum gebeten, sein Zuhörer zu sein.

Seine Frau erzählt von Rangoon, daß da eine Delegation gerade hingefahren sei.

«Da spielt sich nichts ab! Ums Hotel rum, und dann ist Schluß!» schreit er und lacht.

«Ah! Gute französische Küche. Der Wein ist ausgezeichnet.»

«Warum werden die Vietnamesen eigentlich so bestraft? Wissen Sie das? Sagen Sie mir mal einen Grund. Warum sollen die bestraft werden? Es gibt schlimmere Kerle.» – «Aber dann die Vietnamesen. Ich hab' ihm damals gesagt, es soll keiner zu mir kommen, wenn die Pol-Pot-Leute vor den Toren von (Dingsda) stehen. Die schmeiß ich raus. Augenblicklich. Nur, um die Chinesen zu pleasen?»

«Im Zweifel sind die Japaner viel schneller da. – So begeistert ist unsere Industrie nicht von China. Da ist immer noch so eine Hassel'sche Denkungsart lebendig: mit den Chinesen die Russen schlagen. Also, ich weiß nicht. Mir liegen die Russen mehr.»

«Also, wenn Pol Pot marschiert, dann soll mir keiner sagen ... Dann schreib' ich einen Artikel, und wenn es gegen meine eigene Partei ist. Schrecklich!»

«Ich hab' 'ne ganz einfache Binsenweisheit. Es gibt genug Zahnärzte, die die FDP über die 5%-Hürde bringen. Das reicht doch!»

«Als junger Mensch stand ich sehr viel weiter links als die jungen Leute heute in der SPD. Habe Marx gelesen und alles. Es ist ja nicht so, daß alle armen Leute solidarisch sind miteinander. Weder bei denen ganz oben, im Geldsinne, noch ganz unten gibt's Solidarität.»

«Wenn eine Vormacht wankt, dann geht es ganz schnell! Dann wanken die porös gewordenen Mauern.»

«Es dauert noch sehr lange mit der Einheit.»

(Jetzt eben hat er gemerkt, daß ich mitschreibe. Redet aber weiter.)

«Haben Sie in der ‹Zeit› den Artikel von François Poncet gelesen? Das hat die Sache auf den Punkt gebracht. Das ist genau meine Meinung.»

«Da scheitern all die Genschers und Vogels an der Machtfrage. Sich in Beirut das mit ansehen. Nein. – Die Europäer haben eine große gemeinsame Verantwortung. Auch für Tadschikistan. Wir brauchen NATO als Fuß der westlichen Hemisphäre bei uns. Wir brauchen so die alten Zweibund- und Dreibundkonstellationen. Wie schützt sich Europa vor den Herausforderungen in Afrika, im Orient? Doch nur durch eine Entente cordiale …»

«Wasser! Dieses Stichwort sage ich nur. Euphrat und Tigris, Nil und so weiter. Was wollen Sie machen, wenn die Türken denen das Wasser abgraben? Wissen Sie, was das bedeutet? Krieg! Und zwar in einer Form, die sich keiner hier vorstellen kann. Wegen Wasser schneiden sie sich doch schon die Hälse ab!»

«Wir müssen es schaffen: das Mittelmeer, das ist eine europäisch-amerikanische Kiste. Erst mal saubermachen. Ich würde viel radikaler vorgehen.»

«Was möchten Sie gerne? Was Süßes? Ich gehe auf den Käse!» (Erst jetzt spricht er leiser!)

«Bei aller Menschenfreundlichkeit, ich würde ganz schlimm reagieren.»

Jetzt endlich hält er den Mund. Ich sitze an meinem schönen kleinen Ecktisch und lasse es mir gut sein.

Schmeckt, alles gut. Der Fisch ist etwas fest.

Das Gefühl absoluter Sicherheit, hier in diesem Hotel. Hier kann mir nichts passieren: Verstehe schon, daß es Menschen gibt, die ihr Lebtag nur im Hotel leben.
Unter mir toben leider Kinder herum, da hilft kein Ohropax. Beschweren kann ich mich nicht, da ich ja einen billigeren Tarif ausgehandelt habe. Der Kellner sagt, das sei ein Ehepaar, er arbeitet in Bonn, sie in Hamburg, und die träfen sich hier häufiger.

TV: «In Nicaragua steht ein Machtwechsel bevor.»
Bilder vom Orkan, traurige Karnevalisten, deren Triumphzug abgesagt wird.
Sowjet-Truppen ziehen ab (ČSR), von Autohupen begleitet.
Quittung für Raffgier und Roheiten. Und Überheblichkeit.
Heiß-kaltes kommt aus der SU im Hinblick auf die Einheit.

Für Hamburg wird sehr schwere Sturmflut vorhergesagt.
Haßgesänge von drüben, BRD wolle die DDR auskaufen.
TV-Talk mit einem Unternehmer.
«Was empfinden Sie bei dem Gedanken, daß es jetzt jede Menge Arbeitslose geben wird?»
«Wann haben Sie zum letztenmal einen Arbeiter gefeuert?» (So in diesem Stil).
Der «Kapitalist» der Runde sagte sehr zu Recht, daß man in der Bundesrepublik gar keinen feuern kann, Betriebsrat muß zustimmen usw. – «Wieviel Autos haben Sie?» – «Zwei.» – «Wieviel Urlaub im Jahr?» – «Zwanzig Tage. Dreißig stehen mir zu, wie jedem Arbeitnehmer.» – «Wieviel Häuser und Grundstücke?» – «Ein Haus und eine Wohnung.»
Es war ganz offensichtlich, daß die jungen Leute die wunderbarste Vorstellung «aus ihrer Grundschule» über westdeutsche Manager mitbrachten.

Bonn   Di 20. Februar 1990

Wus men hot, wil men nit, ün wus men wil,
hot men nit. (Jiddisch)

Hätte ich in meinen Romanen die Handlung auf modische Konflikte ausrichten sollen? «Herzlich willkommen»: Hark Bohm
habe einen Film gemacht über den Roman, den W. K. nicht geschrieben hat, steht heute in der FAZ. Gemeint ist die Darstellung der seelischen Zurichtung und Beschädigung. – Erstens
habe ich es getan, Zeitkritik geliefert, in allen Schattierungen,
aber (zweitens!) ich hab's den Lesern nicht vorgekaut. Das ist
vielleicht der Fehler meiner Bücher, daß ich die Konflikte nicht
für jeden sichtbar gemacht habe.
Der Film scheint mit meinem Buch nicht das geringste zu tun
zu haben. Das ist eigentlich ein dolles Ding. Hat Bohm sich
meiner geschämt?
Aber nichts gegen Hark Bohm, er hat Renate einmal eine
Chance gegeben. (Und er hat mich gegen Wieser in Schutz genommen.)

13 Uhr – Eben war ich bei Erich Mende, dem «FDP-Major»,
wie ihn der «Spiegel» nennt. Der alte Herr ist noch sehr gut
beisammen, eine exklusive Villa, 10 Mark/m²(!), mit Brokat-
Einrichtung, Coffee-Table-Books und kleiner Bibliothek, in
der Mende sich selbst in groß und klein, wesentlich und unwe-
sentlich in Leder gerahmt zur Besichtigung freigegeben hat. Er
redete ziemlich ausdauernd, gehört aber zu denen, die recht behalten haben. Was soll's? Er zählte sie an den Fingern her, die
Leute Gaus, Bölling, Bahr, die uns manches eingebrockt hätten.
Für Willy Brandt hatte er gute Worte. – Etwas spinnert war er
auch, der FDP-Major: Man könne vielleicht Niederschlesien
wiederkriegen?, frage er sich. Das brauchten die Polen doch gar
nicht?
Auch von Stettin redeten wir, das die Polen ja nun wirklich
ohne jeden Schein des Rechts kassiert haben. Aber wiederkrie-

gen? – Er fährt nicht wieder in seine Heimat, die Panjewagen vor dem Breslauer Rathaus störten ihn. – Das würde mich auch stören. Vorm Rostocker Rathaus war dergleichen allerdings nicht auszumachen. Dort standen schwarze Mercedesse, neu angeschafft auf Rat der Bremer Patenonkels hin, für jeden Senator einen, plus Fahrer.

Mende zählte die Riesensummen auf, die die Polen bereits zur Wiedergutmachung gekriegt haben, und alles ist versickert. Im übrigen sei ja schon allein der Wert der «abgetretenen Gebiete» unschätzbar.

Zum Schluß wollte Frau Mende noch wissen, ob ich ihr nicht dazu verhelfen kann, daß ihre Liebesbriefe veröffentlicht werden.

Und ich fragte ihn, ob er nicht was für mein «Echolot» hätte. Da reichte er mir eine Taschenbuchausgabe seiner Memoiren: «Das verdammte Gewissen», da stehe alles drin.

Gestern abend traf ich noch Pater Basilius, der mir heute früh eine interessante Biographie brachte.

Habe nun die Kommentare für den Rostock-Film des WDR fertig. Ich ließ den Film per Video ablaufen und schrieb die Kommentare dazu und las sie immer wieder «auf Zeit», so daß sie genau passen.

Die Aufnahmen sind ganz gut geworden. «Hätte schlimmer kommen können!» hab' ich zu der Chefin gesagt. – Die Bildsequenz vom Gefängnis wollte sie unterschlagen, die fehlte im Film völlig.

Ich sage: «Wo ist denn das Gefängnis?» – Sie: «Das hab' ich rausgenommen, das belastet den Film.» – Auch meinen kleinen Monolog im Bodenzimmer, daß ich die Zuchthauszeit vorausgeahnt hätte, wollte sie nicht bringen. – Man sollte es nicht für möglich halten. Ein Fall von Zensur also. Wer so was mal erlebt hat, kann sich erst vorstellen, wie hier im Westen die Wahrheit unterschlagen wurde und wird. Von Demokratie und freier Meinungsäußerung kann bei uns keine Rede sein.

Rostock, Gefängnis in der Schwaanschen Straße. Die Zelle meiner Mutter

TV: Nachrichten. Orkan. Während es draußen schneit, sehe ich auf dem Bildschirm Horror-Bilder. Feuerwehrmann trägt Hund durchs Wasser. Lastwagen umgekippt. Der Sturm heißt «Vivian».
Schleswig-Holstein: Deich von 1704 droht zu brechen.
Bundeswehr und Volksarmee zusammenlegen, sagt Hoffmann, der Ost-General.
Die Volkssoldaten laufen weg.
Schmückle meint, der Vorschlag sei tölpelhaft. NVA falle auseinander.

Heute tobten die Kinder wieder. Ich sah sie am Abend wegfahren, hübsche, saubere Kinder, aber sie tobten. Und mit der Erholung ist es nichts. Der Vater wird auch froh sein, daß er seine Familie wieder los ist. Da kann er sich nun wieder seinen Amtsgeschäften widmen.

Bonn/Köln   Mi 21. Februar 1990

Die Atzel läßt's Hibbe nicht.
(Hessen)

Markus Wolf hat sich in den Osten abgesetzt! Soll in Waffen-
geschäfte verwickelt gewesen sein.
In der DDR wundern sich die Leute darüber, daß sich die Westler nach ihrem alten Eigentum umsehen. Im TV wird nur von
den Hausbesitzern gesprochen. Aber die Bauern? Die Handwerker, die Verhafteten?
Wie die Kommunisten wohl mit uns umgegangen wären, wenn
sie Westdeutschland vereinnahmt hätten.
Die Litauer, wie sie sich tapfer loslösen vom Paradies der Werk-
tätigen. Sie singen die Sibirien-Lieder ihrer Verbannung.
Die Polen haben Angst. Vielleicht haben sie ein schlechtes Gewissen und denken daran, wie sie sich an den Deutschen
gerächt haben. Rache sieht immer böse aus.
Bei den Moslems in der UdSSR bricht der alte Glaube wieder
durch, als wenn nichts gewesen wär'. – Religionsunterricht ist
in der Sowjetrepublik Usbekistan immer noch verboten, arabi-
sche Schrift desgleichen. – Ein Bericht über die Mißwirtschaft.
Buchara. Es ist unglaublich.
«Nichts haben wir vergessen von der seelenlosen Herrschaft
der Sowjets!» sagt der Mullah. Wir haben nicht vergessen, daß
unser Volk unterdrückt und verfolgt wurde. – Jetzt packen die
Russen die Koffer.
Auch in Bessarabien geht's los. Und auch in «Moldawien» pak-
ken die Russen! Sie wurden hingeschickt, um die Einheimischen
zu beaufsichtigen. «Mütterchen Rußland ruft euch!» rufen die
Rumänen den abziehenden Russen zu.
«Wir werden zu Menschen zweiter Klasse degradiert!» sagt
eine Russin. Ja, so ist das Leben. Keinerlei Einsicht.
«Seit 18 Jahren lebe ich mit drei Kindern in einem Zimmer!»
klagt ein Rumäne. «Die Russen haben immer Wohnungen gekriegt.»

«Das letzte Imperium der Erde löst sich langsam auf», sagt ein Moldau-Mensch.

Man hat nicht mehr das Gefühl, daß Moskau die Hauptstadt eines Imperiums ist. Es sei Zufluchtsort für Flüchtlinge geworden – Auffanglager.

Man sieht sie in Hallen hocken. 500 000 Russen sollen auf der Flucht sein. Schlafsäle für Frauen und Kinder, die Männer übernachten auf Stühlen.

«Sie sind doch Russe! Was haben Sie hier zu suchen?» (Baku)

«Lenins Sowjetunion kämpft mit der Auflösung.»

Faschisten in Moskau, in schwarzen Uniformen. Radikal-monarchistisch.

Das TV wirkt auf mich jetzt utopisch, fiktiv. Als ob ich träume.

Schlagzeilen in der FAZ an einem einzigen Tage:

Bonn sieht keine Rücknahme der Zustimmung Moskaus zur deutschen Einheit.

Abgeordnete der Volkskammer sprechen sich für deutsche Einheit aus.

Tisch und Stoph auf freiem Fuß.

Neues Parteiengesetz in der DDR.

Waren sie Hochverräter? Über die ausgestoßenen Bonzen.

Verwaltungseinheit noch in diesem Jahr?

Stasi im Bezirk Schwerin vollständig aufgelöst.

Unbekannte verwüsten Geschäftsstelle der Ost-CDU.

Zimmermann schlägt Verkehrsunion mit der DDR vor.

Vom ersten Auftritt des Bundeskanzlers in Erfurt.

Die Parteischule zum Übernachten (sie ist jetzt Hotel).

Ungarische Politiker liebäugeln mit Beitritt zur NATO.

Hat die DDR jahrelang die französische KP unterstützt?

Sozialdemokratische Partei in Aserbeidschan gegründet.

Sozialsystem der DDR nach westdeutschem Vorbild.

Freie Einfuhren von Westwaren.

Das Versandhaus Quelle hofft auf Umsatzsprung in der DDR.

BSN zielt mit Birkel auf die Ostmärkte.

Kein Ausverkauf. Die Lage der DEFA.

Die Kunst ist nicht mehr subversiv.

Alles kleine Sensationen. Und so schiebt sich die Gegenwart in die Zukunft.

Ein Herr vom Eulen-Verlag kam wegen eines Rostock-Buches, das innerhalb von einem Monat (zu der WDR-Sendung) produziert werden soll. Jetzt kommt der Fotograf zum Zuge, der sich im Warnow-Hotel einstellte. «Wer danah geiht, de kriecht ock watt davon aff.»
Herrlich gegessen am Abend. Ganz ausgesöhnt mit der Welt. Vor allem befriedigt es mich, daß die Kommunisten, diese Pest, dahin sind. Mit Mann und Maus!
Heute traf hier im Hotel ein Bus mit DDR-Unterhändlern ein. Sie standen in der Halle dicht beieinander, geradezu *an*einander, deutlich unsicher. (Wie Moschusochsen im Eiswind.) Ich hätte mich am liebsten dazugestellt und mit ihnen geredet.
Da gibt's Leute, die sich auch in puncto Kleidung sofort umstellen. Assimilation. Andere tragen ihre volkseigenen Klamotten auf.

Vor zehn Jahren starb Alfred Andersch an Lungenentzündung. 66 Jahre alt. Er habe sich in seinem Glauben an die parlamentarische Demokratie grundsätzlich geirrt, hat er in seinem letzten ZDF-Interview noch gesagt.
21. Februar 1980? Wo war ich da? In meinem Tagebuch steht zu lesen: «Im Autoradio Wagner und das Requiem von Mozart», aber das hatte wohl nichts mit seinem Tod zu tun.
Ich habe seine Bücher nicht lesen können, aber seine Verdienste um Arno Schmidt seien unvergessen.
Wie gehässig er mich behandelt hat. Ich bin doch ein ganz umgänglicher Mensch?
«Die Kirschen der Freiheit», was für ein blöder Buchtitel. Und wie schlecht das Dings geschrieben ist. Für Schüler in unseren Schulhochburgen mag's taugen.

Nartum   Do 22. Februar 1990

D' Weiber hand meh Gwalt wie's Schießpulver.
(Allgäu)

Rückreise nach Nartum.
Im Zug nach Haus. – Speisewagen. Immer diese Ängste, daß ich
nicht bedient werde. Wo ich mich zeige, liegt Mobbing in der
Luft.
Die Bonner Tage hätten mich eine Stange Geld gekostet, wenn
der Verlag nicht die Hälfte übernommen hätte. Insgesamt war
die Zeit angenehm und auch erholsam. Die Zimmer waren groß,
zwei Fernseher, Video, Radio und jeglicher Komfort. Zwei Restaurants, erstklassiger Zimmerservice.
Das schönste Badezimmer nützt mir nichts, weil ich mir keinen
Fußpilz holen will. Wenn der Reinigungsdienst gegangen ist,
spritze ich das Waschbecken mit heißem Wasser aus und wische
mit einem sauberen Handtuch nach. Der Gedanke, daß sie womöglich alles mit dem Klolappen abputzen, ist mir unerträglich. Ich wollte mich schon mal hinter die Tür stellen und sie
beim Wischen beobachten.
Leider füllte sich mein Zugabteil mit vier Männern, die jedoch
alsbald in tiefen Schlaf fielen.
Der Schaffner macht die Tür auf und schreit: «Darf ich Ihnen
das Geschirr abnehmen?» – Aus war es mit der Ruhe.

Post: Mir wird von cleveren Leuten empfohlen, für das «Echolot» einen eigenen Verlag zu gründen. Entscheidend sei, daß ich
hinsichtlich eines eigenen Verlags eine geldwerte Idee habe,
und die hätte ich ja. Und da bekäme man Bankkredite an-
standslos.
«Es ist das räumliche und zeitliche Nebeneinander von Weltgeschichte und Einzelschicksal. Aber nicht das Einzelschicksal
von Lieschen Müller und Hänschen Meyer, wie es in Ihrem
‹Echolot› vorkommt. Sondern das Einzelschicksal von, sagen
wir, Reinhard Mohn oder Helmut Kohl oder anderer Promi-

nenz. Ist diese Prominenz nicht so reich und so eitel, daß sie sich gedruckt sehen will?»
Lieb gemeint, aber er übersieht das demokratische Element meiner Idee.

Nartum   Sa 24. Februar 1990

Kalender maket de lue, det wedder de leiwe hergod.
(Göttingen)

Es wird uns in den Nachrichten und in allen Zeitungen mitgeteilt, daß in Oberammergau bei den Passionsspielen nun auch Frauen *über* fünfunddreißig mittun dürfen.
Der Taxifahrer gestern weigerte sich, die Musik abzustellen. Dazu sei er nicht verpflichtet. Der Mann heute sagte: «Aber sicher kann ich datt! Et wär' watt anneres, wenn Sie von mir verlangten, Sie möchten datt zweite Klavierkonzert von Beethoven hören.»

TV: 3. Hessisches Programm: «Bücher, Bücher», Wilhelm v. Sternburg. Ein unangenehmer Geselle. Trägt ohne Not einen Spitzbart. Wenn er ein mißgebildetes Kinn hätte, wäre das was anderes. Aber vielleicht hat er ja.
Rilke ließ sich den Schnurrbart stehen, weil er so weibische Lippen hatte.

Aus Hannover schickte mir eine Dame den Jahresjagdschein ihres Vaters aus dem Jahr 1942 und seinen gebührenfreien Wehrmachtsjagdschein für die Niederlande von 1944.
«Inhaber dieses Wehrmachtjagdscheines darf die stille Jagd (Pürsch, Anstand, Suche) in folgendem Wehrmachtsjagdrevier ausüben: Walcheren.» (Archivnummer 2647)
Ist das «relevant»?
Fragt sich: was ist «stille Jagd»? Also bloß waidmännisch be-

obachten, ob die Ricke aus dem Walde tritt? Ob sie anschließend äst? Nichts ist uninteressanter und widerwärtiger als das Jagen. Aber daß sie 1944 in Walcheren Jagdscheine ausgaben für deutsche Soldaten, das ist eben doch ganz interessant.

Im übrigen sollte ich mich nicht so negativ über die Jäger äußern, schließlich haben mich die vier Bücher von Erich Kloss, «Sommertage im Försterhaus» usw., fürs Leben geprägt. Was? Ja.

Nartum   Mi 28. Februar 1990

  Aeschein as keng Hexerei. (Luxemburg)

Seit Anfang des Jahres kamen 100 000 Übersiedler aus der DDR.

Jetzt geht's in der SU erst richtig los. Eine halbe Million Menschen hat heute demonstriert.

Siebzig Jahre lang Krieg gegen das eigene Volk! Das wird jetzt bestraft.

Litauen: 75% Wahlbeteiligung. Die Partei «Los von Moskau!» hat gewonnen.

Der schlohweiße Winfried Scharlau puppenartig eitel. Über die Entkolonialisierung der SU.

Polen wollen die sowjetischen Truppen loswerden. «Die klauen das ganze Gemüse aus den Gärten.»

Wurden als Besatzungsarmee bezeichnet.

Russen sind «betreten».

Aus der ČSR ziehen sie bereits ab, morgen.

Eine Million Opfer hat der Krieg in Afghanistan gekostet. Das macht auf unsere Linken keinen Eindruck.

«Ich weiß nicht», hat Willy Brandt gesagt, «die Leute kommen mir immer mit Kambodscha?»

Im FAZ-Fragebogen äußert sich Michel Krüger. Seine Lieblingsbeschäftigung sei Stromern und Starren.

Wer oder was hätten Sie sein mögen? «Der uneheliche Sohn von Franz Kafka.»

Ein kluger und witziger Mensch, das ist wahr. – Er habe was gegen Männer mit Baskenmütze und Knirps, hat er mal zu mir gesagt. Solche Leute mochten auch die Nazis nicht.

Jetzt kommt es heraus, daß die DDR westdeutsche Kommunisten für den Fall X militärisch ausgebildet hat. Die Leute hätten im Krisenfall Terroranschläge verüben sollen. Gott, wie hätten sie uns ausgelacht, wenn wir das noch vor einem halben Jahr behauptet hätten!

Mein Nartum-Film «Ein Dorf wie jedes andere» wurde wiederholt. Ich habe kurz reingekuckt. Wie jung! wie jung! Fünfzehn Jahre her. Damals pfiff der Wind durch die Fenster unseres frisch gebauten Hauses, jetzt geben die Bäume guten Schutz. In meinen Mappen habe ich mehrere Filmentwürfe. Ab und zu preise ich sie irgendwelchen Leuten an. Die sagen dann: hm, hm. – Das empfinden sie so wie ich, wenn mir einer die Idee zu einem Roman entwickelt. Solche Leute will man schnell wieder loswerden. Fechner hat damals sehr von meinen Vorschlägen profitiert. «Sie sind ein kluger Mann», sagte er, als ich ihm für den Schluß des 1. Teils vom «Tadellöser»-Film die Entwarnungssirene empfahl. Das Dreinreden hatte er nicht gern, aber er duldete es.

März 1990

Nartum   Sa 3. März 1990

Des Brâes, dat ek ëte – des wors, dat ek spreke. (Göttingen)

Der mildeste und wildeste Februar seit Menschengedenken.
Uns ist letzte Nacht ein einzelner Ziegel vom Dach herunter
auf den Innenhof gefallen. Auf der «Insel» vorm Haus ein Rest von Schnee? Woher denn
das? Nein, es ist eine Schneeglöckchenkolonie.

Kohl scheint leider wieder eine enorme Dummheit gemacht
(gesagt!) zu haben. Mit den Polen. Ich mag schon gar keine
Nachrichten mehr anschalten. Eine Art Ekel stellt sich ein bei
allem, was in Sachen Wiedervereinigung gesagt und getan wird.
Dabei sollte man doch fröhlich des Weges ziehen, wie jener
Kämmerer in der Bibel? Die Schwierigkeiten scheinen enorm
zu sein, und keiner möchte später die Verantwortung tragen,
falls was schiefgeht. Kohl ist von erstaunlicher Tatkraft. Die
Opposition hat sich von der November-Verblüffung noch immer nicht erholt.
Natürlich ist alles, was in Sachen Ostpolitik in den Jahrzehnten
zuvor unternommen wurde, bestimmend für die jetzige Entwicklung, im positiven wie im negativen. Dieses Auf-die-Leu-
te-Zugehen war schon richtig. Aber daß man sich mit der SED
zusammensetzte und mit denen kumpelte, das war wider die
Natur.
Daß man uns hier ein X für ein U vormachen wollte und noch
will, zeugt von idiotischem Weltverständnis. Es ist disquali-
fizierend.

127

«Sirius»: Januar nun wohl endgültig fertig. Enorm viel Arbeit, da Notizzettel eingearbeitet werden müssen und Briefe.
Sirius entwickelt sich unterderhand zu einer Art Autobiographie. Der 22. Januar gab Gelegenheit, von meinem Großvater/Hamburg zu erzählen, der «Background» meiner Romane wird die Leser vielleicht interessieren. Für einen Biographen, wenn es denn je einen geben wird, bleibt genug Stoff übrig. Beim Suchen fiel mir die «Vorchronik» in die Hände, die ich in den 60ern geschrieben habe. Schon in Göttingen hatte ich Quellen für die Romane gesammelt. Wichtigster Text: die Tonbanderzählungen meiner Mutter. Ich weiß nicht, wie ich die Romane hätte schreiben sollen ohne sie und ihre Lebensbeschreibung. Bei Wittigs saß sie auf dem Sofa, und ich hörte ihr zu. Das meiste, was sie erzählte, war mir bekannt, weil sie natürlich auch ihre «Platten» hatte und immer gern erzählte. Aber durch das Sprechen aufs Tonband wurde es ein für allemal fixiert. 1959 war das, vor vierzig Jahren, und die Tonbänder sind noch immer intakt.
Zur Wieser-Affäre: Strenggenommen hätte ich auch alle Erzählpartikel meiner Mutter in den Romanen als Quellen kennzeichnen müssen. Und ulkig der Gedanke, es müßte in Mutters Texten bei einer eventuellen Veröffentlichung einmal all das gekennzeichnet werden, was ich von ihr in der Chronik verwendet habe. Das wäre dann ja die Verwendung einer gedruckten Quelle.
Ich muß es leider sagen, ich habe kein Unrechtsbewußtsein. Ein bißchen tut mir der Wieser leid. Was hat er falsch gemacht? Sie gingen alle auf ihn los. *Ich* eigentlich nicht? Ich hatte ihn gewarnt, aber er hörte nicht.
Für das «Echolot» kamen aus dem Militärarchiv in Freiburg Stalingrad-Akten, Frontgedichte und ein Buch-Entwurf aus der Nachkriegszeit.
Magen revoltiert wieder. Läßt sich aber aushalten.

Flensburg
So 4. März, Invocavit

A G'vada is a G'vada. (Oberösterreich)

An sich ist gegen Lecture-Tours nichts zu sagen, das Geld hat man immer nötig! Man muß sie nur besser vorbereiten. Dazu gehört die Vermeidung von Personenzug-Strecken. Es ist irritierend, wenn man in einem Bummelzug von einem Eilzug überholt wird. Die berühmten Milchkannen, die früher auf den Haltepunkten ein- oder ausgeladen wurden (Mecklenburg). Außerdem müßte das Hotel zentral liegen. Ein gutes Hotel muß es sein und zentral gelegen. Es braucht nicht gerade ein «Steigenberger» zu sein, obwohl das natürlich auch ganz angenehm ist: klingeln und sich Kakao bringen lassen, wie in Bonn auf dem Venusberg. In einem Zimmerchen mit Sofa und Fernseher läßt sich allerhand aushalten. Aber: das Hotel unter Tag nicht verlassen! Nicht umherlaufen in den Fußgängerzonen! Das führt nur dazu, daß man Oberhemden kauft, die man nicht braucht.

Angenehm wären private Einladungen zum Tee, aber so was gibt es heute nicht mehr. Leider nicht, die wenigen privaten Einladungen kann ich an einer Hand abzählen. – Johnson: «Seien Sie doch froh, Herr Kempowski!» Der war nicht sehr gesellig. Bei sechzig Lesungen pro Jahr könnte ein Einkommen von 50 000 Mark erreicht werden. Minus Steuern wäre das ein zusätzliches Monatsgehalt: Geld, das ich für das «Echolot», das sich als ein Groschengrab entpuppt, sehr nötig bräuchte. Um die Mehrwertsteuer drücken sich die Veranstalter gern herum.

Hier in Flensburg haben die sogenannten Stadtväter, wie in manchen andern Städten, Schlimmes angerichtet. Allerhand abgerissen. Das Rathaus an Hertie verkauft u. ä. – Hertie! Diese Firma hat schon Göttingen verschandelt. Und Braunschweig. Und ich weiß nicht, wie viele kleine Kaufleute ruiniert. Flensburg: Diese Stadt war einmal für vierzehn Tage Regierungshauptstadt des Großdeutschen Reiches.

Nach der Lesung hieß es: «Gehen wir noch wohin?» Ja, gern. Und dann wurde *ich* gefragt: «Wo gehen wir denn hin?» – Dann als Kavalkade von einem Lokal zum andern, alles irgendwie voll oder geschlossen. In solchen Fällen muß der Gast fein höflich bleiben, *müßte*. Nicht merken lassen, daß einen das Leben ankotzt.

Eine Dame aus Braunschweig erzählte, der Charakter der Stadt habe sich durch die Öffnung der Grenze völlig verändert. Von der Randlage in der Bundesrepublik sei die Stadt nun mehr ins Zentrum gerückt, sei eine Vorstadt von Berlin geworden. – Braunschweig bei Berlin?

Geflüchtete Ost-Eltern werden angeklagt, die ihre Kinder drüben im Stich gelassen haben, es sind etwa hundert. Werden im Fernsehen aufgerufen. In der Zeitung steht, daß einhundertneunzehn Kinder in Niedersachsen aufgegriffen worden sind, ausgerissen von zu Hause, um die sich die Eltern drüben nicht kümmerten. – Früher waren es die Haustiere, die zurückgelassen wurden.

Der Prozentsatz der Asozialen unter den Übersiedlern wachse, heißt es. Wie will man das denn feststellen? Haben diese Leute spezielle Ausweise? Geben sie «asozial» als Beruf an? Gleichzeitig kommt von drüben die Nachricht, daß immer mehr Facharbeiter abhauen. Ein überglücklicher West-Zimmermannsmeister wurde gezeigt, der einen Ost-Zimmermann ergattert hat. «Diese Leute sind solide ausgebildet …» Im Hintergrund war der Ost-Zimmermann neben seinen West-Kollegen zu sehen, er unterschied sich in nichts von ihnen. Ob hier das Betriebsklima gewahrt bleibt, fragt man sich.

Der Schriftstellerverband Ost hat getagt. Kant hat vom Krankenlager aus eine Grußbotschaft gesandt. Na, das sind vielleicht Nachrichten. Applaus!
Uwe Friesel hat eine Rede gehalten, die westdeutschen Verleger seien weniger an Lyrik als an Geld interessiert! Na, die Lyriker doch auch. Wenn alle Lyriker Deutschlands Lyrik kaufen wür-

den, gäbe es riesige Auflagen, und alle hätten was davon. Die Lyrikerinnen, die sich bei mir melden, haben noch nie etwas von Benn gehört. «Ach, ist das Böll?» hat mal eine gefragt. Im übrigen lassen die Autoren drüben die Köpfe hängen, mit ihren fünf Prozent Wahrheit wie bisher (Heym) können sie natürlich keinen Blumentopf gewinnen. Braun hat auch Unmögliches von sich gegeben. Aber das hat er ja schon immer. Der ist in sich verbiestert. Stammt er nicht sogar aus dem Westen? Nein? Klaus Einar Langen über seine Zuchthauszeit. Ich lernte ihn in Bautzen kennen, da stand er gern am Fenster und sah hinüber zu den Bergen. Hatte er nicht eine weiße Strähne im Haar? Später kam er nach Waldheim. Er schreibt in der dritten Person davon, daß er Waldheim jetzt wieder besucht hat, sogar einen Menschenschinder-Wachtmeister wiedergesehen, der jetzt 88 Jahre alt ist. Seine Augen seien gütiger geworden. «Seien Sie mir nicht gram ...» Die Ehefrau hatte ihren Polizisten-Ehemann damals beim Bewachen unterstützt: mit einem Fernglas das Gefängnis beobachtet, wenn sich einer am Fenster sehen ließ, schnell Bescheid gesagt. Na ja, wenn einer überzeugt davon ist, daß der Historische Materialismus das Volk ins Paradies führt, dann muß er so handeln, da beißt die Maus keinen Faden ab. Und der muß dann Orden über Orden kriegen. Wie Volker Braun und der Herr Kant. Aber Orden haben sie gewiß schon eingeheimst.
Mein Bautzen-Besuch rückt auch immer näher.

Daß die aufgesammelten und numerierten Sandsteinblöcke der auseinandergeborstenen Frauenkirche in Dresden zum größten Teil zu Schotter verarbeitet worden seien. – Natürlich werde sie wiederaufgebaut. Gut so! Etwas Ähnliches wird für das Berliner Stadtschloß wohl nicht zu erwarten sein, obwohl auch dort Fassadenschmuck gerettet wurde.
Im «Spiegel» wird Martin Walser mangelnde Gedankentiefe vorgeworfen, ohne daß dies an einem Beispiel ausgeführt wird. An Grass trauen sie sich nicht ran. Der große Rauner faselt von

131

Auschwitz, daß uns die Ermordung der Juden verpflichte, die Teilung aufrechtzuerhalten. Was er befürchtet: durch die Aufbruch-Aktivitäten und die täglichen Enthüllungen über den SED-Staat sinke die Nazizeit weiter ab. Sie geselle sich zu dem Ersten Weltkrieg und 70/71. Das neue 90/91 schiebe sich davor. Was die Teilung Deutschlands mit Auschwitz zu tun hat, kann einem niemand erklären. Die schreien einen gleich an, wenn man danach fragt.

Auschwitz wird man nie vergessen. Wer könnte das vergessen! Man wird dessen «eingedenk» sein, immerfort. Wir werden natürlich auch an Halle, Torgau, Waldheim und Bautzen denken. Und an Buchenwald, das die Russen 1945 gleich weiterbetrieben, als die letzten KZ-Häftlinge eben das Lager verlassen hatten.

Es wird gefragt, was die DDR einbringe in das neue Deutschland. Da fallen ihnen ausgerechnet die Kindertagesstätten ein, in denen die Kleinen nach Kaiser-Wilhelm-Methoden ruhiggestellt und abdressiert werden, damit die Mütter Plaste-Tüten herstellen können. Und die grünen Männchen an den Ampeln. Was sie mitbringen? Ihr Leid zum Beispiel. Und die Erfahrungen, was uns hier nun – vielleicht – einen West-Sozialismus erspart. Und: einen Hohlraum, der uns aus Gründen des *horror vacui* aufs höchste aktiviert und fordert. Genug für den Rest des Jahrhunderts.

Und: Erfurt/Weimar/Potsdam/Wittenberg ... die Ostseeküste. Leipzig!

«Des Reiches Straße» – dieses Buch müßte neu aufgelegt werden. Von Frankfurt bis Frankfurt, daß dies die Achse sei, an der sich die deutsche Kultur entwickelte. Schwaben! Hessen! Thüringen! Sachsen! Am besten ist es, man mietete sich einen Wohnwagen, um alles abzufahren. Erfurt, die Severi-Kirche. Quedlinburg. Tangermünde.

Die Polen fordern Reparationen! Das muß man sich mal vorstellen. Oder-Neiße-Gebiete mit Ländereien, Bergwerken, Städten, Fabriken, Straßen sind nicht genug; Stettin, das sie sich ohne jede Rechtsgrundlage aneigneten. Breslau. Niemand wird das

zurückhaben wollen. Aber: Was denn nun noch? Ob sie von den Russen auch Reparationen fordern? Haben sie denn vergessen, wie die Roten 1939 in Ostpolen hausten? Reparationsforderungen könnten die Rechten bei uns zu sehr unfreundlichen Aktionen gegen Polen animieren. In der DDR haben sie ohnedies verschissen, wie zu hören ist.
Der Name «Kempowski» kommt aus dem Polnischen und bedeutet angeblich: Der von der Flußinsel. Den «Herrn von Büschel» wollen wir mal dahingestellt sein lassen. Wir gehörten zum niederen polnischen Landadel, wie mir mal einer gesagt hat. Irgendwelche Unterlagen gibt es nicht. Die hat die deutsche Wehrmacht in Warschau mit Flammenwerfern vernichtet.
Kohl hat, wie ich jetzt eben lese, nur gesagt: Wenn wir die Oder-Neiße-Grenze anerkennen, dann sollen die Polen keine Reparationen mehr fordern. Das ist doch das Natürlichste von der Welt.
Ich habe noch nie etwas mit Polen zu tun gehabt, außer mit einem Filmregisseur aus Warschau, der in unserm Haus hier meinte, alle Deutschen seien für ihn Verbrecher und Schweine. Und während er das sagte, lutschte er unsern schönen Spargel. Wie schade, daß ich ihn nicht rausgeschmissen habe. Ich besann mich irgendwie auf germanisches Gastrecht, deshalb tat ich es nicht. – Eine Gruppe polnischer Germanisten in Regensburg, die sich bei der Tadellöser-Lesung über «das Polnische» in mir amüsierten.

Der Verlag bezeichnet mich als seinen «Top-Autor». Da kommt man sich unglaublich progressiv vor, da stellt man gleich den Mantelkragen auf und besieht sich seitlich im Spiegel.
Volker Braun hat sich beschwert über das Almosen des Begrüßungsgeldes. Nun, *er* braucht das ja auch nicht, *er* kriegt ja West-Tantiemen. Weshalb soll man den Brüdern und Schwestern kein Geld schenken, was ist dagegen zu sagen? Ist das gegen die Ehre oder so was?
Meine Mutter hätte gesagt: «Wie man's macht, isses verkehrt.»
Ich erhielt 1956 in Hamburg auch 300 Mark Begrüßungsgeld,

und die konnte ich gut gebrauchen. Unterhosen kaufte ich mir davon und einen Anzug. Schlipse.

Dohnanyi, der ehemalige Bürgermeister der Freien und Hansestadt Hamburg, hat sich ziemlich unmöglich benommen. In einer Talk-Show mit einem Künstler, der den Markusplatz in Venedig mit Zeitungspapier bedeckt hat, eine, wie ich finde, ganz originelle Idee: «Das können Sie in meinem Büro auch haben …» – Da kam unversehens der Banause zum Vorschein. So was trägt Manschettenknöpfe. In seinem Büro trinken doch keine glotzenden Touristen Kaffee.

Ich fragte in Flensburg nach Augenmodellen, wie sie möglicherweise den Optikern von Vertretern geschenkt werden. Auch Monokel sind interessant, für mich in Frage kommend bei den unterschiedlichen Dioptrien meiner Augen. Aber natürlich unmöglich. «Jetzt ist er total verrückt geworden», würden sie sagen. Ist es denn nicht das Verrückte, was unser Leben erträglich macht?
Monokelträger: Seeckt. Wer noch? Bronnen?
«Querbinderträger», Monokelträger: Mal eine Liste von diesen Leuten machen.

FAZ-Fragebogen: Die Dressurreiterin Nicole Uphoff bezeichnet Steffi Graf als ihre Lieblingsheldin in der Wirklichkeit. Ihr Lieblingsmaler? «Ich mag lieber Fotos.» Am liebsten wohl Fotos von sich selber. – Sie möchte gerne in Ruhe und ohne Schmerzen sterben. – Das ist nachzuvollziehen.
Wenn ich was zu sagen hätte, würde ich das Dressurreiten sofort verbieten. Pferde freiweg über eine Waldwiese galoppieren lassen, das wäre das einzige, was ich zugestehe in Bezug auf Pferde. Nichts widerlicher als eine Amazone, die ein Pferd unter sich zu den blödsinnigsten Bewegungen zwingt. Und dazu noch einen abgeplatteten Zylinderhut trägt.
Zwei schmucke Pferde vor einem leichten Jagdwagen – auf Waldwegen von einem Gut zum andern fahren, das ist vielleicht auch noch hinzunehmen.

Nartum   Mo 5. März 1990, Regen/Sturm

E blend Däb find aach emol e Ärwes. (Hessen)

Das «Frühlingsrauschen» von Sinding, das rauschte bei uns zu
Hause vornehmlich abends durch die Wohnung, sommers wie
winters, so eine Art Schlager. Im «Tadellöser» ist es nachzu-
lesen, und in Fechners Film war es zu hören.
Neuerdings kann man das Klavierstück kitschig orchestriert
kaufen.
Sinding war Norweger, lese ich, zwei Opern, vier Symphonien,
drei Violinkonzerte, Kammermusik, mehrere Kantaten, viele
Chöre und Lieder. Verweht, verweht. Weshalb kriegt man das
nicht zu hören? Zum Kulturschrott erklärt. – Er hat «mit den
Nazis gemeinsame Sache gemacht», liest man.
Mein Werk wird später wahrscheinlich auf den sattsam bekann-
ten Satz «Wie isses nun bloß möglich!» zusammenschrumpfen,
und das ist für ein Menschenleben schon viel, analog zu «Ich
weiß, daß ich nichts weiß.»
Es müßte einen Radiosender geben, in dem unaufhörlich und
ausschließlich unbekannte Musik ausgestrahlt wird. Vielleicht
könnte man auch eine halbverfallene, nicht mehr genutzte
Kirche zu so einer Demonstration herrichten. Wer immer des
Weges kommt, tritt ein und vernimmt Unerhörtes, nie Ge-
hörtes?

Der Sturm hat die «Insel» vor unserm Haus sehr gezaust. In
den Nachrichtensendungen wird der Informationspflicht Genüge getan: Bäume quer über der Straße, die mit Motorsägen
zerteilt werden. Man könnte ohne weiteres Filmberichte vom
Vorjahr nehmen, das würde niemand merken, und man sparte
viel Geld und journalistischen Aufwand.

Es kommen fast täglich Leute von «drüben» zu uns. Heute früh
war ein Rostocker da, der will ein Literaturbüro in Rostock
aufmachen, im Kuhtor. Ein lieber Mensch, der von nichts 'ne

Ahnung hatte. Er staunte über die Rostock-Devotionalien im Turm. – Ich lud ihn zum Literatur-Seminar ein und schenkte ihm eine ausrangierte elektrische Schreibmaschine und einen Stoß Kempowski-Bücher.

2005: *Nie wieder was gehört von dem Mann.*
Im Rostocker Literaturbüro weiß man nichts von ihm.

Nachmittags kamen weitere Rostocker. Der eine war Ingenieur. Er hat im falschen Moment gekündigt und sitzt nun ohne einen Pfennig im Sozialparadies herum.

Ich sah Fotos für Echo 1913 durch. Das Jahr 1913 als «Vorabend der Zerstörung des alten Europas». Ein Pendant zu 1936?

Hermann Heimpel in «Die halbe Violine»: «Wer die Zeit vor dem Weltkrieg nicht kennt, und wer nicht in München gelebt hat, weiß nicht mehr, was Einkäufe bedeuten ...» Die andere Hälfte der Violine wäre das, was Zille uns überliefert hat.

Interessant das Einströmen westdeutscher Unternehmer in die DDR. Und wie sich die Leute auf den Westen einzustellen beginnen. Ob das allen gefällt? Im Warnow-Hotel haben die Banker ganze Etagen gemietet.

Nartum   Di 6. März 1990

War's mit dam zu tun kriegt, hott a Fiesch oam
Schwanze gepackt. (Schlesien)

Eine Amsel flog sich zu Tode am Vitrinenfenster. Bumms! Ich lief hin und sah sie zuckend am Boden liegen, den gelben Schnabel weit aufgerissen, dann sackte sie auf die Seite. Am Abend wollte ich sie begraben, doch die kleine Leiche war verschwunden. Hat die Katze wohl geholt. Ich hab' es Hildegard nicht erzählt. Vielleicht handelt es sich um das liebe Tier, das uns mit

glucksendem Gesang an Sommerabenden unterhielt? Manchmal ein bißchen zu doll?
Ich habe diesen Vogel in «Moin Vaddr läbt» besungen.

Hott de Amsul sengt a Lad
inde grauwe Winder nei,
hott jesunn von frie bes spat:
Lang verganga issa Mai ...

Liwwe Amsul lassas Lidd
in din Koppe drinne.
Liwwe Amsul nimm's amit
un verschwinn von hinne.

Ja, es ist wahr, manchmal ging sie uns auf den Nerv. 1982 war das.
Die Amsel als Ersatz-Nachtigall hat mich immer sehr beschäftigt.

Nartum   Mi 7. März 1990, Regen/Wind

De Bueb lehrt nüt un wemme's 'm mit Chochlöffel
ins Muul üschmeert. (Alemannisch)

Drei Besucher aus Rostock. Ob ich noch manchmal an Rostock denke, werde ich gefragt. Haben die 'ne Ahnung! Der Jakobikirchturm sei abgerissen worden, weil ein Beamter sich über den Schatten geärgert habe. Wie der Zeiger einer riesigen Sonnenuhr legte er sich auf seine Existenz.

Fühle mich schlapp.
Ich lese: Thomas Mann (Tagebuch), Sarraute (Kindheit), Kaschnitz (Engelsbrücke).
Sarraute: Die Sache mit dem «ersten Kummer».

Des Kanzlers Ostgrenzen-Unachtsamkeiten sind offensichtlich beigelegt. Vielleicht war ja auch gar nichts dran.

«Das Viehzeug gehört ausgerottet»: ein Arbeiter in Riga über Ausländer.

Ein Leser schreibt mir, die SED-Leute säßen alle noch auf ihrem Platz, sie hätten aber einen unsteten Blick. Wenn wir uns in der DDR den Parteigängern gegenüber jetzt so benehmen wollten, wie Erika Mann in München den armen Süskind abfertigte! Mir liegt das Prinzip «Übergabe von Breda» näher. Überhaupt Erika Mann! Das hatte der Vater nicht verdient. Aber er hat sie schlau ausgenutzt.

Stefan Heym hat sich in Straßburg erheblich vorbeibenommen. Er hat dort, in Frankreich also, gesagt, die Franzosen würden schon bald mitkriegen, was «Anschluß» bedeute. Die DDR-Revolution sei von rechten Provokateuren aus der Bundesrepublik unterwandert und gesteuert worden. Das sei jetzt keine Bürgerrevolution mehr, sondern ein rechtsradikaler Umsturz. – Das also ist die neue Legende. Hildegard sagt, ich soll mich nicht aufregen. Sie hätten früher alles verdreht, das täten sie nun weiterhin.

Was mich allerdings von Anfang an gewundert hat, das waren die nagelneuen schwarz-rot-goldenen Fahnen, die in Dresden geschwenkt wurden. Woher sie die so schnell hatten? Und so viele?

Sie monieren die Eile, mit der jetzt die Wiedervereinigung betrieben wird. Dazu ist zu sagen: Für den Bau der Mauer haben sie nur einen einzigen Tag gebraucht.

Brandt schlägt das unsinnige Wort «Neuvereinigung» vor. Im Hinblick auf das andere schöne Wort, das er im Herbst geprägt hat, kann man jetzt nur sagen: O si tacuisses … Ja: geprägt.

Duyns rief an aus Amsterdam. Er hat die Drehgenehmigung für Bautzen. Der VP-Beamte, der sie erteilt hat, heißt Oberstleutnant Lustig. Ich habe ihm geraten, sich noch einen zweiten Tag genehmigen zu lassen. Vielleicht treffe auch ich dort einen 88jährigen Wachtmeister von damals? Mit dem könnten wir dann ja eine Tasse Kaffee trinken und von alten Zeiten schwätzen?

TV: Nartum-Film. Merkwürdig, gerade jetzt! Es ist so, als ob sich die Vergangenheit in Erinnerung bringen will. Der Film von Duyns über Bautzen und der von Mensak vom letzten April wären eine Ergänzung dazu. Auch das rundet sich mit der WDR-Sache zu einer Biographie. Vieles stellt sich im Leben von selbst ein, da braucht man gar nicht nachzuhelfen.

Es kam eine Biographie aus Bad Schwartau. – Eine hübsche kleine Liebesgeschichte in Köln, Mitte der zwanziger Jahre:

Nach 7 Uhr herrschte auf der Hindenburgstraße ein reges Gedränge, auf der «Rennbahn», wie das damals genannt wurde. Plötzlich sah ich drei Mädchen mir entgegenkommen, und ich erkannte in der Mittleren sofort meine Tanzpartnerin vom letzten Sonntag. Daß ich sie ansah und bestaunte – war natürlich. Aber daß sie mich auch ansah und auffällig lange betrachtete, war zur damaligen Zeit ungewöhnlich ... (Archivnummer 2674)

Ich hatte in Rostock nie eine Freundin, ich kam als «Jungfrau» ins Gefängnis. Das führte dann dazu, daß ich mich in Bautzen für einen hübschen Kalfaktor interessierte. Man stelle sich vor, die VP hätte in ihren Zuchthäusern Puffs eingerichtet. Wieso eigentlich nicht? Heutzutage haben die Knackis «Freigang». Wir blieben auch mit diesem Kummer allein. Sexuell – verkorkst. Verkorkst ist gar kein Ausdruck.

Nartum   Do 8. März 1990, Sturm

Wie mer'sch treibt, su gieht's. (Altenburg)

Die Verhaftung vor 42 Jahren! Morgens um 6 Uhr. – Gibt die Erinnerung nichts mehr her? Weshalb sollte ich sie aufknacken wie eine Nuß?

Ein goldenes Spinnrad lag in der Nuß.

«Sie legten mir keine Handschellen an. Beim Hinuntergehen faßte einer mit zwei Fingern meinen Ellbogen.» – Weshalb erinnere ich mich gerade heute daran? Es müßte doch möglich sein, aus dieser Radiolarie eine Entsprechung zu heutigen Ereignissen zu finden. Und: «Einer strich über die Tapete» – was hat das zu tun mit der Tadellöser-Stelle: «Helle Felder auf der nachgedunkelten Tapete»? Beides steht auf der jeweils ersten Seite der Bücher.

Man ist sich selbst ein unerschöpfliches Geheimnis. In der «Chronik» werden Tapeten sechzehnmal erwähnt. Früher wurde unter die Tapeten eine Lage Zeitungspapier geklebt. Auch ganz interessant, was da so überlebte. Aber freizulegende Fresken sind das nicht.

Ich arbeitete den ganzen Tag am «Sirius». Bis Juni habe ich den Text nun beisammen. Die Eintragungen vom 17. Juni 1983 sind von einer sonderbaren Aktualität. Zwei alte Männer: Heym und Hans Mayer (die Sache mit den westdeutschen «Flitzerchen», die er angeblich in jenen Tagen, 1953, gesehen hat. Faschistische Aufwiegler also). Daß neben der ungewöhnlichen Intelligenz dieser Männer eine solche Dummheit möglich ist? Aber es ist wohl gar keine Dummheit, hier waltet wohl Absicht, oder? Sie können es sich nicht eingestehen. Oder, ganz einfach, sie wollen sich wichtig machen. Sie haben es mit eigenen Augen gesehen, wie sie sagen. Ich habe die Verhafteten dann in Bautzen beobachten können. Man hatte ihnen ein weißes Kreuz auf die Jacke gemalt!

«Sirius»: Morgen fange ich das zweite Halbjahr an. Ich muß noch datierte Zettel einarbeiten, die hier herumliegen, und die Reisetagebücher.

Nun paktieren die Franzosen mit den Polen, als ob wir noch von den Nazis regiert würden. Mitterrand hat Warschau seinen Beistand angeboten. Nein, daß Kohl die Grenzen garantiert, das genüge nicht … Was denn nun noch?

Daß die Polen Angst vor uns haben, ist verständlich. Sie müßten auch Angst vor sich selber haben, die eigene faschistische Vergangenheit. Die polnische Geschichte der Jahre 1935–39. Wie auch sie mit den Juden umgingen.

Neue Gesichter im TV, alles ändert sich, wird größer. Sehr interessant. Die Wetterkarte!
Mir imponieren die Stillen im Lande, die von den Fortschrittlern der Anpasserei beschuldigt werden. Die Stillen, an die man sich erinnert, wenn sie schon lange dahingegangen sind. Immer sind es die Stillen, die die Oberhand behalten. Laotse: Auf die Dauer wird das Schwache doch das Starke sein.

Kaschnitz: «Engelsbrücke». Warum kann ich kein Italienisch? Vielleicht werde ich den Rest meines Lebens mit dem Studium von Fremdsprachen verbringen. Wieso war in der Schulzeit keine einzige Stunde übrig, in der man einmal Sprachen miteinander verglichen hätte? Und weshalb geschieht das immer noch nicht? Das wäre doch auch eine Maßnahme gegen Fremdenfeindlichkeit. Sechs Stunden pro Jahr würden genügen. Im Englischunterricht nie ein Wort über Shakespeare, im Zeichenunterricht kein einziges Bild von Michelangelo gezeigt bekommen? Anstatt hier und da einzusteigen, die Goldstücke zu betasten, mußte man in der Turnhalle am Barren Übungen machen, die man entweder bereits konnte oder nie konnte. Was für eine gigantische Zeitverschwendung.
Mundartliche Sprichwörter. Überhaupt die Mundarten. Auch das gehört zur «Hamit».
Ohne Dialekte sei die Sprache ein Leichnam, sagte Haustein in Bautzen, und ich konnte sie dort studieren. Zum ersten Mal in meinem Leben hörte ich die verschiedenen Spielarten des Sächsischen: das feine Dresdnerische, das ziemlich unerträgliche Hallensisch. Am schönsten ist es, wenn Leute einen Dialekt nachahmen. Da kann ich stundenlang zuhören.

Nartum   Fr 9. März 1990

A Bauer und a Pfarrer wissen mehr als a Pfarrer alloa.
(Bayern)

Ich schrieb heute aus Versehen «1980» in die Datumszeile. Interessant, daß ich mich noch immer verschreibe, drei Monate nach dem Umspringen der Jahreszahl.
Auf den 19. 9.1990 freue ich mich schon heute.

2005: *Am 19. 9. 1999 berichtete ich von einer schlaflosen Nacht, wegen Dorflärm, rumsiger Popmusik. Ich rief die Polizei an. War wohl der einzige, der das tat, die Nartumer wühlten sich in ihre Kissen. Bloß nicht die Wut der Jugend herausfordern.*

Ein angenehmer Tag. Innerlich ganz ruhig. Lange Frühstück, lange Mittag, Sandtorte zum Kaffee, langer Mittagsschlaf. Und dazwischen äußerst konzentriert am «Sirius»: Juli '83, leider immer noch nicht ganz fertig. Die Parallelstelle zu den «Hundstagen». Es muß noch ein Polaroidfoto von den Mädchen existieren. Als die Mädchen mich damals heimsuchten, wußte ich sofort: Das wird ein Roman. Im Grunde hätte ich mir die Sommerklubs in den folgenden Jahren (er)sparen können. – Eric Rohmer: «Claires Knie». Überhaupt Rohmer. Die Linken hassen ihn. Das Wort «Muße» ist ihnen fremd. Sie wissen nur etwas vom «Muß», und das betrifft immer die andern.
Wieviel reine Arbeitszeit pro Tag? Heute neun Stunden. Na bitte! Da bin ich doch ein richtiger Werktätiger.
Politisch alles rasend. Oder/Neiße ist als Thema für die Medien out. Nun knöpfen sie sich Schnur, den Demokratischer-Aufbruch-Mann, vor. Er soll für die Stasi gearbeitet haben.
Ob dem Schnur in diesen Tagen ein Seelsorger zur Seite steht? Nötig wäre es wohl. Rechtsanwalt ist er, da hätte er es wissen müssen.
Das Rätsel, wieso Betrüger auch dann betrügen, wenn sie ge-

nau wissen, daß es eines Tages herauskommt. So auch Schnur: Er mußte doch damit rechnen? Es sind Spielernaturen. Im Gefängnis sind Betrüger nicht hoch angesehen. Das segelt unter «Gelichter».

2001: *Beim Zugunglück in Eschede sind neunzig Pastoren und Psychologen tätig geworden, das muß man sich mal vorstellen! Zeitweilig standen um einen Verunglückten drei Seelsorger herum.*

2005: *Die Schüler in Erfurt werden noch immer psychologisch betreut. Man will ihnen mit Gewalt die Erinnerung nehmen. Ob die Schulleiterin auch psychologisch betreut wird? Weshalb hat sie sich für die Beerdigung ihrer Schüler extra einen schwarzen Hut gekauft?*

Modrow ist beim Papi in Moskau gewesen und hat um Schützenhilfe wegen des DDR-Eigentums gebeten. «Es kann doch nicht sein, daß das jetzt alles enteignet wird», hat er gesagt. – Das haben sich die kleinen Unternehmer und die Bauern und die Gutsbesitzer 1945 auch gefragt.

Foto von Johannes R. Becher, der nach 1945 in einer beschlagnahmten Villa wohnte, inmitten beschlagnahmter Möbel. Ich möchte gern wissen, wem das früher gehört hat. Ob das wirklich Nazis waren? Oder ging es da so zu wie bei uns in der Augustenstraße, daß jeder kam und sich nahm, was ihm gefiel? Ungarn und ČSR werden endlich die Russen los. Haben Verträge unterzeichnet. Auch die italienischen Kommunisten wollen Hammer und Sichel abschaffen. Schlimm genug, daß sie es so lange vor sich hertrugen.

Bittere Tage für die ehemaligen Rotarmisten, die den Krieg doch gewonnen hatten. Nun müssen sie sich hinkend trollen. In der SU fangen sie die Vor-Stalinzeit an abzufummeln. Jetzt geht's Lenin an den Kragen. Was machen unsere Leninisten hier in Westdeutschland? Umschwenken, daß die Rockschöße fliegen? Wo sind sie? Schade, daß sie keine Abzeichen trugen. Vielleicht tragen sie sie jetzt unterm Rockaufschlag? Geheimzeichen LB 17? Kennwort «Nußbaum»?

Ein toter Dompfaff im Garten, totgeflogen am Fenster. Und schon wieder eine Amsel. Leider! Ich tröstete Hildegard damit, daß die Italiener Millionen von Singvögeln in Netzen fangen und braten.
Aus Nachtigallenzungen haben sie sich Suppe gekocht, die Altvordern.
Die Sache mit Mao, wie der die Vögel ausrotten wollte, weil sie unnütze Fresser wären. Es gibt einen Film davon, wie die Leute gegen Bäume schlagen, auf denen die Vögel ausruhen.
Was machen unsere Sozialisten jetzt mit den roten Mao-Bibeln?
Was machen diese Leute überhaupt? Wühlen sie irgendwo? – Ich hege keine Triumphgefühle, bin eher traurig über den Idealismus, der da wieder einmal vor die Hunde ging.
Idealismus als vorantreibende Kraft? Ihm folgte meistens der sogenannte Katzenjammer.

Abendessen: Spaghetti mit gebratenen Brotbröseln, Knoblauchsoße und Butter und Quark. Danach eine süße Apfelsine. Ein sanftes Essen, gemacht für sanfte Leute.
Lit.: Stalingrad-Briefe.
Musik: Schubert, letzte Streichquartette.

Nartum   Sa 10. März 1990, Sturm

A gûter Esser is a schlechter Faster.
(Jiddisch)

Hildegard war in Rotenburg, sie brachte Türkensachen mit. Gut gewürzten Schafkäse und Peperoni. Was wären wir ohne die Türken!

«Sirius»: Ich machte den Juli fertig. Fürchte, daß ich es bis Ende der Woche nicht schaffe.

Litauen hat heute seine Selbständigkeit erklärt. Die legen auch ein ganz schönes Tempo vor. Man muß den Schwung ausnutzen, eh' es sich die Russen anders überlegen. Bin sehr dafür, daß Kohl Druck macht. Es kann gar nicht schnell genug gehen.

In Bukarest haben sie ein sieben Tonnen schweres Lenin-Denkmal umgelegt. Vielleicht wird es eingelagert und später, wenn niemand mehr dran denkt, wieder aufgestellt? Auch er gehört zu den Schwerverbrechern, was man heute gar nicht so laut sagen darf, dann wird man gleich zurechtgewiesen.

Mit «Mark und Bein» sollte nicht zu lange gewartet werden. «Sirius» hat bis jetzt über fünfhundert Seiten. Ein ganz schöner Apparat. Hildegard liest die fertigen Kapitel, sie meint, ich wirkte sympathisch. – Ich selbst komme mir ziemlich nihilistisch vor.

Langer Spaziergang im Garten. Es sind noch Amseln übrig.

Ich soll was zu Kohls 60. Geburtstag schreiben, es könne ruhig auch kritisch sein. Wieso auf einmal ich?

Aufbruchzeit. Ungeheuerlich. In der SU fragen sie sich zunehmend: Warum das alles, dieses jahrzehntelange Hetzen von einem Plan zum anderen, bystro! dawei! bystro! dawei!, und nie wurde was draus. Jetzt sacken sie zusammen. Die Energie eines ganzen Volkes für alle Zeiten verbraucht.

Opel will mit Eisenach zusammen ein Auto produzieren. Auf allen Ebenen «wächst zusammen, was zusammengehört», heißt es. Dreck auf allen Ebenen muß ausgekehrt werden. Genscher rast umher und beruhigt das Ausland. NVA biedert sich bei der Bundeswehr an.

Mag gar kein Radio mehr hören, weil die fröhliche Aufbruchzeit zerredet wird. Die Dummköpfe, die bisher in der Deckung waren, richten sich auf.

Hildegard meint, daß meine Leser sich den «Sirius» auf den Nachtschrank legen werden. Paeschke bezeichnet das Buch als ein *must* für alle Kempowski-Leser. Ich werde ihn mal irgendwo positiv erwähnen.

2001: *Noch heute haben die sogenannten Kempowski-Leser keine Ahnung von der Existenz dieses Buches.*

2002: *Nach Erscheinen von «Alkor» wollte es mancher kaufen, und da war es natürlich vergriffen. Zum «Ätsch-Sagen» bin ich mir zu schade.*

TV: Blödester, nachgestellter Nazi-Kintopp. «Rote Erde», gottlob letzter Teil. Kriegsende, alle agieren in nagelneu-ruinierten Kleidern, russische Fremdarbeiter im Schleppschritt wie in «Metropolis», im Kino ein SA-Mann (1945!) mit Mütze auf! Desgleichen ein Soldat, im Kino, ebenfalls mit Mütze auf dem Kopf. Das hat schon Fechner falsch gemacht in «Gold», die Ami-Soldatin im GYA-Club behielt auch im Zimmer ihre Mütze auf. «Haben Sie Spatzen unterm Hut?» wurde in solchem Fall gefragt. – Ein entflohener Russe wird aufgehängt: Der Regisseur hat sich ausgedacht, dessen Atemzüge per Mikro zu verstärken. So was kann man nur als pervers bezeichnen.

Nartum   Mo 12. März 1990

In Kroh päckt der ånderen net de Ujen aus.
(Siebenbürgen-Sächsisch)

Spaziergang im Garten, sechs Runden. Leichenfarbener Krokus am Wege, von liebender Hand gepflanzt. Die Bussarde streiten sich, oder ist es Liebesspiel? Die Katze ist rollig, sie wälzt sich unter meiner warmen Hand. Bäume und Wege haben sich mit Moos überzogen, auch der Brunnen ist bemoost. «As time

goes by ...» singe ich, die Mütze keck auf dem Ohr. Hildegard
ruft «Bravo!», als ich wieder ins Haus trete. Sie hat noch andere Mützen für mich parat, eine Pudelmütze und eine rote Base-
ball-Geschichte. Wir probieren sie vorm Spiegel aus. Irgendwann reicht es dann.
Im Fotoarchiv sah ich mir einen Kasten nicht reproduzier-
barer Blumendias an, ein ganzer Kasten voll. Mit Natur in dieser Form kann man nichts anfangen. Dahlien, vor dem Krieg
aufgenommen, alle in Schwarzweiß. Vielleicht können Na-
turforscher die Dinger gebrauchen, irgendwelche abnormen
Erkenntnisse daraus schöpfen. Sie züchten jetzt schwarze
Dahlien. Zu deren Reproduktion hätte der Schwarzweißfilm
genügt.

Nartum   Di 13. März 1990

Vis-à-vis is besser als dichte bi. (Berlin)

Wüste Tage.
Unter starkem Güllegestank machte ein Fotograf Hausaufnah-
men für «Schöner Wohnen». Natürlich die Allee, natürlich der
Kamin. Mußte an den Herrn Sowtschick denken und dessen
Architekturzeitschrift «Form». Beinahe hätte ich dem Mann
die entsprechenden Seiten vorgelesen, hatte das Buch schon in
der Hand.
Der Stolz des Hausbesitzers, daß es die Eltern nicht so gut hat-
ten, freut einen möglicherweise?
Ich führe Fotografen gern ins Fotoarchiv, zeige ihnen da meine
Spezialalben. Die Reaktionen müßten mal protokolliert wer-
den. Manche können mit den Alben nichts anfangen, die den-
ken in «Blende» und «Belichtungszeit».
Mancher sagt: «Das sind ja Schätze ...» – Andere: «Wo haben
Sie das bloß alles her?»

Gorbatschow: Nein, er kann die Unabhängigkeitserklärung von Litauen nicht anerkennen. Soweit kommt das noch! So in diesem Stil.
Was soll aus Ostpreußen werden? Ein Denkmal der Raffgier. Daß sie uns das bloß nicht zurückgeben! Das fehlte noch!
Eine Frau Stolze, sie will für RTL plus oder so was eine Fernsehserie von mir haben.
Feurige Arbeit am «Sirius», alle Zwischentexte entfernt. Die können wir später mal als Materialband herausgeben. Berate mich mit Hildegard.
Unglaubliche Zustände in der DDR, sie kommen erst nach und

nach ans Licht. Die Städte liegen praktisch in Trümmern. Ein Film über Alt-Leipzig. Regierung wußte über alles Bescheid, kann sich nicht rausreden, Stasi-Akten beweisen es. Man weiß nicht, was man mit den Akten machen soll, alle Bürger gegen alle? – Man sollte sie 50 Jahre unter Verschluß halten. Ein sogenanntes Krebsgeschwür. Wer für die Vernichtung der Akten ist, macht sich verdächtig. Auch die Straßen sind im Eimer und 70% aller Brücken. – Unglaubliche Zustände in den Krankenhäusern: Sozialismus pur. Ich schlief heute mittag volle zwei Stunden, es nimmt mich alles sehr mit!

Kaschnitz: Engelsburg. Ihre Reflexionen über das Schlafwagenfahren. Daß sie dabei nicht unbedingt aufs Schlafen aus ist, sondern gerade das Schlummern genießt, die Lichtreflexe, die Lautsprecheransagen auf den Bahnhöfen, die man nicht versteht. Ich habe in solchen Fällen ein Schlafpflichtbewußtsein. Vielleicht rührt das noch aus der Kindheit? Ich denke an die Eisenbahnfahrt durch Kanada, wie ich mich dort in meiner Schlaflosigkeit in eine Schlafpanik hineinsteigerte. Jetzt führe ich süßen Schlummer manchmal absichtlich herbei. Liege auf dem Rücken und sage zu mir: Du *willst* ja gar nicht schlafen, du *brauchst* nicht zu schlafen ... Beruhige dich! Im «Spiegel» ein Interview mit dem französischen Verteidigungsminister. Er meint, die Deutschen hätten sein Land dreimal überfallen. Überfallen? Aber 1870 und 1939 war es doch Frankreich, das Deutschland den Krieg erklärt hat. Daß ein solcher Mann das nicht weiß ... Und was ist mit Napoleon? Schon vergessen? Belgien und Holland überfallen, Dänemark, Norwegen, ja. Rußland? Da stock' ich schon. Der Ausdruck ist so geländespielhaft. Die Russen wußten doch wohl, daß Hitler angreifen wollte. Und Stalin schmiedete doch auch finstere Pläne. – Aber Holland? Belgien? Ewige Schande.

Nartum   Mi 14. März 1990, schön

Wenn de Katze sich lackt on potzt in Haus,
da bleiben nech lange de Gäste aus. (Thüringen)

Unter fortwährenden Störungen am «Sirius» gearbeitet (Oktober), und dann ging auch noch der Drucker kaputt. Ein Höllentag. Alle zerren und reißen an mir. Und dabei soll ich nun mein Buch zum Ende bringen. Es zeigt sich, daß mir erst jetzt die besten Ideen kommen. Zu meinem Vergnügen las Simone sich heute im Manuskript fest. Ich schlich mehrmals um sie rum, und sie las immer noch.

Am Abend kamen zwölf Stühle und ein weißer Tisch für die Veranda. «Das sieht echt klasse aus», sagte Simone, und auch Hildegard war hingerissen. Merkwürdigerweise interessiert mich «Besitz» nicht. Mir macht es Spaß, dieses Haus immer besser für die zukünftige Arbeit einzurichten. Denn das Eigentliche kommt ja erst noch.
So ist auch das Gespräch mit Krauss, dem Architekten, zu sehen, der am Mittag kam. Planung des Archiv-Hauses. Der Unternehmungsgeist ist zurückgekehrt.

2001: *Erst im November 2000 konnte der Archivanbau bezogen werden.*

Den Bautzen-Film müßten wir einleiten mit Aufnahmen verschiedener Gefängnisse, um das Allgemeine meines Schicksals zu zeigen. Es geht nicht um Schicksalsklage, sondern um das plausible Angebot der stellvertretenden Buße.

Ich habe überhaupt keine Berührungsängste, was SED-Leute betrifft. Ich würde mit jedem Stasi-Mann sprechen. Die Sache ist aus und vorbei! Ein neuer Anfang sollte gemacht werden. Daß sie jetzt den Schnur enttarnt haben, schockiert mich überhaupt nicht. Das sind Stolperungen, das ist normal, nach diesen vierzig Jahren. Was mich nur wundert, ist, daß sie die Akten sämtlicher DDR-Bürger unter Verschluß halten wollen, einriegeln. Woher haben sie die Akte von Schnur? Niederungen. (Was macht so ein Mensch jetzt? – Nun, er wird auch seine Freunde haben. Er hätte in der SED bleiben sollen und sich still verhalten. Mucksmäuschenstill. Wer sich vordrängt, ist selber schuld.) «Mark und Bein» durch die politischen Entwicklungen ziemlich problematisch. Wer interessiert sich jetzt noch für eine Reise nach Polen? Alle wollen doch in die DDR. In Sachsenhausen haben sie ein Massengrab entdeckt.

Nartum   Do 15. März 1990, schön

A Bekkar kêft ni an Stuuten.
(Amrum)

Im Garten wird gewühlt, Gardinen werden genäht, Zimmer geschrubbt. «Das ist jetzt die Zeit, wo man Gardinen näht», sagt Hildegard. Ich feile inzwischen an meinem Fingernagel herum, der sich auf unangenehme Weise spleißt. Für so was muß man sich auch mal Zeit nehmen, sonst hakt man hinter. Der Pianist Brendel, der seine Fingernägel mit Leukoplast umklebt, weil sie den Belastungen nicht standhalten. In einer Talk-Show sah man ihn an den Pflastern herumfummeln.
Sogenannte Nietnägel.
Dem Erdreich entsteigt Kälte, sie wird von den Bauern als besonders ungesund empfunden. Die Wiesen sind überschwemmt, und in die Keller dringt Wasser ein.
«Das ist ja ein richtiges Tee-Empfang-Zimmer», sagt Frau Schönherr zu dem neuen weißen Meublement der Veranda. Es sieht schwedisch aus, wie bei Carl Larsson. Nun müssen noch die richtigen Gäste kommen.

Über Schnur, den geheimen Berichterstatter, haben sie bei der Stasi dreiunddreißig Ordner gefunden. Interessanter Fall. Ob über ihn eines Tages eine Biographie geschrieben wird? Niemand wird zu ihm sagen: «Armer Junge, wie hat's dich umgetrieben!» Möchte ihm gern die Hand auf die Schulter legen. Einen Psychologen wird man zu ihm nicht abkommandieren. Einen links, einen rechts, und dann ab durch die Mitte? Die Linke in der BRD, ausgehend vom WDR, schüre Ängste, steht in der FAZ. Eigentlich ja ganz gut, daß es Kräfte gibt, die zur Bedachtsamkeit aufrufen, damit nicht so sieghaft in die Zukunft gerannt wird. Mit dem Mütterjahr und mit der Schulspeisung haben sie's, das sind Argumente. Die Kita nicht zu vergessen. Die DDR erhalten, um der Kita willen. Der Kita-Staat: einen bankrotten Staat am Leben erhalten, weil es dort Kinderbewahranstalten gibt (über die Haarsträubendes zu hören ist). Wie bin ich meinen Eltern dankbar dafür, daß sie mich mit dem Kindergarten verschonten, auch wenn dort eine Tante Annemi waltete, eine sanfte Frau mit dunklen Augenbrauen und samtenem Damenbart. Ich durfte statt dessen meiner Mutter beim Kochen zusehen und die Kuchenschale halten beim Rühren. Schöne Lieder sang sie mir dabei vor.
Unsern Kindern haben wir den Kindergarten auch erspart, vielleicht danken sie's uns eines Tages.

Willy Brandt meint, Artikel 23 wär' ein Holzweg, und Gorbatschow sagt zum hundertsten Mal, daß er dafür sorgen will, daß von Deutschland nie wieder Krieg ausgeht. Hoffentlich halten sich die Russen in Zukunft auch zurück. Afghanistan ist nicht vergessen. Daß die Litauer ausscheren aus der UdSSR, kommt nach seiner Ansicht überhaupt nicht in Frage. Historisch wäre es zu begründen, wenn die Litauer sich mit den Polen zusammenschlössen, aber die hassen sich untereinander wahrscheinlich ebenfalls. Ein allgemeines Hassen, jeder gegen jeden.

Gaddafis Giftgas-Fabrik haben sie ausradiert, ob wirklich Giftgas hergestellt wurde in den Gebäuden? – Mir gefällt der

Orientale, seine hübschen Extravaganzen; die verschiedenen Uniformen, und daß er in einem Zelt wohnt. Manchmal hüllt er sich in grüne, manchmal in lila Gewänder. Wenn unsereiner sich ein Taschentuch in die Kavalierstasche steckt, wird das beanstandet. Hundertwasser, der Mann mit dem Käppchen. Dirigenten neigen gelegentlich zu kuttenhaften Extravaganzen. «Warum nicht, nicht?» sagen sie zu ihrer Frau.
Ja, warum eigentlich nicht.
Wenn ich so könnte, wie ich wollte, würde ich mir den Bart stehen lassen und im Hausmantel umhergehen. Das Haus nicht mehr verlassen. – Wann kann man so, wie man will?

Ein stiller Amtsmensch hat sich schon mal umgesehen, ob wir in der Bundesrepublik für die DDR noch genug Kfz-Kennzeichen übrighaben, also HR für Rostock und ER für Erfurt. Das L, das Leipzig zustünde im Falle einer Wiedervereinigung, sei leider schon vergeben für «Lahn» (diese idiotische Bürokraten-Erfindung).
Beim Lesen der Tageszeitungen und vorm Fernsehapparat trage ich die Last dieser Welt, und unter Leibschmerzen und ständigen Störungen schreibe ich den «Sirius» zu Ende. Morgen werde ich wohl fertig. Ich habe schon gedacht: Vielleicht hängen die Leibschmerzen mit der Dämmplatte zusammen, die ich als Pinnwand neben mein Bett an die Wand genagelt habe?

Duyns kommt Sonntag mit drei Mann, er bringt genug Filmmaterial mit, sagt er. Ich werde für meine Kamera empfindliche Filme kaufen, denn in Zuchthäusern ist es gewöhnlich duster.
Simone hat aus Hannover die Objekte geholt, die wir für den Vorspann des Filmes brauchen. Meine Ami-Schuhe, die Eßschüssel, die Gefängnismodelle.

Post: Zwei hübsche Briefe, einer rosa, von einer Hausfrau aus Bielefeld:

Es war soo schön, von Ihnen einen Brief zu bekommen. Mit einem 3 Pfd.-Röstbrot unter dem Arm, einem schulgestreßten Sohn im Schlepptau, den Briefkasten öffnen, sich nichts anmerken lassen, erst mal Mittagessen kochen. Sich ein bißchen selbst mit Warten quälen, bis ein sich geziemender Moment zum Öffnen da ist, und dann zwei Din A4-Seiten und nicht nur ein Autogramm. Danke.

Der andere Brief stammt von einer Schülerin aus Malente.

Unser Lehrer sagt hier bei jeder Gelegenheit: «... wie zum Beispiel bei Kempowski. Wer kennt Kempowski?» Bei genauerem Nach-fragen stellte sich heraus, daß er selbst nur «Tadellöser und Wolff» gelesen hat. Aber er schafft trotzdem bei der Interpretation von Mörikes «Im Frühling»:

Mein Herz, o sage,
Was webst du für Erinnerung
In golden grüner Zweige Dämmerung?
– Alte unnennbare Tage!

spielend den Übergang zu «Uns geht's ja noch gold» ...

Sie meint, es sei ziemlich schwer, einem Schriftsteller einen Brief zu schreiben.

Der Drucker ist wieder in Ordnung. Es hatte sich ein abgebro-chenes E irgendwo zwischen den Mechanismus geklemmt. Man muß es gesehen haben, wie das Typenrad beim Drucken hin und her rast, es tut einem direkt leid. Es gibt fünfzig ver-schiedene Typenräder zu kaufen, ich benutze nur drei. Normal, Kursiv und Perl. Fraktur gibt es nicht. Vielleicht führen sie nach der Wiedervereinigung die deutsche Schrift wieder ein? Partiell?
«Eine Art Tagebuch», diesen Untertitel werde ich dem «Sirius» hinzusetzen. Frau Rinser hat ihn schon verwendet. Ob das auch unter «Plagiat» fällt, wenn ich das jetzt mache?
«Sirius. Eine Art Tagebuch», deshalb, weil es sich unterderhand zur Autobiographie entwickelt hat.

Die Autoren setzen ihren Tagebuchtiteln gern etwas hinzu, so ohne weiteres möchten sie ihre Aufzeichnungen nicht in die Welt entlassen: Intimes Tagebuch (da erwartet man sonst was), Geheimes Tagebuch (in den Safe einzuschließen), Tagebuch mit Bäumen (Marti), Deutsches Tagebuch (Kantorowicz), Berliner Aufzeichnungen (Kardorff), Berliner Tagebuch, Breslauer Tagebuch – «Nartumer Tagebuch» geht nicht, klingt nicht. Die Q-Tagebücher, das ist ganz hübsch. Überhaupt Tucholsky. «Aus meinen Tagebüchern» ... ist nicht gut. Der Leser argwöhnt dann zu Recht, daß ihm etwas vorenthalten wird. – «Tagebuchblätter» (schlecht, weil man denken muß, es seien Seiten herausgerissen worden aus dem Original). «*Cahiers*», das klingt gut. Exquisit.

Für die Verlagsankündigung des «Sirius» müßte eine Seite faksimiliert werden, auf der viel gestrichen ist: So etwas verschafft Respekt.

Bei Speer besonders hübsch das Foto vom geöffneten Koffer mit den herausquellenden Kassibern.

Widmung. Ich werde den «Sirius» Manfred Dierks widmen, meinem Förderer, damit er sieht, daß ich ihm von ganzem Herzen dankbar bin.

«Das Tagebuch eines Verzweifelten». (Hätte Reck-Malleczewen es selbst so genannt? Er war eigentlich nicht verzweifelt, sondern nur wütend.)

«*Journal*» – nicht schlecht. «Nartumer Journal»: aber da müßte ich ein Essayist sein. Außerdem wird dadurch etwas Buchhalterisches suggeriert, und das muß ja nicht sein. Ich habe in dieser Hinsicht sowieso schon einen sonderbaren Ruf. «Zettelkastenfanatiker» und «Buchhalter der Nation», das reicht.

Unsereiner schreibt das Tagebuch abends im weichen warmen Bett. Nicht alle hatten es so bequem. Und: es zu schreiben ist das eine, es für die Nachwelt zu retten das andere. Selbst unter zivilisierten Verhältnissen kommt es immer wieder vor, daß Tagebücher verlorengehen oder vernichtet werden.

Wie erst in Krieg und Verfolgung! Die aufregende Geschichte von Anne Franks Tagebuch. Und Odd Nansen? Er verwahrte seine Sachsenhausener Aufzeichnungen in einem gespaltenen Brotbrett.

Das Manuskript wurde in die Vertiefung gelegt und gepreßt, dann beide Teile zusammengeleimt und an den Rändern geglättet. Kein Mensch konnte merken, daß das Brettchen hohl war.

Das Tagebuch konnte er auf diese Weise retten, aber leider hat er es dann auf ein Drittel gekürzt.

Aus Marburg werde ich aufgefordert, in meinem «Bücherfundus zu wühlen» und möglichst preisgünstig ein paar Bücher für die DDR zur Verfügung zu stellen. Die Bücher sollten dort interessierten Lehrern und Schülern dienen.

Das wäre ja das Allerneueste, daß Lehrer Bücher lesen! Zu Lesungen erscheinen sie jedenfalls niemals. Schüler auch nicht.

Immerhin, der Eifer, mit denen sich die Wessis der Ossi-Bildung annehmen, ist anzuerkennen.

Nartum   Sa 17. März 1990

Wo Geld isch, isch der Deuffel, un wo kais isch,
isch 'r zwaimol. (Breisgau)

T: Wieser steht vor der Tür, er weint. Er hat die Schleimspur einer Schnecke hinter sich gelassen. – Ich bitte ihn herein, und wir sinken uns in die Arme. Später sitzen wir in der Küche und schmurgeln gemeinsam was in der Pfanne. Er legt Tomaten neben die Filets. Wir tunken Weißbrot in braune Sauce.

Nun fliegen die Wildgänse wieder übers Haus, «mit schrillem Schrei nach Norden». Ich habe gelesen, daß die Leitgans sich ablösen läßt, alle halbe Stunde fällt sie zurück und überläßt einer anderen die Führung, so ähnlich wie die Radrennfahrer bei der Tour de France. – Bei mir gibt's keine Ablösung, ich muß immer vorneweg. Mit letzter Kraft habe ich heute den «Sirius» versandfertig gemacht und an Bittel geschickt. Wenn ich richtig gezählt habe, sind es 450 Seiten.

Heute wurde dem Ex-Terroristen Wackernagel Gelegenheit gegeben, die DDR-Bevölkerung irgendwie mit Ghanaern zu vergleichen oder in ihrer Bedeutung für uns gleichzusetzen.

Immer kommen noch täglich 2000 Menschen von drüben. Wie sie das wohl zählen?

In einer Bremer Turnhalle sind einhundertachtzig DDR-Männer untergebracht, hier wurde schon mal probeweise gewählt, fast nur konservativ. Eine SED-Stimme und eine Stimme für die «Sex-Partei». – Die Männer, von denen 70% Arbeit haben, machten keine Randale, sagt die Reporterin. Sie verhielten sich äußerst gesittet. Das sagt eine Frau, die vielleicht als Kind in einem Kinderladen auf den Klaviertasten herumgesprungen ist. – Es werden weiß bezogene Betten gezeigt und TV-Geräte mit Deckchen drauf.

Was erwarten sie denn, sollen diese Leute etwa besoffen umhertorkeln? Weshalb sollten sie das?

Angenehmer Abend. – Heute früh «Sirius» abgeschickt und einiges für unsere Reise nach Bautzen eingekauft. Längere Zeit saß ich im Garten und versuchte, «die Dinge auf die Reihe zu kriegen», wie man heute sagt. Die Hühner kamen und beäugten mich.

Nachmittags kamen zur Feier des «Sirius»-Abschlusses Gogolin, Modick, Hahn, Runge, Brecht, Rachhuth und Frau, Dierks, Deuter, Nehring, Röhl und dessen Tochter Bettina, Simone und Freund, Hark Bohm und Frau.

Wir saßen in der Veranda, am neuen Tisch, lasen auch einiges vor. Dann zu Abend Fondue, die Gäste kriegten, wie gewohnt, gierige Augen! Lustig! – Danach Kaffee, halb 12 ins Bett.

Gute Ratschläge für die Fahrt nach drüben.

Nartum So 18. März 1990

Jeedeen schraapt sien egen Pott ut. (Hamburg)

Die Wahl ist «gelaufen», wie man das nennt. Wenn das kein Wandel durch Annäherung ist! 46% CDU! Die Grünen knirschen mit den Zähnen, Lafontaine wedelt mit den Armen und gleisnert herum. Morgen fahren wir nach Bautzen. Ich bin ganz cool, was diese Reise angeht. Gefühle werden sich dort schon noch einstellen.

Bautzen Di 20. März 1990

Hörschte Schlimmes, halt dei Maul derzu;
Hörschte Gutes, da stimm' garn möt ein;
Halt off Ränklichkät on ganze Schuh;
Sorg höbsch vornewack, nech hönger drein. (Rudolstadt)

Bautzen, Hotel Lubin, 10 Uhr. – Von Müllwagenkrach aufgewacht.
Unten auf dem Markt ein holländischer Lastwagen mit Apfelsinen, von Menschen umtraubt. Auf der Plane steht: Transportable Kamine. – Vom Fenster aus sehe ich in das Lehrerzimmer einer Schule; dort sitzen Ost-Kollegen, die gewiß nie ein Wort über das Gelbe Elend verloren haben. Auch sie haben faustdicke Lügen in gläubige Kinderaugen erzählt.
Nun sind wir also in Bautzen. Zehn Stunden hat die Fahrt gedauert. In der Autobahn-Raststätte eine Ost-Frau: «Ach, ihr Westler, ihr seid so anders ...»

Heimat, theure Heimat! ...

Damit meinten wir Muttern in der Küche oder Möwen überm Ostseestrand oder – eben die Heimat ganz allgemein, also wohl

158

Deutschland? Und nun erinnere ich mich hier in Bautzen an dieses Lied. Ja, war das Gelbe Elend nicht auch «Heimat»? Acht Jahre hinterlassen Narben. Und wer befühlte sie nicht gern? Die Erinnerung an die Zeit drängt sich hier bei jeder Gelegenheit auf. Das führt dazu, daß mir im Hotelaufzug das Schild «Tür auf!» – «Tür zu!» bedeutsam vorkommt.

Gestern abend: Ich traf mich mit ehemaligen Kameraden, und wir erzählten uns was von den alten Zeiten. – In dem einzigen Lokal, in dem noch Platz war, «Kaninka» genannt, gab es nur Kaninchengerichte! Kaninchen-Spieß, Kaninchen-Leber, Kaninchen-Filet, Kaninchen-Frikassee ... Widerlich. Ich bestellte mir zwei Spiegeleier. Fremdartig wirkende Ossis mit extremer Aussprache. Man wundert sich immer, daß es sich dabei um die deutsche Sprache handelt. Natürlich haben sie mich sofort als Westler ausgemacht, aber sie lassen sich's nicht anmerken. Danach machte ich noch einen Gang durch die Stadt, junge Menschen, Choristen, die von der Kirchenchorprobe kamen, begegneten mir, es gibt keine Verbindung zu ihnen. Soll ich mich vor sie hinstellen und sagen: Wie geht's denn so? Ich bin zweiter Tenor gewesen, und auch ich habe hier jahrelang in einem Chor gesungen?

14.00 Uhr – Nun stehen wir auf der Autobahn, weil von hier aus die Anstalt zu sehen ist. Wie ein abgetakeltes Schlachtschiff liegt sie dort. Ich bin kühl, teilnahmslos. Ja, und als wir vorhin an der gelben Mauer standen, direkt davor, hat's mich fast nicht interessiert. «Dafür bist du nun hergekommen», dachte ich, «um dir diese Mauer anzukucken ...» – Und ich mußte an die Juden in Jerusalem denken, wie sie gebetsnickend davorstehen, und oben auf dem Berg die goldene Moschee.
Das Waten in lauwarmen Erinnerungen.
Das Abschlecken, Hochkitzeln der Seele. Alles wird verheizt.
Sie haben mich doch immerhin *leben* lassen! Demut.

Das holländische Team bei der Arbeit

Spannungen im Team. Gottlob nicht mit mir. Ich befinde mich am Ende der Hackordnung, tue alles, was sie verlangen. Der eine sei ein Deutschenhasser, wird mir gesteckt. «Das ist *sein* Problem», hätte Fechner gesagt. Ich kann nicht gerade sagen, daß ich die Holländer von Herzen gern habe, aber mein ungewöhnliches Leben kann ich nun durch ihre Hilfe um ein außergewöhnliches Erlebnis bereichern.

Bautzen Sa 24. März 1990

> *Ein wolf was siech, do er genas,*
> *er was ein wolf, als er é was.* (Aachen)

8.00 Uhr Start zur Rückfahrt.
Bautzen in doppeltem Sinn abgehakt. Sehr angenehme Zusammenarbeit mit dem lustigen holländischen Team und mit dem klugen, einfühlsamen Duyns.

Das Hotel war recht gut, wenn auch etwas verrückt. Beim Frühstücksbüfett wollten sie westliche Sitten kopieren, Selbstbedienung und so weiter, aber jede Scheibe Brot, die man sich auflegte, wurde einzeln abkassiert. Gutes Brot, wunderbare Wurst. So was gibt es bei uns nicht einmal mehr in Delikateßläden. Brötchen, die – wie man so sagt – den Namen verdienen. Herrgott, was will man denn groß ...

Am ersten Tag drehten wir nur in der Stadt, um uns erst einmal kennenzulernen, wir beschnupperten alles und kreisten um das «Objekt 1», wie es hier genannt wird. Nicht zu verwechseln mit dem Objekt 2, mit dem wir nichts zu tun haben. In der Fremdenverkehrszentrale stellte man sich dumm. Duyns «insistierte»: Nie was vom Gelben Elend gehört? Tausende von Toten? Nein, das tut ihnen leid. Politische Häftlinge? Nein, keine Ahnung.

Den Dom konnten wir von West 5 aus sehen. Aber vom Dom aus haben sie uns nicht wahrgenommen.

Interessant waren verschiedene Keller, die wir in der Altstadt besichtigten, die ganze Stadt ist mit Gewölben unterkellert. Ich wurde in ein kultisches Gelaß geführt, wurde dabei gefilmt und mußte irgendwas sagen.

Duyns wunderte sich darüber, daß ich unentwegt kleine Kinder fotografierte, statt an die Vergangenheit zu denken. Ich dachte überhaupt nicht an die Anstalt. Ich war nicht neugierig und auch nicht ängstlich. Das sogenannte Umkippen stand nicht zu erwarten.

Erst am Mittwoch wurden wir nach einigen Schwierigkeiten in die Anstalt hineingelassen, es dauerte zwei Stunden, bis Duyns sich durchgesetzt hatte. Ich lagerte unterdessen dort, wo ich auch 1948 gelagert hatte, im Gras vorm Tor. Die Besuchsgenehmigung war unterzeichnet von einem Polizeirat Lustig in Berlin, dagegen konnten auch die Torfritzen nichts einwenden. Zuerst besichtigten wir die Kirche. Ich war entsetzt, oder besser, enttäuscht: Der Altar herausgerissen!

Duyns wunderte sich darüber, daß ich Kinder fotografierte, statt an die Vergangenheit zu denken.

«Der ist weg.»

«Ja, wo isser denn?»

«Den haben wir in die … gegeben», ein unverständliches deutsches Wort, vermutlich irgendwie «Verwertung» oder so was. Also zerhackt auf gut Deutsch.

Ich sage: «Und Sie haben nichts mehr davon?»

«Nichts.»

«Auch die Taufe nicht? Und das Kruzifix?»

«Nein, nichts.»

Mit einer Roheit sondergleichen haben sie auch die Altarnische zugekleistert. Da ist nichts mehr. Ein Wachtmeister hat das immerhin alles noch kurz vorher fotografiert. Traurig. Die Orgel ist noch da, aber kaputt. Ein Schlagzeug stand in der Ecke. Die Häftlinge, die jetzt in Bautzen sitzen, gingen nicht zur Kirche, sagte der Major, der uns begleitete.

Meine Nachforschungen nach den alten Kirchenchornoten blieben erfolglos. «Nun schein' du Glanz der Herrlichkeit …» Der Häftling, der die Bibliothek verwaltet, ein ehemaliger wissenschaftlicher Mitarbeiter der Staatsbibliothek Leipzig (dem ich natürlich die Hand gab), hat alles durchsucht, nichts gefunden. Ich durchsuchte ebenfalls alles und fand auch nichts. Ein herbeieilender Offizier bestätigte, daß da Noten gewesen seien, daß man die aber alle weggetan habe. Ja, auch Handschriftliches. – Somit wäre auch dieses Depot, sämtliche Notizen und auch meine kleinen Kompositionen, vernichtet. Auch der Griff in die Nische hinter den Orgelpfeifen war vergeblich: Das Nest war ausgenommen.

Also, das war eine Enttäuschung! Ich habe an die Kirche so unvergeßliche Erinnerungen. Das Singen, das Zusammensein mit den lieben Kameraden. Die eigne Arbeit, die Ängste und Triumphe. Stille Stunden an der Orgel. Die Notenblätter wären eine unverdiente Seligkeit gewesen.

Es sind keine Spuren mehr davon wahrzunehmen, Musik ist wie buntes Gas, das verweht. Und nichts ist zu beweisen.

Immerhin: das Gestühl war noch da, ich setzte mich in eine Bank und studierte die Einritzungen, die ältesten stammten aus

den Siebzigern. Als ich aufkuckte, sah ich, daß ich dabei gefilmt wurde.
In diese Kirche sind im Oktober vorigen Jahres die Demonstranten von Dresden hineingeprügelt worden. Darüber war nichts zu erfahren.

Am dritten Tag nochmals die Anstalt. Traurig, daß die Säle nicht mehr existieren. Aber der Blick hinüber zu «Somnia» war noch zu erhaschen. Die schönen Sommertage mit Detlev und Niki auf der Pritsche, Harald, Rolf und Charly. «Ihr naht euch wieder, schwankende Gestalten …» Vorbei.
Ich hatte nichts Geistreiches mehr von mir zu geben. Ich saß auf dem Gras, direkt neben der Feuerzone, den Blick auf die Zellenwand, und empfand nichts mehr, es war alles tot.
Fotografiert habe ich viel, aber eher, um die Bilder später als Grabstein zu verwenden. Vielleicht läßt sich in den «Sirius» noch etwas einbauen.

Der Major, den man uns beigegeben hatte, war zu Scherzen aufgelegt, zum Schutz, und zur «Auskunfterteilung», und natürlich zur Bewachung begleitete er uns. West 1, hier verbrachte ich einen langen kalten Winter mit meinem Bruder.
Was meine Andacht störte: das Mobiliar der Zelle war nicht mehr das alte, «ehrwürdige». Die hölzernen Schemel, von Generationen blank gewetzt, hat man ersetzt durch Plastikstühle.
In unserer Zelle war dann die lange Befragung durch den einfühlsamen Herrn Duyns fällig. Ich brabbelte was dahin. Fühlte mich sehr unwohl, denn natürlich war alles ganz anders gewesen, damals. Aber man darf es nicht aussprechen, daß es auch angenehme Erinnerungen gibt an diese Zeit, selbst an den langen kalten Winter.

Kein Mensch kann jahrelang ununterbrochen leiden. Da gibt es immer Atempausen. Ich sehe mich noch mit Seife auf das Fensterglas das Weihnachtslied «Vom Himmel hoch, da komm ich her» für vier Stimmen setzen. Leider hab' ich es nie gehört.

Den Stehkarzer, in dem ich mal zwei Stunden verwahrt wurde, kriegte ich nicht zu sehen. Sie wußten natürlich von dem Dings, und ich drängte sie auch, aber sie lenkten mich irgendwie ab. Vielleicht Gott sei Dank, denn sich zur Demonstration nochmals in das Dings hineinstellen? Schon eine Minute wäre zuviel. Ein Witz ist die «Thälmannzelle», in der der «Teddy» selbst nie gesessen hat. Man hat eine besonders große, schöne Zelle ausgewählt zu seinem Gedächtnis. Anstatt die Besucher in ein Verlies zu führen und zu sagen: Hier unten im Keller, in diesem finsteren feuchten Loch hat er sitzen müssen! Stellt euch das mal vor!

Soweit ich weiß, waren es Häftlinge, die sich die Gedächtnisstätte ausgedacht haben, Sven Keller und Konsorten, um sich bei der Verwaltung lieb Kind zu machen.

Bei der Abschlußbesprechung mit dem Anstaltsleiter regte ich an, in der alten Kirchenchorzelle eine Erinnerungsecke einzurichten. Ich habe ihnen gesagt, es hat keinen Zweck, immer die Vergangenheit zu verstecken, sie müßten sich dazu bekennen, es wäre ja nicht ihre. Also das berühmte «dreimal ausgestorben» der Anstalt, was wohl eher symbolisch zu verstehen ist, gehe nicht auf ihr Konto. Sie wachten geradezu auf, als ich das sagte, wie überhaupt überall optimistischer Zuspruch sofort dankbar und mit sichtbarer Wirkung aufgenommen wurde.
Zum Schluß übergab mir der Major neben den erbetenen drei Ziegelsteinen (gelb) und zwei Schieferplatten (eingepackt in Packpapier mit bunter Kordel) auch Fotos der Kirche! Das war eigentlich nett, denn es war eine private Zuwendung, einer der Polizisten hatte sie offenbar von zu Hause geholt.
Auch in Bautzen verfällt die Altstadt. Am besten wird es sein, man versieht die siechen Gebäude sofort mit Notdächern, um den Verfall zu stoppen. Am besten alles einpacken in übergroße Plastiktüten. Die vielen zum Teil wunderschönen Häuser zu restaurieren, das wird Jahre dauern, und wer soll's bezahlen? Auch Zittau, wohin wir einen Ausflug machten, sieht böse aus.

Ich sah in manche Häuser hinein, Toreinfahrten, eingewölbt, vornehm, aber der Zustand ist unbeschreiblich. Verfallen und: dreckig, was ja eigentlich nicht nötig ist. Viele Häuser stehen leer.

Im Schaufenster eines Optikers sah ich eine Zeilenlupe, grün, aus Plastik. Ich hinein, «Ja, haben wir, 3,50 DM, können Sie haben. Wollen Sie *alle*?», er griff in die Schublade und warf mir eine Handvoll hin. Wir Westler kauften ja jetzt alle Läden leer. Seine unwirsche Art hat mich gewundert, ich war doch ganz freundlich zu ihm? Außerdem soll er sich doch freuen, wenn man ihm was abkauft? Wir wollen ja nichts geschenkt.

Auf dem Lande, im Vorüberfahren wahrgenommen, vornehme Gebäude. Die Dörfer wesentlich besser instand. Ansonsten sind die Lebensumstände der Menschen nicht so katastrophal, wie man denken möchte. Die Läden sind voll, die Speisekarten der Restaurants einigermaßen reichhaltig.

Nur das «Kaninka» hat mir mißfallen.

In einer Buchhandlung kaufte ich einige SED-Sachen. Ein Team des WDR hatte hier – wie wir bemerkten – gegen mich Stimmung gemacht: «Der schreibt ja alles ab.» Ich sah den Typ noch, rotgemusterten Schal westlich-elegant um den Hals geworfen. Müßig zu sagen, daß in den Buchhandlungen nichts von mir auslag. Duyns fragte nach dem «Block», was mir peinlich war.

«Wo ist denn nun die Einheit?» steht im ND. Kohl habe doch versprochen, gleich nach der Wahl komme sie. Die Ostpolitiker seien zum Befehlsempfang nach Bonn zitiert worden. Und so in diesem Stil. – An Häusern hängen immer noch Wiedervereinigungsfahnen, und niemand zweifelt daran, daß die Grenze bald endgültig fällt.

Viele westdeutsche Autos. Ein Herr tritt aus dem Aufzug und sagt zu seinem Partner: «Und dann noch plus 6,8 Prozent.»

Autobahn ohne Leitplanken: angenehm, wohltuend für das Auge.

Die Gefängnisetage West I, wo ich zusammen mit meinem Bruder den kalten Winter 1948/49 verbrachte.

Ein Auto aus ROW, ein Volksschullehrer mit Frau und Schwiegermutter. «Wir waren in der Gegend von Freiberg zu einem Eheberatungskurs. Das haben die Menschen hier bitter nötig ... Unsere ganze Hoffnung ist, daß wir die DDR nicht vereinnahmen.» (Kitschiges Arschloch)
Ich: «Wir vereinnahmen uns gegenseitig.»

Nartum So 25. März 1990

As men hot brojt, sol men kejn semel nit süchen.
(Jiddisch)

Isaak Babel: Tagebuch.
Erich Loest möchte gern Ministerpräsident von Sachsen sein, sagt er im FAZ-Fragebogen. Das gefällt mir. Aber daß er Böll

und Frisch als Lieblingsautoren bezeichnet, ist nicht zu verstehen, die sind ja so wahnsinnig langweilig! Er hätte antworten müssen: «Gutzkow!» Wenn man Gutzkow sagt, dann kommen die Leute gleich gelaufen. Aber: Böll? Und Frisch? Geschenkt, würde ich sagen. Mit so was kann man keinen Blumentopf gewinnen.

Die Auffindung von 5000 Toten in Neubrandenburg ist den Nachrichtenredakteuren heute kein Wort wert. Unter diesen Toten befinden sich auch meine beiden Lehrer Rust und Neumann.

Abends beim Chinesen. Hinterher alles ausgekotzt.

Heute Todestag von Novalis, 29 Jahre alt, Schwindsucht. Das schöne Lied «Wie sie so sanft ruh'n, alle die Seligen ...» stammt von ihm, das mein Vater immer so gern sang, wenn er nach Hause kam und seinen Hut auf den Garderobenhaken hängte. Als *ich* 29 war, hatte ich meine schöne Zeit in Göttingen. Da war ich noch ganz unbeleckt, beschäftigte mich mit Freud und C. G. Jung. Und: Kafka nicht zu vergessen.

Immenstadt   Do 29. März 1990

Nem hungrije Mann es leischt jekocht. (Rheinland)

Im Zug unerträgliche Menschen, die sich schreiend berieten, wie zwei Amerikanern zu helfen wäre, die im falschen Zug saßen. Eine alte Frau jammerte, sie könne nur Schulenglisch sprechen, Shakespeare könnt' sie vorlesen, aber mit dem Amerikanisch hapere es. Ich setzte mich schließlich woanders hin. Bin allmählich reiseuntauglich.

In den Nachrichten immer noch nichts über die Massengräber. Das ist mehr als ein Skandal. Bin außer mir!

Mäßiges Hotel, von Strumpf-Kunert gesponsert. – Der Kunert-PR-Mann, der mich abholte vom Bahnhof, erzählte, daß sie jede Menge Strümpfe in den Osten schaffen, da säßen überall noch kleine Kaufleute, die selbständig seien. Die würden umsonst beliefert, müßten das Geld dafür für Inserate verwenden («ver-inserieren»). Das Geschäft sei schon in vollem Gange.

München Fr 30. März 1990

A Bauer und a Stier send zwi grobe Tier. (Amberg)

F. J. Görtz bemängelt in der FAZ, daß in der DDR das Verrückte fehle. In Ostberlin sind ihm auffallend viele junge Frauen mit bemerkenswert feschen Hüten begegnet. Berichtet er denn von Kamerun?
BILD-Schlagzeile: Mein Mann hat mich 700mal vergewaltigt.

13 Uhr, München, Vierjahreszeiten
Ich ließ mir ein Faktotum zum Schuheputzen aufs Zimmer kommen, wer schleppt schon Schuhputzzeug mit sich herum?
Fünf Mark kostete mich der Spaß.
Heute nehmen alle Zeitungsleser zur Kenntnis, daß sich Schalck-Golodkowski als Luxusrentner am Tegernsee niedergelassen hat. Wütende Kommentare im Fernsehen. Seine Villa in Berlin wird gezeigt, vor der sich Bürger zusammengerottet haben.

Bittel kam 18 Uhr. Er erzählte, Heym sei schwer enttäuscht, er habe damit geliebäugelt, Staatspräsident der DDR zu werden!
Wir aßen einen Tafelspitz auf Verlagskosten, und hinterher zogen wir in die Bar, wo wir zu «Stardust» und «Georgia» einen Whisky respektive heißen Kakao tranken. Diese Hotelklavierspieler können einem ganz schön auf den Nerv gehen. Bald wird auch er durch einen Automaten ersetzt werden. Dann geht's erst richtig los. Dann ade «Stardust»! und goodbye «Georgia».

April 1990

Nartum   So 1. April 1990, Judica

As men schpilt sich mit a kaz, müs men ferlib
nemen ihr kraz. (Jiddisch)

Sammlermarkt in Bremen.
Ich geriet in die Münzabteilung. Eine Rostocker Silbermünze
wurde angeboten, sie sollte 10 000 Mark kosten! Ein gewaltiges
Ding. Ich beschied mich mit einem abgewetzten «Rostocker
Sesling von 1676». Je abgegriffener, desto wertvoller sind mir
Münzen, obwohl sie nicht soviel gelten. – Eine Sammlung von
DDR-Münzen werde ich mir nicht anlegen. Aber ein Groschen
aus der Nazizeit, mit gekreuzten Ähren hintendrauf, liegt in
meinem Nachtschrank, den sehe ich mir hin und wieder an.
Briefmarken: «Deutsche Nothilfe».

Aus Bloomington kam der Brief einer Studentin, mit der ich in
Provo zu tun hatte. Sie schreibt den Brief auf lila Papier, weil
sie «Hundstage» gelesen hat. Sie meint, daß die offizielle Geschichte Deutschlands nur für offizielle Männer geschrieben
worden ist:

> Und da ich mich jetzt für Frauenperspektiven und Fraueneinsich-
> ten der Geschichte interessiere, kann ich sagen, daß Ihre «Chro-
> nik» für das Volk (und auch von dem Volk?) geschrieben ist. Ich
> finde, in Ihrer «Deutschen Chronik» schmelzen Sie die Grenzen
> zwischen der offiziellen Geschichte und dem Roman. Ich möchte
> gern wissen, ob Sie das absichtlich gemacht haben.

Wie selten kommt ein Brief von «drüben». Das sind doch unsere Leute. Haben wir uns denn gar nichts mehr zu sagen?

Nartum   Mo 2. April 1990 , 23.00 Uhr

Bäter dôd liggen as dôd äärbein. (Kleve)

Herrliches Wetter. Sojatrunk ungesüßt.
Duyns kam und interviewte mich zur Abrundung noch einmal vorm Tonbandgerät: «Schuld als Schatten» soll sein Film
heißen. Im Turm saßen wir, und er hatte die Geduld eines Ang-
lers. Ich drehte und wendete die Vergangenheit und drehte und
wendete meine Schuld so lange, bis sie noch einmal aufstrahlte
und sich dann in nichts auflöste. Wir haben auch an Mutters
Grab gedreht. Weiß nicht, ob das gut war. (Kam dann im Film
nicht vor.) Der Bauer hielt seinen Trecker an: was wir da machen.
Wird Zeit, daß ich von all dem jetzt wegkomme. Irgendwas
Mackenhaftes hängt damit zusammen.

Böhme ist zurückgetreten, man spricht von Selbstmordver-
such. Vorgestern hieß es noch, er habe in den Stasi-Akten feststellen können, daß er unbelastet ist. Das muß er doch eigentlich auch ohne die Akten wissen, ob er belastet oder unbelastet
ist. Der fette Gysi. Mit diesem Mann darf man sich nicht auf
einen Wortwechsel einlassen. Unangenehmer Mensch. Ob er
Schweißfüße hat?

Hildegard wieder labil. Sie hat ihren Packen zu tragen und ich
meinen. Wie zwei Atlasse, die einen dünnen Balkon stemmen
müssen. Man schleppt und weiß im Grunde gar nicht, worum's
geht. – Was Eier betrifft, da mache ich es wie Inspektor Lavar-
din bei Chabrol: Spiegelei dann und wann, aber ohne Paprika.
Im Grunde sind Spiegeleier meine einzige Rettung.

Das Filmen der Anstalt in Bautzen. Haben wir etwas von dem
Geheimnis zerstört? Der Geigerzähler schlägt nicht mehr an …
Ich stelle mir vor, daß nun eine Menge Gedächtnisliteratur er-
scheinen wird über Bautzen, Torgau und Halle, und mit jedem

Buch wird das Bild ein wenig mehr beschädigt werden, die Substanz löst sich auf. Am Ende weiß niemand mehr, wie es gewesen ist. Daß man uns West 1 nicht zeigen wollte, das Kellergeschoß also ... «Da laß den Schlüssel stecken.» Ist das so schwer zu begreifen?

Ein Herr meldete sich, er gibt Bücher heraus, die «Mein Sachsen» und «Mein Thüringen» heißen. Ob ich nicht auch ein «Mein»-Autor werden will, fragt er mich am Telefon. Das erinnert mich an die «Unbesiegt»-Bücher nach dem Ersten Weltkrieg.

Nartum   Di 3. April 1990, 5 Uhr früh

Geh nich zu dein' Ferscht, wenn de nich gerufen werscht. (Sachsen)

Wer hätte das gedacht, daß in der DDR eine CDU-geführte Regierung ans Ruder käme.
Die Symbole des Wandels. In Berlin werden auf dem Flohmarkt Ost-Orden, VP-Mützen und so weiter feilgeboten von fremdländischen Typen, mit Persianermütze und Schnauzbart.
Afanasjew im «Spiegel»: «In den ganzen 72 Jahren ist Macht in der Sowjetunion niemals etwas anderes gewesen als die Inkarnation von Gewalt und Terror.» Positiv sei es, daß ihr gewaltiges soziales Experiment sehr bald die generelle Lebensuntüchtigkeit der sozialen Utopie bewiesen habe. «Der Begriff Sozialismus löst im Augenblick bei vielen auch hierzulande nur abschreckende Assoziationen aus. Dabei haben wir das Ausmaß dieser Tragödie, die 1917 begann, noch gar nicht richtig begriffen. Ich meine damit nicht nur die zigmillionen Menschen, die beim Versuch, eine Wahnidee zu verwirklichen, ihr Leben lassen mußten; ich meine auch die kolossalen moralischen Ver-

173

luste bei denen, die überlebten. Und noch wissen wir nicht, welche Opfer die Demontage des Monstrums ‹Sozialismus in der Sowjetunion› kosten wird.»

«Hundstage» kommt als Taschenbuch heraus. Das heißt: Abschied nehmen von einem schönen Buch und von einer schönen Zeit. Auch hier verflüchtigt sich der Zauber? Die Firma Faber-Castell bedankt sich dafür, daß ich ihre Bleistifte im «Zeit»-Magazin lobend erwähnt habe. HB habe nichts mit Tabak zu tun, die Bezeichnung komme aus dem Englischen und stehe für hard/black, wobei «black» weich bedeutet. Sie hätten mir ruhig eine Schachtel Bleistifte schenken können. Für Geschenke bin ich immer zu haben. Im «Kluge» steht, daß die Leute Graphit früher für Blei gehalten haben, daher «Blei»stift.

Nartum So 8. April 1990

Hüte leiwer ein Ei as morgen örer drei. (Göttingen)

Vielleicht sollte ich das «Echolot» monateweise in «Lieferungen» herausgeben, in eigener Regie. Wenn sie es nicht drucken wollen?

Nach «Sirius» zunächst versuchen, mit der Masuren-Sache weiterzukommen. Das ist meine Vergangenheitsbewältigung.

Da ich den ganzen Tag am «Sirius» sitze, habe ich keine Lust, abends auch noch Tagebuch zu schreiben, obwohl's schade ist, denn es passiert jeden Tag soviel wie sonst in einem Jahr nicht.

Einen neuen Hund haben wir, wieder einen Corgie. Ein süßes Tierchen, fünf Wochen alt. Kann schon bellen. Robby ist nicht sehr begeistert.

Simone hat auch einen Hund, den sie jeden Tag mitbringt, einen jungen Schäferhund. Es ist sehr lebendig hier im Haus. Unsere beiden Kameraden setzen ihm zu. Am ersten Tag hat er hier alles vollgeschissen. Wenn er an unsern Hunden vorbeigeht, zieht er das Hinterteil ein, dann kriecht er fast.

Elektriker war da, Gartenbeleuchtung. Erinnert etwas an die Parkbeleuchtung von Krankenhäusern. Nun kann ich auch nachts meine Runden drehen.

Lese ein konfuses Buch über Döblin: «Die NSDAP erhielt jetzt von Industrie und Finanz ... jährlich Millionen zum Ausbau ihres terroristischen Propagandaapparats zugewiesen. Die Machtübergabe (!) an den Faschismus wurde eingeleitet ...» Der Autor heißt Klaus Schröter, erschienen ist es in der Reihe «Rowohlts Monographien».

TV: Western mit dem fett gewordenen Marlon Brando.
Im Skagerrak ist eine Fähre in Brand geraten. 150 Tote, Brandstiftung. Nicht mal die Besatzung wußte, wo die Rettungsboote hängen.
Russen drücken auf Litauen.
DDR meckert über 1:2-Umtausch.
Ein sogenannter «Stückeschreiber» namens Volker Ludwig outete sich im FAZ-Fragebogen.
Lieblingsfarbe: Rot-grün
Helden in Wirklichkeit: Walter Momper
Heldinnen in der Geschichte: Rosa Luxemburg
Welche militärischen Leistungen bewundern Sie am meisten? – Die des Vietcong.
Sterben möchte er gern fröhlich.
Ist dieser Mann denn noch bei Sinnen? Oder meint er es am Ende gar nicht ernst?
Die Fragebogen der Amerikaner. Wo die wohl lagern? Ob man in der NSV war, wurde da gefragt. Und Hitlerjugend, auch danach wurde gefragt. Als ich in Amerika war, erkundigten sich die Herren auch immer danach. Das hat sie magisch interessiert.

Nartum   Do 12. April 1990

Bar wess, bovu me fett werd, von Schpêk oder
von Drêk. (Meiningen)

Mit Hochdruck am «Sirius». Heute den November erledigt.
Simone muß ihn morgen eingeben und den Dezember so weit
wie möglich. Reinschrift einschließlich Juni ist fertig.
TV: In Eisenach fragt ein Westreporter: «Was sagen Sie zum
Umtauschkurs 1:2?»
Hausfrau: «Das find' ich unerhört! Wir haben unser ganzes Leben nur gearbeitet ...»
So wird eine der kompliziertesten Fragen auf dem Markt ver-
hökert. Kein Wort davon, daß die SED-Regierung selbst für 1:3
plädiert hatte!
Cruise missiles werden jetzt abgebaut. Vielleicht brauchen wir
die Dinger noch gegen die Araber?
Das Kabinett wurde vereidigt, die Minister in nagelneuen
schwarzen Anzügen, Hosen zu lang. Als vereidigt werden sollte, rannten irgendwelche Leute raus . Sie verwechseln den lieben Gott mit dem Teufel. Manche mögen letzterem früher einmal gedient haben.
«Sirius»: Dezember fertig. Nun noch Juli bis November. Noch
viel Arbeit.

Nartum   Sa 14. April 1990, kalt

Ba der Fiärken viel sint, wärt de
Drank dünne. (Iserlohn)

«Sirius». Ich frage mich, was die Bilder in dem Buch sollen.
Ich werde reduzieren. Andererseits: Ich habe mit dem «Sirius» ganz nebenbei eine «Familienchronik» geschrieben, es
ist vielleicht ganz interessant für die Leser, sich die Personen

mal anzusehen, von denen die Chronik handelt? Wenn niemand eine Biographie über mich schreibt, tue ich es eben selbst.
Die wundersame Rettung der Fotos.
Zwei Monate muß ich noch überarbeiten, der Text sieht recht gut aus. Man könnte es noch besser machen: Meine Hoffnung sind die drei Korrekturgänge, die mir noch bleiben.
Renate ist da, hilft mir.
Von Rostock Abschied genommen und von Bautzen – nun wird das ganze Leben weggezoomt.
An die Heimat denken heißt immer auch Abschied nehmen, denn jedesmal bricht was weg. Die Wellen spülen den Sand fort, es bleiben ein paar Steine liegen.

Kunert sagte heute leider seine Teilnahme am Literatur-Seminar ab, brieflich. Gottlob sprang Wellershoff ein. Kunert hat mich schon einmal sitzen lassen. Härtling auch.
Bin groggy.
Neuer Hund niedlich. Er kommt öfter mal den Bibliotheksgang herunter und kuckt um die Ecke, was ich da mache.

In der Post das Angebot, eine TV-Serie zu texten (Grand Hotel). Konzept: «Das internationale Luxushotel einer Großstadt ist Schauplatz von Geschichten, die gezielt den Massengeschmack ansprechen. ... Auf den Ebenen Direktion (die da oben) und Rezeption (wir da unten) werden Menschen gezeigt, mit denen man sich identifizieren kann oder möchte ...»
Seit Jurek Beckers «Liebling-Kreuzberg»-Erfolg glaube man hierzulande an die Möglichkeit, literarische Qualität und Publikumsinteressen miteinander verbinden zu können, schreiben sie.
Mein Angebot einer Fernsehserie «Der Zoni – oder die Reise ins Glück» haben sie allerdings abgelehnt. Die menschlichen Beziehungen zwischen den Deutschen (West) und den Deutschen (Ost) unterlägen einem ständigen Wechselbad der Ge-

fühle, und deshalb würde eine Serie zu diesem Thema zur Zeit ein unkalkulierbares Risiko sein.
Gott im Himmel, wenn man jedes Risiko vermiede, was käme dann zustande?

Nartum   So 15. April 1990, Ostern

Burn' geliert, îs Dachlener worden. (Neumark)

Im TV eine Menschenmenge, die um eine eierlegende Riesenschildkröte herumsteht. Ich finde so was indiskret. Daß die da Eier legt, geht uns doch gar nichts an. Gern zeigen sie Aufnahmen von Gazellen oder Zebras, die von Löwen gerissen werden, schleppen sich noch ein Stückchen hin – aus. Mit solchen Filmen befriedigen sie die sadistischen Bedürfnisse der Zuschauer. Womöglich sind sie noch stolz darauf? Die Fotos von Jägern aus der Kolonialzeit, mit Schießgewehr in der Hand und Fuß auf totem Löwen. Widerlich. Die sogenannten Großwildjäger. Ich glaube, Gerstenmaier war auch so einer. Der Mann, der die Fräcke im Bundestag einführte. Sein Mund hatte was Verschmatztes.

Renate und Hildegard haben den ganzen Tag Fotos für «Sirius» herausgesucht und bezeichnet. Eine Heidenarbeit. Ich war mit Tippen des Novembers beschäftigt. Ich sehe die Fotos auf dem Tisch liegen, kreuz und quer … Da zuckt dann so ein Erkennen auf, ohne Schmerz und ohne Freude, und jedesmal geht etwas verloren. Wie Licht Fotos bleichen läßt.
Der Trick, den Fechner in T/W anwendete: Ein Foto zeigen, das dann plötzlich laufen lernt.

Nartum Di 17. April 1990

Liere meß em än der Fremd. (Siebenbürgen-Sächsisch)

Hildegards Geburtstag. Wir fuhren nach Hamburg und aßen in den Vier Jahreszeiten Lammkoteletts. Deichlämmer. Was unterscheidet uns von den Großwildjägern? Wir essen die Tiere jedenfalls auf. Kalbfleisch, Lammfleisch. Daß man sich nicht schämt? Hinterher ein wenig durch die Stadt gebummelt: interessante Gesteinsausstellung. Polierte Scheiben von versteinerten Bäumen auf primitiven Tischen. Auch das ist indiskret. Die Erde werde ausgeplündert, heißt es. Ich würde mir so was nicht hinstellen.

Die Russen geben jetzt zu, daß sie im Zweiten Weltkrieg 15 000 polnische Offiziere ermordeten. O Gott, wenn man das noch vor zwei Jahren ausgesprochen hätte! In einer Talkrunde zum Beispiel. Da wär' es einem schlecht ergangen.
Dinge, die alle Welt weiß, die aber niemand ausspricht. Das hängt wie Stalaktiten überall herum, daran stößt man sich leicht den Kopf.

Interview mit Handke im «Spiegel». Er ist durch Japan gewandert, mit nichts als einer Kreditkarte, von Hotel zu Hotel. Die Japaner seien das müdeste Volk, das er je erlebt hat, sagt er. Überall schliefen sie. – «Es gibt nichts Schöneres als das Gefühl aufzubrechen. Diese Geschichten aus Amerika, wo die Menschen nur mal Zigaretten holen gehen, um nie wiederzukommen, mache ich ganzjährig.»
Ja, ich möchte das auch mal, weglaufen, aber ich möchte, daß man mich dann sucht, mir hinterherrennt und mich freundlich zurückführt. Ein unermeßlicher Bedarf an Trost herrscht in der Welt.
Ich will euch trösten, wie einen seine Mutter tröstet … Die leeren Kirchen. Ich denke, man müßte einzelne Kirchen, von Bil-

derstürmern entleert und geweißt, mit Altären aus den Museen vollstellen, wie sie vor der Reformation da gestanden haben, sie zuschließen und stille Messen halten, nach altem Ritus. Durch ein Kuckloch müßte es den Menschen gestattet sein, sich das anzukucken. Dann merkten sie vielleicht, was man alles kaputtgemacht hat. Das Lesen in der Bibel verbieten, damit sie danach verlangen.

Aber wenn sie es dann nicht tun?

Handke: Er sei nie ein riesig erfolgreicher Autor gewesen, nie sei er über 100 000 hinweggekommen. Aus sportlichen Gründen hätte er das gern geschafft. – «Gelesen zu werden ist was Schönes. Aber die Art, wie man gelesen wird, ist vielleicht noch wichtiger. Daß die Leute das nicht verschlingen, sondern daß sie sich in den Texten selber lesen. Es freut einen schon, daß man denen nichts vorsetzt und auch nichts wegnimmt vom Leben.»

Ich ärgere mich über Leute, die sagen: Ich habe Ihr Buch in zwei Tagen durchgelesen. So schnell kann ich ja gar nicht nacharbeiten. Ideal wäre es, sie läsen so lange an einem Buch, wie der Autor daran geschrieben hat. Müßte auf dem Rücken eine Zeitangabe stehen über die Lesedauer, wie früher bei Kinderbüchern das Lesealter – etwa: 3 Jahre.

Handke: «Ich möchte schon so schreiben, wie ich schreibe, geht ja nicht anders. Man freut sich halt in der Vorstellung, irgendwo dazuzugehören. Wenn es einen Ehrgeiz gibt, dann den, einmal zu dieser Bande zu gehören.»

Dazugehören, das ist wichtig. Falls ich aus Gründen der Qualität von Lesern abgelehnt werde, dann ist das zwar bedauerlich, aber ich muß das akzeptieren. Das Luftabschnüren aus außerliterarischen Gründen, wie ich es täglich erlebe, das ist hingegen nicht zu ertragen.

Nartum   So 22. April 1990

D' Ehrlichkeit isch us der Welt g'reist und der
Kredit is närrisch worden. (Solothurn)

QUASIMODOGENITI. Sonderbarer Name, sofort erinnert
man sich an den «Glöckner von Notre Dame». Die Katholiken
nennen diesen Sonntag den «Weißen Sonntag», sie empfehlen
eine Lesung aus der Apostelgeschichte, die ich mit Robert in
der Zelle mit – ja, kann man das sagen? – viel Vergnügen las.
Haben manchmal sogar lachen müssen darüber. «Groß ist die
Diana der Epheser!» In der Konfirmandenstunde habe ich nie
davon gehört. Dort habe ich auch nie gelacht.

Ich habe nichts zu lesen, also schreibe ich.

Das Seminar ging zu Ende, 75 Teilnehmer. Die Säugemutter
Demski, das Wohmann-Guttural, der kluge/kalte Wellershoff,
den ich, als Fotograf, wie Karl V. kostümieren würde, und Dieter Kühn zum ersten Mal, der sofort, allein, durchs ganze Haus
ging und sich alles ankuckte. Er nimmt alle Einladungen zu
Ausstellungseröffnungen an, sagte er. Er läßt sich gern anregen.
Aus «Wolkenstein» hat er gelesen, daß fahrende Sänger in ihrer
Rüstung unterwegs auf dem Pferd geschwitzt haben und solche Sachen.
Ich hatte einen Gitarrespieler für seine Lesung engagiert, der
nur ein einziges Stück konnte, also immer dasselbe spielte, das
allerdings gut. Mal laut, mal leise, mal schnell, mal langsam. Ich
glaube, die Leute haben das gar nicht gemerkt.
In der letzten Nacht spielte ich, wie ich es immer tue, Volkslieder. Das Notenbuch heißt «Mein Heimatland». Das Deutschlandlied ließ ich diesmal aus verwickeltem Gefühl fort.

Die Blümelein, sie schlafen schon längst im Mondenschein,
Sie nicken mit den Köpfen auf ihren Stengelein ...

181

Abendlieder bevorzuge ich.

Ich bin wohl der einzige Schriftsteller in ganz Deutschland, der sich ab und zu mal hinsetzt und diese Lieder spielt. Ich komm mir dabei immer ganz gut vor. Fehlte noch, daß mir jemand übers Haar striche.

Wenn die letzten Gäste gehen, sich am Tor noch einmal umdrehen, würgt es mich: Nun hast du wieder etwas verloren, denke ich so ungefähr ...

«Sirius» soweit fertig, habe Zweifel, ob es nicht zu früh ist damit.

Renate hat jetzt einen Job. Sie sei enttarnt worden, sagte sie, man habe dort jetzt mitgekriegt, wer sie sei.

Unser neuer Corgie Paule müßte eigentlich Cloni heißen, da er wie ein Clown aussieht. Seltsames Wesen. Ich setzte mich zu ihm und redete ihm gut zu.

Menschen, die gut zu uns waren, und Menschen, zu denen wir gut waren. Ein Fall von Wärmeaustausch. Ohne das geht es nicht. – Auch die Tiere gehören dazu.

2001: *Im Januar 2001 starb Paule unter Krämpfen. Er leckte mir die Hand zum Abschied.*

Ein Taxifahrer aus Hannover schreibt, daß er gern Schriftsteller werden möchte. Bereits im frühesten Grundschulalter habe er gern Aufsätze geschrieben. In der vierten Klasse gab ihm eine Lehrerin die Gelegenheit, seinen Mitschülern erfundene Tiergeschichten vorzulesen. Er schreibt Kurzgeschichten, Glossen, Gedichte und Aphorismen. Ich habe ihm geschrieben, er soll seine Erlebnisse mit Fahrgästen notieren und mir schicken. – Typisch ist es, daß er in seinem langen Brief kein Wort an Höflichkeiten verschwendet. Wenn er zum Beispiel geschrieben hätte: Ich finde Ihre Bücher großartig ... Dann hätte ich mich vielleicht auch mit ihm beschäftigt.

2000: *Nie wieder etwas von ihm gehört.*

TV: Oberflächlicher Film über den Führerbunker, der nicht mehr da ist, irgendwelche Häuserblocks wurden darauf errichtet.
Das Buch von Boldt, «Die letzten Tage in der Reichskanzlei», für 20 Mark gekauft beim Trödler. Eine unheimliche Stunde in der Geschichte, sie wird die Gemüter noch lange bewegen: wie der Diktator hinuntersteigt in die Katakombe und wie die SS-Männer im Vorraum allmählich abgleiten ins Amorphe, saufen und rauchen, Disziplinlosigkeiten, die vorher undenkbar gewesen wären. Wäre ein guter Stoff für eine Oper. Syberberg hat's ausgeschlachtet.
Wenn sie den Bunker nicht gesprengt hätten, wäre das Interesse daran vielleicht längst erloschen? – Nein, das stimmt nicht, zum Obersalzberg pilgern sie ja immer noch.
Danach ein herrlicher Beethoven-Spaß von Mauricio Kagel, den ich leider zu spät entdeckte.

Morgen fängt das Semester wieder an.

Nartum   Montag, 23. April 1990

De Abbel fällt nit weit vom Stamm,
wäi des Schoof, so des Lamm. (Hessen)

Thomas Mann, Tagebücher. Es wird über sie gemeckert. Die andern Emigranten haben kein Tagebuch geführt. Klaus Mann: «zur späteren Ausarbeitung». Aber für ihn gab es kein «Später». Eine Aufzählung berühmter Leute liefert er, ein namedropping reinsten Wassers.
Auch Gruppe-47-Richter hat ein Tagebuch geführt. Aber da steht immer nur drin: «Und dann völlig versackt», heißt es. Johnson auch keins. – Grass: «Aus dem Tagebuch einer

Schnecke». Das ist vielleicht ein Humbug! Und sein Indien-Tagebuch hat er nicht datiert. Was soll man mit undatierten Tagebüchern anfangen?

Gombrowicz: «Dienstag ...». Ja wann, Herrgott noch mal? Wann «Dienstag»?

Hat Böll?

Gombrowicz:

Ich bin auch der Meinung, daß der Kommunismus seine Wurzeln viel eher in einem verletzten Moralempfinden hat als in dem Wunsch nach mehr Wohlstand. Gerechtigkeit! – das ist sein Ruf. Sie können nicht ertragen, daß einer ein Schloß hat und der andere ein Lumpenbett. ... Sie sind gar nicht so sicher, daß die Diktatur des Proletariats jedem ein Häuschen mit Garten verschafft. Aber das ist es grade, sie wollen lieber ein allgemeines, gerechtes Lumpenbett und Elend für alle, als einen Wohlstand, der auf Unrecht gewachsen ist ...

2002: *Dies hat er in den Fünfzigern geschrieben, da wußte man noch nichts von der Nomenklatura.*

Gombrowicz:

Der Schmerz von zehn Millionen Sklaven, oder eine Leichenhalle von hundert Millionen, was ist das schon? Wenn ihr alle gequälten Opfer der bisherigen Geschichte zum Leben erwecken würdet, sie würden endlos an euch vorüberziehen ...

Das eben ist der Grund, weshalb ich mich um einzelne kümmere.

Schicksale wie einen Grashalm zwischen die Finger nehmen und darauf blasen. Dieses quärrende Geräusch.

Was ist eine «Grasharfe»?

Nartum/München   Di 24. April 1990

's is a Unterschied zwischen nei und raus –
sagt d' Hebamm. (Bayern)

Gestern erster Tag in Oldenburg, die Vorlesung war gut besucht. Über Volkslieder gesprochen («Ännchen von Tharau» …), keine Ahnung haben sie. Nicht einmal: «Komm, lieber Mai und
mache …» Wie wollen sie denn Lehrer sein, wenn sie keine
Volkslieder kennen?
Sogenannte Grundschullehrer.
Keine Märchen, keine Volkslieder, Bibelkenntnis gleich null.
Aber jede Menge Selbstfindungsgruppen. Was sie da wohl finden? Die Wüste Gobi?

Im «Spiegel» jetzt, ganz ohne Aufheben, auf der Titelseite die
Preisangabe auch in DDR-Mark, in der «Zeit» ebenfalls. Eine
Sensation ist das ja nun nicht gerade, aber doch bedenkenswert,
oder: «wundernswert». Aber es gibt in diesen Tagen so unendlich viel zu wundern, daß man ständig – nur für Augenblicke
gerührt – zur Tagesordnung übergeht. Eigentlich schade. Wie
könnte man es anstellen, daß diese Gefühle dauern?
Karl-Marx-Stadt wird wieder Chemnitz heißen, dafür haben
sich die Einwohner mit 76 % ausgesprochen. Da werden die
Briefpapierdrucker viel zu tun kriegen.

München, Hotel Vierjahreszeiten   Mi 25. April 1990

Bast hölt fast, seggt de Hex. (Samland)

München: habe mich hier installiert. Schönes Hotelzimmer. –
Ich blase, auf dem Rücken liegend, die Daumen gekreuzt, zum
letzten Sturmappell. Es steht viel auf dem Spiel.

9 Uhr, Frau Koblischka kam. Ihre Tatkraft und ihr Sachverstand. Wir sahen «Sirius» durch, und sie geht nun mit dem Fadenzähler daran, meinem Lebensbuch die rechte Form zu verpassen. Das da, was auf dem Tisch liegt, ist das eine; das, was hinter mir liegt und was ich in mir verwahrt habe, das andere. Wenn es gelänge, in den Lesern ein Gefühl für die eigne Vergangenheit aufzurufen, wäre nicht alles vergebens gewesen. Die «Chronik», und nun «Sirius». Ist das nicht hurenhaft?

Studiere ein sozialistisches Gedichtbuch, das ich in Rostock kaufte. Sonst bin ich nicht für Lyrik, aber dieses Gedicht von Volker Braun ist mir doch aufgefallen:

> Wir habens gewagt
> Bei Sinnen und ohne Reu
> Unachtend des Heulens
> Der Mächtigen, und die großen Maschinen
> Uns vereignet, und das Land:
> Und unser graues verdammtes blutiges Leben gewendet.
>
> Dachtet ihr, verduftete
> Herrn, wir könnten nur stur
> Treiben ein fremdes Werke ...

Zu den «verdufteten Herrn» gehöre ich wohl auch? Zwei Millionen verduftete Herrn und Damen. Da werden sich jetzt wohl etliche melden, um die «Vereignung» rückgängig zu machen. Das Wort «Vereignung» findet sich in etymologischen Wörterbüchern unter «Diebstahl» nicht.

2005: *Diese Wortschöpfung ist eines späteren Büchnerpreisträgers würdig.*

Alfred Sohn-Rethel, Philosoph, auf die Frage: Welche militärische Leistung bewundern Sie am meisten? – «Die Erfindung der Zinnsoldaten.»
Sterben will er «gar nicht».
Der Mann gefällt mir.

Nartum   So 29. April 1990, Misericordias Domini

A lachete Braut, a woanete Frau. (Oberpfalz)

Lafontaine ist in Köln von einer Frau niedergestochen worden.
Im Fernsehen werden weinende Menschen gezeigt. Sie haben
ein Stück Gott verloren.
Vaters Todestag, im April 1945: um ihn herum haben damals
nur ernste Männer gestanden.

> Ik bün de rechte Heerder, up de Verlaat is. Wat 'n rechten
>   Heerder is,
> de lett sien Leven för de Schapen ...
> (Das Neue Testament auf Ostfriesisch. Weener/Ems 1983)

Auf Englisch lautet diese Stelle:

> I am the good shepherd.
> The good shepherd giveth his life for the sheep.

Ein bayerisches Neues Testament scheint es nicht zu geben.
Dafür aber eins in Zulu:

> Okokelwayo, e ngé siye
> usumalusi ...

so lautet die fragliche Stelle.

Mai 1990

Nartum   Mi 2. Mai 1990

Berr sein ne a su ork uff da weecha Quôrk.
(Hirschberg)

Post: Die Stadt Osnabrück hat mich in die Jury des «Erich-
Maria-Remarque-Friedenspreises» berufen. Daß er ursprünglich «Kramer» geheißen habe, war eine Lüge von Goebbels.
Schade, das habe ich verpaßt, mir vor Erscheinen des «Block»
einen anderen Namen zuzulegen. «Kempowski» ist ja nicht
schlecht, aber «Walter» ... Als Schüler habe ich mich gelegentlich «Eduard Kempowski» genannt. Zeitweilig auch «Eduard
von Waldkemp». – «Walter» ist schon ganz gut so. Schließlich
entwickle ich mich ohne mein Zutun ja immer mehr zum
Ver«walter». – Aber ein Ypsilon hätte ich mir für den Nach-
namen ruhig genehmigen können. Das hätte mir gutgetan.

Post: Die Hamburger haben die Verfilmung von «Hundstage»
abgelehnt. Flimm, der als Regisseur vorgesehen war, hat zuviel
anderes vor, wird gesagt. Nun, dann also nicht, schade. Natürlich denke ich jetzt, daß die Ablehnung ganz andere Gründe
hat. Verfolgungswahn?
Es ist ja noch nicht aller Tage Abend. – Aber daß Fechner
damals nicht weitergemacht hat, ist traurig. Er hatte mal vor,
«Aus großer Zeit» als Stummfilm zu drehen. Eine sonderbare
Idee.

Nartum   Sa 5. Mai 1990

Wer Honning will licken
un Rosen will bräken,
möt lieden, dat Immen
un Duurnen em stäken. (Mecklenburg)

Ich war mal wieder in Rostock. Das Wunder meines Lebens wandelt sich zur Routinesache. Jetzt im blühenden Mai ist alles weniger trostlos. Ich rannte meine Achten durch die Stadt wie

eine ins Becken gesetzte Ratte. Eine besondere Note bekam der Aufenthalt durch das ausgelaufene Benzin in meinem Kofferraum.
Dickbäuchige West-Männer mit Videokameras, Kantsteine filmend, auf denen sie als Kind gesessen haben, und hochhackig im Pflaster steckenbleibende Damen, die mit automatischen Knipsgeräten den desolaten Zustand ihres Geburtshauses aufnehmen. Sie werden von den Einheimischen belächelt. So breitet sich Hartherzigkeit aus. Von Brüderlichkeit kann keine Rede sein.

Die Wessis geben den Ossis unerbetene Ratschläge, man nimmt sie gutmütig, aber etwas gequält hin. Irgendwann werden sie es nicht mehr ertragen.

2001: *Die Ausdrücke «Jammer-Ossi» und «Besser-Wessi» kündigten sich an.*

Endlich kam ich dazu, mir das Katharinenkloster anzukucken, das ich letztes Mal ausließ. Im Westflügel hat man bereits mit Renovierungen begonnen, dieser alte, ruiniert daliegende Komplex ist für mich von geheimnisvollem Reiz. Einerseits reichen die Gedanken, ja die «Erinnerungen», bis in das Jahr des großen Brandes zurück, 1677, andererseits stelle ich mir vor, wie die frisch geweißten Kreuzgänge und Remter von den Oktaven und Trillern der hier angesiedelten Konservatoriums-Jugend belebt werden: nicht der schlechteste Verwendungszweck für ein altes Kloster.

Auch die Nikolaikirche war zu besichtigen. Der frühere Denkmalschützer der Stadt hatte die Sprengung der Kirche angeordnet, aber vorher oder sowieso krachten die Pfeiler und das noch intakte Gewölbe zusammen, von den Schallwellen eines Düsenjägers getroffen. Die Außenmauern blieben «gewohnheitsmäßig» – wie der Herr Ahlhelm sagte, der mich führte – stehen.

Später wurden die Pfeiler und die Gewölbe wieder aufgerichtet. Im Kirchenschiff wurde gebuddelt, ich tat einen Blick in das Loch, dort lag allerhand Gebein. Ich widerstand der Versuchung, mir einen Oberschenkelknochen unter die Jacke zu klemmen. Ahlhelm sagte, daß in Schwerin noch zweit- und drittrangiges Kirchengut liege, aus abgebrochenen Rostocker Kirchen stammend, mit dem man St. Nikolai reichlich ausstatten könnte, aber man wolle ja kein Museum haben (!). Das ist mal wieder echt norddeutsch. Wer ist «man» in diesem Falle? Auf die Dauer werden die Kirchgänger wohl nicht die weißen Wände anstarren wollen.

Der Turm der Petrikirche soll wiederaufgebaut werden, der

Pastor hat bereits einen Verein gegründet, dem ich natürlich sofort beigetreten bin.

Ich hätte Lust, die verlorenen Orgeln der drei Parochialkirchen als Modell nachbauen zu lassen. Ich habe mal so was in Düsseldorf, im Haus des deutschen Ostens gesehen, nachgebaute Orgeln aus Schlesien. Alles wiederherstellen! Alles restaurieren! – Nichts vergessen!

2001: *In St. Nikolai lagerten auch die Reste der Glocken von St. Jakobi. Arbeiter haben sie erst vor kurzem ins Altmetall gegeben. Tut ihnen leid! haben sie gesagt. «Das haben wir nicht gewußt.» Hier addiert sich Norddeutsches mit der SED-Vergangenheit.*

Die Lesung in dem winzigen Kirchturmraum der Nikolaikirche teilte ich mir verabredungsgemäß mit dem mecklenburgischen Autor Borchert. Leider war auf dem Plakat mein Name fett und seiner mager gedruckt. Unbegreiflich, wie so etwas passieren kann. Ein paar freundliche Leute waren erschienen, darunter Dicker Lahl, den ich nachmittags besuchte. «Hewwt schi hier allwedder ballert?», diese alte Geschichte.

Es war natürlich keine Presse erschienen, von Rundfunk und Fernsehen ganz zu schweigen. Die West-Autoren, die sich jahrelang durch Wandel annäherten und folglich in der DDR immerfort lesen durften, von Kongreß zu Kongreß, sind jetzt als eingeführte Dichter im Vorteil. Ich wandele mich zum Nobody.

Ich saß dann mit dem Fotografen in der «Kogge», diesem nachgemachten Seemannslokal, und aß verklatschte Bratkartoffeln mit ausgetrocknetem Räucherfisch. Eine Mädchenklasse aus Schleswig-Holstein auf der Suche nach einem Klo kam hereingeströmt. «Zartes Wessi-Fleisch», wie der Fotograf sich ausdrückte.

Über den sehr hohen Anteil von SED-Stimmen bei der letzten Wahl solle man sich nicht wundern. Das sei echte deutsche

Volksmasse, stumpf, roh. Hier von mündigem Bürger zu sprechen sei pervers. Vielleicht hätte der allgemeine Zusammenbruch der DDR noch augenfälliger sein müssen, um sie zur Einsicht zu bringen. – «Der Mauerfall kam zehn Jahre zu früh», wie ein Herr sagte. Vielleicht hätte man eben doch ein paar dieser Typen durch die Straßen jagen sollen. – Eine dicke, sehr «gewöhnliche» Mami sah ich ihr Baby mit einer roten PDS-Fahne in der Hand über den Universitätsplatz schieben. In Gedanken hab' ich sie wollüstig in den Arsch getreten, mehrmals. Leider fallen einem drastische Methoden ein, wie sie auch die Polen an den Deutschen praktiziert haben: Diese Typen einfangen und in der Altstadt die Trümmer der zusammengebrochenen Häuser wegräumen lassen? Wär' das so verkehrt?

Sei mir gegrüßt, du ewiges Meer,
Wie Sprache der Heimat rauscht mir dein Wasser,
Wie Träume der Kindheit seh ich es flimmern
Auf deinem wogenden Wellengebiet,
Und alte Erinnerung erzählt mir aufs neue ...
(Heinrich Heine, «Buch der Lieder»)

An der Ostsee saß ich auch, in Graal. Es war eine besondere Stunde. Kein Mensch weit und breit. Die See von Dunst bedeckt. Kleine schwappende Wellen. Im Tang fand ich ein Stück eines rundgespülten Ziegelsteins.

I cover the waterfront, I'm watching the sea,
but the one-I-love, she don't come back to me ...
(Nat Gonella)

In Graal lernten sich im Jahre 1913 die Eltern kennen, auf der Schiffsbrücke, die jetzt nicht mehr existiert, und Großvater Kempowski saß auf der Promenade und winkte ihnen zu. Hätten wohl nicht gedacht, wie ungeheuerlich ihr Leben verlaufen würde.
Unsere Schiffe fuhren über diese Ostsee, «Konsul» und «Clara»,

die wir angeblich gar nicht besessen haben, auch die Segelschiffe des Urgroßvaters Friedrich Wilhelm, die in keinem Register verzeichnet sind. Der Dampfer «Friedrich» holte Flüchtlinge aus Ostpreußen. Vielleicht fuhr er an Kahlberg vorüber, wo mein Vater zur selben Zeit auf die tödliche Fliegerbombe wartete. Glatt liegt sie da, die See, kein Leichentuch, aber doch so viele Geheimnisse deckend.

Die Rückfahrt mit Tempo 60 angegangen. An einem Dorfgasthaus hielt ich, im Garten saßen fröhliche Menschen. Ich sag: Kann ich hier was zu essen kriegen? Natürlich, sagte die Wirtin. Ich setzte mich also in den Garten zu den fröhlichen Menschen. Aber da kam die Wirtin auch schon herbei und sagte: Setzen Sie sich bitte hinein in den Gastraum. Wir wollen unseren Gästen was bieten.
Also fuhr ich weiter, bis Lübeck.
Leider behinderte mich auf der Rückfahrt ein Tieflader, der eine Schiffsschraube geladen hatte. Er war nicht zu überholen. Ich fuhr schließlich rechts rein, wo sich schlaue Leute Bauernhäuser zurechtgeputzt haben, Künstler allem Anschein nach, die hier Blumenbilder malen oder töpfern oder gar Gnome drechseln. Ich wäre gern als eine Art Wanderer in eines dieser Häuser getreten und hätte guten Tag gesagt. Aber da wäre ich wohl sehr mecklenburgisch angekuckt worden.

Nartum   So 6. Mai 1990, Jubilate

E gscheit Hinkel legt aach mol newichs Nescht. (Pfalz)

Güldenes Wetter.
Schafe, Hühner, Hunde, Katzen. Alles um mich herum.

Die Hagen-Sache. Sie drängen, ich soll meine Archive hergeben, ich weiß nicht, wie ich mich verhalten soll. Natürlich wol-

len sie alles kassieren, und sie bieten mir auch ganz treuherzig *ihre* Bestände an, zum Kopieren, aber sie haben ja gar nichts. Ich fürchte auch den Wirrwarr mit den Karteikarten. Ihr System, mein System, wo befindet sich was und in welchem Zustand. Dann womöglich allen Einsendern schreiben müssen: Also, Ihr Tagebuch befindet sich jetzt in Hagen?
Außerdem, wo liegt Hagen? Am Rand der Welt, das muß man klar sehen. Von Nartum aus schwierig zu erreichen.
Das Archiv ist nutzlos, wenn wir es nicht auswerten: Das «Echolot» wäre ein Weg, es unter die Leute zu bringen. Das ist ja grade das Manko großer Archive, daß die Bestände unerlöst im Keller liegen. Marbach! Man braucht ein Vehikel, um sie aufzubereiten. Gelegentlich eine Ausstellung oder hier und da eine Veröffentlichung, das ist zu wenig, das bedeutet: die Schätze mal kurz vorzuzeigen und dann wieder wegzuschließen für Jahrzehnte. Und wie ungern sie etwas zeigen! Sie legitimieren sich durch Verweigerung.
Auch ängstigt mich ihre Gier.

Nartum Mi 9. Mai 1990

A schwarze Kuah gibt aa weiße Milli. (Bayern)

Lesung in Bremervörde, nette, bemühte Leute. Ausgiebiges Essen in einem Landhaus an einem künstlichen See. Hinterher einige Befragungen. Plankton gefischt.

Im Spiegel ein Interview mit Sindermann (74):

> Wir sind vom Volk davongejagt worden, nicht von einer Konterrevolution ... [Das hat er immerhin gemerkt]. Der gewaltfreie Aufstand paßte nicht in unsere Theorie. Wir haben ihn nicht erwartet, und er hat uns wehrlos gemacht ... Untergegangen sind wir auch deshalb, weil die demokratischen Freiheiten, die wir oft verhöhnt haben, der Bevölkerung weit mehr bedeuteten, als wir gedacht hatten.

Hans Werner Henze sagt in einem Interview, daß er in München beim Publikum das Bedürfnis nach neuer Musik wecken will. Bedürfniserweckung. Neue Musik, was meint er mit «neue Musik»? Das, was man «neue Musik» nennt, gibt es doch schon seit 100 Jahren, und Otto Normalverbraucher verlangt nicht nach so was. Bei Hanser erschien 1974 in der gelben Reihe ein Buch über Arnold Schönberg, in dem Herbert Brün schreibt:

> Zugegeben: Arnold Schönbergs Ruf war und ist groß. Die Anzahl derer jedoch, die sich in den letzten fünfzig Jahren zu seinem Werk bekannten und seiner Musik gerne zuhörten, war immer recht klein. Sie wird gegenwärtig rapide kleiner. Man lasse sich nicht täuschen: ist selbst die Anzahl derer, die Schönbergs Musik hören wollen, grade groß genug, um die Industrie zu veranlassen, im Verein mit ausgezeichneten Musikern uns seine Kompositionen endlich unverzerrt zugänglich zu machen, so ist man sich darüber klar, daß die Industrie schon dann verdient, wenn sie ihre Kosten gedeckt hat, und daß die dazu nötige Anzahl von Konsumenten sogar noch kleiner sein darf, als sie ist.

«Bedürfnis wecken». Will er denn die Menschen zu ihrem Glück zwingen? Ein sozialistischer Ansatz. Das Publikum wird für unmündig erklärt, und das in einer Demokratie, in der man auf die Mündigkeit der Bürger setzt.

Mir gefallen die graphischen Partituren der Neutöner. Lustig, wenn sich Dirigent und Komponist samt erstem Geiger über die Partitur beugen: Was ist gemeint?

Ich glaube, daß die Neutöner nicht die Jugend beliefern, sondern das Alter. Je älter ich werde, desto mehr verlangt es mich geradezu nach «neuer Musik». Sie faßt die einzuholende Musik zusammen und faßt sie neu. Das körperliche Bedürfnis nach Quinten wird anderswo befriedigt. Und die Jugend pfercht sich gern in verqualmte Säle und tut das, was sie «rocken» nennt. Alte Herren sind da nicht zugelassen. Ich stelle mir vor, daß ich zwischen sie gerate und einen Schuhplattler aufs Parkett lege.

Henze meint, Beethoven wäre vielleicht glücklich darüber gewesen, daß Bernstein «*Freiheit*, schöner Götterfunken» in Berlin zum Neujahrskonzert hat singen lassen. Beethoven habe sich ja wohl bis zu einem gewissen Grade als politischen Komponisten gesehen. Aber besonders elegant sei das nicht gewesen. – Er ist immer noch eingeschriebenes Mitglied der Kommunistischen Partei und möchte es auch bleiben.

Naja, die Kommunisten, das ist ja auch ein anderer Verein als die sozialistischen Einheitler. Im Grunde gehören sie ja zu uns.

Die Ursulaschule in Osnabrück möchte von mir gern etwas zum Thema «Frieden» haben, «ein Gedicht, einen Aphorismus, eine Kürzestgeschichte, einen gutgemeinten Rat, einen Blitzgedanken, etwas Quergedachtes ...». Das wundert mich, die Schule befindet sich in «kirchlicher Trägerschaft», sie wird von Franziskanern geleitet. Frieden? Warum kucken sie nicht in die Bibel?

Der Direktor der Schule heißt Werinhard Einhorn, er hat ein Buch über das Einhorn geschrieben. Laut Meyer verkörpert das Einhorn unüberwindliche Kraft, Reinheit, Jungfräulichkeit und auch Liebe. Das menschenscheue Tier lasse sich nur im Schoße einer Jungfrau fangen. Frei nach Morgenstern:

Du möchtest wohl auch ein Einhorn sein, he?

Mir gefällt es, wenn sich Menschen über ihren Namen Gedanken machen. Und ich verstehe, daß der Professor im Geschichtsseminar einen Studenten zurückwies, der noch nie über seinen Namen nachgedacht hatte.

Aber es heißt ja auch nicht jeder «Einhorn», was soll man mit Meyer oder Müller anfangen? Über das «Einhorn» nachzudenken liegt ja nahe.

Flauberts Briefe. Als die Preußen 1871 abgezogen sind, möchte er sein Haus am liebsten abbrennen, so eklig ist es ihm. Ein Toiletten-Necessaire haben sie ihm «stibitzt» und einen Karton Pfeifen. «Aber im ganzen haben sie kein Unheil angerichtet», schreibt er.

Gott sei Dank. Man würde sich heute noch schuldig fühlen.

Am 8. Mai 1880 starb er an einem Schlaganfall. 58 Jahre alt. 1987 war ich 58. Schon drei Jahre drüber sozusagen.

Nartum Do 10. Mai 1990

Büst du bös, ga mank de Gös, büst du guäd,
ga mank de Schâp. (Holstein)

Wischnowskis und Mutter Janssen waren zum Spargelessen hier. Er hat vor Stalingrad gelegen, in der Steppe. Heute erzählte er davon, und ich schrieb mit:

> Wir lagen etwa 30 km vom Einschließungsring um Stalingrad entfernt. Am Tage sahen wir die Ju 52, wie sie in den Kessel flogen, um dort Proviant abzuwerfen und Munition. Als kleiner Soldat weiß man manchmal gar nichts. Wir hatten keine Karten und nichts.

Einmal bin ich mit einem Lastwagen ganz nach vorn gefahren.
Dort war eine kleine Einheit mit einer Fernsprechvermittlung eingesetzt. Ich wunderte mich, daß der Fahrer sich in der Steppe so gut auskannte, obwohl keine Richtungspfeile zu sehen waren. Es war abends! – Die Leute haben mir dann gezeigt: «Dort drüben liegt der Russe.» Ich hab aber keinen zu sehen gekriegt. Es fiel kein Schuß. Ich war bei der Fernsprechkompanie im Panzernachrichtenregiment 4, und zwar bei der Vermittlung. Wir hörten dann irgendwie: «Die sind vorgestoßen!» oder: «Wir brauchen Munition!» – Wir haben manchmal Gespräche mitgehört. Aber beim I/A haben wir das gelassen. Es war verboten und zu gefährlich.
«Gehen Sie raus aus der Leitung!» hieß es dann.
Während des Nachtdienstes, wo kaum mal eine Klappe gefallen ist, hatte man Zeit, nach rückwärts mit den Blitzmädchen in Polen zu telefonieren. Dabei gab es natürlich lustige Gespräche, und ein-, zweimal ist es mir gelungen, mindestens eine Stunde lang den Dialog mit den Blitzmädchen in Schlagern zu führen:
«Sagen Sie mir doch mal, wie Ihre Augen aussehen.» «Ich habe blaue Augen.»
«Oh! – Korn-blu-menblau ...», sang ich dann. Damals verfügte ich über einen großen Schatz an Schlagern.
Abends hörten wir ja dauernd den Soldatensender Belgrad. Das war eine Sehnsuchtssache. Unsere Empfangsgeräte waren so gut, daß wir alles hören konnten. Wir hatten 150er Klappen, diese großen Dinger.

Post: Ein Leser schreibt mir sein Abitur-Thema vom März 1943 in Belgard/Pommern.

Solange Menschen leben, wird neben dem Denker, der den Lauf der Gestirne berechnet, der Hirtenknabe stehen, der sich ihres goldenen Glanzes harmlos erfreut. So weit wie die Gedanken der beiden werden auch die Wege des Glücks auseinandergehen.
Konrad Borck, *1925

Das hätte ich 1957 nicht geschafft, über so was zu schreiben. «Verarmt das menschliche Leben unter dem anhaltenden Einfluß der Technik?», so hieß mein Thema. Ich beantwortete die Frage nach dem Schema: man kann es so oder so sehen.

Nartum   Sa 12. Mai 1990

Weä sisch net satt ißt, deä leckt sisch och net satt.
(Aachen)

PEN-Tagung in Kiel.

Auseinandersetzungen über die Zusammenlegung der beiden deutschen PEN-Zentren, die ich so recht gar nicht wahrnahm, weil mir der Eintritt zur Schlußveranstaltung verwehrt wurde. Schädlich sagte: «Der PEN kann keine Waschanlage für Leute sein, die eine weiße Weste brauchen.» Dem ist zuzustimmen. Ich saß mit Rühmkorf und Lutz Arnold zusammen. Carl Amery – «Die große deutsche Tour» – begrüßte die beiden mit Handschlag und ließ mich stehen. Warum? Bin ich leprakrank? Er tanzte auf allen linken Hochzeiten und scheint doch kein Menschenfreund geworden zu sein. «Er konnte sich der Mitgliedschaft in der Hitlerjugend entziehen», steht bei Killy zu lesen. Und daß er eigentlich Christian Mayer hieß.
Später aß ich mit «Lüngi» und Arnold zusammen im Schloß-Restaurant gekochtes Huhn mit Reis. Rühmkorf hatte schwer mit seinen Zähnen zu tun, eher oder später widerfährt uns allen das. Unerquickliches Gespräch. Seine linke Attitüde geht ziemlich auf den Nerv, und er ist doch sonst ein ganz netter Kerl? War in China und in Moskau, reiste in der DDR umher, hat alles mitgenommen. – Er hätte sich doch eigentlich ein Bild machen können von den Zuständen dort? Und fällt nun aus allen Wolken? Er kritisiert gern und auf Deubel komm raus das sogenannte Kapital. Hätte wohl selbst gern was. Habe gehört, daß ihm seine Wohnung an der Elbe von einem reichen Gönner finanziert wird. Freundliches Umarmen bei eisiger Unnahbarkeit. Man sitzt mit jemandem zu Tisch und ißt Huhn mit Reis und weiß beim Plaudern eben doch, daß er einen verachtet? Aber still! Er hat sich anno 1968 dem Rowohlt Verlag gegenüber mal sehr freundlich über meine ersten Schreibversuche geäußert. Einen Traumtänzer kann man ihn wohl nicht nennen, einen Träumer schon gar nicht, einen Albtraum, den er mit «p»

schreibt, schon eher. Er beklagte, daß noch keines seiner Werke übersetzt worden sei. Das geht auch andern so.

2001: *Rühmkorf in seinem TaBu I:*
Mich zum Oslo-Kai abgesetzt und Schiffe betrachtet/bewundert. Dieses ganze Dichtergedöns, das mir fremd wie irgendwas ist. [...] Freute mich, Kempo und Arnold beim ebenfalls geschäftsordnungswidrigen Flanieren zu treffen, aber dann zogen sie auf einmal grämliche Gesichter wie vom Schicksal benachteiligt, vom Zeitgeist verlassen, vom Leben beleidigt, und nur bei Kollegenklatsch hellten sich ihre misanthropischen Mienen zu einem sardonischen Grinsen auf.

Nartum　　　　　　　　　　　So 13. Mai 1990, Kantate

Eener alleene
Is nich scheene.
Aber eener und eene
Und denn alleene –
Det is scheene! (Berlin)

Für Kirchenchöre ist der Sonntag Kantate eine gute Gelegenheit, sich mal wieder richtig auszubrüllen.
Mit Hildegard nach Schwerin, eine Verbrüderungsveranstaltung im Staatstheater. De Maizière spielte die Bratsche. Ich las die «Klavierstunde» aus T/W. Helmut Schmidt direkt vor mir in der ersten Reihe. Er hätte das Quartett auf seiner Heimorgel begleiten sollen.
Hinter der Bühne junges Volk in Landestracht, bereitgestellt zum Blumenüberreichen. Auf Schwerinsch unzugänglich.
An der Tankstelle trafen wir Wilhelm Wieben, den TV-Ansager, der neuerdings viel Platt von sich gibt, vor alten Segelschiffen läßt er sich filmen, und dann liest er Döntjes vor. Er

erzählte von Damen, die ihm Krawatten schenken. Ich kriege höchstens mal ein Glas Marmelade.

Nachts zurück.

München   Mi 16. Mai 1990

Wä sich dûd arbed, dem driss der Hunk op et Grav.
(Köln)

Vormittags im Verlag wegen «Echolot». Paeschke zeigte sich einigermaßen verständig und wohlwollend. Will es auf jeden Fall machen. Er schlägt vor, es monateweise herauszugeben. Auch einen guten Vorschuß will er zahlen.
Enzensberger habe ein ähnliches Projekt in Arbeit, heißt es.
Was die DDR angeht, so konzentrieren wir uns erst mal auf den «Block» im Herbst.
Ich werde zunächst nur noch in der DDR lesen und die BRD-Tour im Herbst stark reduzieren.
«Echolot»: Zunächst erscheint ein erster Teil, Stalingrad betreffend. Ich soll eine erste Fassung schicken (derzeit 500 Seiten).
Auch über «Mark und Bein» gesprochen, Umfang etwa 250 Seiten, soll Herbst 1992 erscheinen. Ich schwanke noch, ob ich nicht lieber den «Dorfroman» schreiben soll.

Abends Feier zu Bieneks 60. Geburtstag.
Gemeinsame Lesung aus seinen Werken: Ota Filip, Michel Krüger, Enzensberger, Tankred Dorst, eine Frau, die ich nicht kannte, und der alte Koeppen. Wir saßen aufgereiht auf dem Podium, und Bienek saß unten in der ersten Reihe und freute sich. Der eitle Bienek: wie er davonschritt.
Rosendorfer, Hermann Lenz, Knaus. Hinterher große Tafel im Vierjahreszeiten, gutes Essen.
Krüger schneidet mich noch immer. Dabei hätte *ich* allen Grund,

ihn zu meiden, denn sie waren es ja, die mich aus dem Hanser Verlag raustrieben. *Ich* wäre geblieben.

Um mich zu kräftigen, hatte ich mir die «Worte Napoleons» in die Tasche gesteckt, ein kleines gelbes Buch: «Ich glaube, der Mensch muß vollführen, was das Geschick ihm vorschreibt.» – Ja, schön. Aber wenn man ihn nicht läßt? Und wie schafft man es, mit dem Schicksal ins Gespräch zu kommen?

Nartum   Do 17. Mai 1990

En freindlich Wort find sei Ort. (Pfalz)

«Sirius» ist meine Hauptbeschäftigung im Augenblick. Ausweitung zur Autobiographie. Die Selbsthasser deutscher Nation schießen sich auf die Wiedervereiniger ein. Von Euphorie keine Rede. Am Radio-Telefon wurde ich gefragt, was ich zu der Eile sage, mit der man die Dinge angeht? Ich antwortete wie gewöhnlich: «Die Mauer haben sie an einem einzigen Tag gebaut.» Wenn man so was sagt, sind sie platt. Das verschlägt ihnen die Sprache.

Wenn ich jetzt morgens in unserem kleinen Wald umhergehe, hallt es von Vogelstimmen wider wie bei Jorinde und Joringel. Aber es erscheint keine Zauberin, mich zu bannen. Die Zeit im Käfig habe ich hinter mir.

Wir stellten Tische und Stühle hinaus und saßen in der Sonne, neben dem sparsam plätschernden Brunnen. Hildegard hatte eine Rhabarbertorte gebacken, den Boden mürbe und kroß zugleich, die mir sehr gut schmeckte. Es muß für eine Frau ja furchtbar sein, wenn sie kocht und brät und backt, und ihrem Mann schmeckt *nichts!* – Es fehlte uns nur ein netter Besuch oder so was, wie früher, wenn die Pforte klappte. Oft zur Unzeit ...!

Ein ehemaliger Kamerad schreibt, daß er zu einem Treffen

politischer Häftlinge in Weimar und Buchenwald gereist sei, an dem dreitausend Personen teilnahmen. Er hat bei dieser Gelegenheit Elastolin-Tiere «ergattert», achtzig Stück auf einen Satz, wie er schreibt, «ganz billig!» Soldaten sammelt er auch, es handele sich bei den Figuren schließlich um Qualitätsspielzeug. Fragt sich, ob es auch einmal Häftlinge als Figuren zu kaufen gibt, die könnte man dann in einem Spielzeuggefängnis ihre Runden drehen lassen. Und dann Aufstand spielen. Wann der Bautzen-Film von Duyns gezeigt wird, möchte er gerne wissen. Wohl gar nicht, fürchte ich. Mir fehlt die richtige Hausnummer. In den Fernsehanstalten der Bundesrepublik sitzen zwar richtige Leute, aber nicht die richtigen. Wenn die meinen Namen hören, dann rutschen sie gleich unter den Schreibtisch. Warum bloß?

Ich bat den Verleger, sich für mich einzusetzen. Der weiß wohl gar nicht, wie man so was macht. Der könnte von Unseld eine Menge lernen.

Nartum/unterwegs   Sa 19. Mai 1990

Bässer en Müs em Döppe es kê Flêsch. (Düren)

Der sympathische kleine de Maizière. Merke: Die SPD blieb der Unterzeichnung des Staatsvertrages zur Wirtschafts-, Währungs- und Sozialunion *ostentativ* fern. V. Oertzen und Schröder. So wie man früher betete, so müßte man nun verfluchen. Einen Rosenkranz fürs Verfluchen erfinden. Das würde schon Wirkung zeitigen!

Bei der Währungsreform 48/49 hat's ähnliche Streitereien gegeben. Damals war die SPD auch dagegen. Das verstehe, wer will, das sind doch sonst ganz ordentliche, freundliche Leute? In England hat die Labour Party dafür gesorgt, daß sie bis 1955 noch Lebensmittelkarten hatten! Das hätte uns auch geblüht, wenn die SPD damals die Regierung gestellt hätte.

Das Bremer Fernsehen kam auf die Idee, bei der Übertragung der Staatsvertrag-Unterzeichnung das Ausfüllen von Lotto-Scheinen einzublenden!

Eine glühende Rhododendron-Wand um unsern Pavillon herum. Auf dem Boden vor den Fenstern liegt mal wieder eine Drossel, die sich totgeflogen hat. Partielle Dummheit im Reich der Vögel. Spatzen fliegen sich nie tot bei uns, aber die haben wohl auch nicht so einen Affenzahn drauf. Manchmal rappeln sich diese Tiere wieder auf, nachdem sie eine Weile schwer atmend dagelegen haben. Wellensittiche soll man auf den Finger nehmen und an die Fensterscheibe heranführen und es ihnen zeigen: Sieh mal, dies ist eine Glaswand, da nicht gegenfliegen, hörst du?

Nartum/Göttingen   Sonntag, 20. Mai 1990

Gih nech hön, wu sich ä Streit fängt an;
Ös dir was gefahrlich wor'n, da meid's;
Haste änne Pflicht, da denk an dran;
Wart' geduldig off de Frucht des Leids. (Thüringen)

Bin auf dem Wege nach Göttingen, um dort am «Literarischen Frühling» teilzunehmen. Werden sie uns mit Birkenreisern schmücken?
Erinnerungen an Marienlieder und an den Schwung, mit dem die Gemeinde in Bautzen sie sang. Das Bild, auf dem die Gottesmutter den Jesusknaben versohlt.
«Maria, breit den Mantel aus»: ein schöner Gedanke. Aber sie müßte eher die Statur des steinzeitlichen «Idols» haben, eine richtige russische Mutter sein. Einer Model-Schönheit nimmt man das nicht ab, obwohl man einer solchen auch gern mal unter den Mantel kröche.
Hat mich mal jemand auf diese Weise in Schutz genommen?

Nicht, daß ich wüßte. Aber ich war zeitweilig von oben bis unten in Güte eingehüllt, bis heute ist das so. Gutes und Barmherzigkeit werden dir folgen dein Leben lang. Aber das kommt eher von ganz oben. Bin mehr so ein wilder Mann, der behaart aus dem Walde tritt, der muß sehen, wie er fertig wird. Ja, jetzt fällt mir einer ein, der sich meiner annahm: im Frühjahr 1945: der Stabsarzt bei der Musterung. Er sah mich ernst an und stellte mich bis Oktober 1945 zurück. Ich war damals 15 Jahre alt.

Bei der Wieser-Affäre sprangen mir Leute bei, von denen ich das nicht angenommen hätte. Ich werde mir jetzt einen Spaß daraus machen, Medienverfolgten aufmunternde Briefe zu schreiben.

Lesung in der Göttinger Aula. Ich las aus dem Manuskript von «Mark und Bein» und bekam einen hübschen Applaus. Publikum verstand den Text. Leider mußte ich vorher eine Sechzig-Minuten-Lesung von Angela Hoffmann über mich ergehen lassen, unsinniges Gewerkschaftsgerede. Eine Art Referat. Daß die Leute nicht auf die Uhr kucken können! Sie mußte doch wissen, daß sie mir Zeit wegnimmt.

Die Johanniskirche ist jetzt für Konzertbesucher hergerichtet, die Bänke wurden mit Polstern versehen, schön bequem. In der orthodoxen Kirche *stehen* die Leute.

Am Eingang stapeln sich, wie in allen Kirchen, die Gesangbücher. Man kann es den Menschen nicht mehr zumuten, das Gesangbuch sichtbar durch die ganze Stadt zu tragen. Was wohl passierte, wenn man eins mitnähme?

Sonne. Nun ja, Göttingen. «Ich würde doch nach Jena gehen», dieser rührende Satz Fritz Reuters in «Hanne Nüte». Heimat ist Sprache. Das Rostocker Platt. «Wenn de Swin voll sünd, smieten's den Trog üm.» Jede Mundart hat ihren Reiz, ich mag sie alle. Die freundlichen Erzgebirgler.

Der Dietz-Verlag schreibt, daß die Erinnerungen von Sophia, «In Träumen war ich immer wach», sich zum Regional-Bestseller in der Gegend um Lütjenburg entwickelten, sie bereiten

eine dritte Auflage vor. Für alle anderen Biographien unseres Archivs, die ich ihm gezeigt und empfohlen habe, sieht er keine Chancen.
Daß Knaus damals das Büchlein nicht gemacht hat, wurmt mich immer noch. Leider wurde es bei Dietz verhunzt, man hat die eigenwillige Rechtschreibung begradigt, weil man die Autorin «nicht denunzieren» will, wie sie sagen.
FAZ-Magazin will meinen Aufsatz über die nordischen Riesen an die Lufthansa geben, für ein Bordheft. «Wir sollten, wenn Sie dazu Lust haben und von Presselümmels nicht ein für allemal die Nase gestrichen voll haben, unter den neuen Verhältnissen Neues miteinander erarbeiten ...»

Nartum   Do 24. Mai, Himmelfahrt

Wem's Bröckl bestimmt is, bringt's zu kein Brotlaib.
(Bayern)

Ist der «Vatertag» eigentlich gegen den «Muttertag» gerichtet? Pferdewagen mit Bierfaß und Strohhut auf dem Kopf. Die Kirche müßte sich dieses Tages als «Vatertag» annehmen. Sie hat ja auch anderes Heidnische aufgesogen. – Ich weiß immer nicht, was eigentlich los ist, wenn ich diesen Leuten begegne. Im ganzen eine freundliche Sache, aber laut.
Ich saß eine Weile draußen, aber der Lärm der Stare, die sich in der Allee niedergelassen haben und sich auszanken, ist unerträglich. Später sehe ich sie über die frisch gemähte Wiese humpeln und wie Schafe dort weiden.
Die ungeheure Zahl lebendiger Stare, die in Wolken über die Landschaft wogen, läßt die Starenkasten-Pädagogik von Kerschensteiner und Co. in einem befremdlichen Licht erscheinen.

Vom Verlag kam der Verfilmungsvertrag für «Aus großer Zeit», der mit dem Deutschen Fernsehfunk für 1991/92 abgeschlos-

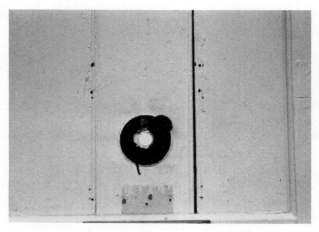

Kuckloch in Bautzen zur Beobachtung der Häftlinge

sen wurde. «Geplant ist ein einteiliger Fernsehfilm, der an Originalschauplätzen des Romans in Rostock und Mecklenburg gedreht werden soll, in knappen Szenen auch in Hamburg.»

Amsterdam   Fr–So 25.–27. Mai 1990

De'n annern jagen will, mutt sülben lopen.
(Mecklenburg)

Mit Hildegard in Amsterdam zur Uraufführung des Bautzen-Films. Duyns holte uns ab. Die Vorstellung fand in seiner Wohnstube vor dem Fernseher statt. Ich stellte eine gewisse Diskrepanz fest zwischen den Bildern und dem, was ich bei den Dreharbeiten fühlte, und dem, was ich dachte. Zum Beispiel die Szene, wie ich in der Kirche sitze und vor mich hinstarre. Ich dachte keineswegs an meine sogenannte Leidenszeit, und schon gar nicht an Schuld: Ich war ganz einfach müde und gelähmt von all den Anstrengungen. Das kann ein Film nicht, Leben 1:1 abbilden. Was ein Gefängnis ist, läßt sich vielleicht eher begreifen bei einem Blick über das Meer.

Verrutschte Abziehbilder.

Sein Befremden, daß kein einziger deutscher Sender den Film übernehmen will. Ich wundere mich darüber nicht. Aber ich fühle mich schuldig!

2005: *So wie die Sache mit Keeles Konkordanz der Chronik, die nicht einmal mein eigener Verlag bestellt hat. Kein einziges Exemplar! (Sie kostete 20 $.)*

Hinterher eine üppige Mahlzeit in einem indonesischen Lokal, Duyns lud uns ein: So gut habe ich noch nie in meinem Leben gegessen.

Dann Antikmarkt. An einem Stand fand ich einen Kasten mit Filmrollen, die ich mitnahm. Ich stieß aus Versehen eine Vase um, zahlte dem Händler sofort und ohne Fackeln 50% des Preises.

Wir schliefen in dem großen Thomas-Mann-Hotel. Als wir gegen abend zurückkehrten, waren die Betten noch nicht gemacht.

Duyns schenkte mir einen Stoß Fotoalben, zehn Stück, die wir in einem Antiquariat fanden. Es handelt sich um das Leben einer Holländerin, einer «Moffen-Hure», die mit deutschen Soldaten «ging». Ende des Krieges verschwand sie nach Deutschland. Das war wohl klug. Mit ihren Männern hat sie nicht viel Glück gehabt, immer wieder zitiert sie Sibylle Schmitz aus dem Film «Der große Unbekannte» mit dem Satz: «Liebe ist nur ein Märchen, ich glaube nicht daran.» Mit weißer Tinte hat sie das immer wieder hingeschrieben in die Alben. Manchmal mehrmals auf eine Seite.

Duyns hat uns viel zugute getan, das hemmte mich. Ich hätte ihm meine Dankbarkeit deutlicher zeigen müssen.

Rückflug als einzige Passagiere im Flugzeug. Die Stewardeß fragte uns, ob sie auf das Erklären der Rettungsmaßnahmen verzichten darf? Über der Zuidersee flog der Pilot (unsretwegen?) eine weite Kurve. Vielleicht war es ein holländischer Pilot, der uns mal zeigen wollte, wie fleißig seine Landsleute sind. – Diese Eindeichungssache mag gegen Sturmfluten schützen, aber was will man mit dem Land?

Nartum Mo 28. Mai 1990

Wenn de Muus satt ös, ös dat Koornke bötter.
(Ostpreußen)

In Oldenburg über den Unterschied zwischen Erziehung und Dressur gelesen. Daß beides nichts nützt oder nicht «geht», ist an den Studenten zu studieren. (Dressur schon eher, aber da müßte man dann mit Würgehalsband arbeiten und solchen Sachen.) Im Grunde hatte Lenin in diesem Fall recht: «Schlagt sie auf die Köpfe!» Das hat auch mir gutgetan. Was wäre aus mir ohne die sogenannten Schicksalsschläge geworden.
Minus mal minus gibt plus.
Schöner Frühling. Man möchte die Fenster öffnen, aber da kommen dann die Fliegen rein.
Im übrigen: Beter, dat een kind weent dan een olt man ... (holländisches Sprichwort).

14.30 Uhr Erenz («Zeit») hier zu Kaffee und Abendbrot. Er sagte mir, wie ich meine Bücher schreiben soll. «Böckelmann», so was sollte ich man lassen, damit ruinierte ich meinen Ruf. – Weil er freundliche Kritiken über mich geschrieben hat, meint er, mir auf die Schulter klopfen zu können. «Daß mir keine Klagen kommen», so in diesem Stil. Und wenn doch, zieht er dann seine Hand von mir ab?

Lafontaine schaut sich morgens beim Rasieren im Spiegel seine Narbe an, sie sei schon abgeschwollen. Einen Psychiater braucht er nicht.

Er redet gegen die Wiedervereinigung. Einige seiner Argumente sind bedenkenswert, aber das ändert nichts an der Tatsache, daß ihm der Gedanke an eine Wiedervereinigung *im Prinzip* zuwider ist. Und das ist es, was mich stört. Die Wiedervereinigung im idealsten Sinne kann es nicht geben. Die Unterschiede zwischen Ost und West haben sich bereits festgesetzt. Als ob es je ein «Einig-Vaterland» gegeben hätte! Wer als Norddeutscher nach Bayern reist, kann das erleben. Nord und Süd, die Katholiken und die Evangelischen, die Städter und die Leute aus der Provinz. Man denke auch an die Differenzen zwischen den Nord- und Südstaaten in den USA, die heute noch andauern, und wie lange ist der Sezessionskrieg her. – Die Engländer und die Schotten, die Schwaben und die Alemannen. Erst jetzt verwischen sich allmählich die Gegensätze zwischen den Flüchtlingen von '45 und den Einheimischen.

Juni 1990

Nartum   So 3. Juni 1990, Pfingsten

Wus weniger men redt, is alz gesünder. (Jiddisch)

Der Turmbau zu Babel. Die Sprachverwirrung. Es wurde der
Verdacht laut, daß die Leutchen damals betrunken gewesen
seien. Andere Meinung, die Sprachverwirrung habe schon vorher bestanden, man habe sich auf der Baustelle mit den Arbeitern aus aller Herren Länder nicht verständigen können, und
deshalb sei der Turm eingestürzt.
Das Latein als die eine gemeinsame Sprache in den Kirchen
wird ja leider in jüngster Zeit abgeschafft. Ah – die edle Er-
habenheit des «*Veni sancte spiritus*». Soll das alles denn nur
noch uns gehören? – Es verkommt zur Begleitmusik von Kul-
turfilmen. Was gibt es Großartigeres als die Tradition des Chri-
stentums? Soviel Wunderbares erwuchs daraus, Kathedralen,
Bildwerke, Dichtung, Musik!
«Meinen Sie das im Ernst?»
Die ulkigen Flammen über den Häuptern der Gläubigen auf
alten Bildern. – Das Herablassen einer hölzernen Taube in die
Kirche. Vor einiger Zeit hätte ich in München eine solche höl-
zerne Taube kaufen können, sie sollte ein paar tausend Mark
kosten. Um des lieben Friedens willen?
Heiliger Geist: Beim Kommiß wurde es geduldet, daß schwä-
chere Kameraden von den andern, wenn sie einen Fehler gemacht hatten, *gemeinsam* verprügelt wurden. Und das geschah
nachts (!). So was fällt auch unter «Kameradschaft».

Im FAZ-Fragebogen sagt Dregger auf die Frage: Was ist für Sie
das größte Unglück?: «Das Schwanken nicht weniger Deut-

scher zwischen Überheblichkeit (früher) und Nationalmasochismus (heute).» Was militärische Leistungen angeht, da bewundert er die Standhaftigkeit von Teilen der Wehrmacht in der Niederlage 1945 mit dem Ziel, die ostdeutsche Bevölkerung vor der Roten Armee zu retten. Was ist dagegen einzuwenden? Irgendwie hat er sich verhaßt gemacht. Politiker, die sich, wie er es tut, öffentlich outen, sind selten.

2002: *Der Publizist Matthias Walden war so einer. Gott, wie haben sie den zur Sau gemacht, immerfort, und war doch ein ganz kluger Mann. Die TV-Diskussion mit Cohn-Bendit und Dutschke. Gemeinsam mit dem Moderator schrien sie ihn an. Saß Sontheimer nicht dabei? Der ließ sie ruhig machen. Der griff nicht ein.*

David Irving: «Schlacht im Eismeer». Über den Untergang eines alliierten Geleitzuges. Hier die unfreundliche, ja feindselige Haltung der Sowjets den amerikanischen Seeleuten gegenüber, die ihnen doch Kriegsmaterial brachten. Was die alles geschluckt haben um des lieben Friedens willen!

Nartum   Do 7. Juni 1990, Regen

Dar rûk an, as Kasper an de Sûrkôl. (Oldenburg)

Der herrlichste Regen, er beflaut unseren Garten, das gluckst und klötert, und ich sitze vor dem TV und wundere mich über die Sensationen, die Tag für Tag einander jagen.
Heute, daß die Albrecht mit Wissen der Stasi zehn Jahre in der DDR lebte. Offenbar wurden die Baader-Meinhof-Leute von der DDR geschützt? – Ihr heuchlerisches Verhalten gegenüber Ponto, der ein Freund ihrer Eltern war, ist besonders abstoßend.

Sämtliche Schweinereien, die man sich nur vorstellen kann, werden nun offenbar. Der real existierende Sozialismus ist ein einziger großer Schweinestall. Und unsere Leute hier hätten sich darin gern suhlen wollen.

Die Albrecht ist vielleicht eher zu bedauern. Ihre Halunkerei wird sie sehr gequält haben. Zehn Jahre hat sie drüben im Verborgenen gelebt, mit einer «neuen Identität». Sie hat sich «in Sicherheit gewiegt», wie man es ausdrückt. Wer wirft den ersten Stein?

Werden wir es noch erleben, daß man eine Briefmarkenserie mit den Baader-Meinhof-Köpfen herausgibt?

2005: *Ja, wir sind kurz davor.*

Am «Echolot». Es kristallisieren sich die großen Themen heraus: Stalingrad – Weiße Rose – Afrika – Casablanca. Den Abschluß bildet der erste größere Fliegerangriff auf Berlin. «Sirius» hat Pause. Im Grunde ist das Buch fertig, ich zögere noch, es endgültig aus der Hand zu geben. Sie beschweren sich über den Umfang. 560 Seiten, das sei zuviel. Als ob sie es noch nie mit einem dicken Buch zu tun hatten. Manches ist eben nur im Ausführlichen darzustellen.

Die 250 Foto-Klischees, die sie für das Buch benötigen, sollen 7500 DM kosten. Ich habe schon gesagt, da gebe ich 2500 DM dazu, wenn die Firma so arm ist.

Mit Hildegard alles gut.

Regen! Schwemmt wohl das ganze Gift aus, das sie auf die Äcker streuen. Ab damit ins Grundwasser.

Heinrich von Roos: «Mit Napoleon in Rußland». Wjasma, Smolensk, Ortsnamen, die dann auch 1941 eine Rolle spielten. Koeppen: «Amerikafahrt». Bezeichnet Gutenberg als Zwillingsbruder von Kolumbus.

Nartum   Fr 8. Juni 1990, bedeckt

Wo nüt isch, isch ball dailt. (Breisgau)

Post: Aus Haifa wird mir Material für das «Echolot» avisiert.

Schönen Naß-Spaziergang gemacht, im Garten drei Viertel-
stunden immer rundherum.
Der Garten kann nun tatsächlich als kleiner Park bezeichnet
werden. Ein «Pärkchen». Nässe von den Zweigen, Blättern.
Überall kleine Eichen, Röschen.
Dachdecker hat gestern Veranda abgedichtet.

TV: Rußland scheint sich zu separieren. Alles löst sich auf.
Gysi in Talk-Show frech. Dumme Erbitterungsgesprächspart-
ner ihm zur Seite. Da müssen sie schon anderes Geschütz auf-
fahren, um es mit diesem Mann aufnehmen zu können.
Aber: Wozu recht behalten wollen? Er wird doch jetzt auch im
Urlaub nach Italien fahren.
Eine Sensation jagt die andere.
Die Albrecht haben sie gefaßt. Ich dachte neulich an sie. Von
allen hat sie's am widerlichsten angefangen, die Sache mit dem
Blumenstrauß. «Papi läßt schön grüßen.» Seit vierzehn Jahren
denkt sie nun schon darüber nach. Nicht zu beneiden. Eine solche Schuld wird in unserer Gesellschaft nicht vergeben. Da gibt
es diverse Tabus. Und das christliche «te absolvo» ist nicht mehr
wirksam.
Das von Reue zermarterte Gehirn.
Im Gedächtnis bleibt auch der Kinderwagen, den die Terroristen auf die Fahrbahn rollten, damit Schleyers Wagen stoppt.
Wie ist eine solche Gemeinheit möglich! Oder die Verkleidung
als Schwangere, mit einer Bombe am Bauch.
Hammer und Zirkel endlich verschwunden. Chemnitz heißt
wieder Chemnitz. 400 Milliarden haben sie in Verstecken ge-
bunkert.

TV: Schwarze Unholde in Liberia, die ein Dorf durchsuchen und einen Mann herauszerren aus seiner Hütte, weil er weder beim Militär noch bei ihrer Bande ist. Ein junger, kräftiger Mann. Am Hosenbund wird er weggezogen. Er sei kurz darauf exekutiert worden, sagt der Kommentator. Der schiere, schöne Körper. Fußball-WM: Kamerun besiegt Argentinien. Höchst erfreulich.

Erich Loest in der FAZ über die Bespitzelung durch die Stasi. Sie hatten eine Wanze in seiner Wohnung installiert und alle Gespräche mitgeschnitten, manche zwanzig bis dreißig Seiten lang. Was hat es ihnen genützt? Sie hatten was zu tun.

Heinrich von Roos: Wölfe folgten den zurückgehenden Truppen in Rußland. Die Nemesis: Goebbels fiel es auf, das Datum, Juni 1941, auch Napoleon hatte es gewagt. Und er war nicht der einzige, der die Parallele bemerkte. Aber im Juni ist es eben schwierig, sich einen eisigen Winter vor Moskau vorzustellen.

Nartum   So 10. Juni 1990

Mit 'm greana Holz is schlecht Feuer machn. (Bayern)

Trinitatis. Die «Dreieinigkeit», gegen den monotheistischen Arianismus gerichtet. Einfachen Herzen schwer zu vermitteln und sehr sonderbar: das Dreieck mit dem Auge. – Die seltene Darstellung Gottvaters in den Kirchen. Hätte noch gefehlt, daß sie Maria mit aufgenommen hätten in die Dreieinigkeit. Das wäre dann eine Quadratur des Kreises geworden. Und da ist es dann bis zu dem berühmten «Gewimmel» nicht mehr weit. Anna selbdritt, das ist so ein Ansatz. Eigentlich logisch und nicht befremdend. Wenn schon, denn schon! Die Neigung zur Vervielfachung Gottes wird auch in der Anzahl der Heiligen sichtbar. Überzeugung durch Masse. Die Tempelanlagen in Indien und in Mittelamerika, das Gewimmel der Götter. Die Aufmärsche drüben. Weil viele zusammenkommen, müssen wir recht haben. – Auch dadurch wird die Demokratie fragwürdig, daß sie mit der Quantität arbeitet. Aber wie anders soll man es machen? Heinrich von Roos in Rußland 1812: daß die Pferde falsch beschlagen waren. Kleine Ursachen, große Wirkung.

Nartum   Mo 11. Juni 1990

Weä et längste leävt, krit et Stadthus. (Aachen)

Nacktschnecken auf dem Weg. Unangenehm. Anstatt mich poetischem Höhenflug ergeben zu können, wie schön das Leben ist und so weiter, bin ich gezwungen, den Weg nach Schnecken abzusuchen. Ich schnelle sie mit einem Stöckchen ins Gebüsch. Sie merken es, wenn ich das Stöckchen neben sie ansetze. Wenn es derselben Schnecke dreimal passiert, daß sie ins Gebüsch fliegt, wird sie dann «lernen»? Bloß nicht auf den Weg kriechen, da werde ich dann weggeschnellt? Zu hoffen ist es. Ein Mann im Fernsehen sagt, er hat immer eine Tüte mit Salz in der Tasche, damit bestreut er sie. Aber was macht er mit den Leichen? Mit breitgequetschter Schnecke am Schuh ins Haus treten? Kein Tier frißt die Schnecken, nur spezielle Enten tun das. – Holunder beginnt seine Blüten zu verstreuen. Die kleinen weißen Sterne liegen auf dem Weg, und zwischenhin kriechen die schwarzen Nacktschnecken, mal von links nach rechts, mal umgekehrt. Manche wiegen klug das Haupt. Wohin wollen sie? Was haben sie hier «zu suchen»?

In Oldenburg über Lob und Tadel gesprochen. Tadel gibt es überhaupt nicht mehr, die Lehrer müssen alles über den grünen Klee loben: dahin ist die Reformpädagogik verkommen. Das

218

Laisser-faire sei passé, sagte unser Oberpädagoge in Göttingen auf gut deutsch. Einziges Lob, das ich in der Schule bekam: «Ein dummes Luder ist der Kempowski nicht.» An großartige Strafen kann ich mich allerdings auch nicht erinnern. Einmal – ungerechterweise – ein paar mit'm Stock hinten vor, weil ich drei «Kasten Rechnen» vergessen hatte. So was verschwieg man zu Hause. Der Lehrer kam dann später in Neubrandenburg um, aber das hat damit nichts zu tun. Er konnte die schmerzlichen Neubrandenburgerfahrungen nicht «fruchtbar werden lassen».

Goethe: «Loben tu' ich ohne Bedenken, denn warum soll ich verschweigen, wenn mir etwas zusagt?» (Wanderjahre) – In meinen pädagogischen Nachschlagewerken steht unendlich viel mehr über das Strafen als über das Loben. Offensichtlich vertraut man auf das Wort «Gebranntes Kind scheut's Feuer».

Post: Der Süddeutsche Rundfunk bittet mich für die Sendung «Deutschlandlied, schwieriges Lied» um einen Vorschlag für eine neue Nationalhymne.

Capote: «Die Musen sprechen» (blöder Titel). Hübsche Rußland-Beobachtungen. Das Aufeinandertreffen dieser beiden Völker. Wegen des Titels hätte ich das Buch fast nicht gelesen, für zwei Mark im Antiquariat gekauft. Wie wenig Geld kosten heutzutage gute Bücher. Wer scheut sich vor Wasserschaden oder gebrochenem Einband?

Bildung muß nicht unbedingt teuer sein, um theuer zu sein.

Nartum   Di 12. Juni 1990

Wä sich et Bett gôd mât, dâ schlief och jod.
(Brandenburg)

Post: Ein ehemaliger Kamerad aus Bautzen nennt die schönste Sammlung von Mädchenfotos im Bundesgebiet sein eigen. Er

sei in der Sportszene gut bekannt bei Turnerinnen und Gymnastinnen. Es sei schwierig, jemandem diese Sammlung zu zeigen ohne dämliche Kommentare ...
Eine Leserin fragt, ob der Verlag nicht noch ein Exemplar vom «Block» lockermachen könne? Der fehle ihr nämlich noch. Sie liest jetzt alles zum dritten Mal.
Renate hier, streckt alle viere von sich. Sie zieht sich in ihre Klause zurück, will zu sich kommen. Sie ähnelt mir in vielem, die verkorkste Schulzeit zum Beispiel. Wer gern zur Schule geht, mit dem ist was nicht in Ordnung. Und wie schön und angenehm und herzerfrischend könnte Schule sein. Ich versuche, in Oldenburg davon zu schwärmen. Das steckt niemanden an. Sie nehmen's für Schwäche. Im Grund verstehen sie überhaupt nicht, wovon ich rede.

Im Schloß Cecilienhof in Potsdam haben sich auf Einladung der Bertelsmann-Stiftung ost- und westdeutsche Schriftsteller getroffen. Christa Wolf, Heym, Jens natürlich und andere. Gottlob hat man mich nicht dazugebeten. Aber ein bißchen merkwürdig ist es schon, wie man mir meine Entscheidung abnimmt. – Bertelsmann?
Ich gebe zu, daß mich schon seit Jahren die übergroße Aufmerksamkeit ärgert, mit der die Werke der Wolf bedacht werden. Das Buch, das sie jetzt herausgebracht hat, interessiert mich genauso wenig wie der Streit darüber. Ich habe meine eigenen, sehr persönlichen Erfahrungen mit Christa Wolf gemacht. Ich will diese nicht generalisieren.
War sie nicht in der SED? Reicht das nicht? Man muß erst zum Sünder werden, um als Gerechter zu gelten.

Holzhausen: «Die Deutschen in Rußland 1812». Sehr teuer. Viele Karten, Augenzeugenberichte.

Nartum   Do 14. Juni 1990

Erst 'n Blief, denn 'n Wief. (Uckermark)

Jeden Tag die haarsträubendsten Nachrichten. Heute zum ersten Mal auf der ARD-Wetterkarte: Deutschland mit den sech-
zehn Bundesländern. An der Küste steht groß und deutlich
ROSTOCK.

Der Albrecht wird die Sache jetzt verdammt schwer, weil sie
doch ein Kind hat. Sie komme nun in Konflikte. Saß sie nicht
schon in der Tinte? Oder war ihr alles egal? – Auch die Viett
haben sie festnehmen können, die sich drüben zuerst Sommer,
dann Schnell nannte. Beide haben bereits zugegeben, daß die
Stasi seit Jahren mit der RAF zusammengearbeitet hat. Sie
sollen von der Stasi sogar trainiert worden sein. – Der saubere
Peter Schütt hat sich auch vernehmen lassen, hat zugegeben,
daß er ständig Geld bekommen hat von drüben. Und nun
publiziert er in der «Welt».
Die Frechheit, mit der diese Leute uns in den Sechzigern/Sieb-
zigern Revolution vorgespielt haben! Der Republikanische
Klub. *Ich* war ihnen nicht geheuer. Bin es bis heute nicht!
Der Warschauer Pakt soll «in dieser Form» aufgelöst werden,
haben sie heute gesagt. Viel getaugt hat er wohl sowieso nicht.
Man sah die sozialistischen Friedens-Militärs mit ihren Ordens-
schnallen und dazwischen den Zivilisten Eppelmann mit Spitz-
bart.
Die toten Infanteristen der Roten Armee würden sich in ihren
Gräbern «aufbäumen», hat ein russischer General gesagt, wenn
man jetzt die Vereinigung der beiden deutschen Staaten zu-
ließe. Glaubt der Mann gar an die Auferstehung?
Der SU-Koloß bröckelt. Die baltischen Staaten scheinen die
Loslösung zu schaffen, da sie von anderen Sowjet-Republiken
bestärkt werden. Rußland selbst, unter Jelzin, hat sich auch eine
Sonderrolle genehmigt, will die eigenen Gesetze über die der
Union stellen. Im Süden wird sowieso geschossen. Es geht alles

drunter und drüber. Nur die armen Rumänen scheinen es nicht geschafft zu haben. Heute haben sie kommunistische SA zu Hilfe geholt, aus den Kohlengruben, um den Kommunismus zu retten. Leute mit Knüppeln auf Lastwagen. Eisenstangen. Ungarn und Tschechoslowakei sind durch. Zusammen mit der DDR wollen sie Europa beitreten, sagen sie. Lafontaine und Schröder. «Wir können dem Vertrag in dieser Form nicht zustimmen», haben sie gesagt!

Heute war ich in Hamburg zum vierzigjährigen Jubiläum der Akademie. Ich habe mich gezeigt und bin sofort wieder nach Hause gefahren. Schule geschwänzt, sozusagen. – Jens kurz begrüßt. Auch ziemlich alt geworden, er ist größer, als ich dachte, sah auf mich herab, übrigens freundlich. Hat sich wohl an sein ungehöriges Benehmen erinnert.

Nonnenmacher (FAZ) nennt die SU ein Imperium, das mit seinem Zerfall beschäftigt ist.

Nartum   Fr 15. Juni 1990

Wä met Päwerkôch opgetrocke es, wêss ät Brûd
net zu schätze. (Düren)

Nun haben sie vier weitere Terroristen in der DDR gefaßt. Weshalb freue ich mich darüber? Es war dies Auf-der-Nase-Herumtanzen, das mich als Bürger gestört hat. Daß sie einem ein X für ein U vormachen wollten. Und daß dem im Westen ganz allgemein noch zugestimmt wurde. – Was da wohl noch alles herauskommt. Es wurden die versiegelten Wohnungstüren gezeigt.
«Es ist nichts so fein gesponnen, es kommt doch ans Licht der Sonnen.»
Ich habe keine Triumphgefühle, allenfalls wird bei mir ein schüchternes «Siehste» laut.

Große Diskussion über Potsdamer Platz, wie der nun bebaut werden soll. Ein einzelnes Haus ist stehengeblieben. Wohin damit? Die Enteignungen bis '49 sollen nicht rückgängig gemacht werden. Alle anderen ja, oder Entschädigung. Damit hätten sie die Bodenreform sanktioniert. Das ist nicht recht. Ich erinnere mich noch, wie sie die Leute vertrieben haben. «Junkerland in Bauernhand» stand auf den Transparenten. Das waren größtenteils überhaupt keine Junker. Aber es wurde wenigstens niemand totgeschlagen. In Bautzen saß mancher von ihnen.

Von Hartwig Eschenburg, dem Leiter des Rostocker Motettenchors, werde ich zu einer Singwanderung des Choralchores eingeladen. Eine Sache von einhundertdreißig Kilometern. Täglich fünf Stunden wandern, jeden Tag eine warme Mahlzeit, zum Wandern werden Brote mitgenommen. Unterbringung in Pfarrhäusern, Schulen, das Gepäck wird gefahren. Es muß mitgebracht werden: Personalausweis, Versicherungsausweis, ärztliches Attest von 1989/90, Badeerlaubnis, Taschengeld. Trink-, Zahnputzbecher, Eßbesteck, ein Frühstücksbrett, Waschzeug, Badezeug, Handtücher, Pflaster, Feldflasche, Brotdose, etwas Toilettenpapier, Wäsche zum Wechseln, Taschentücher, ausreichend Strümpfe, ein Pullover, Kutte oder Anorak, regendichtes Zeug, Kopfbedeckung als Sonnenschutz, Trainingsanzug zum Schlafen, Schlafsack, Luftmatratze, Taschenlampe. Konzertkleidung. Ich hätte große Lust, da mitzulaufen, aber ich bin wohl doch schon zu alt dazu. Den jungen Leuten beim Lagerfeuer was von Bautzen erzählen? – Die ganze Sache erinnert mich auch ein wenig an die Pimpfenzeit, zelten am See und so weiter. Geht nicht mehr. Ging noch nie. Außerdem: einhundertdreißig Kilometer? Warum? Äußerster Gegensatz zum Wandern ist das Stehen im Stau. Auch das gefällt den Leuten. Es gibt ja auch welche, die gern im Bett liegen.

Nartum Sa 16. Juni 1990

Treie Weiber un weiße Mulwörf sei rares Viechzeig.
(Erzgebirge)

In der «Zeit» eine Umfrage:
1. Welchen Namen
2. Welche Nationalhymne
3. Welchen nationalen Gedenktag
das wiedervereinigte Deutschland haben sollte.
Ich würde ganz einfach «Deutschland» sagen, Nationalhymne:
dritte Strophe, und als Gedenktag den 9. November.
9. November gehe nicht, wird gesagt, wegen der Kristallnacht.
Aber die war ja nicht am 9., sondern am 8. November.

TV: Starke Bilder aus Bukarest. Bergarbeiter, die auf Lastwagen
in die Hauptstadt gefahren werden, schlagen mit Eisenstangen
auf Demonstranten ein.

Nartum Mi 20. Juni 1990

Wos e Hakchen ware will, krimmtsj beizeiten.
(Altenburg)

Bei der vereinigten Sitzung Volkskammer + Bundestag hat die
DSU den sofortigen Beitritt gefordert.
Näheres über die Albrecht. Nach ihrem Verrat war sie «geschüttelt von Weinkrämpfen», sagt der Terrorist Boock. «Nor-
malerweise hätte sie ins Krankenhaus gehört.»

Ein Jammer ist es, daß wir nie in Italien waren. Was mir da entgangen ist, merke ich gelegentlich in italienischen Restaurants.
Allerdings auch: was ich dort hätte erdulden müssen. Eine Reise
zu den oberitalienischen Städten unternähme ich gern, die wäre

auch noch zu verknusen. Ravenna, Florenz, Pisa, Lucca, Siena: das ist doch auch unsere Geschichte. Wenn man bedenkt, wie viele Idioten schon in Italien waren ...

Bittel schreibt, daß der Verlag das Ost-West-Schüler-Seminar in Nartum finanziell nicht unterstützen kann, da der Verlag keinen Spendenetat hat.

Eine Dame schreibt an Simone: «Wenn er nicht so berühmt und damit wohl auch recht unabkömmlich wäre, würde ich ihn und seine Familie gerne einmal einladen. Einfach so, ganz zwanglos. So wie man alte Bekannte und Freunde einlädt.» – Was aus Robert geworden ist, möchte sie wissen. Leuchtturmwärter oder Zigarrenladen + Antiquariat?

«Es ist schon etwas merkwürdig, daß man die Familie eines Menschen kennt, den man noch nie persönlich gesehen hat. – Jetzt muß ich meine beiden Kater füttern, sie schubsen mich schon dauernd an.»

Vor neunundvierzig Jahren Überfall auf die Sowjetunion. Man sollte sich publizistisch auf das nächste Jahr vorbereiten. Aber das «Echolot» geht daran vorbei, da ist nichts zu machen. Arbeite jeden Tag daran, ohne daß die Faszination nachläßt.

Nartum   Sa 23. Juni 1990

's Herz hat koa Fenster net. (Bayern)

Weitere Sensationen. Abbau des Checkpoint Charlie (den sie vielleicht besser stehengelassen hätten), Ratifizierung des Staatsvertrages. Der niedersächsische Landesvater Schröder: was der jetzt so von sich gibt, sollte man sich mal merken.

Niedersachsen und Saarland haben der Wirtschaftsunion der beiden deutschen Staaten nicht zugestimmt. Lafontaine und Schröder sind dagegen. *Hic regio eius religio.* Was sind das für

Menschen? Sollte das Wort von den «vaterlandslosen Gesellen» am Ende doch zutreffen?

Post: Es kam der Bericht über eine russische Gefangenschaft. Wie immer zwar trocken, aber ansaugend. Ich lese so was immer von vorn bis hinten. Zuerst nehme ich mir stets den Schluß vor, wie das mit der Entlassung war. In diesem Fall schließt der Verfasser seinen Bericht mit dem schönen Satz: «Somit war ich sieben Jahre in Rußland, und es dauerte noch Jahre, bis ich das alles richtig verdaut habe.» (Archivnummer 2675)
Post: Aus Hannover kam die Berechnung meines Ruhegehaltes. Mir werden sechsundzwanzig Dienstjahre angerechnet, ich bekomme 75% der Dienstbezüge. Sehe mich noch mit dem Fahrrad in Breddorf ankommen, Vorstellung beim sogenannten Ersten Lehrer, kleines Haus, Garten; Schule in zwei Minuten zu erreichen. Das andererseits so düstere Breddorf! Fünf Jahre blieb ich dort, und es waren keine glücklichen Jahre. Hildegards Krankheit, der unselige Prozeß. Und die Schule? «Was haben Sie bloß für schlechtes Material ...»
Eine Dame will satirische Kurzgeschichten und Geschichten für Kinder schicken, sie sei verzweifelt, weil sie keinen Verlag findet. Ob sie mich mal sprechen kann? Sie habe nun eine dokumentarische Erzählung ausgearbeitet, um eine Widerstandskämpferin geht es, für deren Schicksal sich niemand interessiert. Sie schickt ein Foto von sich, das sie zurückhaben will. Ein Fall für Bittel. Ihre Tochter ist neun und wünscht, daß eines Tages ein Prinz kommt und ihre einhundertdreizehn Sommersprossen wegzaubert, das schreibt sie auch noch.
Wie dumm diese Leute sind! Anstatt zu schreiben:
Sehr verehrter Herr Kempowski, Sie sind für mich der größte Schriftsteller aller Zeiten ... und: Ich habe ein paar goldene Ringe meiner Urgroßmutter, die ich nicht mehr brauche ... Könnten Sie nicht vielleicht? ... «Aber gern, gute Frau.»
Nicht einmal Rückporto wollen sie dranwenden.

Nartum   Mi 27. Juni 1990

Der Deiwel is net so schwarz, wie er gemoolt werd.
(Pfalz)

Umfrage in der SZ: Schriftsteller in der DDR: «Waren sie nur
Mitläufer und Opportunisten?»
Wolf Jobst Siedler staunt, daß so viele Intellektuelle, im Osten
wie im Westen, im Staat Ulbrichts und Honeckers eine ernsthafte moralische Alternative zum Weststaat sahen und ihn bis
in die jüngste Zeit hinein als Alternative erhalten sehen wollten.
«Wie sonderbar, daß sie noch heute gegen einen vorgeblichen
Einheitstaumel polemisieren, fast als bedauerten sie es, daß das
System Mielkes, Hagers und Mittags vom Wind der Geschichte davongeweht ist.»
Vorwürfe gegen die Ost-Autoren werden jetzt als McCarthyis-
mus bezeichnet. Wenn ich nicht irre, konnte McCarthy Ge-
fängnisstrafen verhängen?

Eine Fotokünstlerin zeigte ihre Fotos, Kaffee. Irgendeine Dop-
pelbeziehung zum 20. Juli und zur DDR wies sie vor, weiß
nicht, wie das auf die Reihe zu kriegen ist. Leute, die freiwillig in die DDR gingen. Entscheidungen für die Nachgebore-
nen treffen: die Kinder durften dann drüben nicht studieren.
Mußten sich in Fabrikhallen betätigen, wo Säure aus Rohren
tropfte.
Post: Nehring über den Plan, «Aus Großer Zeit» zu verfilmen.
Jochen Hauser schreibt am ersten Entwurf eines Szenariums.
Mir gefällt der Gedanke, die Realisierung des Films ganz in die
Hände von Ostleuten zu legen.

Christian von Martens über das Jahr 1813, ein Tagebuch. Hüb-
sche kleine Ausgabe von Wigand aus Leipzig mit Schuber und
Schutzumschlag, Leinen, Lesebändchen, Teil einer «Folge von
Tagebüchern», sie nennt sich «Aus vergilbten Pergamenten».

Nartum   Sa 30. Juni 1990

Off die Jaad gitt mer am beste mit aale Honn.
(Hessen)

Ich trat im Kurpark von Norderney auf, in einer Konzert-
muschel vor zwanzig Senioren, die die Hand hinters Ohr legten, wurde «interviewt» und las ein paar Takte. Vor mir war eine
sogenannte Sängerin dran, blond, die mit dem Mikrophon in
der Hand durch die Reihen der Greise strich und im Playback-
Verfahren schlimmste Schlager mimte, sie drehte und reckte sich
dabei. Ich fragte sie hinterher, wo sie Musik studiert hätte, auf
welcher Musikhochschule. Das gefiel ihr überhaupt nicht.
Als es hinterher dazu kam, daß man «einen trinken» wollte,
zeigte sie auf mich und sagte: «Mit *dem* nicht!», was mich in die
aufgeräumteste Stimmung versetzte.
Auf der Rückfahrt kehrte ich in einem Antiquitätenladen ein
und kaufte ein messingsches Stövchen. Wir haben zwar schon
zwei, aber ich wollte mir unbedingt was Gutes tun.

Im Rostocker Volkstheater ist aus meinen Büchern gelesen
worden. Die Einnahmen aus den vier Vorstellungen hätten
304,60 Mark betragen, und die Tantieme von 10 Prozent reicht,
wie ein Herr Quade vom Büro für Urheberrechte schreibt, gerade für ein ordentliches Mittagessen ... Ich soll mir den Betrag
(30,50 DM) an der Theaterkasse auszahlen lassen.

Nicht zu überwindende Abneigung, Tagebuch zu schreiben.
Keine deutsche Fernsehanstalt will den Bautzen-Film von
Duyns übernehmen. Daß ich dort acht Jahre lang herumgeses-
sen habe, interessiert niemanden. Entsprechende Diskussionen
werden mit anderen geführt.

Es kamen vierzehn Personen vom Wissenschaftsverein in Münster. Eine Dame fragte, woher wir die Teppiche haben. Sie liest
am liebsten Christa Wolf. Mir legte sie ein ungelesenes Taschen-

buch von T/W zum Signieren hin. Sonst aber nette Leute. Kaffee/Kuchen. «Sie dürfen hier auch ohne weiteres rauchen», sagte ich zu ihnen. – «Nein, wir wissen doch, was sich gehört.»

Im FAZ-Fragebogen gibt ein Fußballtrainer zu Protokoll, daß er gern gesund und reich sein möchte. Ans Sterben denkt er nicht. Jörg Berger heißt er.
Ich denke, daß Fußballtrainer eine kräftige Stimme haben müssen. Ordentlich anbrüllen die Leute. Sie würden wohl auch Backpfeifen verteilen, wenn's sein muß, aber das lassen sich die Sportler natürlich nicht gefallen. Heikel. Im Umkleideraum nach dem 1:0-Rückstand in der Halbzeitpause, da wird denn doch wohl gebrüllt. Oder irgendwie an irgendwas appelliert.

«Aus vergilbten Pergamenten». Ich fand ein weiteres Bändchen in der Bibliothek: «Briefe in die Heimat 1812», in gleicher Aufmachung. Es ist der Band acht. Von Martens ist Band zehn.

Juli 1990

Nartum   Di 3. Juli 1990

T kind seit, dat ment slaegt, menniet waer om.
(Holland)

Walküre plus Feuerwehr: Fest der Deutschen Einheit. Wir feiern
nun schon zum dritten Mal die Einheit.
1. Mauerfall
2. Staatsvertrag-Unterzeichnung
3. Währungseinheit.
Und das eigentliche kommt ja erst noch. «Hell die Gläser klingen, ein frohes Lied wir singen ...»
Hier bei uns im Westen erregt das WM-Fußballspiel wohl mehr
Aufsehen als die Unterzeichnungsfeierlichkeiten. Was die Leute in Württemberg sagen, weiß man nicht, aber drüben haben
sie sich gefreut. Der Kanzler hat gesagt, wir hier bräuchten auf
nichts zu verzichten, das hätte er vielleicht besser nicht sagen
sollen. Es ist immer besser, «Blut, Schweiß und Tränen» zu fordern, auch wenn man das dann nicht braucht.
Geldumtauschaktion im Osten. Lange Schlangen und Gewüh-
le in den Banken. Ich verstehe nicht, daß die Leute sich vor den
Schaltern drängen, es kommt doch jeder dran? Eher oder später? Aber die da drüben sind Kummer gewohnt.
Hübsche Bilder, wie sie sich gegenseitig auf der Straße die
Scheine zeigen.
Der Widerstand der SPD in Wiedervereinigungsfragen ist vielleicht ganz nützlich. Mich ärgert nur das Unenthusiastische
dieser Leute. Bei denen kommt keine Freude auf, die fühlen
sich irgendwie betrogen. Es müßte sich doch mal ein leichtes

Schweifwedeln einstellen? Was sollen unsere «Brüder und Schwestern» dazu sagen?

Post: Hans Werner Schwarze vom PEN-Club lädt mich zum 27. Juli nach Berlin zu einer Gesprächsrunde ein, «in der wir vor allem klären wollen, wer von den gegenwärtigen Mitgliedern des DDR-PEN für Sie aus welchem Grund unzumutbar als Mitglied eines gemeinsamen PEN-Zentrums ist …»
Das ist natürlich absolut abzulehnen. Hat was von einer Denunziation an sich. Außerdem kenne ich die Leute da drüben ja gar nicht. Kirsch mit seinem FDJ-Lied – ja und, was weiter? – Hier bei uns gibt's einige Leute, die man besser nie in den PEN aufgenommen hätte. Deren Namen könnte ich allerdings herbeten, aber darum geht es ja nicht.
Womöglich kommen die drüben auf die Idee zu sagen: Erst muß der Kempowski weg, das ist ein Revanchist.
Und was werden dann meine PEN-Brüder sagen? Verlegen schweigen, das ist das höchste. Oder sie werden mich antelefonieren und fragen, ob ich nicht freiwillig, in aller Stille?

Nartum   Do 5. Juli 1990

Mit Fleiß scheiße d' Kinder ins Bett. (Schwaben)

Siebzehn Schüler und zwei Lehrer aus Bremen. Nett. Sie kamen mit Fahrrad vom Bahnhof Sottrum. Ich mußte an Wilhelm Lehmann denken, an die Schwarzweiß-Filmaufnahmen, wie er da mit Jugend am Rain sitzt und ihnen die Schönheiten der Seele an einer Blume demonstriert. Trug er Seppelhosen? Ich trat ihnen als feiner Herr entgegen, habe mich zu Lederhosen nie verstehen können. Wenn man starke Waden hat, ist das was anderes.
Die Mitschüler in Rostock, wenn sie mit einer neuen Lederhose auftraten, die Schürfspuren am Oberschenkel.

Die Schüler: Haben die Leute in Rostock wirklich so gesprochen wie im «Tadellöser»? – Warum waren Sie gegen die Hitlerjugend? – Gehen Sie jetzt wieder nach Rostock zurück? – Schreiben Sie mal was über unsere Zeit? – Haben Sie alle Bücher ihrer Bibliothek wirklich gelesen? Wissen Sie noch, was da drinsteht? Mir wurde ein T/W-Taschenbuch des Vaters zum Signieren vorgelegt. Von Arno Schmidt hatten sie noch nie was gehört; Chabrol, Buñuel, Kubrick: unbekannt. Ob ich Hitler gesehen habe? Ja, allerdings, und das wird mir ewig im Gedächtnis bleiben: am Zugfenster, eingerahmt wie sein eigenes Bild, grüßend. – In Rostock damals haben wir mit den Lehrern nie jemanden besucht, keinen Dichter, keinen Maler, keinen Musiker. Es waren zwar kaum Künstler vorhanden in dieser Stadt, aber Theodor Jakobs hätte sich gewiß gefreut und Tschirch oder Pistor. Wir wußten nichts. Nach dem Krieg sind Hans und ich mal nach Gehlsdorf gefahren zu Thuro Balzer, der uns seine Bilder zeigte.

Hab angesichts der Jugend, die sich da um mich lagerte, bedauert, daß ich nicht Sowtschicks Schwimmgang besitze.

Ein Herr aus Columbia. Angeblich Schulkamerad. Machte sich hier breit, um in gefärbtem Deutsch von «damals» zu erzählen, wie's damals nie war. Er besuchte sich selbst. Mecklenburgisch sprach er mit Akzent. Saß lange, lange, sehr lange und lachte sein Heimatlachen. Im übrigen war er auf besondere Weise wortkarg, erzählte von drüben nichts. Dachte wohl: Der versteht das doch nicht. Solche Besuche machen einen fertig. Ich schenkte ihm nach vier Stunden zum Abschied einen Lineolsoldaten, einen, den ich doppelt habe. Er steckte das Ding versonnen lächelnd in die Tasche.

Vom Verlag die Nachricht, daß bei L'Age d'Homme in Lausanne die Herausgabe der «Chronik» endlich in Gang gekommen ist. Soeben sei der erste Band unter dem Titel «Les Temps Héroiques» erschienen.

«Trois images de Rostock sont accrochées au-dessus de mon bureau: une gravure, un chromo et une photo.»
«Bureau» klingt komisch. Als ob das hier ein Finanzamt sei. Die Bilder hängen über meinem Tisch, nicht allgemein irgendwo in einem Arbeitszimmer. «Schon faul!» rief Kerr, als der Vorhang aufging.

2005: *Über diesen ersten Band ging die französische Ausgabe nicht hinaus. Das Vorhaben wurde eingestellt.*

Nartum So 8. Juli 1990

De deilt den Appel esu, dat isch de Ketsch krije un he dat andere. (Rheinland)

Bittel schreibt einen besorgten Brief wegen des Umfangs von «Sirius», er liege deutlich «über 572 Seiten». Nun hat er aber gesehen, daß die Fahnen ab März unkomplizierter werden, und das beruhigt ihn.
Sie wollen die mitgesandten Materialien pfleglich behandeln. Er möchte aber in diesem Zusammenhang festhalten, daß das Manuskript eine Menge Fotos enthalte, die mittels Büroklammern an Textseiten festgemacht seien. «Wenn nun also Fotos Druckstellen von Büroklammern aufweisen, so können wir uns hierfür nicht verantwortlich fühlen.»
Wir haben es schon erlebt, daß ich vom Verlag wichtige Fotos überhaupt nicht zurückerhielt (das Coverfoto von T/W), auch die Weihnachts-Wunschliste aus «Wer will unter die Soldaten» war nicht mehr auffindbar. Ich bekam auch schon Fotos zurück, auf denen ein Bildredakteur mit Filzstift Ausschnitte angezeichnet hatte.
Gebranntes Kind scheut's Feuer, kann man hier wohl nicht sagen. Aber ich habe auch so meine Erfahrungen.
Man freut sich doch, ein dickes Buch geschrieben zu haben.

234

Bittel hätte doch auch schreiben können: «Es ist fabelhaft, wieviel Ihnen immerfort eingefallen ist, und es liest sich gut» oder so was. Gelobt werden möchte doch ein jeder.

2005: *Jetzt ist das Dings vergriffen.*

Der Buchhändler Walter Hochhuth zum Kaffee, er wollte mir ein Gemälde verkaufen, Weintrauben. Während der Wieser-Affäre hat er demonstrativ sein ganzes Schaufenster voll Kempowski-Bücher gestellt.
Er brachte einen blonden Knaben mit, Karol Schneeweiß, einen Jungfilmer.
Ich hatte Spaß an dem Gespräch, insbesondere die Familienerzählungen des Jungfilmers unterhielten mich.

Die NATO-Länder haben den Kalten Krieg für beendet erklärt. Von wem stammt der Begriff? Im Lexikon steht: Baruch habe ihn zuerst verwendet. Ihn deshalb aber für eine rein amerikanische Sache zu halten wäre ungerecht. Die Berlin-Blockade und der Koreakrieg waren Höhepunkte. In Wiesbaden 1947 war nicht zu merken, daß die Amerikaner den Deutschen um den Bart gingen. Man kann es ruhig sagen: Sie ließen mich ins offene Messer laufen.

Heutiger Bibelspruch der Herrnhuter: «Einer trage des andern Last.» Paßt zu unserer Situation.

Nartum   Mo 9. Juli 1990

Me suecht d' Khatz nit hinderm Ofen, wenn si
noch nie dahinde gsi isch. (Breisgau)

Eine Archiv-Einsenderin: sie wollte nur mal eben reinschauen, ob das sehr störe? Sie ging einmal rundrum und sah sich alles an. «Und wie heizen Sie das Haus? Wird die Aussicht mal zugebaut?»

Oldenburg: Einführung in die Notenschrift, es gibt da einen verblüffenden Trick, den nur ich beherrsche. Den Oldenburgern gefiel das, ob's die Musikerziehung revolutioniert?

Nun sind die Deutschen auch noch Fußballweltmeister geworden. Wiedervereinigung und Weltmeister: das ist zuviel des Glücks. Ist die DDR auf diese Weise nun auch Weltmeister? Wie ist das juristisch zu sehen?

In Geibels Jugendbriefen: «In den letzten Tagen ‹Die Revolution› von Steffens gelesen. Ich hatte ein vollendet durchgearbeitetes Kunstwerk erwartet und fand statt dessen eine Reihe mosaikartiger willkürlich durcheinander geworfener Scenen ... ein planloses Gemisch bunter Bilder ...»
Das «gemahnt» mich an das Erscheinungsbild, das das «Echolot» bieten wird, wenn ich nicht aufpasse.
Wenig Lust, das Tagebuch vorzunehmen.

Im TV: Eine Ost-Berlinerin einen Tag nach Einführung der D-Mark in einem Lebensmittelgeschäft: «Jeden Tag kaufe ich hier meine Milch, und heute ist prompt keine da! Aber ihr wolltet es ja nicht anders!»
Die Talk-Show-Teilnehmer (jeden Tag mindestens drei Runden) sind von höchster Verblödung gekennzeichnet und von jenem Pessimismus, der den deutschen Intellektuellen von jeher so eignet. Diese Berliner Malerin, wie heißt sie noch, sagt: Es wär' doch gar nicht schlimm, dreitausend Flüchtlinge pro Tag, das könnte die BRD doch sicherlich verkraften. Wozu eine Vereinigung?
Muschg stellte die rhetorische Frage: wieso kein Plebiszit (als ob nicht die Wahl genügte, bei der immerhin 60% den Kurs von CDU und SPD guthießen!)? Und: die BRD müsse doch Europa erst mal fragen! Die Deutschen kümmerten sich überhaupt

nicht um Europa, die andern Länder hätten doch auch noch ein Wort mitzureden. – Der sehr sympathische Grosser hielt ihm vor, daß er als Schweizer in diesem Punkt nun gar nichts zu sagen habe. Und er erinnerte an die NATO-Mitgliedschaft, EWG und so weiter. Und an die Statements der befreundeten Regierungen.

Natürlich brechen jetzt Kavalkaden von Wildwest-Arschlöchern in die DDR-Prärie ein und drehen den Leuten Cornflakes zu überhöhten Preisen an. Alles so teuer, alles so teuer, sagen handverlesene DDR-Passanten in die West-Kameras. Daß Autos, Kleidung, Schuhwerk, daß vieles jetzt dort überhaupt erst zu erwerben ist, davon spricht kein Mensch. Acht Jahre und länger auf ein Auto warten? Das ist wohl jetzt vorbei. Ob das zu unserm Segen ist, das ist eine andere Frage. Dies alles verdrießt mich nicht so sehr, als daß es mich eher unlustig macht. Im großen und ganzen gesehen stehen wir immer noch am Beginn eines großen allgemeinen Aufatmens. Wie haben wir dieses allgemeine Niederkrachen ersehnt, und wie hübsch kracht alles zusammen!? Die heulenden Offiziersgattinnen der Roten Armee! Und dieser sonderbare Typ, der Gysi, den der deutsche Rhetoriker Walter Jens, wie in der FAZ zu lesen stand, in Tübingen zum Kaffee eingeladen hat: Impressionen, unlustig aufgezeichnet, und ich weiß genau, daß ich mich in zehn Jahren über meine Wortkargheit in diesen wilden Tagen ärgern werde.

Es ist doch wunderbar, die kleinen Trabbis mit den verrosteten Campingwagen zu sehen, wie sie jetzt von ihren angestrengten Fahrern in die Weite gesteuert werden. Was unsere Brüder und Schwestern dort zu sehen kriegen, wird sie vielleicht zu höchsten Anstrengungen daheim motivieren. Und was das TV angeht, so ist mir nicht bange. Irgendwo zwischen Teneriffa und der Bretagne werden unsere jungen fixen Journalisten schon noch miese Typen finden, die sich darüber aufregen, daß die Ossis sich all das jetzt ankucken müssen.

Die Natur: parkartig, sanft, gelbe Streifen, einzelne Bäume und der Wald. Aber das kann ich nur aushalten, wenn ich auf meinem Gartenplatz sitze, Strohhut auf und eine Orangeade auf dem Tisch. Und allein bin, weil ich dann fliehen kann, wann ich will.

Nartum   Sa 14. Juli 1990

Geschnîen Bräud un gehagget Holt ist riewe Ware.
(Sauerland)

Große Hitze. Seit ein paar Tagen allein, Hildegard ist in Minden. Heute nachmittag mußte ich ins Haus gehen, weil der Nachbar sein Motorrad ausprobierte. – Die Tiere sind ein rechter Trost. Ich fahre mit den Hunden per Rad durch die Landschaft. Heute früh war es arkadisch, ist das das rechte Wort? Leider stürzte ich mit dem Rad, weil ich eine Kurve drehen wollte. Im weichen Moddersand tat ich mir nichts, nur die Sandale riß aus. Die Kühe kamen neugierig mit schwenkendem Euter gelaufen. Die sahen zu, wie ich mich wieder aufrappelte.

Frank Wedekind schildert in seinem Tagebuch ein Abendbrot bei Gerhart Hauptmann: «Der Tisch ist mit dreierlei Fisch, zweierlei Fleisch, viererlei Kompott und einem schweren Reispudding besetzt.» (26. 5. 1889)
Ich dammel so vor mich hin. Spiegelei und Bratkartoffeln. Hering in Tomatensauce, sie schmecken noch immer so wie im Krieg: also gut.

Die Stimmung BRD/DDR wird immer ekelhafter. Keine Infamie läßt sich denken, die man nicht zu hören kriegt. Und dabei sollten dies doch die Freudenzeiten unseres Volkes sein. «Froiden hochgeziten».
Bilder vom Algenteppich in Italien. Italiener: Gott sei Dank

keine Deutschen ... An manchen Stränden gibt es Schwimmbäder direkt am Ufer, da drängen sich dann die Touristen.
Was wohl unsere Brüder und Schwestern sagen, wenn sie zum ersten Mal nach Italien kommen und dann die Bescherung dort sehen. Vielleicht halten sie das für ein sehenswertes Naturphänomen, oder sie fühlen sich wegen Agfa Wolfen heimatlich berührt?
Endloses Gerede über das Ozonloch.
Die DDR hat ein Haushaltsdefizit von 334 Milliarden Mark zu verkraften. Hoffentlich müssen wir das nicht bezahlen.
Ein britischer Minister hat gesagt: Die Währungsunion sei ein deutscher Schwindel mit dem Ziel, ganz Europa zu übernehmen. Er vergleicht Kohl mit Hitler, der werde bald nach Großbritannien kommen und alles übernehmen.
Markus Wolf fordert Straffreiheit für sich und seine Mitarbeiter. Hörte man ein Wort des Bedauerns über die politischen Häftlinge in der DDR? Nein, da kann man Ohren wie Rhabarberblätter haben.

Nartum   Mo 16. Juli 1990

Es ist keine Kunst, eine Fliege trunken machen.
(Sachsen)

Große Debatte über Christa Wolf. Heute im «Spiegel» ein Interview mit Grass, in dem er zwar konstatiert, daß aus ihren Texten biedere Wohlerzogenheit und Konfliktscheu sprächen, sie dann aber freundlich verteidigt. – Grass holt die alte Sache von den «Pinschern» wieder hervor, daß die CDU (Erhard) kritische Autoren (vor zwanzig Jahren) «Pinscher» nannte. Und wer hat gesagt, daß man Autoren wie tollwütige Hunde erschießen soll? Schon vergessen?
Grass meint, die Einigung jetzt hätte den Charakter einer Okkupation.

Ein 47jähriger Herr, der mich im Kurtheater Norderney aus «Herzlich willkommen» lesen gehört hat, schreibt, daß seine Lieblingsfächer als Schüler Deutsch, Gemeinschaftskunde und Geographie gewesen seien. «Ich kann heute noch Teile des ‹Osterspaziergangs›, ‹Füße im Feuer› und Gedichte von Storm auswendig.»
Daß man uns im Konfirmandenunterricht mit dem Auswendiglernen von Chorälen triezte, hat die angenehmsten Wirkungen erzielt. Ganz abgesehen davon, daß jede zur Verfügung stehende Gedächtnissubstanz das Selbstwertgefühl erhöht und – Wissen ist Macht – in bestimmten Situationen der Selbstbehauptung dient, so war für mich die Kenntnis von Chorälen und Gedichten in der Einzelhaft von großer Bedeutung. Wenn man in der Dunkelheit sitzt und kein Buch hat? kein Nichts, kein Garnichts?
«Ihr naht euch wieder, schwankende Gestalten ...» – das konnte ich auch aufsagen.

Der Maler Georg Baselitz hat in einem Interview gesagt: «Alle Künstler in der DDR sind ganz einfach Arschlöcher.» – Bisher hatte ich gedacht, er sei wegen seiner Verkehrtrum-Kunst selbst eins.

In der Kühle der Nacht an «Mark und Bein» gearbeitet. Robby legte seinen Kopf auf meinen Fuß.

Nartum   Di 17. Juli 1990, Regen

Der Hund raset wider den Stein und nicht wider den, so geworfen. (Hessen)

Wachte auf im leeren Haus durch die Regentropfen auf dem Fenster und sang ziemlich sofort den alten Schlager:

Regentropfen,
die an dein Fenster klopfen,
das merke dir,
die sind ein Gruß von mir.

Dachte auch mit Trauer daran, daß ich kaum einen Menschen auf der Welt kenne, an den ich mit Wärme denken könnte. Wohl aber dachte ich an die Jugendzeit in der Alexandrinenstraße, dreißiger Jahre, mein Biotop. Mit Robert Hand in Hand stand ich vor dem Loch.

Frühstück auf der Terrasse, der duftende Garten. Simone kam und heiterte mich auf. Gertenschlank ist sie, fast ein bißchen zu doll. Etwas Schenkelfleisch möchte schon sein. Zu unserm Glück sehe ich sie mehr als eine Tochter, zu Liebesrasen fühlte ich mich nicht genötigt. Sie hat eine nette Art, mir die Meinung zu sagen. Es tut mir wohl, ohne mich zu kratzen. Im Grunde genommen findet sie mich «klasse».

Ungeheures geschieht. Gestern hat Kohl von Gorbatschow die Genehmigung für den NATO-Verbleib eines vereinigten Deutschland gekriegt. Da bleibt einem die Spucke weg.

Ich mag hiervon gar nichts mehr notieren. Es ist so, als ob ich ein vorbeifahrendes Auto fotografieren wollte. Außerdem denke ich immer: Man wird's später überall nachlesen können, alle die Beteiligten werden doch sicher Aufzeichnungen machen?

Ich denke manchmal, der Kohl hätte sich besser ein Jackett angezogen, statt in einer Strickjacke umherzulaufen. Gorbatschow wollte ihm die Hand reichen an dem Bach dort, damit er nicht fällt. Aber Kohl, nein, nein, das schafft er schon.

1991: *Teltschik in seinem Buch «329 Tage. Innenansichten der Einigung»: «Die Stimmung in Bonn ist glänzend. Aus dem In- und Ausland kommen telefonische Glückwünsche – Simon Wiesenthal und Prinz Louis Ferdinand von Preußen sind unter den Gratulanten, worüber Kohl sich besonders freut ...»*

Mit «Sirius» bis August vorgedrungen. Ich habe alle Zeitbezüge getilgt. Die Zeit rast, was sich gestern als Sensation ausnahm, ist für uns heute kalter Kaffee. – Was die «Schnelligkeit» angeht, die die SPD beklagt, so sagt die Dönhoff zu Recht, daß Ostverträge damals noch geschwinder.

Wundervoller Abend. Felder sind noch nicht gemäht, es ist wie ein großer Park, der nur uns gehört. Ich leide etwas, weil ich mir so einsam vorkomme. Die Hunde fühlen das. Aber ihre Teilnahme verstärkt nur meine Trauer.

Aus dem FdJ-Liederbuch:

> Du hast ja ein Ziel vor den Augen,
> Damit du in der Nacht dich nicht irrst ...

Charly zitierte dieses Lied von Louis Fürnberg, aber er wechselte die zweite Zeile aus: «... und hast ein Brett vor dem Kopf ...»

Nartum   Do 19. Juli 1990, schön

Der Dummel-dich het sich de Hals gebroch,
de Langsam awwer lebt noch! (Pfalz)

Heute früh Staubsaugerlärm. Das Heulen des Apparates ist
nicht so schlimm, aber das An-die-Stühle-Stoßen hat es in sich.
Hildegard noch in Minden, das muß man aushalten.
Pellkartoffeln mit Butter und Salz. Pellkartoffeln mit Quark
halte ich für proletarisch, obwohl es sich Großvater K. gelegentlich wünschte. Der aß auch Leberwurst dazu!

Aus Karlsruhe kamen zwei Porträts. Eine Dame in Öl, voriges
Jahrhundert, und eine junge Frau in Kohle, Jahrhundertwende.

2002: *Hildegard sagt, ihr gefalle der elegische Gesichtsaus-*
druck der beiden Damen nicht.

Ein Herr von einer Schweriner Wochen-Kultur-Zeitung hat
seinen Besuch abgesagt, er hat keine Zeit.

Leider bin ich irgendwie krank, Schnupfen und wohl auch Fie-
ber. Habe Gelonida geschluckt. «Was für ein wönniglich Gefühl durchrieselt meinen Körper!» Ein Arzt hat mich gewarnt,
die Gelonida-Substanzen setzten sich in den Nieren ab, sie
könnten nicht «ausgeschlämmt» werden.
Ein anderer: I wo! Das gälte nur für Uhrmacher, die früher (im
vorigen Jahrhundert?) gegen Kopfschmerz eine Schale voll Pillen neben sich stehen gehabt hätten und dauernd welche auf-
pickten, aber doch nicht hin und wieder mal eine …
So stehe ich denn jedesmal vor einem dampfenden Orakel, wenn
ich in die Nachttischschublade greife, und Mephisto kuckt zu.
In den Medien heißt es, die Menschen in der DDR seien mürrisch und enttäuscht, denen ginge die Verbesserung des Lebens
nicht schnell genug. Infas hat das Gegenteil herausgefunden:
Hoffnung und Befreiung.

Der junge «Filmemacher» Schneeweiß war wieder da, wegen «Hundstage». Wir sprachen bis 22 Uhr, ohne daß es mich ermüdet hätte. Ich war ganz froh, daß ich Gesellschaft hatte. Er erzählte, daß jetzt drüben schon jedes dritte Auto ein Westauto ist mit DDR-Kennzeichen. Gebrauchtwagen sind hier nicht mehr zu kriegen. Simone saß dabei und hatte das Bein untergeschlagen. Lustig, wie diese jungen Menschen sogleich das Register wechseln, wenn sie miteinander reden, ich rutsche dann immer ein paar Jährchen hinab. Immerhin habe ich Fechner-Weisheiten auf Lager, die ich sparsam dosiert von mir gebe. «Ich bin der Schnitt», solche Sachen. Und wie er sich immer aufgeregt hat. So was unterhält.

Am Abend zeigte er dann einen Film, den er in Afrika gedreht hat. Der Jodler. Er hat einen Meisterjodler mit zu den Negern genommen und denen was vorjodeln lassen. Das unterdrückte Lachen der nackichten Naturmenschen dort! Simone erzählt ihrem Freund gewiß, daß wir uns gekugelt hätten vor Lachen, davon kann keine Rede sein, aber es war doch sehr komisch. Der Jodler war übrigens keineswegs ein Bayer, es war ein Hamburger, dessen Hobby das Jodeln war.

Speer: Das «Spandauer Tagebuch». Der Unterschied in der Behandlung durch die Russen und die der Amerikaner. – Seine Entlassung nach zwanzig Jahren: «Als es zwölf schlug, wurden beide Flügel des Tores geöffnet. Mit einem Schlag waren wir in blendende Helle getaucht. Zahlreiche Fernsehscheinwerfer waren auf uns gerichtet ...» – Der zurückbleibende Heß.

Nartum   Fr 20. Juli 1990

's ganze Jahr doktert und doch kei Leich. (Franken)

Vom Hahn aufgewacht. Er kräht auch dann noch, wenn sich bereits alle Hühner geplustert haben.

5 Uhr früh. Dies Datum heute. Es hätte ein ähnlich bedeutendes werden können wie der 9. November 1989. Die Leute hatten sich in ihren Plänen verheddert.

«Isses geglückt?» fragte meine Mutter voller Hoffnung den Studenten Völzow, der uns die Nachricht brachte. Im Treppenhaus! Das machte ihr schwere Stunden, denn der Student gab sich indifferent.

Natürlich müßten wir als nächstes ein «Echolot» über das Jahr 1944 machen, 20. Juli und Invasion – zweibändig. Aber wer soll das tragen?

Robby war gestern wie meschugge. Ich glaube, das lag daran, daß ich in der Früh zu ihm gesagt habe: «Frauchen kommt heute.» Ich habe das nur ein einziges Mal gesagt, und er tat so, als hörte er es nicht.

Mittags rief Hildegard an, sie käme erst morgen. Nun konnte ich ja nicht gut zu dem Hunde gehen und sagen: «Hör mal, Frauchen hat angerufen, sie kommt erst morgen!» Der Gedanke, daß er dann seine Schwanzdrehungen in entgegengesetzter Richtung wiederholen würde.

Simone lustig und fleißig. Ich war übermütig und krabbelte auf allen vieren ins Arbeitszimmer hinein und zu ihr hin. Bellend. Ihr Hund Hacky war äußerst irritiert.

Die Henne hat sich gestern nachmittag mit ihren sechs Kleinen in den großen Stall begeben. Als die Hühner nach Hause kamen, saß sie schon drinnen. Die haben nicht schlecht gekuckt!

Ein Gespräch mit dem Hahn verlief befriedigend. Ich glaube, daß er jedes Wort versteht.

Ich war heute wieder in Versuchung, mich mit Pillen zu betäuben. Endlich mal abschlaffen.

«Echolot», «Sirius», das Masuren-Buch. Ich machte allerhand Notizen. Das Zettelgrab. Ob man sie je wieder liest?

Post nimmt mir jetzt Simone ab.

Im Bett Radio gehört, «Schlager aus Opas Zeiten»: Das bin ich.

Ich tanze mit dir
in den Himmel hinein,
in den siebenten Himmel der Liebe ...

Die Reimerwartung. Auf «hinein» reimt sich deutlich «zu
zwein», auch «allein». Willy Fritsch, der gar nicht singen konnte. An Lilian Harvey war der Song gerichtet, die damals eine Schönheit, später zum Speien häßlich. Armes Kind.

Nartum   Sa 21. Juli 1990, schön

Bäter armsälig förn as grôtherrsch gahn.
(Süderdithmarschen)

Ich war faul heute, tat fast nichts.
Gestern ging «Sirius» einschließlich September nach München.
Morgen werde ich vielleicht den Oktober schaffen. Ich schrieb
damals, zur «Sirius»-Zeit, an «Böckelmann II.» und an «Herzlich willkommen». Den «Böckelmann»-ABC-Band hätte man
gut zum *Orbis pictus* erweitern können, mir fiel dauernd was
ein, brauchte bloß Papier herauszuholen.

In der Politik steuert alles auf die Wiedervereinigung zu, allerhand Durcheinander wegen des Wahltermins.
200 000 beim Rockfestival «The Wall» in Berlin, auf dessen
Höhepunkt eine Ytong-Wand umgestürzt wird (= Mauerfall).
400 000 in Moskau gegen die kommunistische Partei. Alles
kracht zusammen. Der gesunde Menschenverstand hat es nicht
gerochen, und die Geheimdienste schon gar nicht. Man vermutet, daß die Affäre um SS 20 und 22 (Doppelte Null-Lösung)
das Faß zum Überlaufen brachte. Das haben sie nicht verkraftet.
«Sie haben den Rüstungswettlauf verloren.»

Viel Aufregung um den englischen Minister, der sich abträglich über Deutschland geäußert hat. Franzosen seien die Pudel Kohls. Was erwartet man denn?

Ich lese ein Buch über die Zerstörung der deutschen Städte durch Briten und Amis. Nein, Rüstungsfabriken hätten sie gar nicht treffen *wollen* ... Sie hätten es auf die Menschen abgesehen gehabt, das wird dort ganz offen gesagt. Dann muß man die Sache wohl als ein Verbrechen bezeichnen.

In der DDR sind die «Bezirke» abgeschafft worden, es gibt jetzt wieder «Mecklenburg» und «Sachsen». Mir fallen sofort drei überformatige Mecklenburg-Briefmarken aus der Nachkriegszeit ein, Opfer des Faschismus: Breitscheid, Klausener und Thälmann. – Vom Großherzog existieren keine Marken. Sein Sohn ist jetzt Geschäftsmann und wohnt in Blankenese. Vor einigen Jahren wurden Robert und ich ihm vorgestellt. Vater wäre vor Stolz geplatzt. Wir zuckten die Schultern. Das einzige, was interessierte, war der Schnurrbart meines Bruders. Ob er nun wohl in sein kaltes Schloß zurück muß? Es heißt, die Briten hätten den Großherzog 1945 gewarnt, als sie Mecklenburg preisgaben, und er habe auf vielen Lastwagen seinen Besitz evakuieren können. Die Räumung Mecklenburgs, Sachsens und Thüringens war schon im Krieg unterderhand bekannt geworden. Ich fragte damals (Oktober 1944) Vater, ob er nicht ein Grundstück kaufen will im Westen, für alle Fälle. Hätt' er's man getan.

Bittel schickte den Klappentext zu «Sirius». Da er mich darin als Meister der gestochen scharfen Detailaufnahme bezeichnet, sehe ich keinen Grund, den Text zurückzuweisen.

Wenn ich mir die Reihe meiner Tagebücher ansehe: Das gibt noch viel Arbeit. Leider sind die frühen alle verloren.

Nartum   Di 24. Juli 1990, schön/sommerwindig

Aus Hafer wird kein Reis und sä't man ihn
im Paradeis. (Böhmen)

Die Schwägerin erzählte, sie habe sich als Kind neben eine
Kuh auf die Wiese gelegt, die gerade wiederkäute. Sie habe das
Kauen nachgemacht, und sie habe gesehen, daß sich im Auge
der Kuh der blaue Himmel mit den Wolken spiegelte. Bei solcher Story fängt man an, den Erzähler zu lieben.
Das eine ist: solches Erlebnis zu haben, das andere: sich dessen
zu erinnern. Und drittens: es wiederzugeben.

«Sirius»: Oktober-Korrekturen beendet.
Als nächstes das Masuren-Buch, zwei Kapitel habe ich ja
schon. Dann das «Echolot». Dann den Dorf-Roman, dann
Schluß.

Henning Voscherau im FAZ-Fragebogen:
Lieblingsheldin? – Anne Frank.
Unglück? – Bevölkerungsexplosion und Umweltzerstörung.
Lieblingstugend? – Zivilcourage.
Lyriker? – Rilke.
Die Antworten hat wohl ein Referent hingeschrieben, so kommt
mir das vor. Sein Vorgänger hat wenigstens noch Kinderbücher
verfaßt.
Solche Leute wie Heuss und Carlo Schmid gibt's nicht mehr.
Heute rühmen sich die Politiker sogar ihrer absoluten Un-
kenntnis.

Anfrage, ob ich einen Bildband machen möchte unter dem Titel
«Rostock, so wie es war». Hab ich doch schon.
Wie gewöhnlich fehlt die Honorarangabe. Der Autor wird zum
Bittsteller gemacht.
Schon 1910 hätte man ein solches Buch machen sollen, das wäre
interessanter gewesen. Ein Rostocker Fotograf ist in den Drei-

248

ßigern bei Schneegestöber durch die Stadt gestiefelt und hat alles Sehenswerte aufgenommen. Es gibt einige wenige Fotos aus dieser Serie. Die andern wurden alle weggeworfen, nach 1945. *Das* sind Verluste!
Adolf Friedrich Lorenz: «Die alte bürgerliche Baukunst in Rostock» (1914).
Jetzt müßte man Zeugnisse des untergehenden Landes da drüben sammeln.

2005: *Meine Frage nach Tagebüchern war vergeblich, das sei zu gefährlich gewesen, Tagebuch zu schreiben, wird nur gesagt. Aber sogar im KZ haben sie!*

Nartum   Mi 25. Juli 1990, schön

He liggt wie de Foss vorm Loch.
(Mockerau bei Graudenz)

«Ab heute dürfen die Russen Devisen besitzen.» Was für eine
sonderbare Nachricht. – In der Ukraine demonstrierten sie für
Neutralität und Selbständigkeit. Die alten ukrainischen Farben.
Eine Oberschülerin in Dresden freut sich «für die Alten», daß
nun die Länder wiederhergestellt worden sind.
Kohl wird als großer Mann bezeichnet. Mit Fortüne allein seien
seine Erfolge nicht zu erklären.
Die neuen Autonummern für die DDR werden diskutiert.
HRO für Rostock gefällt mir nicht, desgleichen HWI (Wismar)
und HST (Stralsund). Warum nicht einfach HR, HW und HS,
wie HB, HH und HL?
Instinktlosigkeiten. So was schafft böses Blut. Obwohl es mich
nichts angeht, ärgere ich mich.
Die innere Wiedervereinigung – das wird lange dauern.

Heißer Tag, Wassermangel, Vogelbeeren werden gelb, Blätter
rollen sich ein. Ich denke an den heißen Sommer in Bautzen.
Wann war das? 1950? Wir lagen auf den Pritschen und jappten.
Die Toiletten verstopften, eine Art Cholera brach aus. Kom-
missionen der Polizei kamen, mit weißem Kittel über der Uniform, wir kriegten geröstetes Brot. Die klagenden Männer, das
hat mich gestört, daß sie so wenig Selbstdisziplin hatten, dies
wehleidige Geschleppe.
Schwarze Katze im gelben Feld.
Kühe hören mich klavierspielen, sie merken auf.
Kaum Post.
Club-2-Einladung abgesagt. «Sie gelten als medienscheu.» Mir
sitzt die schimpfliche Behandlung durch diese Leute noch immer in den Knochen. Wann war das?
Es ist schon heroisch, einen Fernsehauftritt abzusagen.

Nartum/Juist Fr 27. Juli 1990

Barfaut un en Säebel an Siyt. (Westfalen)

Lesung auf Juist. Per Flugzeug: 14.40 ab Bremen.
Dieses Kurschrittbummeln, das sind sie sich schuldig. Aber wie
sollen sie auch sonst gehen? Das Joggen ist ja auch störend. Ich
saß wie ein Opa auf einer Promenadenbank. Man gehört nicht
mehr dazu. – In den Kiosken liegen noch immer die gleichen
Muschelcollagen wie vor hundert Jahren in Warnemünde. Bälle,
Schaufeln und Möwen in jeder Form. Ich hatte einen schönen
blauen Eimer, und meine Mutter trug eine Strandhose mit Kro-
kodil unten drauf. Das war in Graal, 1937. «Das muß eine schöne Zeit gewesen sein für dich», sagte Robert. Ja, mit Mutter
ganz allein?

Die RAF hat auf den Staatssekretär Neusel per Lichtschran-
ke ein Bombenattentat verübt. «Leider» fehlgeschlagen. Zu
«klammheimlicher Freude» ist also kein Anlaß.

Nartum So 29. Juli 1990

Wer's versteht, der ko aa hinterm Ofen derfrieren.
(Bayern)

FAZ: In Potsdam haben Intellektuelle am runden Tisch die
DDR-Gäste gepuscheit. Gaus hat gemeint: nur die Unfreiheit
werde sich ändern, und Walter Jens hat sich vor den Fernseh-
bildern von Kohl und Modrow geschämt, sagte er, «aber nicht
für Modrow».
Was ist bloß mit diesem Mann los? Er sollte sich mal auf die
Couch legen und gründlich untersuchen lassen. An ihm ist zu
demonstrieren, daß Wissen nicht gleich Urteilsfähigkeit ist. Mit
dem Oberstübchen hat das nichts zu tun.

Es scheine so, als werde aus den Unterdrückern und Unterdrückten der DDR ein einig Volk von Opfern, und die Bundesrepublik werde als Täter von morgen an die Stelle der kommunistischen Täter von gestern gesetzt, kommentiert der kluge Jens Jessen auf der von Bertelsmann arrangierten Zusammenkunft in Potsdam, zu der ich nicht geladen wurde. Und es fragt sich, wieso Kunert nicht eingeladen wurde, Wolf Biermann oder Sarah Kirsch. Statt dessen saß Höpcke mit am Tisch, der, wie man hört, dem Konzern als Berater verbunden ist!

Jessen: Es sei eine bittere Pointe dieser Tagung, daß ein westlicher Medienkonzern sich lieber mit den Mächtigen von einst als mit ihren Opfern verständigen wollte.

Dazu paßt Post: Verlag lehnt es ab, meine Seminare finanziell zu unterstützen. «Wir können das von seiten des Verlages einfach nicht leisten.» – Es geht um 2000 Mark.

Der Bertelsmann-Konzern, Umsatz: Milliarden von Mark im Jahr.

Hildegard sitzt mit Simone in der kühlen Halle. Wer wohl wem was erzählt? – Besser hier nicht lauschen.

Nartum   Mo 30. Juli 1990

Een Ackersmann segget sick wol gries,
awwer nich wies. (Lippe)

Heiner Müller im «Spiegel», daß er sich auch mit Stalin habe identifizieren können. Das sei der gewesen, der Hitler gekillt hat.
Hübsche Einzelheiten:
Müller: «Ich komm nach Hause nach fünf Tagen, ich war in Frankreich oder irgendwo. In meinem Haus gibt's eine Buchhandlung. In diesen fünf Tagen haben sich die Auslagen bis zur Unkenntlichkeit verändert. Da waren nur noch DuMont-Reiseführer, Kochbücher in den Regalen ... Sobald das Wort

‹Volk› fällt, werde ich doch mißtrauisch. Es ist nicht mein Volk. Ich hab' sehr gut verstanden, gerade im Herbst vorigen Jahres, warum der Brecht immer darauf bestand, ‹Bevölkerung› zu sagen statt ‹Volk›. Natürlich ist so eine Losung ‹Wir sind eine Bevölkerung› unbrauchbar, die zündet überhaupt nicht …»
Spiegel: «Es gab auch eine Losung: ‹Wir sind ein blödes Volk.›»
Müller: «Ja, die fand ich gut. Noch besser war: ‹Ich bin Volker›. Da stand auf einem Transparent ‹Wir sind das Volk›, und daneben hat einer geschrieben: ‹Ich bin Volker›. Den Mann, der das geschrieben hat, den brauchten wir in der nächsten Zeit.»
Er meint, die DDR-Gesellschaft sei nur noch ein Zombie gewesen.
Der Müller ist mir an sich ganz sympathisch. Seine «Hervorbringungen» widerstehen mir allerdings.

Mielke ist verhaftet worden. Im Fernsehen gab es sonderbare Aufnahmen von ihm zu sehen, in der Volkskammer: «Ich liebe euch doch alle …» Da lachten selbst die SED-Genossen. Er soll in den zwanziger Jahren zwei Polizisten erschossen haben.

Post: Karol Schneeweiß schreibt mir seine Vorstellungen zur Verfilmung von «Hundstage»:

Was halten Sie von folgender Idee?: Sassenholz erstickt im Müll! Seit das Dorf vor einigen Tagen als «Das sauberste Dorf Niedersachsens» ausgezeichnet wurde, häufen sich Anschläge von perfider Art: Irgend jemand (Motorradbande) schleicht im Schutz der Dunkelheit durch die Gassen und verstreut Unmengen von Hausmüll. Der Müll würde zum durchgehenden Handlungselement werden. (Immer vom Winde verweht.) Auch Sowtschicks Villa wäre betroffen, denn die zirkulierenden Müllteile machen selbstverständlich vor den Toren seiner Behausung keinen Halt. (Ich denke, wir sollten wirklich das «Zerstörungsende», so wie im Roman beschrieben, anpeilen.)
Ich versuche bis Mittwoch, den 8. August, eine erste Filmfassung zu erarbeiten.

Da staunt der Laie, und der Fachmann wundert sich.

August 1990

Nartum   Mi 1. August 1990

A magerer Wirt und a kloiner Bürgermoischter
verschandlet de Ort. (Allgäu)

T: Jemand habe mir ein Stück «Atom» gezeigt, und daran gingen wir nun alle zugrunde. Angefaßt das Ding.

Post: Ein Herr schreibt, er könne sich zwar unter dem Projekt «Echolot» nichts vorstellen, aber er könne mir Briefe und Fotos überlassen. Nachdem jedoch vor zwei Jahren sein Fahrzeug widerrechtlich von kriminellen Banden zwangsstillgelegt worden sei, habe er nicht nur seine Arbeit verloren, könne auch nicht mehr zur Post gehen, deshalb müßten die Sachen bei ihm abgeholt werden.
Jammerbrief eines Klassenkameraden aus Rostock. Ich konnte ihn schon damals nicht leiden. Sein Vater hat eine Autobiographie hinterlassen, die will er mir aber nicht schicken, damit ich kein *Money* damit mache, wie er sich ausdrückt.
Der Brief einer Unbekannten aus Rostock, sie habe den Eindruck, daß die Leute in der DDR doch die besseren Menschen seien. Das schreibt sie allen Ernstes! Besser sind sie vielleicht, aber entschieden dümmer, wenn man nach diesem Brief urteilen soll.
Was soll ich darauf antworten? So was legt man am besten unter «kurios» ad acta. – Puffreis übelster Sorte.

PEN-Sache, Riesengeschichte, endloses Geschrei. Ost – West, daß die zusammengeführt werden sollen. Einige fortschrittliche Westler sind ostentativ in den Ost-PEN-Club eingetreten, andere treten protestierend aus. Ich schickte der FAZ darüber ein paar wirre Sätze. Austritte kratzen die Funktionäre überhaupt nicht. Wenn ich daran denke, daß vor einigen Jahren vier namhafte Autoren für Manfred Dierks gebürgt haben und daß er trotzdem abgelehnt wurde! Dierks hatte was mit Kempowski zu tun, und das machte ihn stinkend. Mir wird eingeflüstert, ich soll in den Liechtensteiner PEN-Club eintreten, da wird man vom Großherzog persönlich empfangen. Es gäbe dort gut zu essen. Kommt für mich nicht in Frage. Vielleicht bereue ich das später einmal.

Früher habe ich mal gedacht, daß man im Ausland von den dortigen PEN-Brüdern empfangen wird und bewirtet: wie's einem so geht, und man soll doch mal erzählen, was so anliegt und so weiter. Chicago. Pustekuchen! Ich wurde mal einer italienischen Romancière vorgestellt: Die hat vielleicht ein Gesicht gemacht! Ich würde austreten aus dem Club, wenn mich nicht Argwohn davor zurückhielte, vielleicht werde ich ja mal eingesperrt wegen irgendwas, dann verwenden sie sich vielleicht für mich in aller Welt. Es gibt da so Listen, wo man unterschreiben kann. – Aber für solche Fälle ist Amnesty International wohl wirkungsvoller.

Zwei Österreicherinnen kramen im Archiv, sie suchen nach Frauensachen, ganz nette Damen, aber großflächig. Hinterher haben sie zu Simone gesagt: Und mit *dem* kannst du zusammenarbeiten? – Nachdem sie gegangen waren, lüftete ich ausgiebig, um den Pudergestank nicht in die Akten eindringen zu lassen. Zigarren haben sie nicht geraucht. Der liebenswerte Dialekt. Und die innige Vertrautheit mit der Kultur dieser Art von Landsleuten. Haydn, Musil, und nicht zuletzt – «Wien-Film» – die hübschen Filme der Nazizeit. «Kamerad Schnürschuh» nannten die Deutschen sie im Weltkrieg, das war doch eigentlich ganz nett? «Piefke» schimpften sie uns dafür.

Nein, ich habe diese Menschen von Herzen gern, aber sie mögen uns nicht. Zu Lesungen werde ich von denen dort drunten nicht eingeladen. Einmal Wien, einmal Salzburg, das war's. Aber

Roth und Turrini waren schon hier bei uns. Roth kriegte Wutanfälle, und Turrini benahm sich ganz besonders sonderbar. Hat bei jeder Gelegenheit erklärt, er weiß ja nicht, wie das in Deutschland ist, wie soll er das wissen? «Guten Morgen?», was soll das bedeuten? Er kennt sich in Deutschland nicht aus. – Ich habe zu ihm gesagt: Kostet in Österreich nicht das Telefongespräch zwei Millionen Schilling? Oder irre ich? Da ist der vielleicht in die Luft gegangen! Das tat mir aufrichtig leid. Es handelte sich hierbei um die berühmte Rache des kleinen Mannes. Daß Hitler Österreicher war, kommt in der Auseinandersetzung der beiden Brudervölker nicht so recht zum Tragen. Irgendwie haben sie den Dreh raus, daß sie mit der Hitlerei nichts zu tun haben. Der liebe Gott gönn's ihnen.
Die Analyse der Begriffe «Wiedervereinigung» und «Anschluß».
Überfall der Iraker auf Kuwait. Die jubelnde Bevölkerung in Bagdad freut sich darüber. Ekelerregend. Ich nahm den Atlas vor, Kuwait, und konnte das Land kaum finden. Kleines Land, schwankender Boden auf Ölseen. Was wissen wir denn? Wahrscheinlich hat's viele Halunken dort unten.

Nartum   Sa 4. August 1990

Aller Anfang öst schwer, segt Jenner,
on stellt n'n Ambos. (Königsberg)

Die heißesten Tage meines Lebens. Ich getraue mich nicht, vor das Haus zu gehen. Das knistert richtig. Heute nachmittag am Hühnerstall maß ich 34 °C. – Auch 1977 war es so heiß, damals gab ich an der Universität Essen eine Gastrolle, lag im Hotelzimmer bei zugezogenen Gardinen, versuchte mich am Dorfroman: Ein junger Mann mit wedelndem Mantel auf Fahrrad, den Feldweg herunterkommend, so ging's los.

Meine Gastrolle an der Universität Essen. Glaser hatte mich eingeladen. Ein düsteres Kapitel der Erniedrigung. Keinerlei Verbindung zu den Germanisten, und es saßen nur sieben Personen in meinem Seminar («Wie lerne ich schreiben?»), eine ältere Dame darunter, die im goethischen Tonfall ausführte, wie es sich ausmacht, wenn Staub in einem schräg einfallenden Sonnenstrahl tanzt. Es kreuzten sporadisch ein paar nette Studenten dort auf. Sie nahmen mich mit in ein Tanzlokal, was mich in Verlegenheit brachte, da ich zwar den Walzer mit Linksdrehung tanzen kann, nicht aber mit den Armen fuchteln, wie es neuerdings verlangt wird. Ein flöteblasendes, stark kurzsichtiges Mädchen kümmerte sich um mich. Sie lud mich in ihre Bude ein, in der ein Klavier stand. Einigermaßen nackicht stellte sie sich ans Fenster und blies Flöte. Als ich Klavier spielen wollte, wurde sie ärgerlich. Ich sollte ihr zuhören und zusehen.

Jeden Tag gibt es die verrücktesten Nachrichten aus der Sowjetunion. Dreißig Prozent der Rekordgetreideernte verrotten. Gemüsewaggons in Moskau werden nicht ausgeladen.
Die Ukraine will sich loslösen von der SU. Die Nationalfarben werden wieder gehißt, und die Trachten sind auch noch da. Die letzten noch heilen Kirchen werden geschrubbt und geweißt.
Die Babuschkas holen ihre Gebetbücher hervor.
Im Krieg haben die Deutschen Güterzüge voll Muttererde aus der Ukraine herausgeschafft. Die Humusschicht soll dort meterdick sein. Das ist ein widerwärtiger Gedanke: Muttererde stehlen? Wer kommt auf so etwas? Wo sie die wohl ausgeladen haben? In Bayern? Aber zurückkarren hat wohl auch keinen Sinn.
Hierzulande wenig bekannt sind die Kampfhandlungen zwischen ukrainischen Nationalisten und der Roten Armee nach dem Krieg. Und: Was wäre wenn … Die mit Blumen und Fahnen geschmückten Ehrentore der ukrainischen Dörfer beim Einmarsch der Deutschen 1941. Hätte man die Männer sofort in deutsche Uniformen gesteckt und mitmarschieren lassen, desgleichen 1942 die Turkvölker en bloc … Für Hitler war die Vorstellung, ein Ukrainer könnte einen deutschen Stahlhelm

tragen, unerträglich. Vom Eisernen Kreuz ganz zu schweigen. Als er dann später nachgab, war es zu spät. Gott sei Dank, füge ich hinzu. Stahlhelme kriegten im Laufe der Jahrzehnte emblematische Bedeutung. Der vielleicht sehr unpraktische Tellerhelm der Engländer, auch in Australien und Kanada in Gebrauch – Ernst Jünger hatte einen durchlöcherten auf seiner Kommode stehen –, Wickelgamaschen und schneller Schritt; der französische Raupenhelm (auch die Belgier hatten ihn) vergleichsweise einleuchtend, und der unförmige russische. Der deutsche Stahlhelm, 1916 eingeführt, hatte das Odium des Verdunkämpfers an sich, das Ding trugen die Grabenkämpfer auf dem Kopf und einen Beutel Handgranaten vorm Bauch ... Im Bundesgrenzschutz überlebt er und bei der Feuerwehr. Neuerdings tragen sogar die Amis solche Helme, nur wer sich wandelt, bleibt mir verwandt?

Hildegard war in Würzburg, eine Familiensache. Allesamt fuhren sie dorthin, anstatt hier in Norddeutschland zu feiern, unser Haus ist doch groß genug. Man hätte sich das Essen ja kommen lassen können ... Würzburg! Hunderte von Kilometern gefahren, um dort ungare grüne Bohnen zu essen. Irgendwelche romantischen Vorstellungen der Schwägerin gaben da wohl den Ausschlag. Gottlob war ich von dieser Unternehmung dispensiert. Das sahen sie gleich ein, daß ich da nicht mit muß. Ich machte mir einen ruhigen Tag. Trug die Galoschen des Glücks und aß zwei Spiegeleier.

Am Mittwoch TV-Interview «Profile» in Hannover. Ich konnte die Sache nicht recht ernst nehmen. Ging aber trotzdem hin, denn auf eine solche Reklame kann ich nicht verzichten. Das Bewußtsein, daß wahrscheinlich hunderttausend Menschen sich das ansehen, realisiert man gottlob während der Aufnahme nicht.
Simone begleitete mich. Wir brachten bei der Gelegenheit meine älteren Manuskripte zum Waterlooplatz ins Archiv. Wahre

Massen liegen jetzt dort, treppauf, treppab, hinter schweren Gittertüren liegen sie, ich betrachtete sie nicht ohne Rührung. Aber ich habe den Kontakt zu den Arbeiten verloren. Ab und zu dämmert die Erinnerung an eine Mühsal auf. – Die Manuskripte wirken auf mich, als ob ein guter Freund sie hinterlassen hätte. – Merkwürdig provisorisch ist das Zeug in Hannover untergebracht, da kann es schon passieren, daß man auf was tritt. Es gibt dort nicht einmal einen Stuhl, auf den ich mich setzen könnte. Meine Zuchthaus-Schuhe, sie wissen nicht, was sie damit anfangen sollen, klagen sie, für eine Vitrine eignen sie sich nicht. Ich bekam sie 1947 in Wiesbaden von der Labour Company verpaßt und trug sie jahrelang in Bautzen. Sie stehen nun im Archiv herum wie das Holzmodell von Leibniz. – Von Hildegard bewahre ich hochhackige blaue Schuhe von 1956 auf. Ein Pendant zu meinen Trittchen.

Solche Art Schuhe hätten eigentlich nichts in einem Archiv zu suchen, wird mir immer wieder gesagt, man sei ziemlich unglücklich damit. Dasselbe gilt auch für den letzten Kanten Brot aus Bautzen, den ich dort deponiert habe.

Aber: Wer das eine will, muß das andere mögen.

Wollen sie eigentlich?

Danach waren wir im Sprengel-Museum, kreischende Kinder mit Malblocks in der Hand. «Museumspädagogik», auch so eine Idiotie. Möchte wissen, wieviel Geld sie für so was aus dem Fenster schmeißen. Es würde doch vollkommen genügen, wenn man den Kindern Bilderbücher in die Hand gäbe wie jenes vor einiger Zeit erschienene, in denen «Alte Meister» für Kinder abgebildet sind. Zehn, zwanzig Bilder genügen, um sie unauslöschlich im Gehirn zu verankern. Die allerdings sind unerläßlich, wenn man später einen Zugang zur Kunst finden will. «Der Turm der Blauen Pferde» war in einem Kinderjahrbuch abgebildet, das ist mir haftengeblieben, auch ein Bild, auf dem eine Glühbirne zu sehen war und Inflationsbriefmarken – ein Kaktus im Hintergrund: wohl eine Angelegenheit der Neuen Sachlichkeit. Menschen, bei denen gelegentliche Lockspeise nicht zündet, sind für höhere Bildung sowieso verloren. Man muß ihnen das vorenthalten, damit sie danach gieren. Dasselbe gilt fürs Klavier. Kindern, die nicht selber an das Instrument gehen und aus eigenem Antrieb darauf klimpern, kann man die Klavierstunde ersparen. Sie hören doch, daß da was Feines rauskommt. Ohne Fleiß kein Preis. Was für ein Preis?

In der Buchhandlung des Museums fragten wir nach Tagebüchern von Malern für das «Echolot». Er will sich das aufschreiben, sagte der Händler, er meldet sich dann. Das sei eine gute Idee, so was zu sammeln. Klees Tagebücher kaufte ich vor einigen Jahren in einem Antiquariat.

In der Cafeteria aßen wir eine fragwürdige Wurst, dann rasten wir nach Hause. – Simone: «180 ist ziemlich schnell, nicht?» In der Tat. Aber irgendwann will man so was hinter sich bringen.

Nartum   Mo 6. August 1990

E gueti Ußred isch drei Batze wert. (Breisgau)

Pastor Harig von St. Petri in Lübeck fragt wegen einer Lesung aus «Echolot» an:

«Inzwischen habe ich dieses Projekt auch im St.-Petri-Kuratorium vorstellen können und bin dort auf große Zustimmung gestoßen. Außerdem weiß ich, daß drei oder vier der Lübecker Schauspieler, die für ein solches Projekt geeignet wären, sich auch sehr gerne beteiligen würden.

Was ich mir vorstelle, ist eine mehrstündige Lesung, an der sich mehrere Schauspieler und Schauspielerinnen beteiligen, die durch Musik gegliedert wird und in der auch Gelegenheit ist zum Gespräch des Publikums, vielleicht sogar auch zu gemeinsamem Essen und Trinken usw.; man könnte so etwas während eines Sonntags über den Tag hin machen, besser aber vielleicht noch als eine Veranstaltung, die am frühen Abend beginnt und sich bis gegen Mitternacht oder darüber hinaus hinzieht. Ich könnte mir vorstellen, daß man so etwas innerhalb der Passions- oder der Osterzeit durchführt, vielleicht aber auch einen Herbsttermin wählt – z. B. den 9. November, der aus gleich vier verschiedenen Gründen inzwischen zu einem seltsamen deutschen Erinnerungstag geworden ist.»

2002: *Eine Gesamtlesung des Stalingrad-«Echolots» wurde erst 2001 in Marburg realisiert. Die Lesung in Lübeck kam wegen allerhand Ungeschicklichkeiten nicht zustande.*

2005: *in Rostock.*

Brief vom Bundesverband deutscher Autoren: ob ich an einer Diskussion teilnehmen will über die Lage der Literatur, die durch die Ost-West-Veränderungen entstanden ist. Meichsner, Zielinski, Erpf, Lutz Rathenow, Waldemar Weber (Moskau). Ich kann so was nicht. Gott sei Dank klappt es «terminlich» nicht. Bei so was sitze ich meistens unheimlich lange herum. Zum Paradiesvogel bin ich nicht geschaffen.

Nartum   Mi 8. August 1990

Wer in de Dinte sitzt, bleibt nit räi. (Hessen)

TV: Gestern unterhielt sich der sonderbare Herr Gaus mit dem frisch gewaschenen und sauber gekämmten, markigen Markus Wolf. Punkt, Punkt, Komma, Strich. Aus einer dunklen Nische heraus fragte er ihn ab, nach Art eines Psychiaters. Weiß nicht, ob viel dabei herausgekommen ist. Ekelte mich vor der Sache und drehte ab.
Es wurde übrigens beanstandet, daß man diesem Menschen ein Forum gibt. – Das gilt aber für beide. Galt es in früheren Zeiten nicht als anstößig, sich zu zeigen, wenn man das Gesicht

verloren hatte? Hätte Wolf nicht sein Gesicht verhüllen müssen?

UNO hat ein totales Embargo gegen Irak verhängt. Bush will Truppen nach Saudi-Arabien schicken. In der DDR stehen sie kurz vorm Exitus. Trümmerartige Fabriken mit leckenden Rohren werden uns gezeigt. Agfa Wolfen. Die träge dahinfließende Gift-Elbe. Unsere Regierung versichert: Die Einheit kostet nichts, keine Bange, keine Steuererhöhungen. – In solchem Fall, finde ich, sollte man doch wohl Opfer fordern. Ich denke schon, daß sich die Deutschen die Vereinigung einiges kosten lassen würden, wenn man an sie appellierte. Hildegard sagte am Abend geradezu urplötzlich: «Ich möchte jetzt eine heiße Dampfnudel essen.» Das führte mich in die Realitäten des Lebens zurück.

Hermann Kant ist ein äußerst geschickter Rabulist, dem die Journalisten hier in keiner Weise gewachsen sind. Im übrigen ist er hundertprozentig davon überzeugt, daß so, wie es in den letzten Jahren mit der DDR ging, es nicht mehr lange gegangen wäre. «Zu aller Beteiligten Unglück wäre es in schrecklichen Verfalls- und Fäulnisprozessen geendet.»
Er regt sich im «Spiegel» darüber auf, daß die Darmstädter Akademie Reiner Kunze damals den Büchner-Preis gegeben hat. – Das geht ihn doch gar nichts an? – Er wird ihn jedenfalls nicht kriegen, aber man kann ja nie wissen.

Nartum   Do 9. August 1990

Wos mer nich in Kubbe hot, hot mer in Benn.
(Altenburg)

Kuwait. Klassischer Fall von Aggressions-Krieg. Wozu haben wir eigentlich die UN? Läuft genauso ab wie bei Hitler. Heim ins Reich wollen sie Kuwait holen. Filmaufnahmen von leeren Straßen, durch die Panzer poltern. Die geflüchtete Königsfamilie in europäischen Luxushotels. Heerscharen von Prinzen, Pulks von blaublütigen Frauen mit Kindern.

Die SU fällt derweil in sich zusammen, jeden Tag ein Stück. Die Ratten huschen bereits über die Trümmer. In Leningrad haben sie kein Fleisch mehr. Drei verhungerte Kühe wurden gezeigt, am Tor des Schlachthauses drängten sie sich ängstlich zusammen. Kein Mensch wisse, wie die Leningrader den kommenden Winter überleben werden. Hilfsaufrufe in Hamburg. Alte Damen spenden Makkaroni für die notleidenden Russen. Eine russische Rentnerin in Moskau wird gezeigt, die weinend ein Hilfspaket öffnet, das ihr eine deutsche Helferin auf den Küchentisch stellt. Daß sie ausgerechnet von Deutschen ein Paket kriegt, verletzt ihren Stolz. Man soll taktvoll schenken, wird gesagt, keinesfalls mit Nudeln und Grieß auftrumpfen. Also vielleicht lieber dienernd rückwärts in die Küche hineinschreiten oder den Kopf verhüllen? Oder irgendwo unauffällig hinstellen das Paket, daß sie sich das dann da abholen, wenn man weggegangen ist, wie beim Nikolaus? Es wird gesagt, man soll nicht das und das schicken, davon gibt es dort genug. Die Westdeutschen, die jahrelang jeden Monat ihr Paket nach Karl-Marx-Stadt schickten und dafür jetzt verspottet werden, können sich dort anstellen. Das geht nahtlos.

«Sirius»: Nochmals den Juni durchgesehen. Fehlt noch die Hälfte. Möchte gern einen Urlaub machen. Vielleicht eine Woche im August? Die letzte Woche? Aber *noch* einmal Bonn? Wieder Rehkraftbrühe mit Pilzklößen und Seeteufelmedaillon an Safransauce? Und einen Stock tiefer die tobenden Kinder? – Oder vielleicht Rostock? Sich dort was vorheulen lassen?

TV: Junger SU-Deserteur erzählt Schlimmes von den Verhältnissen in der Roten Armee. Biermann versucht ihn zu retten. Aber Deserteur ist Deserteur, da ist nichts zu machen.

DDR falle uns in den Schoß, heißt es. Uns?

«Aus-großer-Zeit»-Drehbuch: Jochen Hauser schreibt, daß er soeben Grethe de Bonsac den ersten Tango ihres Lebens habe tanzen lassen, er sei «mittenmang bei's Szenarium». «Es hat Zeit und Anstrengung gebraucht, bis ich den nötigen Ton gefunden hatte. [...] Vielleicht, wenn dieser Brief Sie erreicht, wird dieses Land DDR gar nicht mehr existieren. Das ist schon einigermaßen aufregend für einen Menschen, der bewußt in diesem Lande geblieben war, weil er immer hoffte, irgendwie wird die Sache schon gut werden ...»

Nartum So 12. August 1990

De Dummen können woll knapp warden, oewer se warden nich all. (Mecklenburg)

TV: Stammtisch in München, Lieffen, Meysel, Lobkowicz und andere. Die Meysel – schrecklich! Es sei noch nicht raus, daß der Sozialismus abgewirtschaftet hat, sagt sie mit erhobenem Finger. Man müsse dem Sozialismus noch eine Chance geben, meint sie.

Professor Nipperdey im Fragebogen der Frankfurter Allgemeinen: Was möchten Sie sein? – «Ein Fährmann in Urzeiten.»

Post: Ein Herr aus Hamburg schreibt, daß nach Volksdorf keine Straßenbahnlinie 51 fährt oder fuhr. Die entsprechende Stelle in «Herzlich willkommen» sei also falsch. Ob er sich hernach erbricht? Uwe Johnson wäre so was nicht passiert.
Es gibt Unrichtigkeiten in meinen Büchern, die ich absichtlich einmontiert habe: Die Krypta der Marienkirche zum Beispiel, die hat es nie gegeben. Bisher hat noch kein Rostocker gesagt: Aber hören Sie mal, in der Marienkirche gibt es doch gar keine Krypta. Entweder sie lesen meine Bücher nicht, oder sie waren noch nie in der Marienkirche.

Nartum   Mo 13. August 1990, 30°

Gibt ma dem Teufel die Hand – nimmt er alls mitanand.
(Bayern)

Ich war heute mit Simone in Hamburg. Wir schritten den Spaziergang ab, den sie Freitag mit den DDR-Kindern machen soll. Hamburg: Ich denke mir, das würde denen Spaß machen und sie interessieren. Jungfernstieg, Binnenalster: so was kennen die doch gar nicht. Simone scheint nicht viel Lust dazu zu haben. Ich glaube, sie weiß gar nicht, was DDR ist. Restbestände von Schulverhetzungen konnte ich bei ihr ausmachen. Ziemlich kaputt von der Hitze und vom Kolonnenfahren auf der Autobahn, von 180 km/h konnte diesmal keine Rede sein. Auf dem Bett gelegen und gejappt.

Gewaltiger Rundbrief des PEN, in dem die Auseinandersetzung über die beiden PENs referiert wird.
Knobloch, Präsident des Ost-PEN, der vierzig Jahre lang der SED angehörte: «Die Zensur, so unangenehm und lächerlich sie war, ließ sich mit Pfiffigkeit überlisten, und das hat ja auch Spaß gemacht ...» Er wollte seinen Kulturminister, der die Ausbürgerung Biermanns betrieben hat, reinwaschen. Das geht der Autorenschaft entschieden über die Hutschnur.
Kunert auf der Abschlußveranstaltung im Kieler Schloß: «Man braucht keine Ideale. Weder das kommunistische Manifest noch die Bibel ... Ein Schriftsteller, der eine Utopie braucht, sollte vielleicht besser beschließen, Politiker zu werden. Schreiben heißt: seine eigene Erfahrung auf eine vertretbare Art in Literatur umzusetzen, ohne (ideologische) Stützbalken und Sprungbretter.»
Ach ja!
Albertz, der sonderbarerweise Mitglied des PEN ist, meinte, wir alle litten noch heute daran, daß es nach 1945 bei uns so schnell so gut gegangen sei! Schnell? Zehn Jahre hat es immerhin gedauert.
Angelika Mechtel warnte davor, von den DDR-Kollegen zu

verlangen, ihre Vergangenheit aufzuarbeiten. Denn: «Wir haben selbst unsere nationalsozialistische Vergangenheit nie aufgearbeitet.» – Na, also, das ist ein starkes Stück. Was tue ich denn den ganzen Tag? Aufarbeiten! aufarbeiten!, daß die Schwarten krachen.

Schädlich, wie immer mutig und klar: Leute wie er, die gelegentlich ihr Mißfallen oder ihre Kritik am stalinistischen System geäußert hätten, seien zuerst von Schriftstellern aus der DDR bekämpft worden, die Gründe dafür gehabt hätten, sich diesem System verbunden zu fühlen, und Kritik als Angriff auf ihre persönliche politische und geistige Existenz empfunden hätten. – Er nennt als Beispiel den öffentlich geäußerten Vorwurf eines DDR-Schriftstellers gegen die Unterzeichner eines Protestbriefes zur Verhaftung von Klier und Krawczyk, diese Unterzeichner wollten den Krieg.

Ähnlich hätten sich Leute in der Bundesrepublik verhalten, die er unter vielen Vorbehalten als Linke bezeichnen wolle. Manche von ihnen betrachteten ja wohl die Systeme in Osteuropa, auch in der DDR, als eine Art Frühform der Verwirklichung eines politischen Ideals einer sogenannten Utopie. Diese Leute hätten meistens nicht genug Kenntnisse von der Wirklichkeit, und «es lag ja auch sehr nahe, die Ordnung in der DDR als eine Alternative zur nazistischen Diktatur anzusehen». Die DDR habe ja unter dem Zeichen des Antifaschismus begonnen. Doch wie wir heute sehen könnten, gebe es in der DDR den Antijudaismus, den Fremdenhaß ...

Das große Wort führte Carola Stern. Wie diese Leute das immer hinkriegen. Als Mensch mit ihrer Vergangenheit hätte ihr von jeher schweigen vielleicht gut angestanden. Mußte sie denn ausgerechnet Schriftstellerin werden? Es gibt doch noch andere ehrenwerte Berufe. Steuerberater zum Beispiel. Gegen NS-Vergangenheit und Rotlichtbestrahlung eines Steuerberaters ist nichts einzuwenden.

TV: 13. August 1961. Die üblichen Bilder vom Mauerbau. Leute, die sich nach kurzem Anlauf durch den Stacheldrahtzaun schmeißen. Die alte Frau, die aus dem Fenster springen will, von unten ziehen irgendwelche Bambusen an ihrem Bein. Soll sich dann beim Runterspringen schwer verletzt haben. – Menschen, die zufällig im Westen waren und dann dablieben. Der Mauerbau und der Mauerfall, beides jeweils in vierundzwanzig Stunden, und dazwischen lagen vierzig Jahre.

Nartum   Di 14. August 1990

Lang geborgt is alz nit geschenkt. (Jiddisch)

Ein Fotograf kam. «Kucken Sie mal nachdenklich aus dem Fenster», so in diesem Stil. Machte aufmunternde Gesten, bis hin zu Glotzaugen trieb er das Spiel.
Um 17 Uhr erschien hier das Goethe-Institut Bremen. Fünfundzwanzig ausländische Deutschlehrer mit mittleren Sprachkenntnissen, um sich über mein «Projekt zum Zweiten Weltkrieg» zu informieren. Kaltes Büfett im Innenhof. Menschen aus aller Herren Länder. Eine Inderin, Französinnen. – Eine Japanerin spielte Klavier, Amis standen staunend daneben. Es gab ein hübsches Honorar, das sofort im Hausstandsportemonnaie verschwand.

Post: Die «Neue Zeit» möchte etwas haben zum 25. Todestag Johannes Bobrowskis. Wie immer in solchen Fällen kommt die Anfrage zu spät. Ein Honorarangebot fehlt.

Gorbatschow hat alle politischen Gefangenen rehabilitiert. Also auch mich?

«Die Zukunft der Gruppe 47»

Ist sie schon heute Reichsschrifttumskammer, so bildet sie morgen gar die Regierung in Bonn: Hans Werner Richter Premier, Grass

Vertriebene, Andersch Sozialminister, von Cramer Landesverteidigung und Elsner Familie – das genügt.»
(Bobrowski: «Literarisches Klima»)

Nartum   Do 23. August 1990

Et es beister Fröndschaf haue äls wi Fröndschaf mäche.
(Aachen)

Immer noch am «Sirius».

Das Jugendseminar. Zwölf Schüler aus Weilheim (alles Mädchen), zehn aus Thüringen (auch Mädchen), acht aus Niedersachsen und acht aus Stralsund. Ich schritt als weißgekleideter
Menschenfreund durch sie hin.
Es war ein wüstes Durcheinander. Der Bus, der die Schüler aus
Rotenburg holen sollte, lud nur die Mecklenburger ein und bei
uns ab und verschwand sofort wieder, die Bayern vergaß er. Ich
merkte es erst, als sich der Bus wieder in Bewegung setzte,
rannte hinterher, winkte und schrie, fuhr ihm schließlich nach,
aber der Fahrer reagierte nicht auf mein Blinken und Hupen,
versperrte mir sogar noch den Weg. Endlich hatte ich ihn. Also,
ich war außer mir. Er habe gemeint, ich wolle überholen, sagte
er. Nun mußte er umkehren und noch einmal nach Rotenburg
fahren. Bei der Abrechnung werden wir sehr aufpassen müssen.
Dann klappte die Bettenverteilung nicht, also, es war eine mittlere Hölle, ich raste von einem zum andern und begöschte, wo
es nur ging. Wie immer sage ich auch dieses Mal: Nie wieder!
Ein Mädchen von drüben war dabei, das in einer Weise sächsisch
sprach, daß man schon an einen Sprachfehler denken mußte. Ich
lauschte ihr fasziniert. «Ziting» sagte sie statt «Zeitung».
Als Referenten hatte ich Hirche geladen. Der erzählte ihnen,
wo's in einer Demokratie langgeht. – Ein Reporter wurde von
Simone dabei erwischt, daß er die Leute im geheimen abfragte, wie es ihnen bei uns gefällt. Dachte wohl, die würden ihm

allerhand Negatives erzählen. «Super gefällt es uns!» sagte einer der Jungen. Der saß zum ersten Mal in seinem Leben an einem Computer. Einige der Stralsunder Mädchen, die ich in Rostock getroffen hatte, waren auch dabei.

Zeitweilig saßen die Kinder in der Bibliothek und lasen sich was vor. Simone machte mit ihnen eine Zeitung.

Auch Denk, der uns die Weilheimer und die Thüringer besorgt hatte, war da, er beteiligte sich auf seine Weise am Bunten Abend; von Maydell spielte Aufrührerisches von gestern auf der Gitarre.

Ein Ost-Vater kam am letzten Tag seine Tochter abholen, schritt durch das noch nicht wieder aufgeräumte Haus. «Hier muß mal einer mit dem Besen durch ...», sagte er. Von Dank keine Rede.

Die «Brigitte» bestellt einen Aufsatz über das Thema «Männer und Frauen». Für Frauen gäbe es kaum etwas Interessanteres, als zu erfahren, was Männer von Frauen denken. Kein Honorarangebot.

Aus Stuttgart wird angefragt, ob ich einen Kleinwagen fahre und über meine Erlebnisse mit diesem Auto etwas schreiben möchte. Eine Anthologie soll herausgegeben werden, Gabriele Wohmann, Max von der Grün, Ulla Hahn, Erika Runge, Herbert Rosendorfer und der Satiriker Ephraim Kishon hätten schon zugesagt. – Ich habe nie in einem Kleinwagen gesessen. Unser erstes Auto war ein VW-Standard (4500 Mark). Immer VW, dann Audi. Nie Goggo oder dergleichen.

In einem Buch von Verena Lenzen über Pavese: Er ließ sich schon als Achtzehnjähriger «auf dem Totenbett» zeichnen. Zeitlebens über Selbstmord nachgedacht. In der Nacht vom 26. auf 27. August 1950 nahm er zwanzig in Wasser gelöste Päckchen eines gehorteten Schlafmittels. Vorher hat er noch geliehene Bücher zurückgegeben. Zweiundvierzig Jahre alt. Ich fand das Buch in einer Grabbelkiste.

Als *ich* zweiundvierzig war, arbeitete ich am «Tadellöser».

*Unterwegs,
undatierte Reisenotizen*　　　　　　25.–31. August 1990

Wer sich mischt unnich die Klei, denne fressen die Sei.
(Pfalz)

Ahrenshoop. Den Darß kennenlernen und Nehring besuchen. Auch Rügen, das ich noch gar nicht kenne. Caspar David Friedrich. Stralsund. Greifswald. Wir hätten uns einen Reisebus mieten sollen.

*

Warnemünde
Das Gehirn voll Aufruhr sitze ich vor der gegensätzlich gestimmten See, spiegelglatt ist gar kein Ausdruck. Von den hier nach örtlicher Sitte gänzlich entblößten Sonnenanbetern, die uns in einigen Jahren als Krebskranke auf den Wecker fallen werden, habe ich mich durch Rückensitzlage separiert. Die Hunde sitzen hechelnd neben mir, ihnen war das Sandstapfen zu anstrengend, sie wollten nicht weitergehen. Ich hatte mir das so schön gedacht: «Wald am Meer», das Haar fliegt um die Stirn,

und die Hunde laufen vorneweg ... Es ist schöner als gedacht, aber nichts für mich. Wer älter ist, wird in einer solchen Umgebung zum Anachronismus. So wie damals, zu unserer Zeit, die älteren Herren in Warnemünde mit Zwicker und Strohhut. Die kuckten genauso in die Weite, wie ich es jetzt tue.
Die Ossi-Möwen sind hier noch nicht domestiziert.
Die gleichmütigen Morsezeichen der Buhnenpfähle in die glatte See. Symbole für die allmählich absaufenden Jahrestage. Dreieckige Gottessteine.

*

Der Tag fing nicht gut an. Es ereignete sich im Warnow-Hotel eine Butter-Affäre, die sich ins Ost-West-Grundsätzliche weitete. Sie, die Butter, war nicht da, ich fragte danach. Und «der arme Mann» (Hildegard), der Kellner also, mußte in die Küche und sie holen. – Dann eine Motor-Lauf-Laß-Affäre, die zum Öko-Gespräch gedieh und sich in der Chaussee-Allee allmählich verlief.

*

Eine uns begegnende westdeutsche Gattin, aus Hannover kam sie, erbitterte Hildegard, weil sie klagte, daß sie hier keine Zeitung bekommen habe.

*

Vor mir in der unbeweglichen See hockt ein einzelner kupferfarbener Mann auf einem weißen Surfbrett. Wegen der Balance werden seine behutsamen Bewegungen ganz Natur. Ein angenehmer Anblick. Auf dem Horizont unbeweglich liegende große Schiffe, die wahrscheinlich ihre Öltanks auswaschen.
Warum sollte die Menschheit nicht nackicht herumlaufen? Sie tun es doch freundlich und nicht provozierend. Hat Gott sie geschaffen? Kann eigentlich nicht sein.
Die Trübung in meiner linken Augenlinse.
Die Häßlichkeit des nackten Affens muß schon den Alten aufgefallen sein. Daher wohl die Verhüllungsvorschriften. Sexuelle Regung hat mit Nacktheit ja nichts zu tun. Alles bekanntes Gewölle und Geschlotter. Offenbar haben sie wirklich das Bedürfnis, sich zu entkleiden; eins werden mit der Natur. Anbiederungen! Aber der Natur ist das egal!
Ja, die Jünglinge, ja, die Jungfrauen! Zum Hinschauen taugen sie schon, aber «aufgeilend»? In San Diego sah ich das schönste Mädchen der Welt, als ich mir da den Sonnenbrand durchs Hemd hindurch holte. Sich hinsetzen und sie anschauen wär' nicht gegangen. Auch sie «erregte» mich nicht, ich wollte mich irgendwie an ihr ergötzen.
Wann sie wohl drauf kommen, sich solche Schönheiten von innen anzuschauen ... Schönheitskonkurrenzen mittels eines Endoskops entscheiden?

273

Der Fernseher unserer Gastgeber steht im Keller. Frau Bohley
meint, die Demokratie werde totgetrampelt *jetzt*.
Na, damit hat man doch schon vorher angefangen.

Zu Mittag ein katastrophales Lokal-Such-Durcheinander in
der Stadt, endend bei gummiartigem «Bauernfrühstück». Die
armen Bauern, die das hätten essen müssen. Dann eine Stunde
geschlafen bei häuslichem Durcheinander.
Ein Ost-Mann schrie mir auf der Straße Beschimpfungen nach.

Ein Surfer, glatte See, er gleitet dahin, ruhig, versonnen. Ein
wunderbarer Sport.
Gestern fand ich eine alte Gesangbuch-Stecknummer im Bau-
schutt neben einer Kirche. 10 × 6.

Prerow, Bernstein-Hotel.
Nach Hirn schmeckender Leberkäse. Brüllende Musik, infer-
nalisch.
Ans Auto hat mir einer eine Beule gefahren, als wir am Strand
lagen. Der hat wohl was gegen Westdeutsche.

*

«Man sieht, daß er ein Schriftsteller ist», sagte Mathilde zu Hildegard. Wieso? «Brille, Schnurrbart, und weil er so klug aussieht.»
Am 9. November kreuzten sich die Koordinaten, jetzt entfernen sie sich täglich, stündlich mit zunehmender Geschwindig-
keit. Daher die Trauer.

*

Gästehaus des Ministerrats. Hier machten wir 1936 Ferien auf
Einladung von Großvater Collasius (siehe «Schöne Aussicht»).
Damals hieß es «Neuhaus».
Speisesaal ohne Blick aufs Meer.
Ziemlich leer.
Proselyten.

Tomatensuppe mit übriggebliebenem Braten drin.
Mit unseren Hunden legen wir Ehre ein.

*

Hotel Fischland, Dierhagen
«Sehr klein sind sie nicht.» (Pfannkuchen)
Sie bedienen uns, als wollten sie für diesmal eine Ausnahme
machen.

*

Ein Marathonläufer, aber da ist keiner am Ziel, der seine Zeiten stoppt. Die sind alle schon weggegangen, obwohl er Sieger
ist.

*

Rügen: Von der Marienkäferplage im letzten Jahr wird erzählt.
Die Menschen wie in Schuppenpanzern, acht Tage, wie in Selbst-
mordabsicht zum Wasser hingeflogen. Gebissen. Verkehrsschil-
der nicht zu lesen. Bienenschwärme seien nichts dagegen.

*

Stralsund. Eine Supertour. Bei herrlichstem Wetter. Schlank
weggekommen, kein großer Verkehr.

*

In einem kleinen Schloß eine Sachsenfamilie getroffen, nett un-
terhalten und gegessen. «Spyker». Dann an die Küste, Schaabe.
Hildegard gebadet, dann nach Stubbenkammer, herrlichste
Alleen, zwischendurch Ausblicke aufs Meer. Kreidefelsen hin-
untergeklettert, mit den Hunden, und beeindruckt hinaufge-
schaut.
«Und dafür sollen wir nun noch was bezahlen …?» hörte ich
Schüler sagen, die hier herumstanden.
Hinaufgeklettert und dort lange gesessen, von Münchner/
Eberswalder Familie angesprochen, Kaffee, Waffel. Dann über
Binz (Schloß verrammelt) ins kuriose Putbus. Kurz davor in

Vilmnitz bei Stötzer und Frau angeklopft, freundlich empfangen.
Stötzer: Das wär' ein Gejammere, seit es den Leuten besser geht. Aber mit 500 Mark Rente komme keine alte Frau aus.

*

Unter laubenartigen Alleebäumen wieder nach Stralsund, wo wir nun im Ratskeller eine Ochsenschwanzsuppe essen.

Schinkel: Putbus sei die nördlichste Stadt Italiens.
Blick auf Stralsund-Silhouette vor Abendhimmel.
Viele Westleute, die langsam über das Kopfsteinpflaster schleichen.
Erkennungen. «Stimmt das, daß du sehr berühmt bist?» (ein kleines Mädchen, von den Eltern geschickt).
Ostkleingeld wird noch akzeptiert.

*

Ich ließ den Leipziger eine Runde im Passat fahren. Freundliche Leute. Gestern schon in Neuhaus, im «Gästehaus des Ministerrats», wo früher Honecker (sehr bescheiden für West-Begriffe)

getafelt hat, ein Ehepaar aus Magdeburg, die das Auto bewunderten.
Kaputte Kirchen, mühsam über die Runden gebracht.

*

Gereizte Stimmung zwischen Ost und West. Schade, aber war ja zu erwarten. Wer die Menschen kennt.
Ein stark gehbehinderter Mann als Parkplatzwächter, rät uns ab, zu Fuß von Lohme nach Stubbenkammer zu wandern.
Ein einzigartiger Tag.
Junge Frau mit Kleinkind auf Rad, frisch geschnittener Blumenstrauß. Überhaupt, viele Blumen in den Gärten.
Kontra-Stimmung gegen den Westen auf Rügen. Früher hatten sie jedes Loch illegal vermietet, nun bleiben die Kunden aus, sind alle in den Westen gefahren. Und den Wessis ist nicht gut genug, was sie zu bieten haben.

*

Der schöne Tag gestern. Leider konträre Stimmung. Wie selten sind Tage der Liebe.
Hunde unterm Regenschirm. Ich mit Taschentuch auf dem Kopf. Kinder fotografiert.

Strand: Eine Frau mit feuchtem Husten. – Die Nackten stören nicht mehr. Ich scheine sie auch nicht zu stören. Hildegard ist mein Alibi. Ich stelle mir vor, ich müßte immerfort das Maul aufreißen, wenn mir jemand begegnet. Damit er da reinkucken kann. – Aber etwas anderes ist das schon.

*

Rostock: KF für einen Tag hier. Wir fuhren mit ihm durch die Stadt und nach Warnemünde. Ja, sagte er, das gefällt ihm, Strand und Leuchtturm, das hat er sich so nicht vorgestellt.

*

Rostock: Im Antiquariat allerhand für das Archiv gefunden. Saß lange im Hinterzimmer mit dem Fotografen Weber zusammen, der beleidigt war, daß ich ihn nicht sofort wiedererkannte. Trug er nicht zuvor einen Bart? Hatte er sich die Haare geschoren? Getankt, nach mir kam die Sintflut: Unmassen Autos. Ständig Panik, daß mir das (bleifreie) Benzin ausgeht.

*

Der Mann in der Eisbude sah aus, als habe er die freie Marktwirtschaft erfunden, er verstand nicht, wieso wir kein Eis am Stiel wollten. – Stralsund, wo wir in einem Hotelschiff nächtigten, einerseits die nagelneu, aus modernen Ziegeln wiederhergestellte Stadtmauer, das Hobby eines Bürgermeisters, andererseits die verfallenden Häuser der Altstadt. Stralsund: so etwas wie Neid, daß sie dort mehr «Substanz» bewahrt haben als in Rostock.

*

Rügen bis Stubbenkammer, wo keine Postkarten; von Caspar David Friedrich hat man dort noch nie was gehört.

*

Greifswald: überall wird gehämmert und gebohrt. Wir aßen im Gasthaus das obligate Bauernfrühstück, als ein Ehepaar in buntem Freizeitanzug hereinkam. Ich sag': «Paß mal auf, die setzen sich zu uns.» Und tatsächlich. Es handelte sich um einen Porzellanmaler und seine Frau aus Dresden, die nun schon seit Monaten durch die Lande fahren, aufgeräumtester Stimmung, optimistisch und fröhlich.

*

Schöne Alleen, auch Lebbin und Wendhof («Germitz!»). In Wendhof den Weg zum See nicht wiedergefunden. Das Gutshaus im Innern versaut, Kindergarten. Nichts mehr von damals zu erkennen. Die schönen Tage mit «Greta», war es 1943? Die gelungene Stelle in Fechners Film.
Johnson hatte es auch mit Wendhof, weiß nicht, warum. Lebbin nebenan, schon eindrucksvoller, ich habe es in T/W ein bißchen mit Wendhof gemixt.
Malchow mit Kriegerdenkmal der Roten Armee, das sich jetzt niemand abzureißen getraut. Auf dem Markt kauften wir Bienenhonig und einen kleinen Milchtopf.
Bad Kleinen, wir saßen am See, von Bienen umschwärmt, Güstrow, Schwerin.
In Güstrow durch den sehr norddeutschen Dom gelatscht. Der Turm wie Havelberg. Eintritt in die Stadtkirche wurde uns verwehrt. «Hier wird jetzt saubergemacht.» Ich stand vor dem Haus meines Urgroßonkels Carl Grosschopf, dem unsere Familie ihren Wohlstand verdankt. Mein Vater wurde nach ihm genannt, und auch bei KF dachten wir an den braven Mann.
Ein Karton mit DDR-Uhren beim Uhrmacher neben der Tür, eine Art Selbstbedienung. Stück fünf Mark. «Die will keiner mehr.» Wir kauften vier Stück. «Gehen die denn auch?» – «Ja natürlich, alle tragen die doch hier, wir hatten doch nichts anderes.» Das sind so Taktlosigkeiten, die man sich zuschulden kommen läßt. Sie tragen nicht gerade zur Ost-West-Verständigung bei. Aber man kann auch nicht dauernd auf Zehenspitzen gehen.

*

Auf dem Heimweg: Acht Tage Mecklenburg bergauf, bergab, linksrum, rechtsrum, die im Blut liegende Landschaft, auch wenn man sie nie gesehen hat. Das wohlige Gefühl, hindurchgegangen zu sein durch innere Scheußlichkeiten, bewahrt mich vor Selbstgefälligkeit.

Ich empfinde eine gewisse Scham vor den Einheimischen wegen der Wessis und ihrer Besserwisserei. Die Hiesigen tun das Ihrige dazu. Sie haben jetzt damit angefangen, Schuld und Komplexe in Forderungen aus Beleidigtheit umzuschichten. Sie sitzen vor dem Fernsehapparat, lauern höhnisch darauf, ob die Westdeutschen es wohl schaffen werden, sie wiederaufzurichten. Wenn es ihnen nicht gelingt, dann haben sie irgendwie «gewonnen».

Der große Unterschied zu 1948 liegt darin, daß damals *alle* bei Null anfingen und sich allmählich in die Vollbeschäftigung hineinarbeiteten, aus der ihnen dann die 35-Stunden-Woche als Schlußstein passend erschien. Die hier wollen irgendwie mit dem Schlußstein anfangen, und das kann nur dazu führen, daß alles vor die Hunde geht.

Stasi-Geschichten, Blockiererreien und Gehässigkeiten. Der Trümmerhaufen ist skandalös, wobei die desolaten Städte noch am ehesten zu reparieren sein werden.

Ein Ost-Herr beim Tanken, an der Tür seines nagelneuen Gebrauchtwagens stehend, sagte zu mir: «Müssen Sie nicht bleifrei Super tanken?» Er wollte mich offensichtlich vor Unglück bewahren.

Das allgemeine Ossi-Geklage läßt sich im übrigen relativieren durch den Hinweis auf die vielen Bankrotte und Entlassungen im Westen, die bei uns in den Sechzigern durch DDR-Dumping in der Textilbranche und anderswo verursacht wurden. Niemand hat mehr eine Ahnung davon, auch bei uns im Westen nicht. Ich kaufte damals einen hellblauen Anzug für 50,–. Eine Knackwurst gegessen – aus war der Traum!

*

Wir fahren jetzt an die Müritz und dann über die Grenze nach Bad Segeberg, wo ich mir bei einer Lesung das Geld wiederhole, das wir in der DDR verbraucht haben.

*

Rostock: Gespräch mit Museumsleiter wegen einer Ausstellung im Kloster. Freundlicher Mensch. Er meint, daß mein Archiv in eines der Professorenhäuser gehöre. – Das wäre doch ideal! Die zentrale Lage neben der Universität und der Klosterkirche? Zum Teil stehen die Häuser leer.

*

Post: Anfrage eines Fremdenverkehrszentrums. Ob ich vor über zweihundert Führungskräften einen Vortrag halten könnte (diesmal auch welche aus der DDR dabei), und zwar einiges Überlegenswerte zum Thema Heimat in einem größer werdenden Europa oder auch zum Tourismus zwischen Heimatverpflichtung und Weltbürgerschaft.
Honorarangebot fehlt.

September 1990

Nartum Sa 1. September 1990

D' Auge uf oder der Geldseckel. (Luzern)

Die Bibliotheksgesellschaft Lehrte kam zu Besuch. Jedesmal, wenn das Haus von Besuchern bevölkert wird, denke ich, es muß doch möglich sein, in diese Menschenseelen einzudringen, ihnen näher zu kommen, Kontakt herzustellen? Es ist dann meistens so, daß man einander gegenübersteht und glatte Höflichkeiten austauscht. Wie sollte es auch anders sein. Die einzige Begegnung, die zwischen Leser und Autor möglich ist, ereignet sich beim Lesen. Weshalb also Menschen hier einlassen? Es ist sinnlos, aber ich tue es immer wieder, weil ich die Hoffnung nicht aufgebe: es könnte zu einem lebensändernden Erlebnis kommen. Vielleicht tue ich es ja auch, weil ich mich nach Menschen sehne? Die Variationsbreite ist unvorstellbar. Sie sind alle so unglaublich anders, aber in ihrem Verhalten ähneln sie einander. «Wird das hier mal zugebaut?» Das kann man von Frauen und Männern hören, von Dicken und Dünnen, Rheinländern, Bayern oder Sachsen. Von Alten – von Jungen seltener.

Post: Cherry Duyns ist in Rostock gewesen, er habe in einem Lokal «eine erschütternde Tasse Kaffee getrunken» und an meine Bücher gedacht. Die Stadt sei ihm so kalt wie Stein vorgekommen ...
Von einer Zeitung werde ich gefragt, ob für mich die jüngste deutsche Geschichte ein Thema ist oder werden könnte. Kein Honorarangebot.

TV: «Aufmarsch amerikanischer Truppen» im Persischen Golf. Ein US-Flugzeugträger ist zu sehen, ein gewaltiges Ding. Die GIs verlassen Großflugzeuge schwer bepackt. Ich möchte mal wissen, was die so alles mit sich herumschleppen. Spezialmesser zum Durchtrennen von Gurgeln? Kompaß? Die unbequemen «Affen» beim deutschen Militär. Den ganzen Krieg über schleppten sie eine Gasmaske mit sich herum. Mein Vater benutzte sie, um Tabak darin zu horten.

Nartum   Di 4. September 1990

Guate Rösser ziachen stad an. (Bayern)

Jetzt stellt sich heraus, daß der Briefträger, der damals wegen seiner DKP-Zugehörigkeit entlassen worden war («Berufsverbot»!), tatsächlich für die Stasi gearbeitet hat. Was sagt unsere Linke dazu, wo sind die Demonstranten, die ihn als lebendes Beispiel für den BRD-Faschismus hätschelten? Jetzt ergäbe sich doch eine Gelegenheit, auch mal über jene Berufsverbote zu sprechen, die die SED-Regierung verhängt hat, über die Söhne und Töchter von Pastoren und Ärzten zum Beispiel.

Was wohl aus den Lausch-Lastautos geworden ist, die vor einigen Jahren auf unseren Autobahnen Aufsehen erregten? Alles schon vergessen? Das kurze Gedächtnis unserer Medien. Die Nutzlosigkeit der Archive. Wie die Tiefen des Meeres. Niemand taucht hinab. Auch unser Archiv mit seinen fünftausend Positionen ist «nutzlos», die Fotos sieht niemand an. Nur durch das «Echolot» kann ich es aufschließen. Ich gebe der Gesellschaft ihre Geschichten zurück.

Nartum   Mi 5. September 1990

A starke G'wald dauat nöd lang. (Wien)

Längerer Brief von Bittel, er habe an dem «Sirius» trotz einiger
Mühen immer mehr Freude gewonnen. Er glaubt, «wir haben
damit in diesem Herbst ein sehr schönes Buch und innerhalb
der manchmal etwas trist anmutenden deutschsprachigen Literatur einen originellen, ganz unverwechselbaren Titel. Ein Buch
mit einem sehr eigenen Tonfall, voll frischer Wahrnehmung und
eigener Komik. Und nebenbei bemerkt auch nicht belastet mit
dem, was man hierzulande für Tiefsinn hält und was meist auf
Verkrampftheit hinausläuft.»
Nun geht alles holterdipolter. Die Messe naht, und es ist frag-
lich, ob sie das Buch bis dahin herausbringen werden/können.
«Wir haben noch viel Zeit», heißt es wochenlang, und dann auf
einmal: Dawai! Dawai!

Zahnarzt. Hinterher zur Belohnung in ein Antiquariat. Ich
fragte nach signierten Büchern. Er hatte nichts. Ein «Buddenbrooks»-Exemplar, von Thomas von der Trave «eigenhändig
signiert»? Wieviel das wohl kostete? Würde man den Schrift-
zug des Dichters an die Lippen führen? Wie ein Priester die
Stola?
Raddatz hatte Briefe von ihm, er mußte sie bei seiner Flucht in
Berlin zurücklassen. Kriegt er sie nun zurück?
Hin und wieder begegne ich Büchern in Antiquariaten, die ich
selbst signiert habe, vor vielen Jahren vielleicht in Wuppertal
oder in Weinheim. Nicht selten erinnere ich mich bei der Gelegenheit an die besonderen Umstände. In Weinheim zum Beispiel an einen Kirchplatz mit sonderbar beschnittenen Kugel-
ahornen. Zum Essen wurde ich in ein Gartenrestaurant gebeten
und direkt neben eine stark ausatmende Mülltonne plaziert.
Blühten die Kastanien? Mehrmals wurde ich aufgefordert, eine
bettlägerige Dichterin im Ort zu besuchen, eben mal kurz, sie
würde sich so sehr freuen ...

Nartum　　　　　　　　　　　　Do 6. September 1990

Freters warrt nich boorn, de warrt maakt. (Plattdeutsch)

Ich kaufte «Mein Deutschland. Schriftsteller aus beiden deutschen Staaten über ihr nationales Selbstverständnis», Luchterhand Verlag.
Für Härtling hat das Wort «Wiedervereinigung» keine Bedeutung. Sie könne für die politische Balance eher gefährlich sein.
Helga Schütz kriegt ein pelziges Gefühl im Mund, wenn sie das Wort «Deutschland» ausspricht.
Helga Schubert empfindet sich nicht als deutsche, sondern als deutschsprachige Schriftstellerin.
Günter de Bruyn meint, man solle mit der Einheit warten, bis sie sich im europäischen Rahmen ergibt.
Peter Hacks fällt zum Wort «Deutschland» ein: Goethe und die DDR. Die Bundesrepublik Deutschland sei benachbartes westliches Ausland.
Günter Kunerts Antwort vom Dezember 1988 auf die Frage nach Wiedervereinigung : «Wir sind doch heute bereits an dem Punkt, wo die DDR ökonomisch völlig von der BRD abhängt, wo die D-Mark bereits als Zweitwährung innerhalb der DDR fungiert, und wo vor allem durch […] Rundfunk und Fernsehen die Leute mit ihrem Kopf sowieso längst woanders leben, statt in ihrem Staat, den sie als notwendiges Übel ertragen.»
Frank-Wolf Matthies meint, daß ihm die französische Kultur näher ist als die deutsche. Das Wort «Wiedervereinigung» hinterlasse ein unangenehmes Gefühl auf seiner Zunge. Er hält nichts von Nivellierung, er spricht als Muttersprache das langsamere Deutsch der DDR, sagt er.
Herburger schwärmt manchmal, wie er sagt, von einem Deutschland der, überschlägig, 48 oder 61 Herzog-, Fürsten-, Bistümer und Grafschaften, «als es noch eine Vielzahl der engen Wege, der Trachten, Dialekte und Zölle gab …»
Christoph Meckel möchte in Deutschland nicht begraben sein, «vielleicht deshalb habe ich mich in *la France profonde* ver-

steckt. Eine Grenze zwischen Deutschland und mir ermöglicht es, mehr Zeit zu haben und unabhängiger zu arbeiten.» «Meine Provinz, meine Modellwelt aus der Kindheit her, ist eine kleine Ecke Ostholsteins. Mein Deutschland findet sich nicht in den Atlanten», sagt Elisabeth Plessen.

Bernt Engelmann empfindet die Teilung Deutschlands nicht als «widernatürlich». – «Ein Volk gehört zusammen? Dann sollten sich Frankreich, Italien und Deutschland schnellstens über die Aufteilung der Schweiz einigen, der Anschluß Österreichs an die BRDDR ist überfällig, Liechtenstein muß heim ins Reich, und dann sollten wir alle mal wieder ein bißchen über die ungerechte deutsche Westgrenze nachdenken ... Der Himmel, besser noch: unser Verstand bewahre uns davor!»

Eine Schriftstellerin namens Brigitte Burmeister aus Ost-Berlin sagt, in der DDR, und nicht nur dort, gebe es kein akutes Interesse an der Wiedervereinigung.

Uwe Kolbe: «Nicht die Landkarte soll sich ändern, sondern die Wirklichkeit der Menschen.»

Winfried Völlger aus Halle: «*Wiedervereinigung.* Ein vorsilbiges Ungetüm, das allein durch dieses *Wieder* in unfaßbarem Maße semantisch belastet ist, denn nicht nur als Präfix assoziiert *wieder* einen ganzen Reigen schlimmer deutscher Vokabeln: wiederbeleben, Wiedergeburt, wiedererlangen, wiedererstarken, wiedererrichten, wiedergewinnen, wiederherstellen, wiederholen, wiederkehren, Wiederkunft. Auch das selbständige Wörtchen *wieder* spricht mit seinem Synonym für sich: abermals, erneut, nochmals, von neuem, von vorn. Nie wieder!»

Er meint, das Wort *Deutschland* solle fortan klein geschrieben werden. Ein origineller, sehr deutscher Vorschlag.

Peter Schneider sagt, die Intellektuellen in der BRD hätten allen Grund, den Wiedervereinigern bei uns zu mißtrauen, «aber wir haben kein Recht, den Ruf nach Wiedervereinigung in der DDR als reaktionär und nationalistisch abzutun».

Mir ist die Wiedervereinigung eine Herzensangelegenheit.

Unterwegs   Mo 10. September 1990

A Witfrau ist wia a Garta ohne Zaun. (Schwaben)

Flugzeug nach Frankfurt sehr voll, neben mir eine Quatsch-
tante mit goldenem Kettchen um goldene Armbanduhr: «Mein
Freund hat eine Farm bei Timbuktu.»
Vor mir ein Herr, der das Bordbuch der Lufthansa durchblät-
tert. Mein Artikel über die «nordischen Riesen» steht darin. Er
verweilt kurz und blättert dann weiter.

Letzte «Sirius»-Korrekturen durchgegeben. Schluß! Fechner-
Passage entschärft. Man braucht ja nicht dauernd seine Meinung zu sagen. – Koblischka: «Ein solches Buch gibt es momen-
tan nicht am Markt, man wird drin blättern, ganz lesen kann
man es nicht.»
Paeschke: «Er soll Romane schreiben, verdammt noch mal.»
Ich freue mich von Herzen über das Buch. Das Satzbild angenehm ausgewogen. Angenehm fürs Auge. Nachdenklich mu-
stere ich in meinem Regal meine anderen Tagebücher, eines
neben dem anderen, der Abdruck der Ereignisse.
Tagebücher sind meine Leidenschaft, das muß ich sagen.
Die Syberberg-Tagebücher, die ich jetzt neben dem Bett liegen
habe, sind seltsam unanschaulich und verworren. Man spürt
eine Verwandtschaft, aber man kann sie nicht recht festmachen.
Seine Seitenhiebe auf die Linke: immer etwas verklausuliert, so
daß man nie weiß: was meint er denn nun? Keine Anschaulich-
keiten, seine Zahnbürste hat er nie vergessen. Kein Wetter, keine Träume. Zwei Bände hat er herausgegeben, weitere sollten
wohl folgen, aber er hat aufgehört damit. Die Presse heulte ziemlich auf, und der zweite Band ist schon nicht mehr bei Hanser,
sondern bei Diogenes erschienen.
Von seinen Filmen ist mir besonders der Hitler-Film noch in
Erinnerung. Die Idee, Hitler als Puppe auftreten zu lassen. Aber
die Kohlesäuredämpfe, aber die Spinnfäden, der Staub, man
wußte nie so recht, worauf es hinausläuft. Jedenfalls *ich* wußte

288

es nicht. Die Kassette habe ich leider kürzlich beim Aufnehmen eines Columbo-Films gelöscht.

Sein Zyklus und seine frühen Verdienste. Nie hört man mehr etwas von ihm, in keiner Talk-Show tritt er auf. Haben wir denn so viele Sonderlinge? Können wir uns das leisten?

Die Vereinigungs-Sensationen. Jetzt sind sie mit der NVA beschäftigt. Diese wundervollen Panzer, einer neben dem anderen, Flugzeuge usw. Man möchte Einzelheiten wissen. Hildegard: Daß sie das alles verschrotten wollen, ob das richtig ist? – In der Tat: vielleicht könnten wir die noch einmal gut gebrauchen?

TV: Aufnahmen von NVA-Offizieren, die in Ramstein einfliegen.

Was wohl mit den Volkspolizisten wird. Die können sie doch nicht alle entlassen, die haben doch auch Frau und Kind. Die Grenzschikaneure zum Beispiel. Oder die Wegelagerer, die sich einen Spaß daraus machten, West-Autos anzuhalten und irgendwie abzukassieren. «Zu schnell gefahren», wie es uns in Polen erging.

Helmut Schmidt fragt sich, warum Kohl nicht einen *Round Table* über Wiedervereinigungsfragen mit der SPD und den andern Parteien einrichtet? – Nun, das ist ihm nicht übelzunehmen. Erst beschimpfen und verfluchen sie ihn und wissen alles besser, nun wollen sie alles mit-zer-reden. Wenn ich Kohl wäre, würde ich der SPD was husten. Obwohl es sich gut machen würde: alle einträchtig um einen Tisch herum? So was schätzt man in Deutschland. Ein *Round Table* wird gewünscht, auch wenn er eckig ist.

Im übrigen platzt Kohl in seinem neuen braunen Jackett vor guter Laune bald aus der Haut. Als ich ihn damals besuchte, trug er braune Cordhosen. Wir unterhielten uns über die Schnaken in seinem Garten, schöne Kaninchen hielt er.

Lafontaine schwenkt um, nun ist er auf einmal doch für das Vaterländische.

«Sirius»-Vorabdrucke, außer SZ niemand. Was ich da veröffentliche, sei nicht «relevant». Sie benutzen die Gelegenheit, um mir was zu husten. Mit Syberberg einen Club der Ungeküßten aufmachen.

Gestern habe ich mal wieder die «Feuerzangenbowle» angesehen. Wirklich ein zauberhafter Film. Lieblingsszenen. «Sie sind zwar ein höchst mittelmäßiger Schüler, mögen aber trotzdem einen anständigen Charakter haben», oder so ähnlich. Ja, so sind sie, die Menschenbeurteiler. Leider läßt der Ton nach. Immer muß ich daran denken, daß ein Teil der «Schöler» dann kurz darauf fiel. Richter («Rosen») hat überlebt, man sieht ihn hin und wieder, er hatte eine Schwester, die auch Schauspielerin war. Eine Schwester in hübsch. Rotraut Richter hieß sie. Nicht gut Kirschenessen sei mit dem Mann, heißt es.

Man rennt und hat es gar nicht nötig. Aber wenn man nicht rennt, hat man's nötig.

Vom «Echolot» habe ich den 1. Januar mal probeweise geordnet, es muß zu einem Dialog der Texte kommen. Ich werde allerhand streichen und dann, so ähnlich wie im «Sirius», ergänzende Fotos dazutun, Karten, Bilder von Wohnungseinrichtung, Gebrauchsgegenständen.
Den «Tadellöser»-Text aus dieser Zeit neben dem «Echolot» herlaufen lassen? Auch auf die weggelassenen T/W-Texte zurückgreifen? Erinnerungen aufrufen? – Schon als Kind begann ich ein Tagebuch zu schreiben, ein Wetter-Tagebuch, ob es regnet oder ob die Sonne scheint und von woher der Wind weht. Was habe ich in dem grausigen Jahr 1943 gemacht?

1943: Ein Datengerüst herstellen.

Jan. 43 Familientag in Hamburg, im Bürgerhaus am Grimm, Großvaters 75ster Geburtstag, alle noch ein letztes Mal zusammen. (Im T/W weggelassen wegen der Doppelung durch

Ullas Hochzeit.) Onkel Hans Collasius, der dann im Juli bei den Angriffen seine Frau und ein Bein verlor. Stalingrad: das Titelbild der «Berliner Illustrirten» , die Generäle Paulus und Seydlitz, Überschrift: «Das Fanal von Stalingrad».

Erni Weber (Wumma) vom RSBB war der erste, der fiel. Reise nach Stettin zu Robert und nach Breslau zu Tante Mieke (Zobten). In Stettin das Junggesellenleben Roberts. Ich fragte in einem Musikgeschäft nach einem Dirigentenstab, ob sie den zu verkaufen hätten? (Ja, sie hatten einen, aus Elfenbein, in seidegefütterter Schatulle.) In einem Café saß ich mit einem Ritterkreuzträger am Tisch zusammen, er wartete auf eine Dame, die dann auch kam, kein Filmstar, sondern ein älteres Semester. Ich war vor Ehrfurcht ganz starr. Warum habe ich ihn nicht angequatscht? Das ging irgendwie nicht.

Die lange Fahrt nach Breslau, im Eilzug, immer an der Oder entlang. Breslau im tiefsten Frieden. In Zobten buk mir Tante Mieke einen wunderbaren Mohnkuchen. Ein älterer Lehrer bestieg mit mir den Zobten und sagte: Das hätte die SS-Soldaten gewundert, daß er als alter Knast noch so rüstig ist.

Auch Breslau gesehen. In den öffentlichen Anlagen ein paar Splittergräben, das war alles. Vorm Rathaus gestanden, im Altar der Sandkirche das Skelett eines Märtyrers hinter Glas. April 1943, als ich nach Hause kam, lagen Feuerwehrschläuche quer über der Straße, zwei schwere Fliegerangriffe hatte es gegeben. Der Kartenkontrolleur auf dem Bahnhof sah mich bedeutsam an: Das hätte ich wohl nicht gedacht? – Vater war grade auf Urlaub. Hatte roten Kopf.

Im April Magenoperation von Mutter, damals begann ich mit dem Schwänzen. Ich wohnte bei Rüthers in Brinkmannsdorf, und da kriegte ich mit, daß das geht, einfach schwänzen. 27. Mai '43 Ullas Hochzeit.

Ich erbte die Mansarde, in der ich mich schon während meines Scharlachs so wohl gefühlt hatte.

Im Juli '43 der Angriff auf Hamburg.
In den großen Ferien aufs Land nach Wendhof, «Germitz».
Oder war das erst 1944?
Arbeitseinsatz beim Buchhändler, Zeitungen austragen, alles
falsch gemacht.
1943 war das Rüther-Jahr. Er kam Ostern in unsere Klasse,
ein schöner Junge. Ich wohnte bei ihm, als Mutter operiert
wurde. Wir fuhren auf die Güter der Umgebung und pous-
sierten mit den Töchtern.
Im Herbst wurde die Klasse geteilt, Jahrgang 1928 kam zur
Flak. Auch Hanne. Ich blieb zurück, weil ich zu jung war.
Nützliche Bekanntschaft mit Hansi Ditten, der später, wie
ich jetzt erfuhr, an der Akademie der Künste in Berlin arbeitete. Platten gehört: «Einen wie dich könnt' ich lieben ...» –
«Jede Nacht ein neues Glück». Beginn der großen Verweigerung. Alkohol, Zigaretten.

Unterwegs   Mo 10. September 1990

Wo't Hiärt von vull is, dao flütt't von üöwer.
(Münsterland)

Eröffnung der Festwoche Bad Kreuznach. Erkundigungen über
die Gefangenen auf den Rheinwiesen.
Ich kaufte für 12 Mark ein örtliches Erinnerungsbuch. «Glück-
liche Heimkehr» von Ernst Hammen. «Die Geschichte des
Kriegsendes 1945 und einer glücklichen Heimkehr zum Huns-
rück.» Die abstoßend häßliche Einbandzeichnung wird auch
den letzten Interessenten abhalten vom Kauf dieses Buches.
«Anderntags zogen wir mit Hallo zum Bahnhof.» So was ist
auch nicht grade verkaufsfördernd. Für das «Echolot» ist der
eine oder andere Absatz vielleicht brauchbar, ich habe alles
durchgelesen und ein paar Stückchen isolieren können.

Unterwegs   Di 11. September 1990

Eah' as me Bat'ln geaht, solt' me sein Löff'l ve'kaff'n.
(Unterinntal)

Gelnhausen, ich hatte leider nicht viel Zeit. Aber ich lief ziemlich intensiv durch Straßen und Gassen. «Wann kommt man
hier mal wieder hin!» (Das Fotografier-Alibi aller Fernosttou-
risten). Ah … Die Marienkirche … Ein eigenartiger Grundriß.
Als ich sie besichtigen wollte, wurde ich gleich wieder hinaus-
gewiesen: «Um 17 Uhr schließen wir.» Ich war erstaunt, wie
klein sie ist. Der noch erhaltene Lettner wie eine Burg oder eine
Wehrmauer vor dem Allerheiligsten. So muß es sein. Es war
ganz recht, daß sie mich, den Ungläubigen, hinauswiesen. Ich
mußte darüber lachen.
Wunderbar, was hier noch alles «steht», obwohl die Ver-
schandelungen, auf die die Stadt auch noch stolz ist, unübersehbar sind. Die Altstadt ist gut erhalten, größere Bausün-
den sind nicht zu entdecken. Romanische (!) Wohnhäuser,
gotische Fachwerkhäuser mit Blümchen-Kästen vor den
Fenstern.
Es nützt ja alles nichts. Diese Bewahrungen werden uns nicht
bewahren. Die Menschen, die da wohnen, tragen ja auch keine
Zipfelmützen mehr.
Zwei Polizisten, die an mir vorübergingen, sagten laut und
deutlich: «Guten Tag.»
In Gelnhausen wurde Grimmelshausen geboren, so was wie
mein Ahnherr. Spuren dieses großen Mannes sind nicht mehr
sichtbar.
Die Kaiserpfalz wurde von der Bevölkerung jahrhunderte-
lang als Steinbruch benutzt. Ich denke immer, es müßten doch
noch gestohlene Teile zu finden sein, hier und da, in einem der
Bürgerhäuser? Wie in Hildesheim? Die phantasieanregenden
Reste. Eine aufs äußerste restaurierte Synagoge wurde mir gezeigt, in der Nazizeit diente sie als Lagerraum. Mir sind Syn-
agogen immer etwas unheimlich, auch die Kleidung der Ortho-

293

doxen. Aber der erste katholische Priester, den ich in meinem Leben sah, kam mir auch sonderbar vor.
Moscheen klar und licht, die Burnusse.

Allmählich wird mir klar, daß das «Echolot» ein gesamtdeutsches Buch sein wird.
«... die noch drei Wochen bestehende DDR ...» Diesen Satz fand ich heute in der FAZ.
«Glockenläuten zur Vereinigungsfeier? Wo kommen wir da hin?» Die evangelische Kirche weigert sich!

Unterwegs Mi 12. September 1990

Was eener gern hot, dos es sein Gott. (Hessen)

In den USA wird der Bau von 20 Staudämmen eingestellt. Die Erdkruste sei in Gefahr, könne das nicht verkraften. Aber das ist wohl nicht der Grund. Um Umweltliches haben sich die Amis noch nie gekümmert.

Frankfurt.
FAZ: Das Mundspitzen über den Wirtschaftsumbau in der Sowjetunion habe nun lange genug gedauert, jetzt müsse gepfiffen werden.
Im Fernsehen die Unterzeichnung des Deutschen Vertrages, Schewardnadse gratuliert dem deutschen Volk. Im Hintergrund Dolmetscher und Berater mit gerührtem Gesicht. Mit Sekt wird angestoßen, und Gorbatschow kuckt zu. Blauer Marmor. Der Bundestag sonderbarerweise diesmal ganz einig. Lafontaine, die Spitzmaus, wedelt mit dem Schwanz. Mit der Ankündigung von Steuererhöhungen (auch, wenn sie nötig sind) wird er die SPD wohl kaum zum Wahlsieg führen.
Bei mir bleibt Rührung aus, sie wurde bereits am 9. November verbraucht. Einzig die Mitteilung, daß die Rote Armee bis 1994

Deutschland verläßt, ließ mich noch einmal tief durchatmen.
Im übrigen werden wir diverse Memoiren zu lesen kriegen, da
steht alles genau drin.
Und: Wenn das man gutgeht!

In Bad Kreuznach erzählte mir ein Taxifahrer folgendes:

1945 war ich sieben Jahre alt. Wir standen an der Straße, als Tausende von deutschen Soldaten zerlumpt, verdreckt durch die
Straßen getrieben wurden. Meine Mutter hatte in einem Militär-
depot zwei Decken organisiert und ein Paket sehr schöner Handtücher. Dies wollte sie den Soldaten zuwerfen. Aber die amerikanischen Wachen trieben sie zurück. Etwa fünfzig Meter mußten
wir zurücktreten. Ich sah auch Soldaten, die barfuß waren. Das
hat mich besonders beeindruckt. Plötzlich rief einer aus dem vor-
überhetzenden Zug: «Frau Köhler, Frau Köhler!» Das war ein
Nachbarsjunge. Wir konnten ihn zuerst gar nicht erkennen. Meine Mutter wollte ihm die Decke zuwerfen und ein Brot, das sie
auch mitgenommen hatte; da hat einer der amerikanischen Posten
den Nachbarsjungen mit Boxhieben traktiert. Später konnten wir
der Nachbarsfrau erzählen, daß ihr Junge dabeigewesen sei, und
sie hat ihn auch gefunden und hat ihm helfen können. Wir haben
dann noch eine Weile gewartet, es dauerte bestimmt eine Stunde,
bis alle vorbei waren, und ein Schwarzer hat uns schließlich erlaubt,
den Soldaten das Zeug hinzuwerfen. – Die haben da wochenlang
unter freiem Himmel gelebt und erst sehr viel später Zelte bekommen. Zum Schluß haben sie sogar Theater gespielt. Die Bevölkerung war zugelassen. Ich habe auch gesehen, wie sie die Toten auf
den Lastwagen warfen. Denen hatten die Kameraden vorher die
Uniformen ausgezogen. Jetzt steht ein Mahnmal auf den Massen-
gräbern. Kein Mensch weiß, wie viele da umgekommen sind.

Biermann bezeichnet das Jubeln der Ossis als «blöde». Jens
Reich hingegen hat im «Spiegel» gesagt:

Es ist kein blödes Jubeln, wenn jemand in einem abrißreifen Haus
wohnt, wo die Kanalisation verstopft ist und der Müll nicht abgeholt wird und dann jubelt, wenn die Partnerstadt aus der Bundesrepublik ein Müllauto schickt. Die Leute werden aus großer Not
befreit. ... Wir haben uns das ganze Leben gerieben an der DDR,

sie entsetzlich gefunden, haben diesen Käfig, diese Wärteratmosphäre gehaßt. Da habe ich nichts Heimatliches verloren. Aber wenn eine neue Lebensepoche beginnt, neigt man zur sentimentalen Rückschau. Da beginnt sich etwas zu verklären in der Erinnerung. Wir haben diesen Stall verloren, die miefige Wärme, die da drinnen geherrscht hat.

Es ist die Frage, ob ich nicht auch Bautzen «verklärt» habe im «Block», zumindest «etwas». Charly warf mir vor, ich hätte die Haftzeit durch eine rosarote Brille gesehen. Obwohl oder weil ich «eidetisch» vorging, mich also möglichst auf «Bilder» beschränkte, die unversehrt die Zeit überdauert hatten, mag eine Auslese getroffen worden sein, die dem Ernst der Lage nicht gerecht wurde. – Ich habe dann später durch «Ein Kapitel für sich» diese Sicht zu korrigieren versucht.

Bautzen, Gelbes Elend. Ein Geländer mit Lacknasen

Man kann vergangene Leidenszeiten auch durch eine *schwarze* Brille sehen, und daran kranken die meisten Berichte über Haftzeiten. Da wird gern schwarz in schwarz gemalt. Wie sagte meine Mutter 1945, als die Russen kamen? «Dort drüben gibt es auch gute Menschen, auch dort wird Brot gebacken, und wenn ihr weg müßt, dann packe ich euch was Warmes ein.» Das hat sie gesagt. Und in der Tat, so ist es, und das mag, wenn man davon erzählt, vielen Menschen Hoffnung geben. Es blieb den Nazis vorbehalten, den Menschen Schicksale zuzurichten, die eine schwarze Brille überflüssig machten. Diejenigen, die sie hätten aufsetzen können, existieren nicht mehr.

Reich:

Es herrscht die Angst, aus der miefigen Bude ins kalte Freie zu kommen. Wir müssen uns warm anziehen. Mancher hat Sorge, daß er da versagt. Je älter der Mensch ist und je weiblicher, desto größer wird diese Sorge sein, denn als erste fliegen die älteren Menschen und die Frauen raus. Wir kommen wie in ein fremdes Land.

Die Bürgerrechtlerin Marianne Birthler hat jetzt das Gefühl, ihr Elternhaus sei abgebrannt.

Reich:

Ein fast betonfestes System ist plötzlich zusammengebrochen ... Vielleicht wirkten unsere Proklamationen wie die Posaunen von Jericho ... Bankrott war das System schon seit 20 Jahren ... Uns hat gewundert, daß die Karre immer noch vor sich hinrappelte. Wo man auch hinkam, immer hörte man dieselben Erzählungen: alles Mist, verrottet, veraltet, schlecht geleitet. Schon vor Jahrzehnten war das so.

Ich denke, es wird mindestens so lange dauern, wie die DDR existierte, bis sich beide Teile zusammengefunden haben. Von einer «inneren Einheit» zu sprechen ist Unfug, wer den Unterschied zwischen katholischen Landesteilen und evangelischen in unserm Lande sieht, die Bayern gegen die Niedersachsen hält, der weiß, daß es sie nie geben kann, die innere Einheit. Vielleicht Gott sei Dank nicht!

Nartum   Fr 14. September 1990

Wer Hafer sät, kann koan Weizen ernten. (Bayern)

Eine «anständige Unaufrichtigkeit» diagnostiziert Raddatz an seinen linken Freunden. Was ist mit diesem Rätselwort gemeint?

Post aus Eisenhüttenstadt von einem Orgelfan. Er freut sich, daß ich ein Freund von Reginald Dixon bin («You are an education for me»), und er will versuchen, mir die Aufnahme zu besorgen.

Lesung zusammen mit Kopelew in Rheine, freundlich-listig. Mein Buch hatte er Gott sei Dank noch nicht gelesen. Diesmal lümmelte mich der Friedenspreisträger aus, weil ich von seinem Wuppertaler Erfassungsbuch nichts wußte. Ich kann mir nicht vorstellen, daß er eine einzige Zeile von mir gelesen hat. Inzwischen hat er auf «Kamerad» umgestellt.

Nartum   Sa 15. September 1990

Backöwens un Fruggen mötte hius bluiwen. (Soest)

In aller Welt werden die DDR-Botschaften geschlossen, DDR-Hochschullehrer müssen ihre Qualifikation nachweisen, BRD-Briefmarken gelten ab 3. Oktober in der DDR.
Der FDGB löst sich auf.
Das ist Schattentheater.
Anfrage der «Zeit»: «Was erwarten Sie von Deutschland, was wünschen Sie vom vereinten Land?» Die Antwort dürfe auch knapp sein.
Hier ist sie:
Was erwarten Sie von Deutschland?

Ich hoffe, daß die 3. Republik in Bescheidenheit ihre Aufgabe in Europa erkennt und wahrnimmt. Daß sie die sich bereits jetzt abzeichnenden Gegensätze zwischen West und Ost tolerant überbrückt und aus den zwangsläufig eintretenden Konflikten mit Gewinn hervorgeht.
Was wünschen Sie dem vereinten Land?
Daß es von den enormen Schwierigkeiten, die sich aus dem Bankrott des sozialistischen Renommierstaates ergeben, nicht überfordert wird, sondern die phänomenalen Schlaglöcher eines nach dem anderen beseitigt.
Im übrigen: siehe die dritte Strophe des Deutschlandliedes von Hoffmann von Fallersleben.

Jaruzelskis Lieblingsbeschäftigung sei «schlafen», das sagt er in der FAZ.

Frau Heinritz schreibt, daß der «Klassenrundbrief einer Dresdner Mädchenklasse» aus unserm Archiv im Laufe der nächsten Wochen erscheinen wird. Auf dem Internationalen Soziologentag in Madrid hat sie einen Vortrag darüber gehalten. Im nächsten Jahr soll in Paris eine Tagung über biographische Archive stattfinden, ob ich da kommen will?, fragt sie.
Ohne Französisch-Kenntnisse? Das wäre ein eigen Ding.

2002: *Nie wieder etwas davon gehört.*

Die beiden Österreicherinnen vom «Verein Dokumentation lebensgeschichtlicher Aufzeichnungen, Institut für Wirtschafts- und Sozialgeschichte, Universität Wien» (so der offizielle Titel), die hier im Sommer eine Woche lang arbeiteten und in meinem Archiv für ihre Arbeit allerhand gefunden haben, bedanken sich *bei Simone* für die freundliche Hilfe, die sie ihnen hat zuteil werden lassen. Sie denken gern an die «arbeitsidyllische und hochsommerliche Woche zurück» und grüßen speziell Hildegard. Für mich fiel keine Erwähnung ab. Ist das Wiener Art?

Nartum   Mi 19. September 1990

Arm un riek – de Dood moakt gliek.
(Schleswig-Holstein)

Post: Nehring meint, daß unser Film «Aus großer Zeit» gute Chancen habe. Hauser hat ihm die erste Fassung eines Szenariums übergeben. Seiner Meinung nach sei es ihm gelungen, die Fülle des Romans zu einer unterhaltsamen Filmstory zu bündeln.

Der erste «Echolot»-Band beginnt mit Stalingrad und endet mit der Weißen Rose.
Lit.: Die Scholl-Probst-Tragödie.

Fulbright-Leute waren hier. Zwanzig Personen. Auch Carla Damiano!
Die Schnitzel, eines mehr für den Texaner, der jedesmal unter ihnen ist.
«Spielt einer Klavier?»
Nein, keiner spielt. Daraufhin intonierte ich «Georgia». Ich hätte vielleicht besser «Ich weiß nicht, was soll es bedeuten ...» spielen sollen.
Den Leuten nach dem Munde spielen.
Der Leiter der Fulbright-Gruppe, Herr Littmann, schenkte mir ein handgeschriebenes Tagebuch, das er im Sperrmüll gefunden hat, ein Oktavheft, «Bruno» steht auf dem Deckel. Ein Vater notiert 1943/44, was mit seinem Sohn geschieht: Er wird eingezogen und fällt bei seinem ersten Einsatz. Seite für Seite das Warten auf die Nachricht von seinem Tode, die er schon kommen sieht.

Heute am 3. 3. 44, der schrecklichste Tag unseres Lebens, bekamen wir die restlichen Siebensachen von Egon als «Verwundetengepäck» von der Einheit übersandt. Den Weltverbrechern ist also ein weiteres blühendes Menschenleben zum Opfer gefallen ...

300

An den Schluß seiner Tagebuchaufzeichnungen setzt er einen Satz aus Hitlers «Mein Kampf»: «Heiße Liebe zu meinem Vaterland, abgrundtiefer Haß gegen das in ihm brutal herrschende Regiment.»
So kommt mir von allen Seiten Material ins Haus, das sonst in der Anonymität verschwinden würde.

TV: Der Palast der Republik muß wegen Asbest-Gesundheitsgefährdung geschlossen werden. Nachrichten, grotesk. Ob das stimmt?
Es wurde außerdem gezeigt, wie DDR-Kleingeld säckeweise eingeschmolzen wird. Das waren die sogenannten «Chips».

Ich habe einen *schönen* Apfel gegessen.
Fernsehteam wegen des 3. Oktobers.
Allerhand Unruhe.
Streit ums Glockenläuten. Unsere friedensbewegten Pastoren weigern sich: Sie wollen sich also am 3. Oktober nicht bedanken dafür, daß ein Friedensjahrhundert angebrochen ist und daß im östlichen Teil Europas nun die «freie Religionsausübung» möglich ist. Bei Hitler waren sie nicht so pingelig.
Wie halten es die Katholiken?
Der Bürgerbeweger Matthias Büchner, der in der DDR kein Abitur machen durfte und sogar eine Lehre als Baufacharbeiter abbrechen mußte (Berufsverbot!), sagt, daß die Stasi Dossiers auch über Millionen von Bundesbürgern angelegt hat. Die Daten wurden zusammengetragen von Kundschaftern, aus abgehörten Telefonaten, verwanzten Hotels. Mit diesem Wissen sind dann westliche Wirtschaftsführer und Politiker konfrontiert worden und zur Zusammenarbeit genötigt …
Die SED hat riesige Vermögenswerte beiseite geschafft, ihre Mitarbeiter wurden rechtzeitig in Schlüsselpositionen gehievt …

Nartum   Fr 21. September 1990, Sturm

Waar kaa Kuh hot, muß de Katz malken. (Erzgebirge)

Ich liege hier in meinem weißen Zimmer und kucke an die
Decke.
Im TV die albernen Marx Brothers. Hab' die noch nie leiden
können.

Ich habe heute einer Haselmaus das Leben gerettet. Sie lief in
der Badewanne hin und her, mit Schwung, ob sie's vielleicht
doch noch schafft. Ich nahm sie ins Handtuch und schüttelte
sie aufs Dach. Spinnen lass' ich leben, gegen die habe ich nichts.
Aber Fliegen werden rücksichtslos verfolgt. Das Respektlose
dieser Viecher stört mich.
Die Schieferplatten aus Bautzen gingen zu Bruch. Ich setzte mich
drauf: Knack! machte es. Ist das ein sogenanntes «Zeichen»?

Abends aß ich mit einem fortschrittlichen Professor in Bremen,
der sich für meine Bücher interessierte, dann aber doch abließ
von mir. Nein, in die DDR fährt er nicht, das überläßt er Jün-
geren. Da kriegt man ja nichts. Weimar? Erfurt? Leipzig? Nein,
das interessiert ihn nicht.
Der Kellner wußte nicht, was eine Orangeade ist.

Nartum   So 23. September 1990, warm

E guete Bettler verdirbt nit, aber er wird unwert. (Aargau)

«Honecker und seine Spießgesellen», heißt es in der Zeitung.

«Echolot». Am 1. Januar gearbeitet. Mit einem Einsender, Herrn
Pröbstle, telefoniert. Er hat die letzten Kriegstage in Ostpreußen erlebt. Ist gerade eben noch rausgekommen.

Vorschläge zur Abschaffung der Wehrpflicht. Finde ich gut.
Aber es heißt, eine Berufsarmee sei teurer und weniger effizient.
Also nicht gut.
Ich faulenzte zunächst, las über Hitler, daß er aus dem Mund
gerochen habe.
Gegen Abend machte ich mich noch einmal ans «Echolot», voll
Sorge, ob ich der großen Aufgabe gewachsen bin. Vorlesen ist
gut, da spürt man die Längen besser. Ich werde den alten Ton-
bandtrick anwenden. Sich selbst was vorlesen.
Alle Texte im Kopf behalten.
Durch Reibung zweier Texte aneinander Interesse wecken.
Indem ich montiere, kommentiere ich.

Im TV ein Bericht über einen Mann, der drüben unschuldig gesessen hat und nun seinen ehemaligen Staatsanwalt besucht.
Diese Leute müßten alle gefeuert werden. So wie sie uns gefeuert haben. Aber was wird dann aus denen? Zigaretten verkaufen?
Im «Rheinischen Merkur» wird bestätigt, daß Johnsons Frau
tatsächlich ein Spitzel (gegen ihn!) gewesen sei. Kann ich mir
nicht vorstellen. Was gab es denn bei Uwe Johnson zu spionie-
ren? – Grotesk: «*Tschechischer* Geheimdienst».
«Pankraz» spricht von einer Unmenge von Spitzeln, die in der
westdeutschen Kulturszene freiwillig, aus Geilheit, Eitelkeit
usw. Berichte nach drüben geliefert habe. Da wird uns noch
manches Licht aufgehen.
Im Nahen Osten braut sich Unheimliches zusammen. Nun tritt
das ein, was immer gesagt wurde: Was geschieht, wenn mal ein
Verrückter die Atombombe hat?
Hildegard hat mir Scherenschnitte für die Balken in meinem
Schlafzimmer gemacht.
Geißler sagt zu Recht, man soll aufhören, von den Kosten der
deutschen Einheit zu sprechen. Das seien die Kosten, die durch
vierzig Jahre sozialistische Mißwirtschaft entstanden seien.
Schon gut, aber warum sollen *wir* bezahlen, was die vermurkst
haben?

Bittel rief an und schreckte mich durch die Mitteilung, der «Spiegel» wolle aus «Sirius» vorabdrucken. So viel Öffentlichkeit ist mir eigentlich auch nicht recht.

Mittags zwei Herren von einer Bielefelder Zeitung («so ähnlich wie der Weser-Kurier»), ein Interview zur Wiedervereinigung. Es erstaunt die Journalisten immer, daß ich ohne weiteres sage: «In Ordnung», «wundervoll». Sie denken, sie hätten sich verhört.

Ich las und arbeitete am «Echolot». Ängste, daß die Aufgabe zu groß für mich allein.

TV: Fahnenfabrik Hannover: «Zehn Tage Lieferfrist», sagte eine mürrische blonde Frau. – DDR ist aus dem Warschauer Pakt ausgetreten! Nie für möglich gehalten. Am Tisch Eppelmann und der russische General.

Nartum   Di 25. September 1990

Hinter dem Berch wohne och Lück. (Rheinland)

Erich Böhme hat mich ausgeladen, obwohl ich für das Gespräch mit Lafontaine bereits den Terminkalender freigeräumt hatte. Man hat Plenzdorf statt meiner gebeten. Ich bin froh darüber, das hätte mich doch nur aufgeregt. Und was habe ich schon groß zu bieten? Ich bin Schriftsteller, kein Politiker.

TV: Allerhand Berichte über unglaubliche Zustände in der DDR.
Einladung zu Festveranstaltung in Weimar am 3. Oktober für die ARD. Fahr ich natürlich hin.
Paulchen legte sich zu mir aufs Sofa und verfolgte die Vorgänge auf der Mattscheibe.
Im Nahen Osten sieht es schlimm aus. In der UN sind sie sich

einig. Wohltuend ist es, auch die SU unter den Vernünftigen zu finden.

Rolf Schneider schreibt im «Spiegel» Unglaubliches über das Zusammengehörigkeitsgefühl der Deutschen. Am 9. November seien sie nur wegen des Alkohols so freundlich-freudig gewesen. Warum schreibt er so was? Was hat er davon?

«Sirius»: Bittel teilte mit, daß 4000 Exemplare vorbestellt sind. *Nur!* Bei «Herzlich willkommen» waren es 34 000!

2005: *Es vergeht kein Tag, an dem sich Leser nach «Sirius» erkundigen. Es sei vergriffen, ob ich ihnen das Buch nicht besorgen könne?*

Ich glaube nicht, daß die nächsten zehn Jahre einen ähnlichen abrupten Sprung ins Utopische bringen, wie das Jahr 1990 es getan hat. Schon jetzt ist die Entwicklung über alles hinausgegangen, was wir für möglich hielten. Im Jahre 2000 werden vermutlich die größten Infamien, die uns der Sozialismus hinterlassen hat, beseitigt sein. Rostock wird einen Flughafen haben, Intercitys werden nach Berlin, Leipzig und Dresden fahren, die Zahl der Arbeitslosen wird minimiert sein und die Erinnerung an 1989 wird sich mythisch verklären.

Ganzen Tag am «Echolot».
Kopfschmerzen und ein Vibrieren am ganzen Leib.
Lit. über Hitlers Krankheiten.

Nartum   Fr 28. September 1990

Bai sik guet beddet, dai släpet guet.
(Iserlohn)

«Noch fünf Tage». Die Zeitungen zählen die Tage bis zur Wiedervereinigung wie Kinder zu Weihnachten. Einen Wiedervereinigungskalender hätte man herausbringen sollen, ins Fenster zu hängen, mit Türchen zum Aufmachen.

Vorgestern war ich in Hamburg zum «Zeit»-Geburtstag. Viele Bekannte getroffen, zum Teil seit Jahren nicht gesehen. Joachim Kaiser: Die Wolf sei eine unbegabte Ina Seidel.
Karasek, er habe zwei Stunden im Arbeitszimmer Mielkes gesessen. – Ich habe acht Jahre bei ihm gewohnt.
Einträge ins Poesiealbum.
Bucerius meint, ich hätte eine Baisse gehabt. Ein Selbstporträt wollte er nicht zeichnen. – «Für ein Poesie-Album bin ich ungeeignet. Sorry!» schrieb er leider nur. Ich wunderte mich darüber, daß er mich überhaupt kennt. Der Mann soll Milliardär sein.
Der Student, der mich im «Spiegel» in die Pfanne gehauen hat,

schlich um uns herum, versuchte in meinem Beisein Simone anzumachen. («Der alte Sack merkt das ja doch nicht ...»)

Über Hitler, daß er ein flatterndes Nachthemd getragen. Auch an dem Tag seines Todes rasiert.

Ich habe das Archiv ins grüne Zimmer geräumt. Dabei fand ich wahrhaftige Schätze, von denen ich keine Ahnung mehr hatte. Besonders erwähnenswert die «Wiederfunde» von verloren Geglaubtem. Daß ich nicht schon eher auf die Renovierung des Hauses gekommen bin.

Sechsundfünfzig Parlamentarier der Volkskammer haben für die Stasi gearbeitet. Das wundert mich nun überhaupt nicht. Das war für die doch Ehrensache.
Ich las gestern Hildegard aus Testgründen etwas aus dem «Echolot» vor. Problematisch! Das sei ja immer dasselbe, wurde gesagt. – Hat mir nicht gefallen. Was ich jetzt brauche, ist Zuspruch, keine Kritik.
Drews schrieb, daß er meinen Lufthansa-Artikel über die nordischen Riesen gelesen hat. Auch Carla las ihn zufällig. Peinlich!
Freisler hat es als russischer Kriegsgefangener des Ersten Weltkriegs in der UdSSR zum kommunistischen Parteifunktionär gebracht. Das lese ich gerade bei Picker. Wehner war das auch. Ob sich über den noch Akten finden? So ganz koscher ist es mit ihm wohl nicht.

Am «Echolot».

TV: Am Abend, als ob man träumt. *Böse* Träume. Der allgemeine Trend in den Talk-Shows: die böse BRD, die liebe gute rechtschaffene DDR. Es ist nicht zu fassen. – Schluß. Das nationale Thema sollte ein für allemal erledigt sein für mich!

Nartum   So 30. September 1990

Je duller een in'n Schiet röhrt, je duller stinkt dat.
(Quickborn)

Den ganzen Tag war ich mit dem Fotoarchiv beschäftigt. Schätze entdeckt.
Klavier gespielt, nun wieder einigermaßen souverän.
Ich werde bis Weihnachten am «Echolot» arbeiten und dann versuchen, das Masuren-Buch fertigzukriegen. Notizen geordnet.
Die Stille genossen.

TV: Die Ära Ulbricht, von D. Bub. Der alte Ulbricht, wie er verabschiedet wird. Daß er im Schlafrock zu sehen war, befremdete. Tischtennis spielend mit seiner Frau Lotte.
Harich, der «Philosoph», witzig-klug. Muß ein übler Typ gewesen sein. Andere Apparatschiks, Wandel z. B., unglaublich. –
Ein Parademarsch-Mensch marschiert auf Gaus zu. Offenbar hat's dem gefallen. Sonderbare FDJ-Lieder.
Ich möchte mir ein kleines Triumph-Museum einrichten, mit Bildern, Abzeichen und Uniformen dieser Leute.
Und, einigermaßen sensationell: die SU will ebenfalls Truppen schicken an den Golf und sie unter amerikanischen Oberbefehl stellen.
Bilder von Studenten, die in der SU bei der Kartoffelernte helfen. Jede einzelne Kartoffel klauben sie mit der Hand aus dem Matsch.

Laederach konnte gar nicht begreifen, daß ich mich an ihn erinnerte. Er ließ sich immer wieder erklären, woher ich ihn kenne, und daß er im «Sirius» vorkommt, war ihm unverständlich. Destroyter Eindruck. Ich mußte ihm ganz genau und immer wieder erklären, was es mit dem «Sirius» auf sich hat. Und dann verwechselte er mein Prominenten-Album mit dem «Sirius». Es sei gut, daß ich ihm davon erzählte, er müsse für ein französisches Blatt einen Messebericht schreiben.

308

Bissinger. Er stand neben Duve. Ich kann mich nicht aufraffen nachzusehen, was er früher so getan und gesagt hat. Ich glaube: schlimmes? Fechner hätte gesagt: «*Sein* Problem.» Auf meinen Hinweis, daß er, Duve, im «Sirius» vorkomme, sagte er: «Schlecht, was?» – Sisyphos und Janus-Kopf seien seine Favoriten. Er habe mal Bildhauer werden wollen, und der Janus-Kopf habe ihn immer wieder beschäftigt. – Er leidet an der Rederitis, unwahrscheinlich die Technik: da kommt keiner dazwischen. – Gegentechniken entwickeln! Gibt es die? Ist die Rederitis schon mal Gegenstand einer psychologischen Untersuchung gewesen? Rederitis plus Mundgeruch, dagegen ist kein Kraut gewachsen.

Post: Sarah Kirsch schickte mir ein Aquarell, wohl als Trostpflaster, weil sie abgesagt hat zum Seminar. Sie müsse immer mal was anderes machen, im Augenblick aquarelliere sie. Lange Geschichten von ihrem Esel.

Oktober 1990

Nartum   Mi 3. Oktober 1990

Vun grob Duch gebbt's ken feine Kleeder. (Pfalz)

TV: Der sonderbare Herr Peymann: Irgendwie möchte er
irgendwas von drüben retten, sagt er, wenn er zum Beispiel
junge Schauspieler sieht, die aus der DDR kommen: die hätten so etwas Besonderes, Frisches an sich, das möchte er unbedingt mit einbringen. – Darauf Plenzdorf, also, er kann an den
DDR-Bewohnern nichts Besonderes entdecken. Die Schauspieler seien außerdem privilegiert gewesen. – Plenzdorf machte
überhaupt einen sehr guten Eindruck.
Peymann, war das nicht der, der für die Ensslin gesammelt hat,
daß die ein neues Gebiß kriegt? Obwohl die doch in der Orts-
krankenkasse war? Einerseits Tränendrüsen, andererseits aber
auch ziemlich strambulstrich. Ist er das, was man heutzutage
einen «Aufmischer» nennt?
DDR hat aufgehört zu existieren. Staatsakt. Wer hätte das gedacht. Ich sah mir ein Video mit Jubelaufmärschen an: Alles
schon Geschichte. Heute schleichen sie sich eher um Haus-
ecken herum, und kalt weht der Wind.

Gestern hatte ich einen schlechten Tag, vibrierte am ganzen
Körper, konnte nicht arbeiten, und dauernd fielen mir Erledi-
gungsangelegenheiten ein, die, wenn sie mir nicht eingefallen
wären, Katastrophen ausgelöst hätten. So zum Beispiel der
Auftrag für die Literaturanzeige in der «Zeit». Nach Tisch legte ich mich hin und kuckte an die Decke, kein Schlaf zu finden.
So muß es einem Läufer zumute sein, der auf den Startschuß
wartet. Aber es schießt keiner.

Im «Spiegel» wird «Sirius» als «Klatsch-Tagebuch» bezeichnet.

Um halb sechs wurde ich von einer Taxe abgeholt und nach Lokstedt zu einer Talk-Show geschossen. Der Mann fuhr, als ob er mir das Leben retten müßte. Ich saß dann natürlich längere Zeit in der NDR-Kantine herum, bei Hacksteak mit Zwiebel allerdings und einem Moravia-Pils. Die Wartezeit wurde mir angenehm verkürzt durch zwei Praktikantinnen, die sich um mich kümmern sollten. Natürlich ohne Nackenmassage. Als amtlich zum Lüstling erklärter Mann schlabberte ich Karamelpudding in mich hinein und gab einen Stiebel nach dem anderen an, was mit Ahs und Ohs freundlich bedacht wurde. Nachdenklich wurde ich, als mir plötzlich bewußt wurde, daß ich seit 1983 vom NDR nicht mehr eingeladen worden bin. Und diesmal verdankte ich den Ruf nur der Unkenntnis des übrigens sehr gut frisierten Wirtschaftsredakteurs, der die Sendung moderierte. Er wußte nicht, daß es sich bei mir um ein liberales Schwein handelt.

Die Sendung war eine der typischen Idiotenvorstellungen. Wir fünf Disputanten/innen, ein Versicherungsmensch, eine Alterspräsidentin und der Fußballer Uwe Reinders kamen jeder nur etwa drei Minuten zu Wort. Die Sendung wurde durch sogenannte Einspielungen abgesichert, in denen von Brückenschlag die Rede war und: «Wir werden's schon schaffen!»

Uwe Reinders, der in seinem Leben wohl schon viele Bälle auf den Kopf gekriegt hat, um mit Lyndon B. Johnson zu sprechen, meinte prophezeien zu müssen, daß wir demnächst wieder einen Führer kriegen. Die anderen plädierten nach Pfadfinderart für täglich eine gute Tat.

Nach der Sendung wurde ich Simone zugeführt, die inzwischen eingetroffen war und von der Praktikantin «Nutella» genannt wurde. Der schwarze BMW, den sie für die nächsten Tage gemietet hatte, glitt dann durch die Nacht nach Haus. Ich kuschelte mich in eine Decke und dämmerte vor mich hin.

Am Fernseher ergötzten uns dann das Fahneschwenken und

Böllern des Vereinigungsfestes, und wir freuten uns über den Abschluß einer Epoche. «Was denken Sie in diesem Augenblick?» – «Nichts.»
Ich habe mich schon zu lange über die giftigen Schaumschlägereien der Ideologen, denen wir Desaster, Armut und Teilung zuschreiben müssen, geärgert.
Die Großen dieser Welt standen auf den Treppen des Reichstags so ein bißchen wie auf der Kremlmauer. Weizsäcker, Willy Brandt waren auszumachen und natürlich Helmut Kohl, die allesamt das Deutschlandlied sangen. Irre ich mich oder brach de Maizière in Tränen aus? Gewundert habe ich mich über die sonderbare Musik, die man sich als festlichen Rahmen für diesen Tag ausgewählt hatte. Neben dem Deutschlandlied, das,

o Wunder!, ohne Gejohle und Gepfeife zu Ende gebracht werden konnte, waren Scarlatti und Rossini zu hören (Die diebische Elster!). Ich weiß nicht, ob man an so einem Tag nicht besser auf einen deutschen Musiker hätte zurückgreifen sollen, und wenn's Stockhausen gewesen wäre. Beethovens simple Freudenhymne war natürlich mehrfach zu hören. Wie wohl die Einheitsgegner vor ihren Apparaten mit den Zähnen geknirscht haben. Ich lag im Sessel und dachte: «Was nun wohl noch alles kommt?»
Als Weizsäcker um 0.00 Uhr die Einheit bekanntgegeben hatte, hörte man ihn durch das Mikrophon sehr deutlich sagen. «Und nun kommt doch wohl das Deutschlandlied?»
Grußbotschaften aus aller Welt, Mitterrand, Bush, Gorbatschow, das rührte mich fast am meisten.
Die riesige bundesdeutsche Fahne: das ist sicher eine Sonderanfertigung.

Bis um 3 Uhr konnte ich nicht in den Schlaf finden, wie man so sagt, und Hildegard sah unten Fechners «Ein Kapitel für sich»-Film: Vermutlich das einzige Fernseherzeugnis, das dem Krieg und dem Nachkriegsdreck realistisch ohne liebedienerische Entstellungen gerecht wird.

Am nächsten Morgen fuhren Simone und ich in dem schönen BMW zur Wiedervereinigungs-«Veranstaltung» nach Weimar. Es ist natürlich klar, daß dieser Auftritt in Weimar nur eine Art Trostpflaster für mich in letzter Sekunde ist; die grandiosen Sendungen blieben denjenigen vorbehalten, die das, was es heute zu feiern gilt, jahrelang mit Meckereien zu verhindern gesucht hatten. Obwohl man sich ja denken kann, daß mein Auftritt in Weimar (unter freiem Himmel!) eine dieser typischen Medien-Schwachsinnigkeiten sein wird, freue ich mich doch, daß ich diesen Tag durch einen Besuch in Weimar und nicht in Berlin in meinem Gedächtnis markieren kann.

Walser im Spiegel:
Ob die DDR rational vertretbar gewesen wäre oder nicht, das zu diskutieren war schon während ihres Bestehens überflüssig, weil es sich bei der DDR um keine Vernunftfügung gehandelt hat, sondern um ein Katastrophenprodukt. ... Meine ehemaligen Kollegen und Freunde haben gesagt, die Teilung Deutschlands sei eine verdiente Folge der Hitler-Zeit 1933 bis 1945 und die Schuld Deutschlands. Sie sei deshalb nicht anzufechten. Deutschland sei hin. Das hätten wir verwirkt. Ich dagegen habe gemeint, der Krieg mit seinem Ende 1945 hätte das nicht geschafft, erst der Kalte Krieg, erst die Polarisierung, erst die Gegnerschaft zwischen den ehemaligen Gegnern Deutschlands hat den Eisernen Vorhang durch Deutschland gezogen und hat es immer unmenschlicher gemacht.
... Jetzt zu sagen, durch die Einigung seien Deutsche erster und zweiter Klasse entstanden, ist grotesk. Die sind in 40 Jahren entstanden. ... All denen, die über diese Einigung verdrossen sind ... denen geht mit der DDR ein gar nicht definierbarer Hort der Utopiemöglichkeit kaputt. Auch wenn sie nicht einverstanden waren mit der DDR.

Hübsches Zitat von Patrick Süskind: Momper habe wohl nicht alle Tassen im Schrank gehabt, im November von den Deutschen als dem glücklichsten Volk der Welt zu sprechen.

Nartum   Do 4. Oktober 1990

En Mensk is den annern sinen Düwel. (Münsterland)

Es ist eigenartig, aber es hat sich tatsächlich im Lebensgefühl von gestern auf heute etwas geändert. Es ist nicht zu leugnen, der Vorhang wurde aufgezogen, und wir sitzen und erwarten das nächste Stück. Für Schüler künftiger Jahrhunderte ein lernbarer historischer Einschnitt. Vielleicht wird man das Jahr 1989 auch als den Beginn des großen Chaos in Erinnerung behalten? Weniger in Mitteleuropa als eher von der SU ausgehend, wo nun, wenn nicht alles täuscht, eine Hungersnot bevorsteht und ein Tohuwabohu größten Ausmaßes, aus dem die Menschheit sich wohl kaum in eine neue Welt erheben wird, sondern eher, wie man das bei einem Schiffsleck tut, drei Nägel zwischen den Lippen mit Hammer und Brett und Speckschwarten das Wasser für eine Weile zurückhalten.

Weimar: Schwierig in die Stadt hineinzukommen und noch schwieriger wieder hinaus, aber die Passanten, die uns, wohl eingedenk wegweiserischer Wohltaten der Wessis, geradezu glückselig den Weg erklärten, wenn auch zum Teil unverständlich, lotsten uns.

Unter das Schiller-Goethe-Denkmal hatte man ein Podium aufgestellt, um darauf den ersten Tag der dritten Republik abwechselnd mit zu lauter Musik oder zu verhaltenem Geschwafel zu begehen. Wir Ehrengäste standen zeitweilig herum wie zwischen Zirkuswagen, machten jedoch das beste daraus. Ein Autogramm des wütenden Willi Daume wurde ergattert, der sich staunenswerterweise noch daran erinnerte, daß wir vor sieben oder acht Jahren in München eine Talk-Show zusammen gehabt hatten. Wütend war er, weil man ihm jetzt eine DDR-Leichtathletin mit acht Goldmedaillen vorenthielt und ihm dafür eine anbot mit sieben, die dann auch noch absagte. Einer der Techniker offerierte ihm seinen Schwager, der mal bei einem Radrennen getrainert hatte. Sie könnten sich ja gar nicht vorstellen, in welchen Gremien er säße, und er hätte schließlich schon mit höchsten Leuten verhandelt.

Daume: «Wenn Sie mich mit dem vor die Kamera setzen, werde ich einen Satz in die Kamera sagen, an den die gesamte ARD noch lange denken wird.» Im übrigen würde er sich beschweren, er kenne alle Intendanten sehr gut.

Das zweite Autogramm erhielt ich von Klaus Lage, den Simone mittels ihres Spezialwissens auf diesem Gebiet unter einem Pulk von Schlossern identifizierte. Rechtzeitig machte sie mich auch auf das «alles out»-Zitat aufmerksam, das ich in den «Hundstagen» mehrfach verwendet habe. Also nichts wie ran.

Ein drittes, kostbares Autogramm gab mir Ernst Maria Lang, der Karikaturist, als wir auf unsern Auftritt warteten. «Für Walter Kempowski, zu seinem Bild vom Steinbruch! Aus Respekt und Sympathie ...» (Er bezieht sich auf einen Vergleich, den ich in meinem Statement brauchte: Die DDR käme mir wie ein Steinbruch vor, in dem erste zarte Kräuter sich ansiedelten ...) Er erzählte mir von unserem Zusammentreffen bei Scheel, an das ich mich nicht erinnerte. – Um uns herum tausend Zuschauer, Gaffer, die pfiffen, als wir «diskutierten». Bracher zeichnete nichts in mein Büchlein, er schrieb: «Leider kann ich nicht selbst malen, wie ich mich freue, Herrn Kempowski einmal wiederzusehen und das am 3. Oktober 1990 ausgerechnet in Weimar, das ich gerne hätte glücklicher enden lassen ... Karl Dietrich Bracher.» Seltsam schlaksiger Mensch.

Hinterher war noch ein gemeinsames Treffen geplant, das aber irgendwie verbuddelte. Nach längerem Herumlungern geriet ich in die Stadtkirche, wo ich mich einer zuckenden seelischen Erschütterung hingab.

Simone gabelte unterdessen zwei Kinder aus dem August-Seminar auf, mit denen wir im «Elephanten» eine Kleinigkeit aßen. Dann zu Kamerad Kranz, dort den «Kapitel»-Film Teil III gesehen und erfahren, daß das Bayerische Fernsehen keine Zimmer für uns reserviert hat. Die arme Simone zog los, erwischte den Programmleiter, und wir kamen in letzter Sekunde noch zu Zimmern im «Elephanten».

Erich Kranz, ein Freund aus der Zeit in Bautzen, zeigte mir im Nebenhaus ein Fenster, aus dem heraus ihn Stasi-Leute Tag und Nacht beobachtet hätten. Er ist Pfarrer in Weimar.

Es war richtig, den Tag in der Stadtkirche zu beschließen. Leider überwältigte mich die Zusammenballung der Gefühle, der Aufprall war zu stark und unvermutet, ich hielt nicht stand. Die Predigt schloß mit dem Lied der Deutschen, dritte Strophe. Amen.

2001: *Später erfuhr ich, daß der Pastor der Stadtkirche, der mir hier einen solchen Eindruck machte, in den letzten Tagen der DDR Kirchenflüchtlinge an die Stasi ausgeliefert habe.*

Frankfurt   Sa 6. Oktober 1990

Besser e weng etwas als gar nix.
(Schwaben)

Buchmesse. «Sirius» ist nicht fertig geworden. Man hat zwanzig Exemplare per Hand hergestellt, zu Demonstrationszwekken. Drei waren sofort verschwunden. Ein Herr lief hinter mir her, das wäre doch wohl das mindeste, daß er ein Exemplar kriegt, ich mit ihm zum Verlag: «Nein, das sind doch nur Ausstellungsstücke.» Und der Herr immer wieder, aber er ist doch ein Kempowski-Fan, und was das für ein Verlag ist! und so weiter. Ich konnte es ja auch nicht ändern.
Reklame für das Buch ist nirgends zu sehen, in keiner Zeitung.
Im Klo an der Wand war zu lesen: «Trotzdem: Sozialistische Weltrevolution.»
De Maizière im TV: «Sie fragen immer nach Gefühlen. Ich will arbeiten.»
Der grinsende Palästinenser-Führer Arafat bei Saddam. Seine dicken Lippen.
Ausbeute für mein Poesiealbum war kolossal:
Utta Danella, die merkte, daß ich sie auf den Arm nahm, Christian Brandstätter, Lothar Loewe, mein Jahrgang, der wie ich im April 1945 ausbrach aus dem eingekesselten Berlin, allerdings erst drei Tage später. Schoeps, Amery, der sich für die Kiel-Sache entschuldigte, daß er mir dort den Handschlag verweigerte, Niels Stobbeby, Maser (mit Selbstbildnis als Hitler!), Stiller, Paul Kersten, Däniken, erst nicht und dann doch, Kohout, Mauz und Friedrichsen, Michel Krüger, der immer noch beleidigt ist darüber, daß er mich nicht *gehalten* hat im Hanser

Verlag. (Ich hatte ihm goldene Brücken gebaut.) Messner, Wolfgang Ebert.

Der Bergsteiger Messner saß in der Hotel-Lobby des Frankfurter Hofs. Ich schenkte Simone zwanzig Mark, damit sie mir ein Autogramm von ihm holt. Er gab es ihr und sagte: «Grüßen Sie den Herrn Kempowski.» Peinlich. Aber was hätte ich mit ihm auch sprechen sollen.

In der «Zeit» Befragung von Schriftstellern: Was erwarten Sie von Deutschland? Was wünschen Sie dem vereinten Land?
Rühmkorf: «... die naheliegende Einführung von Erste-Strophe-Deutschlandlied als Nationalhymne ...»
Henscheid: «... daß der nun gesamtdeutsche Literaturstandard sich durch das vermutlich massierte Eindringen des gesammelten DDR-Literaturquatsches von Christa Wolf bis Wolf Biermann noch einmal verschlechtern und verfinstern wird ...»
Ernst Jandl: «Ich erwarte äußerste Milde gegenüber jenen, die vielleicht aus zu großer Gesetzestreue manche ihrer Mitbürger in Schwierigkeiten gebracht haben ...»
Stephan Hermlin: «Ich erwarte von Deutschland nichts Gutes, ich hoffe aber, daß ich mich irre ...»
Herbert Achternbusch: «Ich erhoffe mir eine Ostberlinerin zur Lebensgefährtin ...»
Martin Walser: «Von Deutschland ist nichts anderes zu erwarten als von jedem anderen Land ...»
Günter Wallraff: «Ich wünsche den Deutschen, daß sie endlich anfangen, echte Erinnerungs- und Trauerarbeit zu leisten, diesmal nicht als Pflichtlektion.»
Monika Maron: «Ich erwarte von Deutschland, daß es sich anständig benimmt ...»
Bodo Kirchhoff: «Bedenkenlos wünsche ich dem vereinten Deutschland das Beste, das heißt Großzügigkeit.»
Friederike Mayröcker: «Ich wünsche mir ein Land, in dem eine Demokratie mit ausgeprägter Sozialstruktur die persönliche Handlungsfreiheit garantieren kann, die Unabhängigkeit des

Geistes, die Toleranz für Minderheiten jeglicher Art sowie, nicht zuletzt, einen bescheidenen Wohlstand für jeden einzelnen Bürger.»
Günter de Bruyn: «Ich wünsche dem vereinten Land, daß es ein guter Nachbar ist ...»
Hanns-Josef Ortheil: «Dem vereinten Land wünsche ich ... Heiner Müller und Stefan Heym auf einer sechsmonatigen Luxus-Erdumkreisung (ohne Funkkontakt).»
Gerhard Roth: «Ich wünsche dem vereinten Land, daß es nicht eine solche Sogkraft ausübt wie vor 50 Jahren, als Österreich in ihm wie in einem Abflußloch verschwand.»
Günter Kunert: «Ich wünsche mir nicht, jemals wieder mit gefeierten Berufslügnern als Schriftstellerverbandspräsidenten zu tun haben zu müssen ....»
Wolfgang Koeppen: «Ich wünsche kein Deutschland über alles, ich will ein Vaterland mit allen ...»
Auch ich durfte mich dazu äußern.

Es mußte gepackt werden für die nächsten drei Wochen. Die Aussicht, sich vierzehn Tage in Thüringen und Bayern aufzu-

halten, ist äußerst angenehm, Urlaubsphobien stellen sich nicht ein, weil alles gut vorbereitet ist. Und vor allem deshalb nicht, weil ich an jedem dieser Urlaubstage 1200 DM verdiene plus Mehrwertsteuer. Hotel, Reise, alles frei. Eine Art Perpetuum mobile.

Weimar   So 7. Oktober 1990

Wos mich nich brennt, dos blos ich nich.
(Altenburg)

Ich traf mich gestern mit Hildegard in Göttingen. Schönes Wetter, langer Erinnerungsgang allein. Ein malerischer Demonstrationszug begegnete mir. Halbwüchsige mit wirren Parolen. Später sah ich sie eine Durchgangsstraße sperren. Polizei rückte an.
«Ich fordere Sie zum ersten Mal auf, die Straße zu räumen ...»
Pfiffe. Warten.
«Ich fordere Sie zum zweiten Mal auf ...»
Eine jüngere Frau mit Fahrrad zu mir: «Was ist denn hier los?»
«Die blockieren die Straße, die Autos können nicht durch.»
«Warum tun die denn das?»
«Keine Ahnung.»
«Vielleicht aus Trauer, wegen dieser Frau, die im November von der Polizei totgefahren wurde?»
«November? Wir haben doch jetzt Oktober?»
«Na, die Frau, die junge Frau, im letzten Jahr?»
«Welche Frau?»
«Sagen Sie bloß nicht, daß Sie nicht wüßten, welche junge Frau gemeint ist, Conny natürlich.»
Ich: «Aber es werden doch jedes Jahr Tausende von Frauen totgefahren, wenn sie da jedesmal demonstrieren und Straßen sperren wollten ...»

321

«Nun machen Sie mal 'n Punkt! Verstehen Sie nicht, daß diese jungen Menschen traurig sind?»

«So sehen sie aber nicht gerade aus.»

«Sie sind mir der Richtige! Aber mit den Tieren haben Sie Mitleid, was?»

«Ich würde Polizisten nicht als Tiere bezeichnen ...»

«Nun reicht's. Halten Sie den Mund!»

«*Sie* haben mich doch angesprochen. Und nun verbitten Sie sich eine Antwort. Das ist nicht sehr demokratisch.»

So in etwa mein Gespräch mit der Zickenfrau. Ich hätte ihr am liebsten in die Fahrradspeichen getreten. – Immerhin: sie siezte mich. Das ist anzuerkennen.

Inzwischen hatte der Polizist bis drei gezählt, und ein Ledertrupp weißbehelmter Polizisten trampelte auf die jungen Leute los, die sich sofort in das direkt daneben gelegene autonome Haus oder Haus der Autonomen zurückzogen.

Mit Freunden in der Jungfernschenke bei traditionell schlechtem Essen, Pilzmatsch, dazu Bier ohne Blume. Wir tagten lange, und ich hatte das erste, handgebundene «Sirius»-Exemplar neben mir liegen. Wie immer durfte ich alles bezahlen, über 300 Mark, ohne daß mir ein Dankeschön! gesagt wurde.

Mit Friedrich Denk trafen wir uns in Bad Hersfeld, und er fuhr uns bis hierher nach Weimar, besser gesagt: raste, in seiner hypertrophen Art ununterbrochen redend, was gottlob nur Hildegard abkriegte, ich saß hinten und konnte mich in den Schelm wickeln.

Wir fuhren nicht Autobahn, jedenfalls überwiegend nicht.

In Eisenach ein paar Kurven durch die Stadt, wie schön sie ist, und dann per Fuß hinauf zur Wartburg. Es ging steil hinauf, und ich wußte, daß es eine Prozession sein würde. Die Stationen: eine Eselsstation, mit schreiender Kreatur. Dann ein Devotionalienstand, in dem ich einen Hammer-und-Zirkel-Fahnenteil erwarb (sechs Mark), und schließlich oben, Ausblick auf das kahle Land mit Fotografen, die vor der Burgarchitektur sich

bemühten, aufgedonnerte Besucher ins rechte Licht zu rücken.
Die Burg auf dem Kamm, mit dem goldenen Kreuz, die Menschenmassen, nichts wissend und doch angerückt, ließ mich wieder mal in schwerste National-Erschütterungen fallen. Und kein Tintenfaß und keine Wand zur Verfügung ... Ich dachte an fehlgeleiteten Idealismus, an das ganze Unglück, das uns heimgesucht hat, an die «eherne» Geschichte, und daß wir nicht mit ihr klarkommen. Es war wieder so ein Zusammentreffen bildhafter Erkenntnisse, gewiß wäre meine Erschütterung, hätte ich ihr freien Lauf gelassen, für die Passanten genauso unverständlich gewesen wie mir die Kinderdemonstration gegen die Lederpolizisten in Göttingen, deren landsknechtartiger Anmarsch mir übrigens, so berechtigt er auch gewesen sein mochte, unheimlich war.
Beim Hinuntersteigen von der Burg die armen Pferde gesehen, die flankenzitternd die Touristenwagen den Berg hinaufzogen. Schade, daß die Kreatur sich nicht rächt an ihren Mißhandlern.

Gespräche dann die ganze Nacht, über die andere, nun am Boden liegende Linke. Über Stasi-Beamte, die jetzt die Wartburg bewachen, oder ehemalige Lehrer, die Laub vom Weg harken. Die freche Art dieser Leute, die Blockierungsversuche des Aufschwungs, die Durchstechereien. Meine Frage nach dem Ausbleiben des Volkszorns blieb unbeantwortet.
Mit der Unterbringung gab es in Weimar einige Schwierigkeiten. Zunächst führte man uns zu der Familie eines schwer leidenden, verfolgten Germanisten, Bobrowski-Herausgeber, der mich nicht empfing, sondern es vorzog, mit einem Freiburger Linguisten spazierenzugehen, obwohl er doch wußte, daß ich kommen würde. (Also vorgewarnt.) Seine verwirrte Frau beklagte sich, daß der ehemalige Besitzer des Hauses bereits wieder erschienen ist und es zurückhaben will. Und das sei vom Westen nicht recht, das Gerede über die Brüder und Schwestern, und jetzt ließen sie die ehemalige DDR im Regen stehen. «Wir sind die Betrogenen.» – Sie vergißt, daß die Leute, die das

Haus wiederhaben wollen, auch «Ossis» sind und daß sie selbst das Haus auch einmal «haben» wollte. Dachten sie denn in all den Jahren niemals daran, daß sie in einem fremden Haus wohnen? Sind ihnen die Seelen der Weggegangenen nie erschienen? Ich dachte an die Milliarden, die jetzt in diese Lande gepumpt werden, und an die vielen Pakete und Geldzuwendungen von Verwandten und Freunden aus dem Westen, in all den Jahren, an die Millionenbeute, die der Stasi-Staat gemacht hat beim Einkassieren der Zurücklassungen Geflüchteter, und ich konnte meinen Zorn, in den sich auch Beleidigtheit mischte, kaum zügeln. Es bewährte sich in der Diskussion einmal wieder mein Bautzen-Fundus, den ich in geeignetem Augenblick hinblätterte. Unsere acht Jahre waren auch nicht von Pappe, aber das interessiert hier nicht.

Die Familie hat Übles erlebt, das muß man sehen, der Mann bekam mit vierzig einen Herzinfarkt wegen der Schikanen. Wir sahen ihn später, ein gebrochener scheuer Mensch mit weißem Haar. Kinder kein Abitur und so in diesem Stil. Aber die Hand hätte er uns doch geben können?

In der zweiten Unterkunft, einem völlig intakten Jugendstil-Haus, wurden wir von elastischen Eheleuten empfangen, auch hier war der frühere Besitzer schon dagewesen, hatte sich jedoch human benommen, wie sie sagten, will wohl nur Miete kassieren.

Auch diese Menschen verfügten über eine horrende Vergangenheit: Er klein und drahtig, als Physiker strafversetzt in ein Dorf und dann doch gnädig wieder aufgenommen. Sie schwanger: ein praller Kugelbauch in einer lila Wolke. Original-Einbauschränke der Jahrhundertwende, Farbfenster, Stuck, und vor den Heizungen Kettenvorhänge aus gehämmerten Messingplättchen, Küchenaufzug. – Da sie uns ihr Ehebett freigemacht hatten und im Kinderzimmer hätten schlafen müssen, auf dem Fußboden, empfahlen wir uns und kriegten in der dritten Unterkunft – ebenfalls ein Jugendstilhaus – ein Kellergeschoß angeboten. Ein Musiker mit Blüthner-Flügel. Also auch hier wendeten wir uns – typisch Wessi – und kriegten dann doch ein ganz reguläres Hotelzimmer. Warum nicht gleich so?, war zu fragen.

Denk hatte inzwischen, durch meine halblaut vorgebrachten Nörgeleien angespitzt, im historischen, von Hitler verunstalteten «Elephanten» Quartier gemacht.

Von heuchlerisch-handfestem Personal wurden wir empfangen.

Hier können wir wenigstens die Tür abschließen, fernsehen, uns ordentlich waschen. Vor dem Fenster leider drei dicke Rohre, in denen Fernheizung rumort (rauscht).

Wir waren noch bei Kamerad Kranz in seiner gemütlichen Pastoratswohnung, ganz wie bei Studienrat Schäfer in Rostock 1937, mit Büfett und Seestück an der Wand. Es wurde uns reichlich aufgetischt und es wurden Knastgeschichten referiert, die alle irgendwie nicht stimmten. Mit dem Transponierhebel waren sie verschoben.

Mit einem Mädchen vom August-Treffen in Nartum saßen wir am Nachmittag in einem Café. Am Nebentisch ein Herr in Lederjacke, sich Notizen machend. Hildegard war es, die ihn entdeckte, mir wäre der Mensch gar nicht aufgefallen. Er rückte immer näher und näher, und sein Ohr wuchs ihm aus dem Schädel heraus. – Ja, ja, das könnte sein, sagte Erich Kranz, diese Typen könnten es nicht lassen.

In einem Antiquariat kaufte ich ein Max-und-Moritz-Buch, die 101. Auflage, für dreißig Mark. Sie unterscheidet sich in nichts von dem Exemplar, das wir als Kinder hatten, wenn man mal absieht von den Schokoladenstrichen, mit denen ich auch den Struwwelpeter verziert hatte.

Die Lesung war knallvoll: Denk hatte sie organisiert, und er sagte mir auch ganz genau, was ich lesen muß, er überließ nichts dem Zufall. Alles, was er organisiert, «haut hin», mit ihm sind wir noch nie reingefallen. Ich denke noch an London, wo er mich von dem Lehrer abholen ließ, der das größte Auto des Kollegiums hatte, einen Daimler mit Holzarmatur und allerdings sehr kleinem Wendekreis.

TV: Der fleißige Karl Dedecius bekam in der Paulskirche den Friedenspreis des deutschen Buchhandels. Im Publikum Damen mit Hut.

Bayern   Do 11. Oktober 1990

Et is kein stein sau klein, hei füllet en lok.
(Göttingen)

Die Ostzonen-Tour haben wir hinter uns. Wir fuhren mit Denk, der täglich zehn Äpfel ißt, wie er sagt, über Autobahnen und Landstraßen zunächst nach Weimar.
In Greiz, am nächsten Tag, wohnten wir dann privat, Hildegard bei einem netten Musikerehepaar und ich bei einem Arzt in einer früheren Fabrikanten-Wohnung. Der Arzt läßt sich kein Briefpapier drucken, weil er damit rechnet, daß die Thälmannstraße, in der er wohnt, demnächst umbenannt wird.
Wir wurden großartig bewirtet. Der Arzt fuhr uns mit seinem knatternden stoßenden Trabbi zur Göltzschtalbrücke, an die ich mich aus meiner Kindheit (Erdkunde-Buch) noch erinnerte.

Wieviel Millionen Steine daran verbaut wurden. Das Angebot zu einem Wahnsinnsspaziergang konnte abgewehrt werden. Er wurde reduziert auf einen Rundgang durch den Park, in dem uns ein Tulpenbaum gezeigt wurde.

«Wissen Sie, was ein Tulpenbaum ist?»

«Na, eine Magnolie ...»

«*Eben nicht!*» sagte der Herr.

Die hübsche Tochter begleitete uns.

Endlose Stasi-Geschichten.

Der Außendruck in der DDR-Diktatur war wohl die Ursache dafür, daß hier so viele noch intakte Familien existieren. Die Familie, bei der Hildegard wohnte zum Beispiel, so was gibt es bei uns gar nicht mehr. Musizieren gemeinsam und so weiter. Spielen Theater. Wenn der Außendruck nachläßt, läuft alles auseinander.

Die Einigung des Reiches durch Münze, Maße und Gewichte. Das Streckennetz der Eisenbahnen.

Die Lesungen konnte ich wegen der inneren Erregung nur durchstehen mit Valium, zunächst 2 mg, dann 5 mg. Wahre Menschenmassen waren erschienen. Die wechselseitige Dankbarkeit, daß es zu diesen von mir als historisch empfundenen Zusammenkünften hatte kommen können, erwärmte alle Welt.

In Weimar sahen wir das Goethe-Schiller-Archiv. Dr. Wahl ließ uns in säurefreien Kartons Goethe-Handschriften ergrabbeln, ein Wäschezettel ist mir noch in Erinnerung. Dann das Schiller-Haus. Die Original-Tapeten, sein großes Bett und alte Spielkarten, die man bei der Restaurierung hinter einer Dachschräge gefunden hat. Natürlich mußte ich an «Schwere Stunde» denken, Thomas Manns eindrucksvolle Studie. – Dann zu Goethe, durch dessen bürgerlichen Palast sich Menschenmassen schoben. Lange werden das die Dielen nicht mehr aushalten. Was kümmert's uns! Wir haben es gesehen.

Die Bibliothek hinter Maschendrahtgitter. Sein kürzlich zum

erstenmal wieder neu bezogener Sterbesessel. Die Schränke mit den Gesteinen. Die Juno zu groß. Ich nahm ein Gipsmedaillon der Frau von Stein mit.

Die Stasi-Storys, obwohl wir sie doch gemeinsam gehört hatten, wurden uns dann von Denk auf der siebenstündigen Autofahrt nach Lechbruck noch einmal in die Ohren geschrien. Ich konnte das zeitweilig, hinten liegend, durch gestoßenes Theater-Räuspern und deutliches Pferdeschnauben stoppen. – So gut es ging, machte ich mir Notizen über «Heimat», die verschiedenen Aspekte des Begriffs, geographisch, soziologisch, sprachlich, religiös. «Wo findet die Seele die Heimat, die Ruh' ...» Vielleicht in Weilheim darüber sprechen?

Gestern in Garmisch eine Frau: sie sei auch Rostockerin, habe in der Karlstraße Nr. 14 gewohnt. Ob das Haus wohl noch stehe? Wisse ich das? – Es steht vielleicht noch, aber wie?
Lange Geschichten über Handke, der geradezu unverschämt, unfreundlich sei (Denk), zu Presseleuten jedoch liebenswürdig. Wo er in Paris wohne, wollte Denk von ihm wissen.
«Seien Sie nicht so aufdringlich! Das geht Sie gar nichts an.»
Kunze ist hier der große Mann. Er sei ein Auto-Fan, habe einen sehr großen teuren Mercedes, der ihm von Linken schon mehrfach zerkratzt worden sei.
Lit.: Kantorowicz Bd. 2 über Becher, die Seghers und Hermlin. Anstreichungen von Denk, der 14 000 Bücher hat.

FAZ: Die Süssmuth nennt als ihre Lieblingsschriftsteller Marcel Proust und Christa Wolf. Lieblingsschriftsteller! Führt sie denn deren Werke immer mit sich herum? Liest täglich darin wie in einem Brevier? – Die Wolf!
Sehr originell auch, daß sie am meisten von allen «geschichtlichen Gestalten» Hitler und Stalin verachtet. Was haben die davon, wenn sie sie verachtet? Warum nennt sie nicht Krenz und Mielke? Die existieren doch noch.

Nachdem sich das Wort «Akzeptanz» häuslich eingerichtet hat in unserer Sprache, nähert sich nun eine neue Schönheit: «Dirigat». Bernstein dürfe künftig keine Dirigate mehr vornehmen, weil er angeschlagen sei und dies und das hat, steht in der Zeitung.

An anderer Stelle wird berichtet, eine Frau habe Angst vor ihrem Mann gehabt, weil der Wasser aufgestellt habe und zum Kochen gebracht. Sie habe geglaubt, er wolle ihr eine Glatze scheren.

Daß dieser Ort Lechbruck heißt, ließ sich inzwischen feststellen. Wir haben ein komfortables, aber leider etwas kleines Zimmer mit einer Postkarten-Aussicht, die an Kobell erinnert. Für uns Norddeutsche sensationell. Für jeden Heimatfilm würde sie mit Recht abgelehnt werden, weil zu typisch. Die Kondensstreifen über unserer Heimatfilm-Kulisse verschwänden erst nach Tagen, heißt es in der Zeitung.

Das Zimmermädchen wie eine Träumende. Aussiedlerin, aber woher?

Auf dem See, in dem sich die Tannen zittrig widerspiegeln, kleine schwarze Enten wie Wasserflöhe, und ab und zu der silberne Bauch eines springenden Fisches. Schwäne. Vor den grauen Felsbergen, mal weiß, mal graublau, sanfte Matten, auf denen Kühe stehen. Autos fahren dazwischen hin, weit genug entfernt, so daß wir sie nicht hören. Eben starten schwerfällig zwei Schwäne (Gänse?), fliegen ein paar Meter über dem Wasserspiegel dahin und lassen sich mit den Füßen abbremsend wieder nieder. Wozu die Anstrengung? Zwei weitere Schwanenpaare, die vielleicht auch nur Gänse sind, tun es ihnen nach. Dieser Vorgang ließe sich zu Vergleichen über das Leben, wie es für den einzelnen zu verlaufen pflegt, gebrauchen – lassen wir das.

Sozusagen in unserem Rücken das Hotel, das sich in einem desolaten Zustand befindet. Vor kurzem hat sich hier ein Bankrott ereignet, und den neuen Besitzer sah ich um 10 Uhr 15 in einem silbernen Anzug vom Tennisplatz kommen. Das Personal ist äußerst lieb, rennt umeinander, weiß nichts und vergißt alles.

Das Wasser, das aus den Hähnen kommt, darf nicht getrunken werden, aber das hat mit dem Bankrott des Hauses nichts zu tun, sondern ist wohl eher ein Hinweis auf den Bankrott des großen Ganzen.

Wir gingen einmal durch den Ort, nichts Besonderes war zu sehen. «Wir sind hier jetzt in Bayern», dachten wir. Ich kann nicht sagen, daß mir die Menschen hier vertrauter vorkommen als in Greiz.

Wir klagen über die «verlorne Schöne» – obwohl sie noch da ist.

Eine Art ewiger Maibaum fiel uns auf.

Lechbruck   Fr 12. Oktober 1990

Wenn's net wahr is, nacha is's schee g'logn.
(Bayern)

Zwei neue Wörter: «Urinal» und «Umkleide», in Kaufbeuren gestern, Künstlergarderobe.

Ich wurde zunächst im Keller abgesetzt, ein langer Raum ohne Fenster, und saß da, quasi gefangen, bis man mich eine halbe Stunde später in einen tobenden Saal führte. Man hatte den Schülern wohl gesagt, sie sollten mich antoben, damit ich sehe, wie begeistert sie sind. Wie Hitler ging ich durch die Menge, freilich ohne Badenweiler. Sofort war zu sehen, daß ich absolut fehl am Platz, da meistens zehnjährige Kinder – und denen las ich von Mahlers Dritter Symphonie und so weiter, es war grauenhaft. Ich weiß nicht, was das soll. – Hinterher wieder der verhöhnende Trampelapplaus. Und dann ein endloses Herumstehen in Gruppen, wobei Menschen sich an mich und an mir vorbeidrängten. Eine Dreiviertelstunde ununterbrochen Good-

330

will-redend, dann nach Hause: Ich war völlig erledigt. Hildegard war klugerweise im Hotel geblieben.

Die Umsiedlungsaktion der heimatvertriebenen Gablonzer Glasbläser, die man 1945 hier auf dem Gelände einer ehemaligen Munitionsfabrik unterbrachte. Das war damals auch eine Wiedervereinigungsaktion. Manche glücken. Denk erzählte, daß Ganghofer hier geboren sei, der Urvater späterer Heimatfilme. Thomas Mann hat sich freundlich über ihn geäußert. Die Linke wirft ihm vor, im Ersten Weltkrieg als Kriegsberichterstatter hymnische Gedichte verfaßt zu haben («Die eiserne Zither»). Du lieber Himmel, wenn wir da anfangen wollten zu rechten ... Mit den Romanen um die «Watzmannskinder» hat er so was Ähnliches gemacht wie ich mit meiner «Deutschen Chronik», in mehreren Romanen die Geschichte seiner Heimat. Zyklen zu schaffen, das hat Schriftsteller schon immer gereizt. Hubert Fichte, Horst Bienek. Warum nicht? In Zyklen umschließt man die Welt mit beiden Händen.
Schöne Titel: «Der Edelweißkönig», «Schloß Hubertus».

TV: Der arme Schäuble ist niedergeschossen worden. Ich lernte ihn vor Jahren bei Kohl kennen. «Das machen wir», sagte Kohl, als die andern Autoren beim Festessen – wann war es? – irgendwas von ihm wollten.
«Das geht leider nicht», sagte Schäuble schlicht.

Lechbruck   Sa 13. Oktober 1990

'*s schleachtes Rad am Karre tuet am wüeschteste.*
(Allgäu)

T: Ein himmelblauer, phosphoreszierender, leicht schwappender See, in dem ich schwimme. Ich versuche mit einem Gebiß, das ich auf der rechten Hand nach Art von Kasperle-Puppen halte, die Oberfläche zu «fressen». – Das Ganze ist eine Briefmarke.

Wir waren in Ettal und ließen uns von einem schönen, aber halbtauben Mönch-Pater die Wallfahrtskirche zeigen. Sie ist im Zwölfeck gebaut. Die Führung durch den etwas antatschigen Benediktiner, die im wesentlichen aus Aufzählung von Fakten und Zahlen bestand, mündete im Vesper-Gebet der Mönche, zu dem wir gerade zurechtkamen, ein kräftiger, in uralter Manieriertheit dargebotener Wechselgesang. Die psalmodierenden Brüder saßen im Chorraum der Kirche. Ich hatte einen starken Eindruck. Er übertrug sich jedoch nicht auf alle Zuhörer. Hinter uns wisperten drei junge Frauen, sie gingen, Gott sei Dank. – Was mich besonders ergriff, waren die liturgischen Pausen, die zwischen die Responsorien eingeschoben wurden, die wohl zu stillem Gebet bestimmt sind, auf mich aber wie angehaltener Atem wirkten. Der Aufmarsch der Mönche, immer zwei und zwei, hatte etwas von einer Opernregie an sich. «Der Gnade Heil ist dem Büßer beschieden ...» Caspar David Friedrich: Ruine Eldena. Das getroste Selbstbewußtsein, ein bißchen «Kehrdichannichts» im Auftreten – daß man sie während des Gesanges nicht sehen konnte, erhöhte den Effekt. – Beim Pfannkuchen-Essen vor der Lesung im Sprechzimmer des Klosters saß ein junger Mönch mit seiner Mutter. Hildegard fragt sich, wie sich eine Mutter bei so was wohl fühlt.
Ich las danach vor Schülern aus dem «Block», wie Denk es mir empfohlen hatte, und bestand die anschließende Fragestunde zunächst zufriedenstellend. Die Aggressivität der mir als schwierig geschilderten Schüler erwachte dann aber, als ich foppend erklärte, daß ich Franzosen nicht leiden kann. Dieser Köder verdarb den ganzen Abend. – Auch hinterher noch umstanden sie mich aufgeregt, sie wollten mir ihre Meinung geigen. Hätte noch gefehlt, sie hätten eine französische Schülerin beigebracht. Scheint so, als ob schwierige Schüler außerdem noch humorlos sind. Vielleicht hängt das zusammen?

Wir waren auch in Wies, und ich fand es sehr komisch, daß die Wallfahrtskirche, die ich übrigens früher schon mal gesehen hatte, ohne mit tieferem Eindruck davongeschritten zu sein, sowohl innen als auch außen komplett eingerüstet ist. Das machte auf mich den Eindruck, als ob Kirche schlechthin einer Abstützung bedürfe. Ich mußte darüber lachen. Man sagt, daß die Kirche durch Düsenjäger zermürbt worden sei.

Ein Spaziergang an bimmelnden Kühen vorüber (den Kühen sei es nicht egal, welche Glocke sie tragen), und wir aßen dann direkt am Zuweg zur Wieskirche eine Dampfnudel bzw. eine Gulaschsuppe und musterten auf mecklenburgische Weise unverdrossen die Vorübergehenden.

Im übrigen sitzen wir hier jetzt in unserm warmen Zimmer mit unveränderter Großraumkulisse, die wie eine Fototapete vor unserem Fenster hängt.

Gestern mittag ums Hotel herum Rasenmäher.

Schwierig, meine labile Stimmung zu meistern.

Ich hasse Applaus.

«Hundstage» kommt in Frankreich heraus. Das könnte mich für dieses Volk erwärmen. Wie kann man denn ein Volk nicht «mögen»? Die Franzosen! Unsere bessere Hälfte.

2001: *Leider erschien es nicht. Nur die Amerikaner und die Holländer haben das Buch übersetzt.*

TV: Endloser Film über einen russischen Maler, der Fundstücke aus dem sowjetischen Alltag sammelt und aufklebt. Neigung, Ostzonales zu sammeln, wächst. Gehabte Schmerzen, Siegespaniere. Außer Abzeichen habe ich bisher nichts erwerben können. Möchte gern Sozialistischen Realismus haben, zum Aufhängen. In leuchtende Zukunft schreitende FDJ-Mädels.

2002: *Erst in diesem Frühjahr gelang es in Dresden, ein größeres Bild zu kaufen, und kurz darauf in Berlin das Porträt eines Arbeiters von 1975.*

Lit: Kantorowicz. Er zitiert den Brief Heinrich Manns an Arnold Zweig, in dem sich der «Zivilisationsliterat» für die Einladung, in die DDR überzusiedeln, freundlich bedankt. Aus diesem Brief geht hervor, daß H. M. im Osten nicht sehr herzlich erwartet wurde.

Heinrich Mann:

«... die Behörden, auch Herr Wandel, beantworten nichts, weder mir noch meiner Schwägerin. Die Hausbesitzerin stellt Forderungen, ich frage wieso, frage andererseits, was denn ich zu erwarten habe, von der Akademie, Schweigen ...»

Er bittet, von der «Gdynia» abgeholt zu werden.

Hermlin wird von Kantorowicz als «eisig» bezeichnet, Becher als übereifriger, willfähriger Barde, Abusch: «Die zu allem bereite, die zu jeder mörderischen Perfidie fähige Parteiratte ...»

Sie hat uns alles gegeben
Sonne und Wind
und sie geizte nie.
Wo sie war, war das Leben
was wir sind,
sind wir durch sie.
Sie hat uns niemals verlassen,
fror auch die Welt, uns war warm.
Uns schützt die Mutter der Massen,
uns trägt ihr mächtiger Arm.
Die Partei, die Partei hat immer recht,
und, Genossen, es bleibe dabei –
So, aus Leninschem Geist
wächst, was Stalin geschweißt
die Partei, die Partei, die Partei!

«Fürnberg heißt der Dichter», schreibt Kantorowicz. «Nach diesem Entree wird er's bei uns weit bringen.»

Langhoff (Wolfgang): «schwach, duckmäuserisch, liebedienerisch.»

Zu der herzenskalten Seghers hat er eine persönliche Abneigung.

Hermann Kant sei auf ihn als Spitzel angesetzt worden.
Wie tatendurstig Kantorowicz seinerzeit in die Ostzone reiste,
1945, und wie jämmerlich er dann nach seiner Flucht aussah, in
Hamburg, in seinem zu großen Anzug.

Eben tritt eine Frau auf den Nachbarbalkon. Sie bezeichnet die
Aussicht, die auch wir bewundern, laut als «affengeil». Solche
Sprachmacht ist mir nicht gegeben.

Lechbruck   Sa 14. Oktober 1990

Ba nicks fällt, kann nicks opstân.
(Grafschaft Mark)

Gestern abend waren wir in der hiesigen Kirche, bevor wir uns
mit acht Lehrern zum Leberkäse niedersetzten, und lauschten
in der Finsternis dem Rosenkranz-Gebet der Frauen. Es muß
ein Bedürfnis bestehen im Menschen, in Litaneien zu verfallen,
denn diese Erscheinung gibt es auch in anderen Kulturen. Die
Frauen skandierten den Englischen Gruß wie in einem Dis-
sonanzen-Akkord. Ich mußte an das Spruchband denken, das
in mittelalterlichen Darstellungen zu Mariä Verkündigung aus
dem Munde des Engels hängt. Ich glaube nicht, daß dieser
«Mundwurm» im Ohr Gottes zum Ohrwurm wird. Das ist
wohl eher eine Art Speise, die ihn am Leben hält. Die Ohren
werden ihm aus anderen Gründen klingen, ein häßliches Geräusch, das er nicht abstellen kann.
Wenn Katholiken in ihrer Kirche nicht Bescheid wissen. Meistens haben sie von nichts 'ne Ahnung. Werden schnippisch,
wenn man sie um Auskunft bittet. Litanei gibt es in der katholischen Kirche seit dem fünften Jahrhundert! Jetzt wird das
alles abgesägt.

FAZ-Fragebogen: Hans Sahl möchte zwischen den Kontinenten leben. Er hätte gern Franz von Assisi sein mögen. Als Lieblingsblume gibt er das Mauerblümchen an. Die natürliche Gabe des Gesundbetens möchte er haben.

2002: *Das Wort «Emigrant» hat etwas Brandmarkendes an sich, Analogbildung zu «Simulant»/«Ignorant»? – Dieses Weghasten, immer werden sie am Jackenzipfel gepackt, reißen sich los, das letzte Visum, die letzte Schiffskarte, und drüben dann Krawatten verkaufen? In Paris habe er von einem Croissant zum andern gelebt, schreibt Sahl. Eine Bibliothek von Emigranten-Memoiren will ich mir beschaffen. Sahl hatte noch das schwere Schicksal, sich im Exil gegen die Linke wehren zu müssen. («Das Exil im Exil», 1990) – Ich lernte den inzwischen Erblindeten bei Raddatz kennen, da saß der fast Neunzigjährige im Garten und zeichnete mir sein Selbstbildnis verrutscht in mein Album. Gaus saß neben ihm. Warum hat er Sahl nie interviewt?*

2005: *... und dafür Kant zweimal?*

Lechbruck   Di 16. Oktober 1990

Probiren geht iber schtudiren. (Jiddisch)

T: Auf dem Hof des Zuchthauses (Bautzen?) steigen Häftlinge aus einer «grünen Minna» aus, darunter meine Mutter, mit der ich mich eine Stunde unterhalten darf.

Gestern früh waren wir auf dem Auerberg. Wir fuhren wie die rechten So-Fah's mit 60 km/h. Auf dem Auerberg eine kleine sauber gescheuerte Kirche mit ländlichen Heiligen-Schnitzereien, völlig ungeschützt. Wir hätten uns ohne weiteres eine Putte aus der Rosenkranz-Madonna herausbrechen können.

336

Ein sächsisches Ehepaar: «Hier muß aber auch mal was dran getan werden!» – Bei dieser Einstellung müssen diese Leute ja, wenn sie an ihre Heimat denken, mißmutig werden. Ein Trümmerhaufen neben dem andern, von Braunkohledunst umwabert? Die Lesung gestern in Murnau verlief dank geänderten Programms befriedigend. Idiotische Bums-Musik im Haus der Kultur vorher und das Andrängen von Verehrerinnen hinterher, die uns zu Rucksack-Touren in Bergeinöden verführen wollten.

Vorher noch ein Besuch bei Frau Baumann, die uns ziemlich sofort darauf aufmerksam machte, daß der Mann das schreckliche Gedicht, mit dem sein Name für immer verbunden sein wird, im Alter von fünfzehn Jahren anläßlich eines Bauden-Aufenthalts mit Wandervögeln eher improvisiert als geschrieben habe (1929).

Es zittern die morschen Knochen ...

Sie deutete auch die kolossalen Schikanen an, die er, ähnlich Arno Breker, zeitlebens erdulden mußte.

Ich finde das ungerecht, obwohl ich sagen muß, daß ich seine gesamte lyrische Produktion – «Es geht eine helle Flöte ...» –, die den Erwartungen der Nazis voll entsprach, nie leiden konnte; mit herben Holzschnitten verziert sind sie in geselligen Liederbüchern abgedruckt, die wir noch 1957 auf der Pädagogischen Hochschule in Göttingen benutzen mußten. (Wobei ich, wenn es sich machen ließ, extra falsch sang.)

Nach einer halben Stunde schieden wir nachdenklich. Ich kriegte noch einen Schreck, weil mir zu spät einfiel, daß sich höchstwahrscheinlich in «Herzlich willkommen», das ich ihr schenkte, ein Seitenhieb auf ihren Mann befindet.

Auch so ein Fehler der Konversationslexika: wer MURNAU aufschlägt, wird dort keine Prominenz verzeichnet finden. Kandinsky, Münter, Horváth: Fehlanzeige. Fabriken: ja.

Lit.: Kantorowicz. Wohltuend die Bestätigung meiner Einschätzung vieler Existenzen da drüben. Manche Einzelheit (Stephan Hermlin!), die mir unbekannt war. Alles in allem befremdet mich an dem Buch, daß er das Trara der Vertriebenen-Verbände hier im Westen mit Ulbrichts Zwangsstaat und dessen Erscheinungen gleichsetzt. Andererseits zieht er fast auf jeder Seite Parallelen zwischen Ulbricht und Hitler. Auch diese Parallelen stimmen nicht.

Die Russen schildert er als liebe Freunde, und von den stalinistischen Greueln im Spanienkrieg hat er offenbar noch nie was gehört, obwohl er doch dabei war.

Wieland Herzfelde wird von ihm als «Dummkopf» bezeichnet. Bissige Notizen gegen Erika Mann («Herzensfreundin von Becher»), was mich freute.

Seeg   Fr 19. Oktober 1990

Gahn und kê Ende.
(Oberlausitz)

Letzter Tag! – Bei einem Psychologen-Lehrer-Ehepaar zu Gast mit goldbebrilltem, schwarzhaarigem Sohn und blasser Tochter. Die doppeltürmige Rokoko-Kirche St. Ulrich in Seeg, die Heuss immer so geliebt habe. Seeg sei der «Logenplatz vor den Alpen», so titelt der Stadtverein.

Die Lesungen in Weilheim waren triumphal. Denks Konzept, die Kinder im Unterricht auf die Lesungen vorzubereiten und die Zuhörer Eintritt zahlen zu lassen, ging voll auf. Die ulkigen Kinderfragen hinterher, ob wir Haustiere hätten, ob ich ein Idol hab'. Ob *Kempowski* mein Künstlername sei. Ob ich als Kind mal einen Verweis bekommen hätte. Meine Lieblingszahl. Denk ist im wahrsten Sinne des Wortes ein Unikum, so was gibt es in der Welt nicht noch einmal.

Wirbeliger Abschluß der ganzen Tour, die zweitürmige romanische Kirche in Altenstadt bei Schongau. Der eherne Christus in der finsteren Kirche «Der große Gott». Eine einzelne weiße Nonne davor. Um 1200 ist er geschnitzt worden. Großer Eindruck, an «darüber» gedacht und tiefen Dank empfunden.
Beim letzten Mal vor Jahren in Weilheim überreichte mir ein Mädchen ein kleines Andenken an die Schule. Ich fragte sie, wieso man ausgerechnet sie dazu ausersehen habe.
«Wail isch so aahnsehnlich bin.»
Als beste Lesekombination (Denk-Cocktail) erwies sich: eine Viertelstunde «Böckelmann», dann «Herzlich willkommen», das Erziehungsheim (30 Minuten) oder vom «Block» die beiden ersten Kapitel, danach Signieren und dann «Klavierstunde» aus T/W.

Hürth   Mi 31. Oktober 1990

All willen se lang läben, aewer keener will olt warden.
(Mecklenburg)

Ich hörte und sah gestern zufällig im Fernsehen ein Stückchen Demonstrationsgeschrei von 1989: «Wir sind das Volk». Das war mir so unangenehm, daß ich sofort abstellen mußte. Vorbei! vorbei!
Im Grunde ist mir jede Art von Demonstration zuwider. Die Ausgelassenheit westdeutscher Demonstranten im Widerspruch zu ihrem oft doch sehr ernsten Anliegen.
Die großen Leipziger Demonstrationen sind jetzt schon eine Angelegenheit des Schulfunks.
Am «Echolot» gesessen.

Fortsetzung der Lesereise. In Nartum nur eben die Füße gewaschen und die Post durchgesehen.

Ein junger Ostberliner schreibt, daß er längere Zeit in den USA gewesen sei, und es habe ihm dort, ehrlich gesagt, überhaupt nicht gefallen.

Eine Dame aus Ettlingen bedankt sich für das Literatur-Seminar. «Ich habe selten so viele merkwürdige Menschen auf einmal getroffen.» (Sind wir alle so merkwürdig?)

Ein aufgeregter Herr aus Leipzig erkundigt sich nach den Sommerlagern, die bei uns in Nartum stattfinden, wo sprachbegabte Kinder ihre Sachen vorlesen können. Zwei dieser Kinder, die er mir vorschlägt, trügen seiner Meinung nach in sich einen zarten Keim für ein späteres Dichteramt. Ob ich mich – «sehr geehrter Herr Kemkowski» (sic!) – entschließen könnte, sie für mein Sommerlager vorzumerken?

Pulheim, Brühl, Köln.

Post: SZ möchte eine Galerie deutschsprachiger Schriftsteller und Schriftstellerinnen in Kinderbildnissen veröffentlichen. Gewürzt werden solle das alles mit treffenden oder widerborstigen Zitaten aus einem Schulzeugnis. Ob ich Lust und Laune hätte, mich daran zu beteiligen?

Es gab ein Foto von mir, das ein Lehrer während des Unterrichts aufgenommen hatte. Es ist, wie so vieles, dahin.

Ein Herr aus Mainz bittet mich um eine Signatur des «Sirius». Meine dröge Erzählweise gefällt ihm, schreibt er, ich sei ein knöderiger Autor.

Der Fotograf Wittenburg, der mich bei meinem ersten Besuch in Rostock begleitet hat, dankt mir für meine Ermutigungen, er ist jetzt Mitarbeiter bei Canon, und es geht ihm gut. Endlich mal einer von «drüben», der nicht klagt. Er will zu «Aus Großer Zeit» begleitende Fotos machen, überhaupt zu meinen Rostock-Romanen. Man könne eine «illustrierte Chronik» herausgeben, meint er.

Vielleicht wäre es viel besser, man würde die «Deutsche Chronik» mit Parallel-Fotos aus dem Archiv illustrieren, also nicht die Kempowski-Familie und auch nicht Rostock, sondern Vergleichbares aus andern Städten und Familien. Die «Chronik» also weiter ins Allgemeine wenden. Ich habe vor einigen Jahren schon einmal einen Versuch gestartet. Blieb liegen, wie so manches.

In Brühl traf ich Herrn von Haeseler. Sein Vater war ein Freund meiner Mutter, in den dreißiger Jahren. Es existierten noch Briefe, sagte er, bei Gelegenheit werde er sie heraussuchen.

2005: *Hat er leider nicht getan. Aber er schickte Fotos von unserem Dampfer «Consul Hintz», mit dem sein Vater mal eine Fahrt nach Finnland mitgemacht hat.*

Am «Echolot».

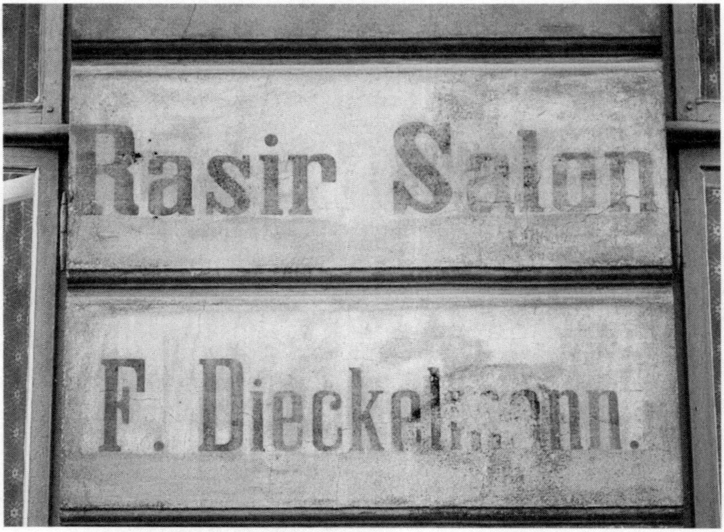

November 1990

München/Nartum   Sa 1. November 1990

D' Weibsleut muss man red'n lassen,
und 's Wasser rinnen. (Bayern)

Gestern Talk in München, neunzig Minuten über Depressionen. Ich sagte zum Taxifahrer: «Fahren Sie mich nach Freimanning.» Das gibt es natürlich überhaupt nicht, aber er hat dann doch zu den Studios gefunden. Karasek leitete die Sache (22.40–0.10 Uhr). Ich hatte erhebliche Gewissensbisse, weil ich Hildegards Krankheit auf den Markt trug. Einladungen ins Fernsehen darf ich nicht ablehnen, auf eine solche Werbung kann ich nicht verzichten, der Verlag macht ja gar nichts. Vielleicht habe ich ja auch nur deshalb zugesagt, weil ich Karasek für sein Wieser-Engagement im Januar Dank schulde. Wenn er nicht gewesen wäre, hätte es damals schlimm ausgehen können. Er meinte, *ich* sei an Hildegards Krankheit schuld, er wisse das, weil er mein Tagebuch gelesen habe. – Wer denn im «Sirius» das schöne Porträt von ihm gezeichnet habe? Er erkannte nicht, daß es ein Selbstbildnis ist. Er bezeichnete es als lustig. Nach Fernsehauftritten habe ich immer das Gefühl, ein Schüler ohne Hausaufgaben gewesen zu sein. An dem Talk nahmen auch zwei Schauspieler teil, der Himmel weiß, weshalb! Frau Fendel und ein Schönling. Letzterer präsentierte sich als Blindgänger: «Ich rauche nicht, ich trinke nicht, ich esse kein Fleisch ...» Frau Fendel gab den Clown, in der Gesellschaft von Zombies etwas sonderbar. Danach dann aber sehr nett zu mir, bedauerte mich und so weiter, wozu nun wirklich kein Anlaß.

Nach der Sendung versammelte uns der Chef im «Aufenthaltsraum»: Er müsse nun mal Manöverkritik loslassen. Der Mann
vergaß, daß er uns ja nie wiedersieht.

Originell, daß ich durch meine Mitgliedschaft in der LDP in
der Ostzone (1946–1948) quasi Mitglied einer Blockpartei war.
Beim Tribunal wirkte das strafverschärfend, obwohl die LDP
damals doch schon zum ANTIFA-Block gehörte. Und jetzt
hängt mir das immer noch an, aber andersrum. Jetzt bin ich ein
Konservativer, das heißt ein rechtes Schwein.
Denk zu Tankred Dorst: «Wie kommt es eigentlich, daß Kempowski von der Kritik so schlecht behandelt wird?»
Dorst: «Er hat in Bautzen gesessen ...»

TV: Das Wahlrecht ist den Ausländern in Deutschland verwei-
gert worden. Erfreulich!

USA – die Supermacht des Westens.
Der Riese schwankt, aber er fällt nicht.
(Schlagzeile in der «Welt»).

Für einen Whisky, einen Gin, zwei Selterswasser zahlte ich im
«Residenz» 31 Mark!
Essen war sehr gut.

Avocado (mußte ich nachwürzen)
Tomatenessenz (zu kalt)
St.-Pierre-Fischfilet in Butter gebraten
Bayerische Creme.

Dazu ein riesiges Weißbier.
Ich mußte eine Valium nehmen, sonst hätte ich nicht schlafen
können.

15 Uhr, Rückfahrt nach Nartum, heute um 9.30 Uhr angetreten, 11.40 Uhr in Hamburg. Dort Schneeweiß verpaßt, 14.22 Uhr weiter.
Menschen angekuckt, wie sie sich im Kurschritt vorüberschieben, eine Elefantenhorde. Niemand, der sich mal ein bißchen hübsch macht, die Frauen, ein Wettbewerb für eine Häßlichkeits-Show, und die Männer, als ob sie grade aus dem Hobby-Keller kommen.

TV: In Archangelsk kein Brot, Reis, Mehl. Keine Butter, keine Eier. Die riesigen Wälder hat man abgehauen.
Für jeden normalen Menschen ist es einzusehen, daß das alles mit zunehmender Beschleunigung der Katastrophe entgegentreibt.
Doris Lessing hat ein zutreffendes Bild entworfen.
In Georgien sind die Kommunisten offenbar abgewählt worden.
Ein Emissär der PDS hat in Oslo zum zweiten Mal versucht, 70 Millionen abzuheben. Nun sitzt er natürlich. Das Geld, was machen sie damit?

Eine junge Ärztin kam heute, aus Dresden. Sie habe sich nicht besonders gefreut über die Vereinigung, sagte sie. Daraufhin reduzierte ich meine Gastfreundschaft. Auf das Unumgängliche. Was wollte sie bei uns?

Film über die Stasi. Der dünnlippige Hager. Honecker küßt Kinder.
Die Lafontaine-Attentäterin, wie sie im Polizeigriff abgeführt wird, zu beschleunigter Gangart gedrängt. Man hätte sie ja auch langsamer gehen lassen können, man *hatte* sie ja schon.
In Polen Mafia-Banden. Kommt noch soweit, daß man um die Städte wieder Mauern baut und an den Toren Wachen aufstellt.

Handwerker haben im Archiv die Lampen angebracht («angebrungen», wie KF als Kind sagte).

Kanaltunnel durchstoßen. Belanglos. Erinnere mich an das Buch «Der Tunnel» von Bernhard Kellermann, das lasen meine Eltern vor fünfzig Jahren. Dabei ging es allerdings um einen Atlantiktunnel. Das Buch liegt in jedem Antiquariat herum.

TV: Wiederholung des Films vom Helmut-Schmidt-Besuch in Güstrow. Alle zehn Meter ein Stasi-Mann. Und der Schnee. Dieser Film hat seine Qualitäten. In jeder Haustür stand ein Stasi-Mann. So etwas hatte die Welt noch nicht gesehen. Einem einzigen Passanten gelang es, bis zu Schmidt vorzudringen. Bumms! Es wird ausführlich geschildert, wie er das damals angestellt hat.

Es ist unverständlich, daß Schmidt sich das gefallen ließ. Diesen Film als Endlosschleife immerfort senden. Er sagt viel über die Deutschen aus.

2002: *Sancta simplicitas! Beim Bush-Besuch in Berlin boten sie 10 000 Polizisten auf!* **2005:** *Und in Mainz räumten sie die ganze Innenstadt.*

Daß die Stasi sogar Inschriften in Pißhäusern untersucht hat, wurde gesagt. – Ich wollte in Oldenburg mal jemanden dafür gewinnen, Klo-Inschriften zu sammeln. Seine Freundin könne sich ja in der jeweils anderen Abteilung umsehen. Stück fünf Mark. Für so was findet man niemanden, und ist die Not auch noch so groß. Eigenartig, daß es in «Damen»-Toiletten keine Graffiti gibt. Das immerhin war zu erfahren.
Früher stand «FRAUEN» an den «Bedürfnisanstalten» und «MÄNNER». Heute sind in Messing gegossene Mädchen auf Pinkelpott an die Türen genagelt, oder Buben, die's im Stehen abmachen.
Im Berliner Kempinski befinden sich Scherenschnitte: in der Männerabteilung eine Frau mit Zylinderhut auf. Rätsel über Rätsel.

Nartum – Frankfurt   Fr 2. November 1990

Wat de Bur nich kennt, dat frett he nich. (Ostpreußen)

Bücher aus Köln sind gekommen.
Kafka-Tagebuch. Ich suchte vergeblich die berühmte Eintragung «August 1914, Rußland hat den Krieg erklärt». Dafür fand ich eine sadistische Notiz über das Sporen eines Pferdes.
«Echolot» darf nicht lehrhaft wirken.
Ich habe schon wieder an Collage gedacht. Der Vergleich mit Kluge trifft zu und gefällt mir.

«Echolot»: Heute früh gab ich Brecht-Texte ein. Das mulmige Gefühl, mit «Echolot» auf dem Holzweg zu sein. Es fehlt «das Auge des Zyklons», ein Gedanke, der die einzelnen Konvolute zentriert. Reine Addition kommt nicht in Frage, Dialogisierung ist problematisch, zu bastlerartig. Auf alle Fälle ist der Umfang zu reduzieren. Deshalb muß erst mal «Umfang» da sein. Konzentration auf Januar/Februar 1943. Kriegsende kommt später.

Zustimmende Briefe zu «Sirius». Die Frage, ob ich meine Aktivitäten aufgeben sollte, Lesungen usw., weil «es uns ja nun gutgeht» (Hildegard). Wenn ich sie aufgebe, wird es uns sehr bald nicht mehr gutgehen. Wenn ich mit den «Hundstagen» nicht auf die Reise gegangen wäre, dann hätte sich das Buch nicht durchgesetzt. Die Angst des Vaters, seinem Kinde könnte etwas zustoßen. Das Erwachen der Kämpfernatur. Das Abpuffen des Adrenalin-Ausstoßes.

«Zeil um zehn». Zur Talk-Show mit Rezzori.

18 Uhr. – Unter uns Frankfurt als Lichterbaum. Wir sind das Christkindl. Ein schöner Buchtitel: «Berlin, jetzt freue dich». Zeitung: Warschauer Pakt wird aufgelöst.

Nartum   Sa 3. November 1990

Di krenk kümt zentnerweis, ün geht aweg lojtweis.
(Jiddisch)

38% der Sowjetmenschen glauben (wieder) an Gott. – Ich weiß nicht, woher sie diese Zahlen haben. Am Ende sind es 38,5 %? – Bilder von Babuschkas, wie sie Kerzen anzünden. Alle Kirchen abbrechen? Sie haben es eben nicht konsequent gemacht, auch nicht alle Popen ins Lager gesteckt, hier und da überlebte einer, und die Herrgottswinkel ließen sich die Bauern nicht nehmen. Und das blüht natürlich jetzt auf. Bei uns hier kann von «blühen» keine Rede sein. Hier weigerten sich die Kirchen ja sogar, die Glocken zu läuten am Tag der Wiedervereinigung. «Wir jungen Theologen waren natürlich alle links», schreibt mir einer. «Lieber rot als tot», sei die Devise gewesen. Die Gespräche mit der älteren Generation hätten sie immer sofort abgebrochen, da sei ja doch immer nur was vom Krieg gekommen ... – Nun ja, und deshalb sind eben die Kirchen jetzt leer. Freu' ich mich darüber? Mir hat man damals fünf Mark aus der Wanderkasse gegeben.

Dieses Foto von dem Pastor, der sich im Talar dem Wasserwerfer entgegenstellte. Er wollte den Anfängen wehren und hat damit das Ende eingeläutet.

Den Kapitalismus wollen sie jetzt drüben einführen, der funktioniert ja nicht einmal in den USA, von Südamerika, Afrika, Indien usw. zu schweigen.

Ab 1. November gibt es drüben neue Autokennzeichen.

TV: Umkippende Lenin-Denkmäler.

Loest entlarvt seine Verräter, aber er nennt sie nicht bei Namen. Sie zu entarnen und aus den Stellungen zu vertreiben, überläßt er anderen. Das ist der Mann, der zur Pistole greift und einen Taschenkamm hervorholt.

TV: Die Wahl-Fernsehspots. CDU hat's leicht, ein Buch wird aufgeschlagen mit ihren Erfolgen. Die Reklame der SPD ist schwachsinnig: Kleine Kinder werden vorgeführt nach dem «Dingsda»-Muster.

Das Talken gestern war nicht so aufregend. Der galante Rezzori, die irgendwie rasante Bachmeier und die wie unter Pillen stehende Peggy Parnass. Allgemeines Gelaber bei zeitweilig drohendem Stillstand. Ein Schauspieler, der in einem Stalingrad-Film mitgespielt hat. Tomatensoßenblut auf der Uniform – er schilderte die Leiden der Soldaten im Schnee, mit Hunger und Durst, so wie er sie uns vorgespielt hat in dem Film. Ich wurde wütend über den gestohlenen Schmerz. So was nachzuspielen, das geht doch eigentlich nicht. Und sich dann noch als eine Art Sachverständiger, ja als Leidender der Öffentlichkeit vorzustellen! Es gibt doch noch lebende Stalingradkämpfer, wieso fragt man die nicht? In Kiel lernte ich einen Buchhändler kennen, der in Stalingrad gefangengenommen wurde. Der sagte allerdings nur: jaja, wenn man ihn danach fragte.

Hinterher in der Lobby viel getrunken, mit der Bachmeier geschäkert und mit einem grüngewandeten Mädchen, Friseuse, die in ihrem Salon Bilder aushängen *will*, weshalb sie zu der Talk-Show geladen worden war. Sie wollte mich zu ihrer Familie schleppen, das konnte abgeblockt werden.

Rezzori, der wegen seines Buches «Ödipus siegt bei Stalingrad» eingeladen worden war, wohnt in Italien, hat dort auch einen alten Turm und läßt sich von zwei Inderinnen bedienen. Hübsches Tagebuch hat er geschrieben: «Die Toten auf ihre Plätze!», von Filmarbeiten mit der BB und der Frau wie heißt sie noch?

Dierks rief mich an. Redete über dies und das und sagte kein einziges Wort zum «Sirius», obwohl ich ihm das Buch gewidmet habe!

Der Schüler aus Bochum, den ich im «Sirius» erwähnte, der die fragliche Stelle gelesen hat und mir Mittwoch «Bochum zeigen will». Ich habe ihn auf ein gemeinsames Essen reduzieren können. Er sagt, ich hätte alles ganz korrekt geschildert im «Sirius». Seine Freundin liest «Aus großer Zeit» auf französisch. – Freiexemplare des «Sirius» habe ich immer noch nicht. All die vielen Leute, die von uns die Bücher geschenkt kriegen und sich hinterher mit keinem Wort dazu äußern.

Langes Telefonat mit KF. Er hat «Metropolis» gesehen, von Lang, mit DEFA-Orchester.

Immer muß ich lachen, wenn ich an mein Leben denke.
Arabella-Hotel: Ich tafelte fürstlich auf dem Zimmer, weil ich

dachte, es sei im Honorar einbegriffen, was ein Irrtum war. Ich war etwas unruhig, weil ich dachte: das grüne Mädchen ruft mich vielleicht an? Ich stellte mir in diesem Zusammenhang alles mögliche vor.

Nartum So 4. November 1990

Dicht daneben is ooch vorbei. (Berlin)

Jetzt wird *day by day* die stille Revolution repetiert. Ziemlich unerträglich. Den Massen wird immer und immer wieder vorgekaspert, wie tapfer sie damals durch die Straßen marschierten. Heute der sonderbare Heym und die dicke Schauspielerin, die vierzehn Tage vorher noch Honnie zugejubelt hatte, der heisere Schalck-Golodkowski und der Hasardeur Wolf. – Auf einem anderen Kanal Walter Jens und Heiner Müller, allerhand Drehungen und Wendungen. Über Heiner Müller will ich mich nicht äußern, der hat mal was Nettes über mich gesagt. – Ein lustiger Film über den Presseball in Bonn, herrliche Typen, entlarvend, zwischendurch die kindlichen fünfziger Jahre, Presseball mit Karlchen Schiller, dem kleinwüchsigen Großwildjäger Gerstenmaier, Mende und dem angetrunkenen Klaus Schütz, der zu Hummer «igitt» sagt. Ach, wie selten kriegen wir so gute Filme zu sehen. Zum Schluß noch Swing-Raritäten, die unvergeßlichen, «Piècen», wie man früher sagte.

Am Vormittag kam Harald aus Hannover mit dem elektrischen Klavier und einer weiblichen Schaufensterpuppe, die ich als junge Pionierin einkleide. Kurz danach ein Bremer Ehepaar mit einem riesigen Nachlaß, für dessen Sichtung ich Wochen brauchen werde.

Musik: Quartette von Ravel und von Debussy.
Lit.: Gaus: «Wo Deutschland liegt», 1983.

Unterwegs, undatierte Reisenotizen November 1990

Hamburg: Ich schlenderte etwas durch den Flughafen. Ein kleines Mädchen mit drei Puppen auf dem Arm. Es drückte sie abwechselnd an sich: ein Herz voller Liebe. (Später läßt sie dann «abtreiben» – was für ein Luxus.) Neben mir im Flugzeug sitzt ein Typ, der mich mit dem Ellbogen stößt. Engländer.
In der Flughalle ein flehender Mann zu einer aufgedonnerten Frau: «Aber ich dachte doch, du kannst den Zigarettenrauch nicht ab ...» – «Ach was!!» Wie selten sieht und hört man in der Öffentlichkeit Auseinandersetzungen mit an. Nie sieht man jemanden weinen. Oder singen? Hört man jemanden auf der Straße vor sich hinpfeifen? Neulich begegnete mir ein Mädchen, das lächelte.

In Köln und Umgebung las ich aus dem «Sirius». Bittel sagt, daß täglich einhundertfünfzig Stück bestellt werden. Man habe im Verlag Kohout den Vorrang gegeben, und nun seien meine Zahlen viel besser. Bezeichnete Paeschke als «flapsig».
In der Werbeschrift des Knaus Verlages für meine Lesungen steht zu lesen: «Erregte im Januar Aufsehen wegen eines Plagiatsvorwurfs.» – Verantwortlich dafür ist natürlich niemand. Zu Wutausbrüchen reicht es nicht. Manchmal möchte man in der Tat alles kaputtschlagen.

Hamburg: Im Antik-Center ein Plakat: «15 Jahre Antik-Center!» Heute war das Jubiläum, jeder Händler hatte Sekt parat, aber nicht ein einziger Besucher ließ sich sehen! Ich war der einzige! Und ich kaufte nichts!
Die Menge der in Hamburg herumstehenden Autos ist enorm. An diesem «Individualverkehr» muß unsere Welt kaputtgehen. «Die totale Autogesellschaft» – daran ist schon was. Spätere Generationen werden sich das ebensowenig vorstellen können wie die heutige Jugend die Trümmerlandschaften unserer großen Städte.

352

Köln   Fr 9. November 1990

*Augendieners sind Herens Leiw un stealet noch sliemer
as en Deiw.* (Westfalen)

Mäßige Lesung in einer Cafeteria (Gonski). Antiquariat in
Deutz mit einem Herrn Bänfer. Fotoalben. Poesiealbum auf
o runtergehandelt von 800,–. Ich gebe Manuskriptseiten da-
für.
In der Nacht Ophüls-Film, zweiteilig, sehr interessant, seine
Sprechweise. Nachhakend, Collage.

TV:
Hermlin: «Ich hab mich über die Mauer gefreut.»
Müller: Demokratie findet er langweilig.
Markus Wolf hat von nichts gewußt.
Schabowski durfte auf Balkon nur verdeckt gefilmt werden,
weil Nachbarn sich sonst aufregen.
Honecker, von fern, wie er durch den Park geht, von zwei Sol-
daten eskortiert. Er sieht von hinten immer noch wie ein Dach-
decker aus.
Gorbatschow, Vertragsunterzeichnung mit Kohl. Vermutlich
für den Wind, denn die SU gibt es ja gar nicht mehr.
Kohl blickt sich um, sichtlich stolz, zu Recht.
Schiller in der FAZ unterscheidet zwischen Investitionen und
Kosten. 500 Millionen wären doch keine Kosten. Nur die Zin-
sen von 13 Millionen DM. 500 Millionen wären Milchmädchen-
rechnung. Es werde ja auch eingespart. Zonenrandförderung,
Rüstung, Berlin-Subventionen. Er warnt vor Aufbauplänen.
Sagt Boom voraus.
Es scheint fast so, als sollte das alte Europa zwischen den zu-
sammenkrachenden Erdteilen eine letzte Blüte erleben.

Erenz amüsierte sich neulich darüber, daß ich die Lexikonbän-
de (Meyer) im Schuber gelassen habe. Nun ja, er bekommt als
Kritiker die Bücher ja geschenkt.

353

Lösung für die «Chronik»: dem Dorf-Roman einen Band Befragungen vorausschicken, Stau, Zukunft, Eltern, Spielsachen etc.
Ein ehemaliger Schüler rief in der Nacht an, er will mal mit jemandem reden. War offenbar betrunken. Ich benahm mich leider ungeschickt.

Carla Damiano hier. Ich erklärte ihr den Zusammenhang der «Chronik»-Bücher untereinander, wieso die «Befragungsbücher» dazugehören, deren Funktion und den Unterschied zwischen Form und Inhalt. Wir nahmen meine Belehrungen auf Band auf.
Bin ausgelaugt.
TV: Gorbatschow in Speyer, das sogenannte Bad in der Menge.
Der Kanzler in seinem häßlichen braunen Anzug.
Über Novalis.

Im Fernsehen Gedächtnissendungen zum 9. November. Sie wissen nicht, wo sie hinkucken sollen, 1918? 1938? 1989? Allgemein wird es bedauert, daß nicht der 9. November zum Nationalfeiertag erklärt wurde. Aber das wäre wohl nicht gegangen.

Nartum   So 11. November 1990

Aus den Aen, aus dem Hierze. (Luxemburg)

«Zeit»: «Brigitte Kronauers hellwacher Roman.» (Iris Radisch)
Mal ein Buch zusammenstellen aus verkitschter Kritikerprosa.

TV: Oscar Peterson, ohne quärrendes Mitsingen, goldene Ketten am Handgelenk.
Carla fuhr ab.
Mit Duyns telefoniert, tut mir leid, daß man ihn mit unserm

Bautzen-Film so hängen läßt. Kein deutscher Sender hat ihn übernommen! En vogue. Wie sagt man? Das, was ich erlebt habe, ist nicht en vogue?

Erich Kuby möchte laut FAZ Gulda oder Swjatoslaw Richter sein. Er verachtet nicht Hitler, sondern das deutsche Volk. «Vierundzwanzig Jahre bewußt Zeitgenosse von A. H. lehrten mich, nicht ihn, sondern unser Volk zu verachten.»

Briefe von Menschen, die in Bautzen verschollene Angehörige suchen. Ich vermute, die meisten dieser armen Menschen sind in den ersten Jahren zugrunde gegangen, wurden einfach verscharrt auf dem legendären Karnickelberg, den es, wie jetzt zu hören ist, gar nicht gibt, auf dem jedoch trotzdem ein Gedenkstein errichtet werden soll. Die Welt ist voller Mysterien. Jedenfalls sahen wir zeitweilig jeden Tag den Totenwagen fahren, von der Zelle aus. Hing ein nacktes Bein über die Ladefläche?

Hiddenhausen   Di 13. November 1990

Brinkel machen Braut. (Glogau)

Ich sitze hier in einem einsamen Landgasthof in Feudalgefangenschaft. Kein Service, aber ein TV-Gerät. Langer, ungestörter Mittagsschlaf (zwei Stunden!). Ich lese Tagebücher aus dem Archiv für das «Echolot». Was sollten wir mit den Nachlässen anfangen, wenn wir sie nicht ins «Echolot» hineinnähmen?
In der Gaststube zwanzig DDR-Männer, die offenbar umgeschult werden sollen. Sie aßen Sauerbraten mit Makkaroni und benahmen sich einigermaßen bedrippst.
«Sirius» wird im ganzen freundlich aufgenommen. 7000 sollen verkauft sein. Kümmerlich!

Die Lesung war sehr angenehm. Etwa fünfzehn Bücher konnte ich signieren. Hinterher das übliche Zusammensitzen. Ich befragte die Runde der Reihe nach, gemäß meines Fragerasters. In der Nacht schlimmer Film über die Gefangenenlager auf den Rheinwiesen. Verwaschener Farbfilm. Damals sind auch Tausende umgekommen, und niemand spricht darüber. Modewort: «Seilschaften», damit ist die Stasi gemeint. Daß es die immer noch gibt.

2001: *Bergsteigerverein protestiert gegen die Verwendung dieses Ausdrucks.*

Gestern hatte ich eine Panne auf der Autobahn, als ich von Oldenburg nach Hause fuhr. Der Keilriemen war gerissen, und die Temperatur im Motor stieg sofort, das Lämpchen leuchtete auf. Ich war gerade kurz vor der Bockel-Ausfahrt und hielt gottlob an der letzten Telefonsäule. Sonst hätte ich wohl einen Fußmarsch antreten müssen. Es war gegen 23 Uhr, kurz vor Mitternacht erschien dann ein Abschleppwagen und nahm mich auf den Haken. In Sottrum bekam ich einen neuen Riemen, und um 2.15 Uhr war ich zu Hause. 146 DM. Hildegard war erfreulicherweise noch auf. Sie hatte sich mein Ausbleiben nicht erklären können, dachte wohl, ich schliefe mit einer Dirne. – Ich nahm die Sache im übrigen ganz cool, hörte im Radio die «Rheinische». Es war mildes Wetter. Die vorüberrasenden LKW. Ich litt gerne. Der schweigsame Mechaniker, der vermutlich aus dem ersten Schlaf geholt worden war, meinte zum Schluß: «Na, nu woll'n wir mal sehen ...», so, als ob es nicht sicher sei, daß ich gesund nach Haus käme. Ich hatte übrigens den Eindruck, als zögere er die Arbeit absichtlich hinaus, um auf seine Stunden zu kommen.

Wie gut, daß ich Hildegard die Rechnung unter die Nase halten konnte.

Essen   Mi 14. November 1990

Wat den een sin Uhl, is den annern sin Nachtigall.
(Mecklenburg)

8 Uhr, Hotel Handelshof, der früher einmal den Rühmanns
gehört hat. (Das wird einem jedesmal erzählt, und daß der alte
Herr Pleite gemacht hat.)
Gestern nacht längerer Film im TV über die Unsinnigkeit, das
Eisenbahnnetz zugunsten des Schnellfernverkehrs auszudün-
nen. Als Beispiel die Stadt Cahr oder Kalkar, die überhaupt
nicht mehr zu erreichen sei.
In Holland fahren auf allen Strecken im Stundentakt Züge. Ich
würde nur noch mit dem Zug fahren, wenn das ginge.
Im Hotel heute früh zwei Thüringer. Man möchte immer und
immer mit diesen Leuten reden. Ich höre den Dialekt gerne.

Essen   Do 15. November 1990

Aus Distelsamen wachsen kein Rosen mit Franzen. (Ulm)

Aus dem Gästebuch des Handelshofs in Essen:

Mit Dank für die gastliche Aufnahme.
Günter Grass   6. 12. 89

Ein vorzügliches Hotel in jeder Beziehung, darum komme ich
gern wieder. Also: Auf Wiedersehen.
Peter Striebeck   4. 2. 90

Handelshof bleibt das beste Künstlerhotel Deutschlands!
Rudi Carrell   Aug. 90

Maßvolle Rede von Brandt über Kuwait. Wegen Danzig sterben? Das ist die Meinung, die sich ausbreitet.
In Berlin gibt es jetzt eine AL-Abgeordnete, die schon mal

Steine gegen Polizisten warf. Es gibt doch überhaupt keinen Grund, Polizisten mit Steinen zu bewerfen? Ich kann mir jedenfalls keinen vorstellen. Das sind doch alles ganz ordentliche Leute.

Im TV: SW 3, Bruckners Siebente. Die Kamera nimmt sich immer dieselben Musiker aufs Korn, eine hübsche Geigerin oder einen sonderbaren Fagottisten mit fliehendem Kinn und fliehender Stirn. Man wartet immer schon, daß man den mal wiedersieht. Die voreingenommene Bildregie. Kriegen die was auf den Deckel hinterher? – Der klassische Sound: wenn er einen auch nur noch von ferne anweht, wühlt er doch Erinnerungsmoraste auf. Die Welt, die man einmal «hatte». Tagesschau: Die Kamera schwenkt über einen Trupp von Saddam Husseins neuen Rekruten. Sie bleibt auf dem Gesicht eines Mannes stehen, der eine dicke weißrillige Brille trägt, superkurzsichtig also. Man denkt an Volkssturm, letztes Aufgebot; Hausmeister und magenkranke Finanzbeamte mußten seinerzeit die Panzerfaust schultern.

Gestern bei Baedeker hatten die Freien Berufe geladen. Wir standen da ziemlich herum. Hark Bohm redete über Filmförderung. Er amüsierte sich darüber, daß er als junger Mensch beim SDS mit geballter Faust gegrüßt habe; halb 11 Uhr sei Schluß gewesen mit Diskutieren, da sei im Aki der Italo-Western gekommen. – Ist das wirklich so lustig? Fremd ist es. Mit geballter Faust einander zu grüßen, wo drüben Hunderte, ja Tausende unter den Diktaturen der Roten leiden? Ballt wenigstens jetzt die Faust in der Tasche.

Voerde, 1983 war ich schon mal hier.
Ein Bier steht auf dem Pult. Die Eintrittskassiererin kommt herein, bringt die Kasse. Ich fange also in Gottes Namen an.
Im Restaurant ein Hasenfilet, das ich zurückwies, wegen Blutflecken. Plötzlicher Ekel. Ein Schnitzel (Schwein) mit viel Paniermehl tat's dann. Altbier.

«Politische Unzuverlässigkeit» steht in der Werbemappe des Verlages, daß ich wegen politischer Unzuverlässigkeit in eine Strafeinheit der Hitlerjugend eingewiesen worden sei. Daß die Nazis mich für politisch unzuverlässig gehalten haben. Klingt nicht gut. Ein solches Wort macht sich leicht selbständig. Wer einmal unzuverlässig war, ist es immer?

In den Einführungen zu meinen Lesungen werden immer nur T/W, «Gold» und «Kapitel» genannt.

Eine Frau ließ sich das Buch auf der *letzten* Seite signieren: «Das soll eine Überraschung sein.»

Beim Signieren:

«Ich heiße Zach wie Tach.»

Einer kommt noch mal zurück, er sei promoviert, ob ich das «Dr.» noch hinzufügte?

«Ich heiße Jordan. Ein angenehmer Name. Mit dem kann man nicht aufgezogen werden.»

Eine Dame: Ihr sei die DDR immer ein anderes Land gewesen, sie habe nicht begriffen, wieso das vereinigt werden soll. Irgendwann kriegt sie raus, daß sie drüben noch ein Grundstück hat, dann weiß sie plötzlich, wieso das liebe deutsche Vaterland wiedervereinigt werden mußte. Gibt es auch DDR-Leute, die *hier* was wiederkriegen?

Essen – Brilon   Fr 16. November 1990

Hohe Feuerla brennet it lang. (Allgäu)

Durch einen inneren Hörfehler denke ich dauernd an Friederike *Brion*, ich kann das nicht loswerden. War ich schon mal in Sesenheim? Weiß der Himmel, woran ich dort habe denken müssen. – Ob unsere Gedanken farbig eingelagert sind? Ein kurzes rotes Blinken. «Theophrastus von Hohenheim», denke ich, und alles ist schwarz. «Pulver» auch schwarz. «Liebe» – weiß. – Vielleicht nur schwarz/weiß?

Die Farbigkeiten der Tonarten, ein beliebtes Thema für bürgerliche Zirkel. Mit so was kann man sich leicht wichtig machen, weil nichts zu beweisen ist. Daß es «klingelt», wenn man an einen Menschen denkt, das hat wohl schon jeder erlebt.

Stimmen hören, das darf man niemandem sagen, dann sperren sie einen gleich weg.

«Hören Sie Stimmen?»

«Nein, Herr Doktor, ganz bestimmt nicht.»

Das Wiederauffrischen nachgedunkelter Bilder – das macht das Gehirn selbsttätig. Manches, was weg war, kehrt wieder und hellt sich auf, unbegreiflich, daß man es von sich gelassen hat. Anderes sinkt gottlob ab. Aber Vorsicht: das lauert tückisch auf den geeigneten Augenblick.

Der Gang über Flohmärkte, das ist auch ein Tasten nach verlorenen Bildern. Der Serviettenring aus orangerotem Bakelit, den ich vor kurzem fand, gehörte meinem Bruder, und ich erinnere mich, daß er bei Tisch darin aufgeknackte Walnußkerne sammelte. Die Augustenstraße von damals: der Vater in Knickerbockern, Mutter mit ihrer Occhiarbeit, das Schiffchen zwischen Daumen und Zeigefinger – Karl Lieffen und Edda Seippel schieben sich davor, das ist nicht zu ändern. – Verjüngung der Erinnerungsbilder? Nein, natürlich nicht. Es handelt sich um den Aufzug einer ganz anderen Bühne, die gleichwohl auch schon «besetzt» ist mit Signalen.

Kinderhirne, die Baudelaire angeblich verspeist hat. Wieso lassen Leute, die sich langweilen, nicht einfach Bilder kommen? Weil sie Angst haben.

Das Träumen. In Schulen eine Träum-Stunde pro Woche. Man bringt ihnen Englisch bei und Französisch (wodurch sich übrigens die Assoziationsfähigkeit erhöht), aber man lehrt sie nicht die Sprache ihrer Träume.

Goethe beabsichtigte, seiner Farbenlehre auch eine Tonlehre hinzuzufügen. Das ewige Rätsel der enharmonischen Verwechslung. Brückenbau, der auf unbewiesenen Axiomen fußt – und man kann drübergehen!

Das Auffinden eines Elementes aufgrund der Leerstelle im Periodischen System.

Ich schlief zwei Nächte in Essen, im Handelshof, und durfte mich heute noch bis 17 Uhr in meinem Zimmer aufhalten. Sehr angenehm, hörte Klaviermusik modernerer Art, aß Kekse und trank sehr starken Kaffee.
Heute früh war ich noch im Folkwang-Museum. Die Ruhrgeschichtsabteilung: sonderbar lehrhaft. Exponate zur Belegung einer Entwicklung. – Nichts für die Sinne. Hier wurde einem kein Schmalzbrot von einer Bergarbeiterfrau gereicht. Margarinebrot mit Sirup ...
Dann aber doch allerlei Anmutendes: Im Gedächtnis geblieben sind sechs Säulen aus Plexiglas mit verschiedenen Erden gefüllt: was es für verschiedene Erden gibt. Ein Mammut-Gerippe, Urvögel beziehungsweise Krokodile in Schiefer.
Eine drehbare Wohnung: Arbeiterküche. So einen Wohnraum habe ich selbst noch in Erinnerung, Familie Harder in der Alexandrinenstraße. Dann eine Dampfmaschine, die alle paar Minuten *elektrisch* in Betrieb gesetzt wurde. Das wirkte auf mich unangenehm gewaltsam: als ob man an einem Toten demonstriert, wie ein Mensch die Beine bewegt.
Als Ergänzung der «Chronik» ein Buch über bürgerliche Lehranstalten: Museen- und Theatererlebnisse.
Ich entdeckte in dem Museum unseren Schokoladenautomaten. «Neuheit dicke Rollen». Zur Aufsicht sagen: Hören Sie mal: so einen Automaten besitze ich auch ... Das sähe mir ähnlich.
Am Eingang stand die berühmte Plastik Karls des Großen. Natürlich eine Kopie, ich war wütend, als ich meinen Irrtum bemerkte, hatte schon die Hände zusammengeschlagen. Ich konnte meine Rührung gerade noch zurückdrängen. Wer vergießt denn Tränen angesichts einer Kopie?

Lehrer, in Cord gekleidet, die ihre Hauptschülerpulks für die Exponate zu interessieren suchten: «Ihr müßt euch vorstellen, das ist der Ausgang der Industriellen Revolution ...» So in diesem Stil. Die Schüler hörten überhaupt nicht hin, sie mußten um Aufmerksamkeit angefleht werden. Wenn man einen Beutel Konfetti über sie ausgeschüttet hätte, das hätten sie sich gemerkt, aber was hätte das mit dem Ausgang der Industriellen Revolution zu tun? Später einmal, im Karneval oder zu Sylvester, wenn sie mit Konfetti bebeutelt werden, dann würden sie plötzlich an die Industrielle Revolution denken! Und es ist ja auch ein Wunder, daß man Maschinen zur Herstellung von Konfetti baut. – Früher, als Kind, wenn der Locher sich aufschob. Da mußte dann der Staubsauger ran.

Die traurige Feststellung eines einfachen Häftlings in Schwerin: «Ach so, du hast Schule besucht!» Wißbegier kann nur aus Mangel entstehen. Und diese Schüler sind von Schule und Fernsehen randgestrichen voll.

Auf leeren Wänden – klick-klack – bunte Dias mit Lautsprecher-Erklärungen. Zwei Reihen Stühle davor. Die Stühle numeriert. Leer.

Im danebenliegenden Kunstmuseum deutsche Malerei des 19. Jahrhunderts, wie ein Bruckner-Konzert im Fernsehen, ein angenehmes, ja wohliges «Heimatgefühl» auslösend, ein Bewußtsein von einem noch immer vorhandenen Zuhause, warm eingelagert. Leider wurde ich gestört durch die (jugoslawischen?) Aufseherinnen, die sich, während ich um Fassung rang, schreiend miteinander unterhielten.

Die Anordnung der Räume unpraktisch, man muß mehrmals zurücklaufen, um auch alles mitzukriegen. So was ärgert einen auch in zoologischen Gärten (Frankfurt!).

Caspar David Friedrich, «Rügenlandschaft mit Regenbogen» und «Frau am Fenster», und sogar zwei van Goghs, Garten des Irrenhauses und «Ernte»; einiges von Menzel, ein Mondrian. Als ich mir den ansah, kam eine der Wärterinnen gelaufen und kuckte mich Zwiebeln ausatmend an, was es da zu kucken gibt.

Hodler: der edle, nackte Knabe mit seiner mühsam durch die zu enge Nase atmenden Freundin. Ein ewiges Rätsel, dessen Antwort eben nicht feststeht. Anderes von ihm ist verankert in meinem Gehirn: «Der Auszug der Jenenser Studenten»!

Auch – wie soll man sagen? – «moderne Scheiße» war zu sehen. Hier sind Bemerkungen à la «Des Kaisers neue Kleider» ganz unangebracht, aber es wird die Zeit kommen, da man sich totlachen wird darüber. Das viele Geld! «Öffentliche Irreführung», gibt es so was? Neue Sachlichkeit. – Diese Art zu malen und zu bauen erotisiert mich. Was Baustile angeht, da entspricht das Palais Stoclet in Brüssel ziemlich meinem Ideal. Und weshalb? Weil unser Haus in der Augustenstraße von diesem Bauhausstil angehaucht war, das Treppenhaus ... Und das hat wiederum mit meiner kleinen Freundin zu tun. Wo mag sie jetzt stecken?

In der Fußgängerzone sah und hörte ich Genscher, er tat mir leid, wie er da um seine Partei warb. Er geht also auch noch tingeln. Ob das viel bringt? Er wurde übrigens freundlich beklatscht. Direkt neben ihm ein Funken-Mariechen-Orchester mit auf der Stelle marschierenden Mädchen, darunter ein winziges Kind, vielleicht sieben Jahre alt.
Allerhand Bettler: «Ich bin in Not». Auch eine orientalische Frau mit einem älteren Kind, wie eine Pietà. «Auf Schau», wie man früher sagte. Ihr Zuhälter wartet um die Ecke.
Ich kaufte etwas Proviant für die Rückfahrt, da sie gerade in die Abendbrotzeit fällt. Ohne weiteres wurden mir in einer Schlachterei ein Brötchen belegt und Kartoffelsalat in Behälter gefüllt plus Löffelchen. Ich kaufte im Bahnhof auch eine Dose Selterswasser in einem Kiosk, der von zwielichtigen Ausländern umlagert war. Die Verkäuferin war richtig glücklich, daß da mal ein besserer Herr mit Schlips und allen Schikanen erschien. Im Zug machte ich es mir dann bequem ... Die FAZ gehörte dazu, an die ich mich nun doch schon sehr gewöhnt habe. Gestern allerdings ein dummer Aufsatz über einen Film, der von deutschen Kriegsgefangenen auf den Rheinwiesen handelte. Offenbar sei es doch gar nicht so schlimm gewesen, denn die Soldaten hätten recht gut genährt ausgesehen! ... Dieses Niveau!
Mich hat die Besprechung besonders deshalb geärgert, weil der

Film selbst, über die Lager damals, recht fair war, und die Zeugenaussagen eher zurückhaltend, also nicht anklagend.

In der FAZ steht: Ja, wie kann denn aber auch eine deutsche Luftwaffenhelferin auf der Mundharmonika das Deutschlandlied spielen! Da muß sie sich auch nicht wundern, wenn die Amerikaner den Frauen einen Tag nichts zu essen gaben. (Daß diese Frau offenbar nicht ganz normal war, ist dem Rezensenten entgangen.)

In Berlin großer Kladderadatsch. Wüste Chaotenszenen, an denen sich sogar Abgeordnete der AL beteiligten. Und heute die Nachricht, daß die Koalition zerbrochen ist. Damit ist vielleicht das Ende dieses sonderbar opportunistischen Herrn Momper gekommen. Erst wollte er nicht koalieren, hat er sogar versprochen, dann tat er es doch. Dann hatte er mit der Wiedervereinigung nichts im Sinn («Wiedersehen ja, aber doch keine Wiedervereinigung ...») und dann doch, gerade.

Lafontaine propagiert den «neuen Weg» auf allen Plakaten. Kann uns nicht sagen, was das bedeutet. Die PDS klebt Plakate, auf denen uns ein Kind die Zunge herausstreckt: «Links ist lustig.» *Ihnen* die Zunge rauszustrecken hat keinen Zweck.

Jetzt stellt sich heraus, daß es mit dem sogar von Biermann besungenen Heldenleben Honeckers (Zuchthaus Brandenburg) nicht weit her zu sein scheint. Düstere Kapitel werden aufgeschlagen, eines nach dem anderen.

Unterwegs   Sa 17. November 1990

Der Deiwel is net so schwarz, wie er gemoolt werd.
(Pfalz)

Im Zug Brilon–Schwerte.
An sich kann man sein Geld ja kaum leichter verdienen als durch Lesungen. Finanziell ist so etwas äußerst effektiv, und die An-

strengungen sind minimal. Darüber hinaus wird das Selbstwertgefühl täglich gestärkt.

Dein König kommt, o Zion,
bald kehrt er bei dir ein!

Unangenehm ist nur das Reisen selbst, d. h. das Warten auf den
Bahnhöfen, das Umsteigen, Platzsuchen. Die Begegnung mit
Reisehominiden. Das gebetsmühlenartige Repetieren der Abfahrtszeit. Um nichts zu verpassen oder zu verschwitzen, sage
ich Abfahrtszeit und Bahnsteig ständig leise vor mich hin. Auch
wenn ich das rhythmisiere, ist es unerträglich. «Dreizehnuhr-
siebenunddreißig – von Gleis eins», das sage ich immerfort
halblaut hintereinander weg, damit ich nicht dauernd den Zettel herausholen muß. Ja, ich spreche es auch noch im Abteil vor
mich hin, wenn der Zug längst abgefahren ist.

Es ist mir ein Rätsel, wie Pianisten und Geiger das ein Leben
lang aushalten, Reisen von Ort zu Ort ... Pianisten, jeden Tag
woanders Scarlatti vorspielen? Und immer dasselbe?

Gestern in Brilon wurde ich gefragt, ob ich an Gott glaube.
«Nicht den ganzen Tag!» fiel es mir ein zu antworten.

Ein schreckliches Blockflöten-Quartett pfiff zur Einstimmung
und von wegen der Feierlichkeit vor- und hinterher allerhand
Simples. Lieb, aber unerträglich.

Pater-Delp-Haus. «Gott schütze unser deutsches Volk», hat er
am Abend vor seiner Hinrichtung gesagt.

10.33 Uhr – Ankunft in «Schwerte», was sehr martialisch klingt,
Weiterfahrt 10.45 Uhr nach Münster. Ein ungleiches Paar verläßt den Zug mit mir und studiert das gelbe Abfahrt-Plakat. Ich
höre sie «Gleis 5» sagen oder sogar nur «fünf». Mein Zug fährt
Gleis 3, meine Neugier läßt mich suchen, wohin die beiden fahren. Nach Dortmund.

Ich schlendere auf den Bahnsteig 3, also meinen, und da fährt
gerade ein D-Zug ab. Ich lese «Friedericia». Dänemark, also
auch nach Bremen. So hätte ich denn durch meine Neugier eine

halbe Stunde vertrödelt. Bummle nun nach Münster in einem Eilzug, in dem man nichts zu essen kriegt und nicht vernünftig aufs Klo gehen kann.

12 Uhr – Nun sitze ich wieder relativ geborgen im Intercity. Ein adäquater Platz konnte gefunden werden. Ein schöner Artikel in der «Zeit» über schreibende Frauen. «Scham-Ei», «Heißberg», «Glottertal», «den Specht hacken». «Sidneys rührige Natter», «Christophs delikates Stummelschwänzchen», «der hellbeige Stamm einer Kokospalme». «Wie ein Fahrradschlauch, der wieder aufgepumpt wird ...» Der Artikel ist von Günter Franzen. – Er nennt Botho Strauß einen Sprachtheologen. Ein junger Autor namens Döbler (o. ä.) habe gesagt, er hasse Kempowski, wurde mir in Essen erzählt. Daß man auf kleinen Bahnhöfen nie herauskriegt, wie die Station heißt. Das Stationsschild ist immer grade woanders. – Die Lautsprecheransagen sind auch so ein Kapitel: Man versteht sie nie.

Die Wohnungseinrichtung von Greta Garbo haben sie versteigert. So wird's nach meinem Tod auch gehen. Aber wer will schon die Pickelhaube meines Vaters haben?

Nartum   Di 20. November 1990

Mer moss keene oude schoenen weg werepen,
er man nieuwe het. (Aachen)

Regen, natürlich.
Gestern früh kamen zwei Journalisten vom «Kölner Express» mit einem Fotografen, die mich ziemlich lange interviewten. Das Übliche. Die Dame und der Herr fragten abwechselnd, so eine Art Kreuzverhör war das. Und dazwischen feuerte der

Fotograf seine Salven ab. Über «Sirius» wollten sie gar nichts wissen, darüber war ich erstaunt, sie hätten es nur überflogen. Mehr so um Allgemeines drehte sich das Gespräch. Über die Wiedervereinigung haben sich meine Antworten schon verselbständigt. Da braucht man bloß noch mal eben auf die Taste zu drücken. Am Sonntagvormittag war eine Schülerin aus Flensburg hier, ein überwaches Mädchen. Offensichtlich hatte sie alles Erreichbare von mir gelesen, an den Büchern sah man es, und sie war genauestens im Bilde. Sonderbar. Eine spezielle Intelligenz, wie sie nur Mädchen haben. Sie ist ein Jahr in Japan gewesen. Konnte also mein japanisches Hitler-Buch lesen!

«Sirius»: 7300 verkauft, wie heute Bittel sagte. Heute schrieb ich für die «Hörzu» einen Weihnachtsartikel. Mit dem «Hörzu»-Mann habe ich für das neue Jahr eine TV-Kolumne vereinbart, einmal im Monat, 2500 DM. Wäre schön, wenn das was wird. Es handelt sich um drei Millionen Leser! Hildegard sagt, ich hätte ihr ja noch gar keinen «Sirius» geschenkt. Aber ich sollt' das man lassen, sie weiß sowieso nicht, wohin damit. Die Gefühle der Menschen, ein Knüppeldamm durchs Moor.

Eine Dame vom Forschungskolloquium «Historische Frauenforschung» fragt nach Material für eine Dissertation. Das Thema lautet: «Pensionsbesitzerinnen und möblierte Wirtinnen in Berlin 1870–1920». – Ein Teil der Arbeit solle Wirtinnen aus der Sicht der Mieter und Mieterinnen beschreiben ... Wirtinnenverse werden von ihr wohl nicht gesammelt (ich habe auch keine vorrätig). In dieser Beziehung wäre der Autorin dringend zu raten, einen anderen Titel zu wählen. Außerdem kann eine Wirtin ja nicht gut möbliert sein. Was für eine Verwilderung der Sprache!

Am «Echolot» gearbeitet.

Nartum   Mi 21. November 1990

Aus 'n Göikerla wird a Göiker.
(Franken)

Nehring schickt die Szenariumsversion für «Aus großer Zeit».
Er schlägt Lothar Warneke als Regisseur vor. Er meint, der Film
solle gleichzeitig als Kinoversion entstehen. «Land und Leute
haben wir in farbiger Totale!»
Eine Kinofassung hatte schon Fechner mit dem «Tadellöser»
vor, das wurde ihm abgelehnt, obwohl die Kosten gering gewesen wären.

Post: Ein Herr bedankt sich für den «Sirius». Er hat ausgerechnet, daß ich im «Sirius»-Jahr 57 Lesungen gemacht habe, bei
etwa 280 Arbeitstagen pro Jahr sei das fast ein Viertel der Ge-
samtzeit. *Er* könnte das nicht!
Am «Echolot».

Nartum   Do 22. November 1990, neblig

Ausgedresche, ausgefresse.
(Henneberg)

«Prominente machen Musikprogramm». Ich hatte in Bremen
eine Musikaufnahme mit einem nervösen Menschen; der sagte
dauernd: «Die Zeit läuft uns weg.» – Ich hatte mich für Chor-
Gesang entschieden. Leider legten sie von Pepping die falsche
Platte auf.

Fetter grüne du Laub,
Am Rebengeländer
Hier, mein Fenster herauf! ...

368

Das war mein Vorschlag. Sie wählten ganz was anderes aus. Grundsteinlegung «Alcor»*, eine Sammlung von Reisebeschreibungen aus dem Archiv. Noch sehr problematisch. Ich will morgen mal sehen, was von Kanada zu retten ist. Langer Mittagsschlaf, war ganz erledigt. Arbeit am «Echolot»

Nartum Fr 23. November 1990

Mööst nich in'n Speegel kiken, denn warst stamern. (Mecklenburg)

Schneeregen. Gestern nacht kam KF. Heute früh klemmte er sich den rechten Zeigefinger am Keilriemen seines Autos. Als ich ihn bedauerte, sagte er: er sei selber schuld, warum passe er auch nicht besser auf? Eine Frau meinte heute zu Hildegard, sie, Hildegard, kucke im «Sirius» ja auch manchmal um die Ecke, mal in Dur, mal in Moll. (Die Einwürfe sind wohl gemeint.) Heute mehrmals spazieren, wegen Durchblutungsstörungen. Nehring schickte das «Aus-großer-Zeit»-Drehbuch, ich kann so was nicht lesen. Da steht all das drin, was man im Roman peinlichst vermeidet. Die Zuteilung und Einrichtung des Stoffes scheint ganz vernünftig. Telefonat mit Frau Pröhl wegen Schneeweiß' «Hundstagen». Arbeit am «Echolot». Es ist jetzt schon soweit, daß sie einem am Donnerstag ein angenehmes Wochenende wünschen. Ab Freitagmittag sind alle Behörden dicht. Wenn sie das ganze Wochenende Bücher lesen würden, wäre es mir recht. Was machen sie bloß mit ihrer Freizeit?

* Dieses Projekt ist nicht identisch mit dem später erschienenen Tagebuch «Alkor».

Nartum   Sa 24. November 1990

Sprachen zwä met änanner dasselbe Wort,
Da laben se das Jahr zesammen noch fort. (Thüringen)

Sonne.

Gestern und heute lange Spaziergänge, um Muskelschwäche zu beheben und Herz anzuregen.

Eine Frau lädt uns nach Valencia ein (Hildegard: «Wo liegt denn das?»), will uns von Nartum mit Hubschrauber abholen lassen. Seit langem mal wieder eine Verrückte.

An «Alcor» gearbeitet, Tb-Einleitung. Interessante Gedächtnis-verschiebungen entdeckt.

Die Zustände in der SU scheinen sich einer Katastrophe zu nähern. Die Bundeswehr will eine Luftbrücke einrichten! Die Russen werden auch diesmal ewige Dankbarkeit schwören (wie damals bei der Hungersnot in der Ukraine). Armeedepots öffnen und verteilen hat keinen Zweck, sagt der Oberkommandierende, es würde nur die Hälfte der Lebensmittel die Bevölkerung erreichen. Alles andere verschwände in dunklen Kanälen. Das Wort «Schulterschluß».
«Tuchfühlung», das ist auch so ein Wort. Und: «Reiß dich zusammen!» hieß es.
Ich muß immer an den russischen Kadetten denken, 1945 in Rostock, der mit einem Brötchen Fußball spielte. – Brot verfüttern die Leute an das Vieh, weil es billiger ist als Futtergetreide.

In der Nacht den Großen Bären angesehen. Als ich den *Kleinen* Bären nicht erkennen konnte, war ich versucht, die Taschenlampe anzuschalten.

370

Nartum   So 25. November 1990

Averflôt is nargends to good. (Ostfriesland)

Schneidender Wind. In der Nacht wieder sehr schlecht geschlafen, deswegen auf Mittagsschlaf verzichtet, um heute nacht absolut müde zu sein und wenigstens dann in Morpheus' Armen zu liegen. Besonders unangenehm ist das sofortige Aufwachen nach dem Einschlafen, nach zehn Minuten reißt es mich schon wieder hoch. Die Unruhe in den Beinen. An «Alcor» gearbeitet, Reisenotizen übertragen. Abends auch Fotos von der Kanada-Reise angesehen.

Nartum   Mo 26. November 1990, naß

Bäter de Buck platzt, as dat wat öäwer bli'vt. (Strelitz)

T: daß ich goldene Uhren sammle.

Von der «Brigitte» wurde mir mein Mann-Frau-Artikel zurückgeschickt, er genüge nicht den Erwartungen. So was ist mir auch noch nicht passiert. Späte «Stern»-Solidarität? Das Ausfallhonorar besänftigt mich.

Radio: Kesting renommierte heute in der «Plattensendung» mit seinen fünftausend Schallplatten «und achthundert CDs». Telefonat mit Universität Siegen, wegen des Films «Junge Adler», in dem ich «mitgespielt» habe 1944. Rausgeschnittener Statist. Nazisache von Regisseur Weidenmann. Hardy Krüger spielte die Hauptrolle.

Die Feddersen ist gestorben, ihr tat es leid, im T/W-Film eine Hau-Tante spielen zu müssen.

Jetzt bittet auch Moskau um Lebensmittelspenden. Die Stadt wird von den Ländern der SU nicht mehr beliefert! Schon jetzt! Wie soll das im Winter werden? – Hilfshysterien eifriger Frauen in Hamburg, man sieht sie Pakete packen, das letzte kratzen sie zusammen. Man soll nicht soviel Nudeln schicken, heißt es, die wollen auch nicht immer dasselbe essen. Und man soll es sich nicht so einfach machen. Mancher schicke Verfallsdatumssachen. Hilfstransporte werden an der russischen Grenze gestoppt, Zoll wird ihnen abverlangt. «Echolot».

Nartum   Di 27. November 1990

Wem nix durch d' Händ geht, dem geht aa nix durchs Maul. (Bayern)

Spendenaufruf der Stiftung Denkmalschutz für die St.-Georgen-Kirche in Wismar. Da reiht man sich doch freudig ein und gibt sein Scherflein dazu. Sie wird restauriert, um leerzustehen. «Wat sall dat?» sagen die Wismeraner. Ich denke immer, man müßte sie mit Kirchenkunst aus Magazinen auffüllen, diese leeren Kirchen. Und dann alle vier Wochen einen Gottesdienst nach altem katholischen Ritus. Da würden sie die Kirchen schon vollkriegen. Weihrauch natürlich. Der Lettner ist wichtig, damit sie die Hälse recken und nicht alles so genau mitkriegen. Aber, ach! Norddeutschland.

Eine Dame schreibt mir, wen sie alles auf der Frankfurter Buchmesse gesehen hat. Erich Loest, Hajo Friedrichs, Gerhard Konzelmann, Liselotte Pulver, Johannes Mario Simmel – es sei schon eine aufregende Sache! Lotti Huber habe zentimeterlange Wimpern gehabt. – Wer ist Lotti Huber? – Auf den Tagesschausprecher Friedrichs bin ich nicht gut zu sprechen. «Geklaut ist geklaut!» – war er es nicht, der mir diesen Spruch in der Wieser-Zeit in einer Sendung nachgeschleudert hatte? Hatte er das nötig?

2005: *Wieser hat übrigens an Friedrichs' Erinnerungen «Journalistenleben» als Koautor mitgewirkt. Das Buch erschien 1994.*

Kiel/Berlin Mi 28. November 1990

Wann die Ahle die Aache emool zumache,
geh'n se de Jonge off. (Hessen)

Die staubigen Vorhänge in den Hotelzimmern! «Äh!» sagt Hildegard.
Eine Stunde zu früh geweckt.
Magendrücken.
Gestern bei Cordes in der Kieler Kunsthalle gelesen, es war ausverkauft, und ich mußte Zugaben liefern. Mikrophon war ausgezeichnet. Viele Bücher signiert. Die Kempowski-Spezialistin Kirsten aus Flensburg, jetzt «Wunderkind» genannt, war gekommen.
Der Taxifahrer sagte: «Erlederitzt!», als ich ausstieg.
Hinterher unangenehmes französisches Lokal mit überfreundlichem Wirt. Höllenlärm.
Cordes erzählte, daß Lenz jetzt in der Nähe von Flensburg wohnt, mit Mauer, Sprechanlage, von der Außenwelt abgeschirmt.
Stefan Heym schilderte er, wie der im KDW eingekauft habe, Geldscheine aus dem Schuh gezogen.
Nettes Publikum, freundliches Zulächeln. In Kiel habe ich mein bestes Publikum.

Per Rumpelflugzeug nach Berlin.
Hier in der Propellermaschine wurde ein einzelner, vorne sit-

zender Herr gebeten, sich weiter nach hinten zu setzen, wegen der Gewichtsverteilung. Er stand kopfschüttelnd auf und beklagte sich auf sächsisch über diese Zumutung. Wie der wohl im SED-Regime gekuscht hat. (Es gibt Menschen, die von hinten einen dummen Kopf haben.) In Wien sozialistisches Schriftstellertreffen. Muschg und natürlich Jens haben auf befremdliche Weise den Zustand der Feuilletons beklagt. Hermlin hat gemeint, er habe sich in der DDR-Zeit recht wohl gefühlt. – Kunert, Kirsch, Loest, Schacht waren nicht geladen. Ich natürlich auch nicht. Eine sehr deutsche Angelegenheit. Daß man diese Leute nicht einfach auslacht! Den Zustand der Feuilletons in der DDR-Zeit haben sie nicht beklagt (auch damals nicht). Im «Spiegel» verherrlichender Artikel über Lafontaine, was das für ein fähiger Mann ist.

Ich bin echt gespannt auf Ost-Berlin.
Der Rubel wird jetzt für 4 Pfennig gekauft.
Hab' eben meinen Tee verschüttet. Kolossale Sauerei.

Berlin: Lesung in der Ost-Akademie. Etwa zwanzig Leute waren erschienen, in dem großen «historischen» Saal, «wo all die Auseinandersetzungen stattfanden», wie mir erklärt wurde (welche?). Hier stand ich auf den Brettern, die die Welt bedeuteten oder das Schafott, je nachdem. Die meisten der wenigen Zuhörer waren aus West-Berlin gekommen. Hinterher saßen wir in einem Klubraum, auf dessen Tischen übergroße Obstteller mit riesigen Bananen standen. Man ist schließlich von Welt. Außer einer Dichterin mit unreiner Haut und Silberlamé an der Bluse war kein weiterer Autor erschienen, sonst nur noch drei Funktionäre. Dietzel traf ich dort, ein an sich ganz lieber Mensch, der aber in der Zwinge der Dahingegangenen steckt. Er erwähnte unser Zusammensein in Amerika, aber verschlüsselt, man kann ja nie wissen. Er verdanke der Arbeiterpartei alles, sagte er, das müsse man bedenken. In Portland wurde er von einer Art Aufpasser begleitet, wohl auch ein Arbeiterfreund.

Ich müßte eigentlich nichts weiter tun, als mich mit der Auflösung des östlichen Systems beschäftigen. Aber man ist es leid! Es läuft so oder so ab. Es handelt sich um einen «historischen Prozeß», wie es in den Kommentaren heißt. Jetzt werden Hilfssendungen zusammengestellt für Leningrad und Moskau. Das riesige Reich ist nicht imstande, seine Bewohner zu ernähren. Nicht einmal Puddingpulver haben sie dort, von Rasierklingen ganz zu schweigen, aber eine Weltraumstation. Ein Faß ohne Boden. Die alten Menschen drüben weinen, daß sie Fressagen vom Klassenfeind annehmen müssen, also besagtes Puddingpulver. Diese Erniedrigung! Sie sei Partisanin gewesen, und nun schicke man ihr aus Berlin Zucker! Das verkraftet sie nicht, sagt eine alte Frau mit nur einem Bügel an der Brille.

2001: *Wir schicken den Kriegsveteranen in die Altersheime, jetzt, zehn Jahre danach, sogar Urinbeutel, weil es sie dort nicht zu kaufen gibt.*

Die Polen haben Angst vor faschistischer Entwicklung in der SU. Sie wollen uns NVA-Waffen abkaufen.

Berlin   Do 29. November 1990

Bäter 'n half Ei, as 'n leddigen Dopp. (Rastede)

KF holte mich in Tegel ab, er hatte seinen Triumph auf dem Gehsteig geparkt. Wir fuhren ein bißchen durch die Gegend und kauften ein paar Souvenirs, vorm Brandenburger Tor von traurigen Türken feilgeboten, zwei russische Uhren und sozialistische Abzeichen. Haufen russischer Uniformen liegen da, Mützen, Stahlhelme, Zielfernrohre. Ältere Herren sahen sich das an, denen man anmerkte, daß es sich um Rußlandfeldzug-Teilnehmer handelte. «Russki kaputh!»

«Doch noch gewonnen», werden sie gedacht haben.

Dann ratterten wir in KF's Zauberauto über die verkommenen Straßen endlos durch die Stadt und suchten Galerien, die Ost-Kunst verkauften, Agitprop-Kunst, die ich mir gern in Nartum aufhängen möchte.

Eine Westtante zeigte mir zunächst wehleidige DDR-Bilder, auf denen Umweltbelastung in westlicher Manier dargestellt war und menschliche Bresthaftigkeit. Ich brauchte sehr lange, um ihr verständlich zu machen, was ich eigentlich haben will: Sozialistischen Realismus. Sie war pikiert, als ich danach fragte. (Ich sagte allerdings «sozialistischen Scheißdreck, Sie wissen schon ...», das muß ich zugeben.) Sie zeigte mir ein Triptychon: in der Mitte ein Kadaver, links Mülleimer, rechts Mülleimer, Preis: 89000 Mark!

Schließlich rief sie den staatlichen Kunsthandel in der Friedrichstraße an, und die kapierten sofort. Sie meinen, es müsse ein Depot geben, wo die abgehängten Bilder hingekommen sind. Eben das war dann nicht zu finden.

Sie will mir Bescheid geben, sagte sie immerhin.

Leipzig   Fr 30. November 1990

Fett schwömmt öven, evel der Schum noch derböve.
(Aachen)

Überschrift in «Bild»: «Hungerzug für Rußland.»
Magen ist schon seit drei Tagen nicht in Ordnung. Ich esse fast nichts und fühle mich trotzdem nicht schwach oder hungrig.
Abwarten, Tee trinken.
Im Radio: «Schau nicht zurück! Schau mir in die Augen ...»

Im TV gestern s/w-Film (polnisch) über die Uran-Gruben in Kamtschatka, 1947/48, unglaublich, Gebein liegt umher, «überlebt hat das eigentlich niemand». – Das hätte mir auch blühen können, daß man mich da hinschickte. Alles in allem nähmen sich Hitlers Konzentrationslager aus wie eine Episode gegenüber diesen über sechzig Jahre hingezogenen Schrecken und Mördereien, wird gesagt.

Die Rumänen wollen nun auch Geld von uns, eine Milliarde, als Entschädigung für die Wiedervereinigung. Nicht die DDR, sondern *wir* fungieren als Kadaver, an dem sich die Geier gütlich tun wollen.

Gestern fuhr ich mit einem Herrn vom Bertelsmann-Verlag in einem wunderbaren Mercedes hierher nach Leipzig, mit 150 km/h, obwohl nur 100 erlaubt sind. Ich soll Reklame machen für eine neue Buchhandlungskette. In Ost-Berlin las ich vor dreißig Leuten, die sich sehr wunderten über mich.
In Dessau Station gemacht, trostlos. Dort kaufte ich in einem Papiergeschäft ein Bild: Eichhörnchen mit Rötel gezeichnet, ganz hübsch. Nichts Sozialistisches. Nein, sie kennt in Dessau keinen Künstler, der so was noch liegen hat. In einer Drogerie kaufte ich Ost-Seife, die wir dann aus dem Fenster warfen, weil der Herr von Bertelsmann Kopfschmerzen kriegte von dem Geruch.
Leipzig: Lesung in einer großen Buchhandlung, eine Art Kuppelsaal. Es kamen genau neun Leute, sehr liebe Leute. Keiner der vierzig Leipziger Schriftsteller, auch nicht mein Schulkamerad Gütschow.
Die zwanzig Buchhändlerinnen, die hier arbeiten, verließen fluchtartig das Lokal, als ich da erschien, mit meinem Buch unterm Arm, wohl durchs Klofenster verschwanden sie.
Nobody. Nun, ich ließ es die neun Enthusiasten nicht entgelten (zwei Sachsenhausener, zwei Rostocker, zwei aus Greiz, einer gar aus Köln), sondern plauderte etwas mit ihnen.
In den Regalen fast nur noch West-Bücher. Ost-Literatur ist wie weggeblasen. Grass, Lenz, Böll, Johnson; aber von Kempowski keine Spur. Da wirkt Bautzen wohl noch nach. Konsalik, Simmel, sogar Handke. Reiseliteratur die schwere Menge, Ratgeber. – Die Buchhändlerin, eine starke Ost-Tante, schenkte

mir dann noch Stalin-Gedichte von Weinert, ein schmales Bändchen, die wußte genau, was ich wollte. Sie reichte es mir nicht
gerade verschämt, aber doch augenzwinkernd.

Hier im Hotel, einem sozialistischen Prachtbau mit ebenjenen
Bildern an der Wand, die ich gern hätte. Ältere, versonnen drein-
blickende Herrschaften aus dem Westen saßen in den samtenen
Fauteuils, die trauerten wohl ihrer Leipziger Jugend nach, dyna-
mische Mittvierziger, mit prüfendem Jägerblick: überwiegend
Leute aus der Wirtschaft.
Eine alte zerkrümelte Frau an der Rezeption. «Wo sind die an-
deren von der Werbefahrt?» – «Das wissen *wir* doch nicht!» –
«Die müssen doch irgendwo sein ...?»

Durch Leipzig gebummelt. In einem Bilderrahmengeschäft bekam ich einen pflügenden Traktor für fünf Mark, eine Radie-
rung. Es war die einzige Galerie, die ich fand. «Agitprop», auf
dieses Wort reagierten sie dort nicht. Wußten gar nicht, was das
ist. Sozialistischer Realismus? Nie gehört. Ein Herr sprach mich
an, er könne mir helfen, will was besorgen. Er hatte eine Baskenmütze auf dem Kopf mit Luftlöchern drin.

Schriftstellerverband Ost hat sich aufgelöst.
«Wir alle stehen noch unter Vereinigungsschock.»
Eine Gesellschaft von Schlafmützen alles in allem.
Schöne alte Häuser noch, aus Alt-Leipziger Zeiten.
Die Nikolaikirche «ist für alle offen». (Eingang an der Seite:
«Heute geschlossen».)

Speisekarte im Hotel

• Merkurzeit ist Caviarzeit
• Damit liegen Sie im Trend
• Exzellent und gepflegt und vor allem in Ruhe zu speisen in
  behaglichem Ambiente des – Neuen Brühl –
• Beim Genuß von Perlen der Lust
• Die einzige Art, eine Versuchung loszuwerden, ist, ihr nachzu-
  geben.

2 Unzen von Caviar Ossetra-Malossol Spitzenauslese mit röschem Toast und frischer Butter 125 Mark. Sollte dies Portiönchen Ihnen nicht genügen, so bestellen Sie «Ihre Portion» nach Gewicht. Nichts sollte den zarten Meer-Nuß-Geschmack stören, kein anderes Aroma die Sinne ablenken, ... aber selbstverständlich bieten wir zu Ihrer Caviar-Gewohnheit einen Hauch Pfeffer aus der Mühle, den Saft von Zitrone, den großen Löffel gedickten Sauerrahm, die kleinen knusprigen Reibeküchle und die feine neue Folienkartoffel. Auch sind wir bereit, für die Unsitte der gehackten Zwiebeln «geradezustehen».

Mein Zimmer hat keinen Balkon. Die Tiefe zieht an.

Halbe Torte Ossi-Wessi.

Der Bertelsmann-Manager fand seinen schönen Mercedes auf dem Parkplatz leicht beschädigt vor. Eigentlich nur ein Kratzer, aber wenn man schon so einen schönen Mercedes hat, dann muß man auch den Parkwächter anschreien, auch wenn einem das Auto nicht selbst gehört.

Er fuhr mich dann von Leipzig aus ganz nach Hause, in einem Rutsch, was sehr freundlich war.

Das ganze Unternehmen war ein kräftiger Schlag ins Wasser.

Dezember 1990

Nartum   Sa 1. Dezember 1990

Beater einen häbben, oasse tweie kreien. (Driburg)

«Morgenpost»: Landtag will PDS enteignen.

«Welt»: KGB soll ausländische Hilfsaktionen sichern.

Für einen Konfliktfall hatten die Banditen drüben die Besetzung der Bundesrepublik durch die NVA genauestens vorbereitet. Landkarten mit Stoßkeilen à la Deutsche Wochenschau. Man hat sogar Orden gefunden, die an die Soldaten der Volksarmee hätten verliehen werden sollen! («Blücherorden») Also doch! Sie hatten elf statt sechs Divisionen, trotz Abrüstungsvereinbarungen, auch das kommt jetzt heraus. Wie vieler Enthüllungen bedarf es noch? Was sagen jetzt unsere Mao-Leninisten? Jetzt wird es wieder damit losgehen: «Ich? Ich war doch nie ...»

Niedersachsens Schröder hat das Erscheinen eines Buches über die Erfassungsstelle Salzgitter verboten. Den Grund kann man leicht erraten: Die SPD würde ziemlich schlecht aussehen, denn wenn es nach dieser Partei gegangen wäre, gäbe es die Zentrale Erfassungsstelle schon längst nicht mehr.

Ich bin zu deprimiert, um zu triumphieren.

Leider haben die Sympathisanten hier im Westen keine Parteiabzeichen getragen.

Hilde Spiel ist gestorben. Ich erinnere mich noch daran, daß sie mich auf einer PEN-Tagung zu sich kommen ließ: «Frau Spiel möchte Sie kennenlernen.» Ich ging also zu ihrem Tisch, mir wurde die Hand gereicht, und ich war entlassen. Sie schied die

Geister, die sie rief. Oder: sie rief die Geister, um sie zu scheiden.

Ich stand neben ihr wie mit den Schularbeiten bei Tante Anna in der Presse.

Reich-Ranicki hat das Kunststück fertiggebracht, sie als schlechte Schriftstellerin («völlig unbedeutend») zu bezeichnen und doch zu loben, und zwar über den grünen Klee. – Mein Exemplar von «Rückkehr nach Wien» ist voller Anstreichungen von Fragwürdigkeiten. Sie hatte ein Monopol darauf, zu wissen, wo's langgeht. Ich freue mich heute noch darüber, daß ich zu den «Nicht-in-Frage-Kommenden» gehörte. Einmal versucht sie sich in Naturlyrik: Seite 108 unten. Lassen wir's, es hat keinen Zweck. Man macht sich nur Feinde, unnötigerweise.

Grundsätzlich gilt: mit den Emigranten habe ich immer Mitleid gehabt, jetzt noch mehr als zuvor.

In Dresden war das Interesse an mir, wie in Leipzig, gleich null. In den Zeitungen hat nichts gestanden, im Fenster der Buchhandlung hing ein einziges Plakat. Besucher: dreiundzwanzig, davon acht Westdeutsche, die zufällig auf Besuch waren ... Haltung bewahren, hieß das Gebot der Stunde. Ein ehemaliger Kamerad stellte sich am Ende vor mich hin und hielt den Leuten in elegantem Dresdner Hochsächsisch einen Vortrag über Bautzen, wie schlimm das da gewesen ist, dem war ich wohl nicht scharf genug. Ich tendiere zur Milde, weil ich selbst auch nicht gern am Kragen gepackt werde.

Hatten wir nicht viel Glück, alles in allem?

Ein anderer Kamerad meldete sich, der sich zum pfeiferauchenden Witzeerzähler entwickelt hat. Blauen, ärmellosen Pullover verkehrtrum und darüber den weißen Hemdkragen, so wie wir als Schüler uns am Weihnachtsabend kleideten. Er meinte, daß er schon in Bautzen gewußt hätte, daß ich der einzige unter all den vielen Knastdichtern gewesen sei, von dem etwas zu erwarten gewesen wäre. Er ist jetzt Bibliotheksdirektor in Löbau.

«Die gekreuzigte Maria», mein Gedicht konnte er auswendig zitieren:

Einst vor einer großen Stadt
geschah es
daß man sie gekreuzigt hat –
Maria! ...

Ich kann's nicht mehr. Das «Aquarium» hat überdauert, und das hat heute noch seine Gültigkeit. Wenn man nur ein einziges Gedicht geschrieben hat in seinem Leben, dann muß das wenigstens hinhauen.

Wir saßen hinterher noch beisammen und schlugen unsere Erinnerungen wie Skatblätter einander auf den Tisch. Kreuz zu Kreuz, Karo zu Karo. – An das Jahr 1953 erinnert man sich gerne, das war die Zeit der erträglichen Verhältnisse, mit Tischtennis und Volleyball, offenen Türen. Sie ging schnell vorüber. Daß wir damals noch drei Jahre vor uns hatten, konnte ja niemand ahnen.

Die lieben Kameraden waren im ganzen ziemlich unbeleckt, rezitierten noch Hermann Hesse ins Gespräch hinein. Die Bewohner dieses Tals sind auch heute noch in mancherlei Hinsicht recht ahnungslos. Aber viel Schrott ist ihnen erspart geblieben, das ist wahr.

Gütiger kamen sie mir vor.

Trotz aller sozialistischer Deformationen macht Dresden einen geradezu eleganten Eindruck. Das protzige, über und über vergoldete Reiterstandbild von August dem Starken. Ein kleines Café alten Stils. – Nachdenklich kuckte ich mir die Elbwiesen an, wo damals die Flüchtlinge lagerten, die Amis sind mit Jabos darüberhin gefegt und haben beschossen, was sich noch regte. So manchen Parteigenossen aus Schlesien mag es dahingerafft haben, aber natürlich auch Frauen und Kinder. Menschen, die sich schon in Sicherheit wähnten.

Die Gesellschaft des Bertels-Mannes, der mich durch die Gegend kutschierte, das schöne Auto und die guten Hotels ließen mich das Blamable der Sachsen-Unternehmung leichter ertragen. Der Herr wunderte sich, daß ich zu den Menschen so leutselig gewesen sei. Meine Wut sei wohl verraucht?
Ein Geschäft für Haushaltswaren, in dem es noch DDR-Sachen zu kaufen gab. «Alles wegschmeißen, den ganzen Dreck», sagte der Bertels-Mann. Er war die ganze Zeit über «in Brast», wie die Ostpreußen sagen. – Ich kaufte ein paar Trinkgläser und eine «Tischmenage» aus Polystyrol, «praktisch, formschön», aus dem VEB MLW Polyplast Halberstadt für 4,55 Mark. Meißner Porzellan ist sehr teuer, da war kein Reibach zu machen. Ein Kaffee-Service für über 6000 Mark stand im Fenster.

Gern würde ich für mein Museum das Weinblattmuster nach-
kaufen, das wir in Rostock hatten, aber da gibt es verschiedene
Dekors, die sich alle voneinander ein wenig unterscheiden.
Welches hatten wir? Die Nachmittagskaffeestunde mit dem
«Kränzchen zum Rosenkranz» läßt sich damit nicht wieder
herbeizaubern. 1942 muß es gewesen sein, da setzte ich mich
mal als Artiger zu den Damen. Fechner hat diese Szene gut hin-
gekriegt.
Polen wird überschwemmt von Rumänen und Zigeunern, die
Raubüberfälle machen. Vielleicht werde ich doch noch eine Waf-
fe kaufen müssen.
Nach dem Wort «Wendehals» verpestet nun der Ausdruck
«Seilschaft» unsere Sprache.
Barbara Sichtermann in einer Fernsehkritik: «… man dankt für
die Gesichter und die Momente, in denen die Mundwinkel ihre
Richtung suchen.»
Wo steht so was? Natürlich in der «Zeit».

In Leipzig waren die Demonstrationszüge schon Geschichte,
wenn man die Leutchen drauf ansprach, winkten sie bloß ab. In
zehn Jahren wird es sich verklärt haben. Ein dolles Ding war es,
das steht fest. «So was hat die Welt noch nicht gesehen.»
Die Menschen in der DDR seien alle so unfreundlich gegenein-
ander, sagt der Bertels-Mann. Die würden sofort mißtrauisch,
wenn man freundlich ist zu ihnen. Na, er hat aber auch nicht
gerade gesäuselt.
Eine Ost-Dame hörte ich von München erzählen, vom Einfä-
deln des Verkehrs, so was hätte sie noch nie erlebt. Und: die
westdeutschen Autofahrer wären alle so höflich …
In Ost-Berlin eine Kellnerin: «Das Eis kann ich Ihnen nicht
empfehlen, unsere Maschine ist nämlich kaputt, und das ist
schon dreimal aufgetaut und immer wieder eingefroren.»
Im Salat fand ich eine Glasscherbe. Nun, das kann einem überall passieren. Seit ich mal in einem Tomatensaft einen Finger-
verband fand, bin ich toleranter geworden.

Wedel   So 2. Dezember 1990

E Bur und a Stier isch's glych Thier. (Solothurn)

Ossis lassen sich Nummernschilder prägen, die wie westdeutsche aussehen.
Eine Frau in Leipzig schildert die Sprengung der Universitätskirche. Joachim Fest plädiert für Wiederaufbau des Berliner Stadtschlosses in der FAZ. – Alles sollen sie wieder aufbauen, schon allein aus Trotz. Und: welches moderne Gebäude kann sich denn mit unseren Erinnerungen messen?
Hildegard wird jetzt öfter von «Hundstage»-Lesern angesprochen: «Ach, Sie sind Marianne?» Manchmal wird sie auch «Christa» genannt. («Herzlich willkommen»)
Ihre Fleischbrühe geht in die Literatur ein. Ein Kochbuch herausgeben: wie Gattinnen ihren Dichter-Mann bekochen. Oder umgekehrt.
Die gerühmte Aussicht auf das alte Dresden ließ mich kalt. Es ist das Feudale, was mich nicht betrifft, ich bin eben doch ein Hanseat. Die Georgenkirche in Wismar, St. Nikolai in Stralsund.

Lesung in Wedel. Guntram Vesper hat hier vor mir gelesen, er ist leider schon abgereist. Jetzt höre ich Max von der Grün zu: «lachte sie» – «fügte er hinzu». Es geht um einen Asternstrauß. Siebzehn Zuhörer! Mit mir. Er wird gleich fertig sein. Pfötchen geben. Leider habe ich mein Poesiealbum nicht mit.
Arnold sagt, Grün sei mehrfacher Millionär. Als Arbeiterdichter? Warum nicht? Er fordere zu jedem Honorar die Mehrwertsteuer. Auf diese Idee bin ich noch gar nicht gekommen, obwohl ich «der Kaufmann in der Familie» bin, wie Robert es mal ausdrückte.

In Berlin, die Straßenhändler. Einer hatte einen eindrucksvollen Lenin aus Bronze vor sich stehen, der sei unverkäuflich.
Ein Mann mit FDJ-Hemden und -Schiffchen sagte, daß er damit Pech gehabt hätte, keiner habe ihm was abgekauft. FDJ

wolle keiner haben, ich sei der erste, der danach fragt. Er habe
den größten Teil seines Bestandes an Hilfsorganisationen ge-
stiftet, jetzt liefen wohl kleine Neger damit herum.
Daß sie den Checkpoint abreißen wollen, finde ich nicht richtig.
Niemand wird sich den Wahnsinn dieser Grenze eines Tages
mehr vorstellen können. Das Abreißen der Mauer ist natürlich
auch ganz verkehrt. Sie konnten sie nicht mehr ertragen, das ist
es. So wie sie im 19. Jahrhundert alle Stadttore umlegten, die
Menschen waren zu oft schikaniert worden von der Wache.
Das Fluchtmuseum am Checkpoint, alle nur denkbaren Flucht-
vehikel. Still war es darin wie in einer Kirche.

Von der Grün liest jetzt grade: «Irene erhob überrascht den Kopf
und blickte mich mit großen Augen an. Sie schniefte ...» – «Er
verzog spöttisch den Mund ...» – «Die Bitterkeit in seinen
Worten war unüberhörbar.»
Wenn man mit so was Millionär werden kann, dann frage ich
mich doch, warum tut man's nicht? Mit Nachruhm läßt sich
nichts anfangen.
Die Urteilslosigkeit der Leute, warum sie dem Grün zuhören
und weshalb sie ihn lesen, ist mir unverständlich.
Grün jetzt: «Ich mußte ziemlich entgeistert ausgesehen haben.»
Bei Grass in Leipzig sollen nur drei Leute gekommen sein. Kaum
zu glauben. – Ich muß Mecklenburg kultivieren und dort so
viel lesen wie nur irgend möglich. Aber lesen die Mecklenburger überhaupt Bücher?
Grün jetzt: «Sie blickte verstohlen ...»
Der Herr von Bertelsmann hatte mich für «schwierig» gehalten, wie er sagte. – Im Verlag müssen ja die verrücktesten Geschichten über mich in Umlauf sein.
Grün: «In der Frage spürte ich einen lauernden Ton ...»

Wedel. Ungeeigneter Tag für eine Lesung, ausgerechnet der
Wahltag. Eine blöde Idee, mich an einem solchen Tag nach We-
del einzuladen. Und blödsinnig, sich auf so was einzulassen.
Aber für Geld macht man das eben.

Entfernung Nartum–Wedel eine Stunde. Ich fuhr ganz gemütlich in einem unablässig doppelspurigen Strom dahin und hörte ein Beethoven-Streichquartett.

Max von der Grün: «Er benahm sich wie ein hakenschlagender
Hase.» – Zwei Leute haben den Raum bereits verlassen. – Ich
werde mir mal eine Dissertation über ihn kommen lassen. Hat
er schon den Büchner-Preis?

In Dresden, in der Unterführung unter dem Goldenen August,
drei Jungen auf Skateboards, von Mädchen beobachtet, taxiert.
Die Jungen waren wie toll, wie betrunken.
Nun hat Grün schon anderthalb Stunden gelesen! Unglaublich,
unerträglich! Hat er denn keine Uhr?
Russki kaputt! Ich müßte mich nur noch mit der Entwicklung
der «neuen Länder» beschäftigen. Im «Spiegel» eine Schilderung
über die Bürokraten in Leningrad, von denen die Lebensmit-
tellieferungen sabotiert werden oder gar unmöglich gemacht.
Was wird passieren?
Hier sammeln sich die edlen Linken, die möchten mit frischer
Kraft den Sozialismus noch einmal starten. Vielleicht klappt's
ja diesmal. Die DDR sei kein sozialistischer Staat gewesen,
sagen sie. Vor Tische las man's anders.
Max von der Grün: «Ich reiche ihm meine Visitenkarte ...»
(nun schon zum dritten Mal). – «An der Tür verbeugte ich mich
verlegen ...»
Er erzählt uns, was wir schon wissen. Ödes, aber zeitgemäßes
Zeugs. – «Ich konnte mir nicht verkneifen, hinzuzufügen ...»
Im Barlach-Haus unglaublich schlechte Bilder. Wäre ich bloß
nicht hergekommen! Schrecklich! Wie eingesperrt.

Wahl, CDU hat gewonnen.
«Die Zweitstimme ist die Kanzlerstimme.» Delius: In der DDR
hätten sie gemeint, sie müßten Kohl wählen, weil das der Kanzler ist.
Delius im Vorraum des Barlach-Hauses. Ich frage ihn: «Haben

Sie schon gegessen?», wollte mit ihm wohin gehen. Nein, das wollte er nicht, er hätte auf dem Weihnachtsmarkt schon eine Kleinigkeit zu sich genommen. Mit dem Klassenfeind setzt man sich nicht an einen Tisch. Auch Grün zeigte keine Neigung, mit mir zu sprechen. Nein, er fährt jetzt gleich nach Haus. Sieht man sich denn so oft? Nichts zu machen. Vielleicht hat er geahnt, was ich über ihn ins Tagebuch schreibe. Als die Wahlergebnisse durchkamen, konnte man den Haß der Leute «mit den Händen greifen», wie Max von der Grün es formulieren würde. Wut ist gar kein Ausdruck. Haß!

Lafontaine meint, daß die Wahlthemen der SPD die Menschen nicht wirklich bewegt hätten. Rhythmisches Klatschen.

Sirius = «Serious», das Ernsthafte. Autokennzeichen PI(nneberg) = Pennt immer, oder: Provinz-Idiot.

Allerhand Plankton gefischt.

Nartum   Di 4. Dezember 1990, Regen

Beater 'ne Lous in den Kaul oasse gar kin Fleisk. (Marsberg)

Hildegard hat Petersilienpaste gekauft. Sie schmeckt übrigens ganz gut. Soll ich «Sojatrunk ungesüßt» dazu trinken, wie man es mir immer wieder empfiehlt?

Im «Spiegel» der letzten Woche Darstellung des ökologischen Desasters in der SU. Der Aral-See sei nur ein Irrtum der Natur, hat der Industrieminister gesagt! Den könne man ruhig anzapfen.

Die Lebensmittelzuteilungen in der Ostzone richteten sie nach Dekaden ein, um den 31. zu sparen.

Es ist sonderbar, daß die CDU neuerdings als «Rechts»-Partei bezeichnet wird. An «konservativ» hatte man sich ja schon gewöhnt.

Lafontaine sei ein Repräsentant der Jugend (achtundvierzig Jahre alt).

Die Grünen sind über ihr schlechtes Abschneiden bei der Wahl absolut verblüfft, sie hatten es doch so gut gemeint!

Paul Kersten äußerte sich am Telefon freundlich über «Sirius». Im TV endlose Wahltiraden. Die verschiedenfarbigen Tortenstücke, soundso viel Prozent, wenn man dies oder das berücksichtigt.

Langer Film über Grundstücke und Häuser, die im Osten von Wessis zurückgefordert werden. Man stand natürlich auf Seiten der Ossis. Die Kommentatorin versäumte es, auf das Unrecht hinzuweisen, das den Flüchtlingen damals widerfahren ist, als sie weggingen, oder *bevor* sie weggingen. Die Enteignung der Bauern! Verhaftungen und so weiter.

In Leningrad volle Kühlhäuser mit Fleisch, Obst und so weiter, Bevölkerung kriegt nichts. – Lastwagen mit Paketen aus Hamburg.

Schlagzeilen in der «BILD» am Montag lustig:

King Kohl, Big Genschman
Erster Hammer: Grüne raus
Zweiter Hammer: Oskar nur 33,3%
Dritter Hammer: CDU holt Berlin

Ich arbeitete im Archiv. Unglaubliches fürs «Echolot».
Stalingrad: Das letzte Briefeschreiben: Hunger, Kälte.
Letzter Funkspruch: «... Wetterstelle meldet sich ab. Gruß an die Heimat.»
Ich war kein Nazi, nie, aber so was geht mir durch und durch.
Was Thomas Mann an Flapsigem dazu sagte, ist ungehörig.

Nartum   Mi 5. Dezember 1990

Was du dir eingebrockt hast, mußt du aach ausleffeln.
(Hessen)

TV: Saddam Hussein will anscheinend Kuwait wieder aufgeben.
Schießangelegenheiten an der Mauer, daß deren Ahndung
schwierig ist.
Die Verbrüderung der Modrow-Regierung mit den Palästinensern. Und gleichzeitig der Versuch, sich bei den Israelis anzubiedern und sie dazu zu bringen, gegen die Wiedervereinigung
zu lamentieren. So was nennt man hohe Politik.

KF heute nach Thailand geflogen. «Solange es noch geht ...»,
sagt er.
Schwer geschleppt, Heizungskörper nach unten.
Hunde spielten wie wahnsinnig mit dem Schäferhund von Simone. Waren allesamt hinterher vollständig erledigt.
Gebratenen Hering gegessen. – Den ganzen Tag zuckerlos, was
mir gut bekam. Magen hat sich nun beruhigt. Aber immer noch
Ekel vor Essen.

FAZ: «Brandt weiß trotz allen Hochmuts, zu dem er fähig ist,
daß er nicht nur ein versunken in sich hinein lauschender Werkmann des Weltgeistes, sondern auch dessen Instrument ist.»
(Helmut Herles)

TV: Äußerste Erbitterung bei der SPD, weil Lafontaine sie vor
den Kopf gestoßen hat. Mir ist dieser Mann unheimlich. Ich
kenn' diesen Typ irgendwie.
Daß ein Mann mit Bart nicht Taubstummenlehrer werden
kann.
Eine 90jährige Greisin in Moskau, die ein deutsches Paket aufmacht, sie hält die darin befindlichen Nudelpakete für Spielzeug.

Ein Rotarmist, der beim Paketeausladen hilft, schämt sich, sagt
er.
De Bruyn hat einen 25 000-Mark-Literaturpreis bekommen.
Wenn ich jemandem etwas spenden würde, dann den sowjeti-
schen Soldaten in den Kasernen der DDR.
Unglaubliches aus der SU.
Über eine Ausstellung in Moskau, in der Fotos vom Zaren und
seiner Familie gezeigt werden. Sie mußten auf dem Acker arbei-
ten. Das war ja noch nicht das Schlimmste. Die Frauen sollen
Brillanten in ihrem Büstenhalter versteckt gehabt haben, die
Gewehrkugeln glitten daran ab.
Radio: «XY gilt unter Jazzern als amtierender Trompeten-Welt-
meister.»

Beethoven, Streichquartett Nr. 2.
Am «Echolot» gesessen.

Nartum/Rostock   Do 6. Dezember 1990

Beater te viel, äs te weinig. (Büren)

Mit Simone nach Rostock. Im Autoradio Reportage über Lübecker Marzipan. Einer hat seine Schwiegermutter in Lebens-
größe herstellen lassen, um sie bei der Hochzeit aufessen zu
können. Ohne jede Bewegung sagt er das.
«Saisonlastigkeit», das Wort taucht auf. Endlose Sache.
Eine sogenannte Marktplatz-Sendung, ganz interessant.

Daß sie auch vormittags atonale Musik bringen, finde ich etwas
übertrieben. Was sollen da die Fernfahrer denken? Und nachts,
wenn man vielleicht ein bißchen Vivaldi erwartet, schreien sie
lebenssatten Schläfern Feuertänze ins Ohr.
«Diese Gefährte!» sagt Simone in Gadebusch zu den Ostautos.
Und: «Nun geht das wieder los mit dem Gestank!»

Der Ortsname «Gadebusch» ist mir von früher her bekannt
– wie auch «Pasewalk» –, dort wurden Soldaten geschliffen.

Den Truppenübungsplatz Großborn
erschuf der liebe Gott in seinem Zorn.

Auch dieser Vers ist mir haftengeblieben.
Hübsches Rathaus mit Gerichtslaube.

Rostock   Fr 7. Dezember 1990

Dumme Leut schmiern oaner feisten Sau
aa no den Oarsch. (Bayern)

Mit Simone nach Rostock gefahren. Halsbrecherische Umwe-
ge, Katzenköpfe usw., und dann auf dem Blücherplatz in «glei-
ßendem» Scheinwerferlicht vier Minuten Komplimenthaftes
über Rostock sagen dürfen. Daß die Werft sich bestimmt wieder aufrappelt und so weiter.
Regen und scharfer Hafenwind. Die übliche Fernseh-Friererei.
Die Regenschleier verbanden sich mit den Braunkohleschwaden. Was die Asthmakranken jetzt wohl machen, die sitzen über
ihren Inhalationsapparaten, ein weißes Tuch über dem Kopf,
und klagen über verlorene Schöne.
Die Fernsehleute hatten sich ins Büro des Schwaanschen Ge-
fängnisses zurückgezogen. Ich tat einen Blick hinein. Hier also
saß damals die Mutter.
Nach meinem TV-Beitrag überreichte mir aus der Zuschauer-
menge ein kurzhaariger Jüngling in Lederjacke einen Blumenstrauß. «Von den Rostocker Hooligans», sagte er, «das ist keine
gute Adresse, aber es kommt von Herzen!»

Am Abend fuhren wir nach Warnemünde und aßen in der «See-
kiste» trockene Bratkartoffeln und ein faulig schmeckendes

393

Das gelbe Elend in Bautzen: Theure Heimat mein

Schnitzel unter matschigen Zwiebeln, gestört durch die Wirtin, die jeden einzelnen Gast mit Freudenschreien begrüßte und abschmatzte. – In der Bar des Neptun-Hotels tranken wir einen Cocktail und dann noch im 19. Stock einen Ananassaft. Im Grunde ist ja kein großer Unterschied zwischen der nächtlichen Aussicht vom 99. Stockwerk in Chicago und vom 19. in Warnemünde. Alles schwarz, es sind dort drüben ein paar Lichter mehr, das ist wahr. Das Zimmer war übrigens ausgezeichnet. – Im Lift wurden die Stockwerke von einem Tonband angesagt. Schwedische Wertarbeit.

TV: Ein Film über die Schorfheide – Hindenburg – Göring – Honecker. – An andere Sendungen kann ich mich nur schwer erinnern. Ach ja, ein Mann, der um sich ballerte und mit einem Luftschiff ein 80 000-Mann-Stadion in die Luft sprengen will. Irgendwie leider gelang ihm das natürlich nicht.
Im Antiquariat fand ich zwei alte Mecklenburg-Karten, ich werde sie wohl nächste Woche kaufen.

«Was lange gärt, wird endlich gut!»
Simone meinte, die Trabbis hätte Honecker bestimmt selbst im
Suff entworfen. Gleich nach dem Fall der Mauer konnte man
welche für fünfzig Mark kaufen. Nun gibt es bereits Liebhaber
für die «Gefährte», die viel Geld hinlegen.

An der «Grenze» Stau. Simone sagte, vielleicht steht da ein ehemaliger Grenzer, der durchgedreht ist und wieder alles kon-
trollieren will?
Ich kriegte in Rostock keinen «Spiegel» zu kaufen, ein Tontech-
niker schenkte mir seinen. «So weit sind die hier noch nicht»,
sagte er.

Nartum   So 9. Dezember 1990

Bei'n Borgen, da ös d'r Taler mord kläne,
Bein' Bezahlen su gruß, mer sollte's nech mäne.
(Thüringen)

Post: Brief eines Berufsbautzeners an einen Bundestagsabge-
ordneten der CDU, in dem er fordert, daß in Bautzen eine Gedenkstätte eingerichtet werden sollte, das seien wir den Dort-
gebliebenen, die den «Hungerhenkern» zum Opfer gefallen sind,
schuldig. – *Eine* Gedenkstätte haben wir doch schon, meinen
«Block». Den zu lesen wäre billiger, als eine Gedenkstätte zu
bauen, zu der sich Leute aus Wuppertal wohl kaum verirren
würden.

2002: *Inzwischen ist vom Gelben Elend nicht mehr die Rede,*
es wird nur noch vom Stasi-Gefängnis Bautzen II gespro-
chen. Im Gelben Elend, so wollen sie es hinstellen, hätten nur
ehemalige Nazis gesessen oder «Kriminelle». – Wir haben das
anders erlebt.

In den Nachrichten wurde gestern allen Ernstes bekanntgegeben, der Unterhaltungskünstler Konstantin Wecker sei von
einem Schwein gebissen worden, aber ganz sanft nur. Er könne weiter Klavier spielen.
Bienek geht es sehr schlecht, Aids? – Er hat viel für mich getan:
die «Spiegel»-Rezension 1969, sein Eintreten für mich bei Hanser. Als Autor konnte ich nichts mit ihm anfangen, etwas dünn
im ganzen. *Er* will jetzt *auch* eine Trilogie schreiben, hat er mal
gesagt; als ob ihm das zusteht.

2002: *Niemand spricht mehr von ihm, vielleicht noch jemand
aus Gleiwitz?*

Einladung in die USA , 14.–16. März Houston. Ich soll Referat
halten auf englisch über die Beziehungen Deutschlands zu
Amerika.
Für drei Tage nach Amerika? Das ist nicht seriös.
Renate erfreute uns. Ihr Hund ist unerträglich.
Ganzen Tag am «Echolot» gesessen.

Rostock   Di 11. Dezember 1990

*Wammer nit sin kann, nimp mer der Brill,
wammer nit sin well, bliev mer janz still.*
(Rheinland)

Post: Ein Ehepaar aus Woltersdorf fragt mich, ob ich nicht auch
der Meinung bin, daß die Zeiten, in denen wir leben, «satirege-
bärend» sind? Sie wollen ein Buch herausbringen, eine Anthologie unter dem Titel «Die Zeit schreibt Satire», und daran soll
ich mich beteiligen.
Der Rubel ist nur noch zwei Pfennig wert. Er wird nicht mehr
gehandelt.
Wolfgang Thierse gibt in der FAZ als seinen Hauptcharakter-

zug «Faulheit» an. Sterben möchte er nicht zu früh und nicht zu spät.

Gestern abend fuhren wir nach Lübeck, und nun nach Rostock. Der Ehm-Welk-Verein hatte zu einer Lesung nach Bad Doberan geladen. Es war eine melancholische Fahrt, grauer Himmel. In Rostock gab es dann Parkprobleme, über die ich mich sehr aufregte. Dieselben sind inzwischen gelöst. Nach Tisch im Kloster wegen der Professorenhäuser. Im Kreuzgang empfingen wir von einem jungen Restaurator interessante Informationen über die bisherige Leitung des Museums, alles sehr undurchsichtig. Irgendwelche Diebstahlsgeschichten mit Stasi gemischt. Wie soll ich mich verhalten? – Es ist ganz einfach: man muß wissen, was man will. Und das genügt. Abends las ich dann in Bad Doberan, im Ehm-Welk-Haus. Rührendes Publikum. An seinem Schreibtisch saß ich, vor seiner Bibliothek. Hinterher meldete sich ein Bautzener der anderen Kategorie, ein Internierter, also früher mal ein Nazi. Ich weiß nicht, was er von mir wollte. Sich anlehnen? Wer hört diesen Leuten zu? Wie lange man sie büßen läßt! Die Heiligendamm-Schmalspurbahn führt direkt an dem Haus des Dichters vorüber. Wir tranken vorher in einem großherzoglichen Pavillon Kaffee: schrecklich laute Musik. Dorfartige Bedienung. – Ein Apotheker, der seinen Laden modernisiert, stellte alte Glasgefäße auf den Bürgersteig, das Stück zu einer Mark. Ich nahm einiges mit. Das grell renovierte Münster, schrecklich, aber es sei authentisch, wird gesagt, was ich nicht glauben kann. Das Loch, in dem man früher einmal Ägyptische Finsternis betrachten konnte, haben sie zugekleistert. Das paßt nicht mehr in die heutige Zeit. Die Humorlosigkeit der Restauratoren.

Nartum   Sa 15. Dezember 1990

Beätter en gurren Noawer ärre en feren Frönd.
(Arnsberg)

Ich las in den Freisler-Protokollen. Widerlich! Kaum zu fassen. – Über den Dilettantismus der «Verschwörer» ist schon viel geschrieben worden. Einer ging noch mal auf der Straße auf und ab, bevor er verhaftet wurde. Immerhin, sie haben was unternommen. Hier ist Dilettantismus wohl nicht das richtige Wort. Zumindest taktlos ist es. Über Freisler – dessen Abartigkeiten. «Meine Richterkameraden», sagt er. Unglaublich das Gebrülle. Ich sprach mal einen Menschen, der ihn in der Weimarer Zeit als junger Mensch in Rostock bei seinen Eltern erlebt hat. Nichts Außergewöhnliches, Freisler sei ein ganz normaler Mensch gewesen.

Sehr erfreuliche Kritiken zu «Sirius». Offenbar hat es den Österreichern besonders gefallen, daß ich mich über Österreich kritisch geäußert habe. Die sind, glaub' ich, so.
Andrzej Kassenberg, ein Pole, bezeichnet die sozialistische Schluderwirtschaft als «Krieg gegen das eigene Volk». («Spiegel»)

Post: Eine Dame aus Münster, die ich auf Juist kennenlernte, schreibt, daß sie den «Sirius» als Adventskalender benutzt, zum Glück sei sie erst im Juni. Sie legt mir einen Zeitungsartikel ein: Unter dem schönen Titel «Ein Kapitel für sich» berichtet der kluge Gustav Seibt über eine Historikertagung:

> Die Geschichte der Revolution von 1989 hat gerade erst begonnen. Die Deuter sind schon am Werk, obwohl die Konsequenzen dieses Jahres noch längst nicht absehbar sind. Doch auch die ersten Deutungen werden in diese Folgen eingehen. Bisher weiß man nur, daß ein Kapitel zu Ende ist und ein neues begonnen hat. Doch schon jetzt beginnt man, sich beim Rückblick auf den gewaltigsten Versuch der Menschheitsgeschichte, den Menschen zum Herrn

dieser Geschichte zu machen, die Augen zu reiben. Vielleicht wird dieser Versuch bald ebenso chimärisch wirken wie die DDR, für die es noch kein erklärendes Wort gibt. Die Berliner Diskussionen wurden im akademischen Kammerton geführt; aber seit langem zum ersten Mal wird hinter den akademischen Debatten der Historiker etwas wie ein Druck von Erfahrung spürbar. Die Bewährungsprobe der Historie steht noch bevor.

Eine andere Dame schickt einen Topfkuchen und schreibt: «Zum Fest wollte ich Ihnen eine kleine Freude bereiten – hatte zunächst vor, einen ‹Kempowsky-Kuchen› zu backen, aber so weit sind meine spezifischen Nerven noch nicht ausgebildet, daß ich imstande bin, Dichtung in Geschmack umzuwandeln, und so nehmen Sie mit diesem einfachen Topfkuchen – der vielleicht einen Hauch Kempowsky innehat – vorlieb.» Sie schreibt Kempowski mit Ypsilon. Hildegard: «Damit wollte sie dir eine besondere Freude machen.»

Frau Pröhl hat das «Aus-großer-Zeit»-Drehbuch an Zeidler weitergereicht. In erster Linie komme wohl das ZDF in Frage.

Nartum   Mi 19. Dezember 1990

Wus alte keien, thüen jünge schpeien.
(Jiddisch)

Gestern längeres Telefongespräch mit Paeschke. Ich berichtete ihm vom Stand der Dinge:

1. «Echolot», Januar und Februar schon weit gediehen
2. «Mark und Bein», Beginn 1. Januar
3. «Aus-großer-Zeit»-Filmverhandlungen

und beschwerte mich darüber, daß Kohout eine riesige Anzeige bekam und ich nicht. – Ja, der hänge ziemlich durch, weil sich

sein Buch nicht bewege. – Meines nähere sich den 10 000 («setzte er stolz hinzu»).
Er winkte ab, als ich von meinen Lesereisen-Absichten durch die neuen Länder sprach. Alle Ost-Unternehmungen, Kooperationen usw. seien gescheitert (außer Buchclub, für den immerhin 700 000 Kunden geworben werden konnten). Nein, da wolle er mich nicht unterstützen.

Adventssingen im Turm mit den Oertels, Heike Opitz, Timmers, Nahmmachers, Dagmar Ewers, Stiers, Grasses, Kleßmann und anderen.
Das Singen selbst fiel etwas sehr schreiig aus: Was ein anständiger Sopran ist, will sich auch hören lassen. Wie wir da um den Tisch herum saßen: Die Freunde werden älter.

Psallite, unigenito
Christo, dei filio,
Redemptori domino …

Um mich nicht selbst produzieren zu müssen – «O Gott, nun will er wieder was vortragen …» –, verteilte ich nach dem Abendbrot «Siriusse», und jeder mußte selbst ein Stück daraus vorlesen. Das «machte Laune». – Die beiden Schwestern aus Schwabach sangen das Lied «Zwei Schwestern» von Brahms. Damit meinten sie mich irgendwie. Ich war also Brahms, und sie waren die zwei Schwestern. Heike Opitz brachte einen Arzt mit, einen herrlichen Baß, der dann aber leider Witze vorlas aus einem Heft. Er hatte seine Arzttasche dabei, was nötig war, denn Kleßmanns neue Freundin war in seinem Haus die Treppe hinuntergefallen und am ganzen Körper schwarzbraun.
Ob es in Deutschland noch einen andern Schriftsteller gibt, der mit seinen Freunden Adventslieder singt? Thomas Mann war es, der bis ins hohe Alter mit den Seinen «Stille Nacht, heilige Nacht» sang unterm Tannenbaum.

400

Gestern kam ein neuer Hund, Lieschen, eine Corgie-Hündin, ein äußerst apartes Tier. Aussehensmäßig nicht so doll. Da ist der dumme Paule, unser Playboy, schon attraktiver.

Rostock ist gealtert, wie ich älter geworden bin (alt).
Die südländischen Hütchenspieler auf dem Hopfenmarkt. Niemand schafft es, sie wegzujagen. In Warnemünde haben Rocker sie mit Eisenketten vertrieben.
Ich besuchte meinen alten Freund Jochen. Bärbel meint, das hätten sie dem Westen zu verdanken, daß die Jugoslawen da die Leute betrügen. Ich saß bei ihnen in der Wohnstube, auch Ursel kam und die alte Mutter. Ich spürte Reserviertheit, aber ich ließ mich nicht irritieren. Ich werde doch wohl meinen alten kranken Schulfreund besuchen dürfen? Das Haus noch unverändert, wie 1938, innen wie außen. Baumwurzeln haben einen Teil des gemauerten Zaunes zur Seite gedrückt. Das Rostocksch. Auch bei Fritz Lahl war ich, da bekam ich Spiegeleier zu essen, das ist nun schon Tradition. Sehr alte Geschichten erzählten wir uns. Die Bartmaschine rasselte.

Wir hatten es dann noch mit verschiedenen Rostock-Enthusiasten zu tun. Herr Aude vom Presse- und Kulturamt. Er führte uns bei einem Buchbinder in Dierkow einen alten Rostock-Film vor (von 1936). Die Behäbigkeit der Stadt, ihre Unversehrtheit. Wir saßen in dem Dierkower Arbeitersiedlungshaus und sahen die alten Filme.

Die von den nationalen Sozialisten mit Gärtchen und Ziegenstall versehenen Häuser der «Siedlung» werden nun bereits wie Denkmäler angesehen. In der Nachbarstraße stünde noch eins, das ganz unverändert sei. Sie seien sehr begehrt.

Im Antiquariat kaufte ich zwei schöne Mecklenburg-Karten, von siebzehnhundertsowieso, verhältnismäßig billig. Es gibt Leute, die pflastern sich das ganze Entree damit zu. – Das, was man sucht, ist darauf nicht zu finden.

Der Besuch in der Universitätsbibliothek war überflüssig. Sie haben nichts, was uns interessieren könnte, oder: sie zeigten es uns nicht. Wir saßen in einem Zimmer des Palais. Das in Sternen ausgelegte Parkett zerkratzt, gewellt, ruiniert. Ein Brief Fritz Reuters an den Einsender von Gedichten. Er solle nicht zu jeder Gelegenheit ein Gedicht schreiben, das nutze ab. – Auch Manuskripte von John Brinckman, Kasper Ohm.
Reuters Nachlaß liegt vergessen und begraben in Regalen. Daß meine Sachen in Hannover bleiben, steht fest. In Rostock interessiert sich niemand dafür.
«Soso …», sagte der Herr, als ich ihm von meinen Manuskripten erzählte. «Wie war noch Ihr Name?»
Auch der Besuch im Stadtarchiv war deprimierend. Der junge Archivdirektor konnte (oder wollte?) uns nicht das geringste zeigen. Keine Biographien, keine Fotos. Schließlich nahm er ein Bild von der Wand und zeigte es uns, einen «Rollmops», eine dreifache Ansichtskarte, die man früher zusammengerollt verschickte, den ich selbst in drei tadellosen Exemplaren besitze. – Fürs «Echolot» nichts, keine Kuriosität, wie sie doch eigentlich jeder Archivmensch auf Lager hat. Nichts.
Fotos von Alt-Rostock? Nein, keine.

402

Tagebücher? Biographien? Nein, nur Protokolle des Finanz-
senators. Ich sagte beim Fortgehen: Und was ist in diesen Blechschrän-
ken drin? – «Katasterunterlagen.»

2002: *Später erfuhr ich, daß dort 30 000 Fotos lagern und
daß das Archiv wohlgefüllt ist. Der Mann wollte mir nichts
zeigen. Warum nicht? War ich ihm unsympathisch?*

Interessante Quellen fürs «Echolot» liegen im Parteiarchiv der
SED in Berlin. Vielleicht sollte ich Simone mal hinschicken?
Von all den vielen Ost-Leuten, Polen, Russen, die ich um Hilfe
bat, hat sich bisher niemand vernehmen lassen, nicht gegen Geld
und gute Worte. Diese Indolenz scheint drüben auf allen Gebieten vorzuherrschen. Na ja, eine Katze muß ihre Mäuse auch
selber jagen.

De Maizière hat sich gestern zurückgezogen. Ich kann nicht
glauben, daß er ein Stasi-Agent war. Er sieht doch ganz vernünftig aus? In Schwerin spielte er die Bratsche.

Meine Lesung in der goldstrotzenden Aula der Rostocker
Universität wurde vom Rektor eingeleitet. Er wünsche dem
Auditorium eine besinnliche Stunde! sagte er. Vorher in einem
Warteraum durfte ich zuhören, wie er sich mit einem andern
Herrn über was anderes unterhielt. Man wandte mir den Rük-
ken zu.
Die Aula war halbvoll, deprimierend. – Auch die zweite Le-
sung im winzigen Kuhtor war kaum besucht. Wie gut, daß ich
die Erstlesung in Rostock schon im Januar machte. Da war das
Interesse aneinander noch frisch.
Ein paar Minuten stand ich in der St.-Georg-Schule («Schöne
Aussicht»). Dachte an Lehrer Märtin, meinen Retter. Die Gar-
derobenhaken. Ein Mensch kam mir auf dem Flur entgegen.
Ich sagte: Guten Tag.
Eine Antwort ward mir nicht zuteil.

Vielleicht melden sich die Leute ja mal, ich könnte dort eine Lesung machen, das wäre doch originell.

Wir standen auch auf dem Jakobikirchhof, der «verfluchten Stätte». Einer der SED-Leute habe den Turm sprengen lassen, weil seine Wohnung in dessen Schatten lag. Ein ewiger Jammer. Die Kirche hatte den Krieg zwar ausgebrannt, aber im wesentlichen unbeschadet überstanden. Jetzt stehen verrottende Buden auf dem Platz. Ich nahm einen alten Ziegelstein mit. Man sollte eine Bronzetafel aufstellen mit dem Namen des Funktionärs, der den Abriß angeordnet hat. Der Mantel des Vergessens ist ziemlich groß, und er ist undurchlässig, nicht wie der von Don Corera, dessen Löcher, wenn man ihn gegen's Licht hielt, ein Sternenzelt sichtbar werden ließen. (Gottfried Keller)

Nartum   Fr 21. Dezember 1990, klar

Vo' de Bettelleut mueß ma's Koche leane und
vo' de reiche Leut 's Spare. (Allgäu)

Politik: schlimm. Schewardnadse gibt auf. Die nächsten Wochen werden spannend. Wie gut, daß die Wiedervereinigung so schnell kam. Hübsches Foto von Schewardnadse im «Spiegel»: wie ihm eine weiße Haarsträhne nach vorn weht.

Stasi-Modrow und Stasi-Gysi im Reichstag, ein kurioses Bild. Auch der arme de Maizière mit versteinertem Gesicht. Er soll den Decknamen «Czerny» getragen haben.

Wie es den Lafontaine weggeblasen hat! Nun haben sie sich den Birkenhaarwasser-Typ Engholm geholt. Die Pfeife hat er immer dabei.

In der FAZ wird darauf hingewiesen, daß die «Eile», mit der die Vereinigung herbeigeführt wurde, eben doch gut und nützlich war – wenn man die jetzige Entwicklung in der SU beobachte? In der «Zeit» amüsieren sie sich darüber, daß Kohl der «Kanzler der deutschen Einheit» genannt wird. Sie hätten es wohl lieber gesehen, daß er als deutsche Birne in die Geschichte eingeht.

Post: Die Henri-Nannen-Schule in Hamburg bedankt sich bei mir für meinen Auftritt vor den Eleven. Ich kam ihnen mit meiner Eidetik. Sie sahen nicht aus wie Erlöste hinterher. Um in die Schule aufgenommen zu werden, müssen sie Testfragen beantworten. Einen solchen Test hätte ich nie bestanden, das steht fest.

Zehn Staaten der Erde haben mehr als 100 Millionen Einwohner. Nennen Sie möglichst viele davon, die ersten vier in der richtigen Reihenfolge. (= Hier sind maximal 6 Punkte erreichbar.)

Originell ist das Auswahlverfahren:

Die Kommission urteilt subjektiv, jedoch in einem Korsett, das sonst nicht üblich ist: das positivste und das negativste Urteil werden gestrichen, die restlichen gemittelt und mit maximal 12 Punkten in unser System eingesetzt. Die Rolle des Subjektiven ist also durch Menge minus Extreme relativiert und dazu strikt begrenzt. – Schließlich addieren wir die Punkte, ziehen zwischen Rang 36 und Rang 37 einen Strich und nehmen die ersten 36 – ohne Rücksicht auf Geschlecht, Bildungsweg, politische Richtung oder Staatsangehörigkeit.

Gottsdonner!
«Jeder Lehrgang reist eine Woche nach New York», heißt es am Schluß. Auch das: Gottsdonner! – Auch die Durchgefallenen?

Zwei Stunden Spaziergang immer rundherum, morgens eine Runde, nachmittags eine. Robert kam, ich hörte die Autotür schlagen, ließ mir Zeit mit dem Begrüßen. Wie das so ist.
Gegen Abend knappste ich mir noch etwas Zeit ab und setzte mich ans «Echolot», und nach dem Abendbrot ordnete ich die Hinterlassenschaften der Kinder. KF hat als Junge Hunderte von Autos entworfen, Renate jede Menge Comics gezeichnet.

Nartum   Mo 24. Dezember 1990

Kleine Krotta hond an a Gift. (Allgäu)

23 Uhr: Gottlob im Bett. Das hätten wir hinter uns.

Hatte zu viel getan, deshalb machte mich das Baumaufstellen,
das wie gewöhnlich Robert besorgte, wie jedes Jahr, nervös.
Wenn's nach mir gegangen wäre, hätten wir auf das, was die
Nazis «Jubelstaude» nannten, verzichtet.
Weihnachten ohne Kinder? Ich meine: *Kinder.*
Kaminfeuer blubberte, ich trank zur Abwechslung ein Glas
Rotwein mit. Robert hatte die Beine von sich gestreckt.
Die Hunde lagen auf Hildegards Leib wie die Schiffbrüchigen
auf dem Floß der «Medusa». Sie war gänzlich von Hunden be-
deckt.
Woran dachte Robert? An «Pi-pa-po»? An «Gottsdonner»?
Möglich, daß wir beide zu gleicher Zeit an dasselbe dachten, an
die Kinderzeit in der Alexandrinenstraße, an dort, wo jetzt ein
Loch ist. Synchron dachten wir an die Kindheit, wie beim Paar-
lauf auf dem Eis taten wir es.

Tochter Zion, freu-heu-heu-heu-heue dich ...

Belebend wirkte das Gespräch über das Rostocker Haus in der
Strandstraße, wir werden es wiederkriegen, meint Robert. Wer
die Schiffsbilder wohl hat, die im Kontor hingen? Eines unserer Stehpulte konnte ich im Schiffahrtsmuseum ausmachen.

Wössner, Chef des Bertelsmann-Konzerns, hat mir eine Broschüre des Verlages zu Weihnachten geschenkt, dieselbe, die ich
auch von Herrn Paeschke bekam. Was die Herren ihren Gattinnen wohl schenken? Ich wedelte mir mit den Broschüren
frische Luft zu.
Von Hildegard bekam ich ein Buch über Goethes Farbenlehre.
Ulkigerweise ist es ein «verklatschtes Exemplar», zum Teil sind

die Farben nicht richtig ausgedruckt. Abbildungen von den einfachen Apparaten aus Holz, Pappe und Leder, die Goethe benutzt hat. – Das Staunen, als ich zum ersten Mal ein Spektrum sah. Die dreieckigen Linsen, die ich im Pavillon deponiert habe, tun uns nur selten den Gefallen, das gespaltene Licht an die Wand zu werfen. Ich hatte mir das so schön ausgedacht, einen Kaffee inmitten von Spektralfarben zu nehmen.

TV: In der Früh kam über NDR 3 mein Soldatenfilm. Ich bin rausgelaufen! Schrecklich! Wie gut, daß so manches in den Archiven verschwindet. Sie brauchen's ja nicht grade zu löschen. Ein sonderbares Erzeugnis. Wir hatten viel Spaß bei den Dreharbeiten. Ich sehe Strauven noch, wie er die Spielzeugpanzer aufzieht und über die Schützengräben laufen läßt. Vor einiger Zeit in Berlin hat er mich geschnitten, saß am Nebentisch und hat mich geschnitten. Wahrscheinlich haben sie ihn mit dem Film furchtbar hochgenommen. Das Weihnachtsfest in T/W ist Fechner übrigens gut gelungen. «Ist Wasser hingestellt?»

Drews hat sich über «Sirius» freundlich geäußert. Er bezeichnet mich als einen, der sich's hat sauer werden lassen. Hat seinen Goethe gut gelesen. «Echolot», einiges eingegeben. Es füllt sich. Stalingrad. Eine einsame Arbeit ist das. Wird's je einer lesen? – Am Heiligabend daraus vortragen, das wär' nicht gegangen. Lange noch an der Orgel gesessen.

Herr, nun lass' in Friede,
lebenssatt und müde,
deinen Diener fahren
zu den Himmelsscharen ...

Ich nahm auch das Es-Dur-Präludium mal wieder vor. Ich dachte an Bautzen, wo ich es spielte. Hier wurde ich leider gestört, was mich verstimmte.

Nartum   Di 25. Dezember 1990

Gerät's, so gerät's. (Oberösterreich)

Noch zu Rostock: Ein Mensch ergriff nach der Lesung das
Wort, er sei mit mir verwandt, denn er heiße Bonsack, und die
Uhr, von der ich gesprochen hätte, sei in seinem Besitz. Hinterher, beim Signieren, flüsterte er mir ins Ohr, er wisse natürlich, daß meine Mutter ganz anders geheißen habe. – Alles schön
und gut, aber was ist mit der Uhr?

Käse ist drüben nicht in Mode. Die können überhaupt nicht
verstehen, was wir an Käse haben. Sehr guten Harzer gibt es
dort, wir deckten uns ein, aber wochenlang kann man den auch
nicht essen. Harzerkäse auf Schweineschmalz.
Ein Lehrer lotste mich in die Goetheschule, drei Klassen hatte
man zusammengetrieben. Ich saß wie Studienrat Kienke 1943
auf der Fensterbank und erzählte von meiner Zuchthauszeit. Sie
hörten mit offenem Munde zu. Diskussionen hinterher, rührende Annäherungen. Die Lehrer im Hintergrund eher skeptisch.
Es seien noch die alten, hundertprozentigen, die bis vor kurzem noch streng auf der Linie waren, das wurde mir gesteckt,
diese Leute unterrichteten immer noch. – Nun ja, uns haben
damals Parteigenossen die Vokabeln abgehört, und wir wußten
genau, was wir von ihnen zu halten hatten. – Ich stand dann
auch in meiner alten Klasse, keine innere Regung. Die Schulzeit
ist bei mir «negativ besetzt». Die Schwänzerei hat mich Kopf
und Kragen gekostet. Die andern haben still und heimlich ihr
Abitur gemacht und studiert und sind dann in den Westen gegangen. Und ich habe mich in Widerstand geübt.
«Tue nichts Gutes, so widerfährt dir nichts Böses», dieser
schöne Satz.
Ich habe dann ja auch eine Hochschule à la Gorki besucht.
Dafür brauchte ich kein Abitur.
Wohltuend wirken die Ausmaße des Schulgebäudes und die
bauhausartige innere Gestaltung. Auch alles noch gut in Schuß.

408

Prospekte senden an Goetheschule.

Bücher?

Meine Freiexemplare? Irgendwann müßten sie ja auch selbst mal was von mir kaufen. So arm sind sie doch gewiß nicht. Willi Bredel und Feuchtwanger konnten sie sich doch auch leisten.

Chandler:

Meine Erfahrung mit dem Versuch, Leuten beim Schreiben zu helfen, ist begrenzt ... Die Leute, denen von Gott oder der Natur bestimmt ist, Schriftsteller zu werden, finden ihre eigenen Antworten, und denen, die fragen müssen, ist einfach nicht zu helfen. Sie möchten einfach nur gern Schriftsteller sein, das ist alles.

Ist ja wahr, aber man kann's ihnen doch ein bißchen nett machen, wenn man's kann?

«Echolot»: Material gesichtet. Stalingrad, die sonderbarsten Kontraste zu den mörderischen Massakern in den Lagern.

Lit.: Thomas Manns Tagebücher, Chandlers Briefe.

Nartum   Mi 26. Dezember 1990, Sturm/kalt

Laßt de rauhe Schale eich nech abschrecke,
Tutt nur ä guter Karn drönn stecke. (Thüringen)

Ich bin den ganzen Tag über von Arbeitsraserei befallen gewesen, so geht das schon seit Tagen/Wochen. Wie die Bauern beim Heueinfahren, wenn Regen droht.

Hildegard machte einen erstklassigen Labskaus. – Seit Wochen bin ich beschwerdefrei. Mein «Leibschneiden» ist offensichtlich von der Dämmplatte ausgelöst worden, die ich neben meinem Bett stehen hatte. Von so was hätte man sterben können.

Ich stieg am Abend zur Katze hinauf und setzte mich neben sie. Das Tier wußte nicht, wie ihm geschah, und wußte nicht, wie es mich wieder loswerden sollte. Irgendwelche Leckerbissen verschmäht sie. Jeden Morgen kämme ich sie, das ist ein Genuß für uns beide. Aber abends will sie ihre Ruhe haben.

Chandler über seine Katze:
Unsere Katze wird langsam ausgesprochen tyrannisch. Wenn sie sich irgendwo allein fühlt, stößt sie ein Geheul aus, daß einem das Blut in den Adern gerinnt ...

Im Februar '43 schreibt er einen Brief an seinen Verleger. Daß er in dem Brief kein Wort über Stalingrad verliert, ist eben auch interessant. Aber immerhin, das Fleisch war in Kalifornien rationiert zu dieser Zeit, das kann man dem Brief entnehmen.
Der Unterschied zwischen «langsam» und «allmählich». Ich werde dem Übersetzer mal schreiben. Aber lieber nicht, sonst kuckt er sich *meine* Bücher genauer an.
Thomas Mann hört schlechte «Götterdämmerung»-Platten im Radio, lese ich.

Nartum   Do 27. Dezember 1990

Me mueß sich selber kai Ruete uff der Buggel binde.
(Breisgau)

T: Ich schütte Aale in die Kinderwiege, die mit Wasser gefüllt ist. Leider ist ein Huhn mit hineingeraten. Es sitzt still zwischen den sich windenden Aalen. Ich fasse mir ein Herz und greife hinein und hebe es heraus. Als ich wieder in die Wiege kucke, ist sie mit Karteikästen angefüllt, unten drunter nur noch einige Aale.

Robert zum «Sirius»: «Oh, oh! Wenn mal ein Psychologe das Buch in die Hand kriegt! Die Träume, was der da wohl alles rausfindet», sagt er.
Ja was?

Eben höre ich die Siebente von Bruckner, den wunderbaren Anfang kann ich sehr gut pfeifen. Ich kann das Thema *jederzeit* pfeifen. So wie in Dresden, wo ich einen Hornisten kennenlernte und ihm sofort ein Thema aus Mozarts Hornkonzert darbot. Vorsicht: Ohrwurm, der garantiert tagelang vorhält.

Gegen Abend geriet ich wieder ins Arbeiten. Sah auch fern, Rückblick auf diese unglaublichen Ceauçescu-Sachen. Seine Persianermütze. Sehr einprägsam auch das Hin- und Hergehusche der Geheimdienstleute hinter seinem Rücken, als er da noch immer redete, die hatten es schon mitgekriegt, daß was im Busche ist.

Die Zeit der guten alten drei Programme.

Wir aßen heute Kartoffelbrei mit gedünstetem Chicorée, hinterher einen Apfel.

Der Chicorée beruht auf einem Irrtum. Er darf keinem Licht ausgesetzt werden. Hier in Deutschland liegt er neben Porree und Schwarzwurzeln offen aus. Schmeckt natürlich nicht. Die Italiener müssen sich ja krank lachen, wenn sie das sehen.

Gestern Nudelauflauf und Salzgurke. Griespudding mit Johannisbeersirup. Hildegard hatte ihn uns zu Ehren in eine alte Puddingform gefüllt. Da gab es ein behagliches Lachen, aber um die Trauben stritten wir uns nicht.

Post: Bittel bedankt sich für das Marzipan, das wir ihm geschickt haben, Königsberger Marzipan in einem Kistchen. Er geht ökonomisch damit um, schreibt er, und das falle ihm nicht leicht. Er ist vom Bodensee. Ob er weiß, wo Königsberg liegt? Ich bin anno domini 1936 im «Blutgericht» auf dem Parkett mit Filzpantoffeln Schlittschuh gelaufen. Der Kreuzer «Leipzig» lag grade im Hafen. Der hat, glaube ich, bis zuletzt überlebt? In der Nacht noch etwas im Schopenhauer über Selbstmord gelesen. Man möchte sich gern entfernen, aber nach einer halben Stunde hat man's vergessen.

Nartum   Fr 28. Dezember 1990, stürmisch/Regen

Wann i Küenink wärd, dann iätt ick bloß nao
Pannkoenrändkes. (Münsterland)

Ich wachte heute früh auf und hatte einen Zahnsplitter auf der
Zunge. Sah, daß ein Stück Zahn abgesplittert ... Ich fuhr nach
Bremen zum Arzt, der ein großes Loch feststellte, «papier-
dünne Pulpe über dem Nerv», wie er sich ausdrückte. Auch
noch ein weiteres Loch fand er. Ich lag, von den beiden Spritzen sanft betäubt, im Sessel und schlummerte fast.
Nun frage ich mich, wieso hat er das Loch nicht schon längst
entdeckt? Ich gehe doch regelmäßig zu ihm? Und: was hätte
das für Schmerzen gegeben!!
Langer Mittagsschlaf, der den Betäubungsspritzen zu danken
war, dann einiges am «Echolot», das ich nun im Stich lassen muß
zugunsten von «Mark und Bein». Morgen werde ich noch etwas daran tun. Ernst Jünger schildert den geglückten Rückzug
der Kaukasus-Armee, ein rechtes Bubenstück, niemand spricht
mehr davon.
Zu Abend geschmorte Gurken, Kartoffeln und eine Scheibe
Rind im eigenen Saft (Bundeswehr). Schöne Äpfel.

TV: In der Rundfunkzeitung zählte ich die amerikanischen Filme zusammen, die sie allein heute senden: es sind fast sechzig
Stück. Nachrichten: nichts Neues, gottlob, denn das Alte ist
schlimm genug. Nahost: Zähnefletschen. SU: Konfusionen und
Katastrophen.
Innenpolitik, das übliche Gezerre. SPD hält das Maul, die müssen erst mal über ihre Dummheiten Gras wachsen lassen. Die
anfänglichen Selbstgefälligkeiten der CDU weichen einer be-
klommenen Bangigkeit.
Vom Osten drohen Einwanderungswellen. Schäuble sprach von
Lagern, die man möglicherweise einrichten müsse.
Heute ist ein Konvoi von vierundfünfzig LKW mit Lebens-
mitteln in die SU abgefertigt worden. Daß die Russen sich nicht

412

schämen, das anzunehmen! So ein riesiges Land, und kann seine Bewohner nicht ernähren. Studenten in Berlin protestieren aus für mich unverständlichen Gründen gegen irgendwas.

Schneeweiß rief an, wir sprachen über die Verfilmung von «Hundstage». Er war wegen des Drehbuchs bei Frau Pröhl. Er habe sich hinterher auf beide Schultern geschlagen, so gut sei er gewesen. Kuchen hat er ihr mitgebracht. Ich habe ihn zu Sylvester eingeladen. Er soll seinen Drehbuchentwurf mal vorlesen. In der Nacht noch Fotos sortiert. Der Wind stöhnt in den Ritzen unseres Hauses. Robert liest Thomas Mann.

Ein Musikpädagoge aus Eisenhüttenstadt schreibt mir allerhand über Orgeln: «Es gibt nichts Schöneres als ‹Somewhere Out There› aus ‹Feivel, der Mauswanderer›, ‹Somewhere Over the Rainbow› aus dem ‹Zauberer von Oz› oder ‹Someday My Prince Will Come› aus Disneys ‹Schneewittchen›».

Nartum   Sa 29. Dezember 1990, Regen

Bawen Gley unner 'twei. (Lübeck)

In die Schlagzeilen geraten? Ein bißchen kann nicht schaden. Hildegard ist ausgeflogen. Bin allein. Füße hochgelegt und alten Söhnker-Film angesehen: «Ein Mann mit Grundsätzen» – Hamburg.

Laß dein Herz bei mir zurück,
laß mir meinen Traum vom Glück,
denn dann bin ich, wenn du fortgehst,
nie mehr so allein ...

413

Das Lieschen wollte in der Nacht nicht hinaus, ich mußte sie tragen, sie ist die schlaueste von den dreien. Sie alle gehorchen mir nicht im geringsten. Sie nehmen mich nicht für voll. Und das schönste: das stört mich nicht, ganz im Gegenteil. So ähnlich erging es mir in der Lehrerzeit auch. Ich hasse es, autoritär zu sein. Vielleicht, weil mir das lächerlich vorkommt?

Nartum So 30. Dezember 1990, klar

D' Schulden und 's Wort Gottes bleibn ewig! (Bayern)

Die «Financial Times» hat Kohl zum Mann des Jahres erkoren. Die Wiedervereinigung habe er genial hingekriegt. Vorher sei er ein politischer Stümper gewesen.
Großes Lamento drüben. Es ginge ihnen jetzt überhaupt nicht besser als früher! Daß sie aber zum Teufel gegangen wären, daran denken sie nicht. Daß es ihnen also noch viel schlechter ergangen wäre. Geduld ist nicht ihre Sache. Schlechtes Gedächtnis und Ungeduld, das ist es, was sie auszeichnet.
Sie machen sich über die alerten Mittvierziger aus dem Westen lustig, die drüben jetzt überall herumwieseln, mit Aktenkoffer und so weiter. Ja, wer soll's denn sonst machen? Gott, was haben wir schon für Unsinn über uns ergehen lassen! Sollen wir ein Planungsamt für Wiederaufbau errichten?

TV: Jahresrückblicke. Nun wird nochmals wiedergekäut, was wir doch alle erlebt haben und nicht vergessen werden. Durch die Wiederholungen verhindert man das Kristallisieren und löst die Substanzen auf in einer Lauge aus Geschwätz.
Das Feuerwerk, der gutgelaunte Kanzler, Modrow, der geschickte Aktenvernichter. Die nicht applaudierende SED. Die 150 000 in Leipzig.
Saddam Hussein will gegen die ganze Welt Krieg machen, hat er gesagt, überall stünden Terrorgruppen bereit.

Renate hat gesagt, sie würde wahrscheinlich nie wieder einen solchen Menschen wie mich kennenlernen. So ist es. Aber sie hat mich ja noch?

Stereotype Frage: «Waren Sie schon mal wieder in Rostock?» Ja, ich habe im Güstrower Dom einen Schrubber hinter dem Altar gesehen, ich habe die Rapsfelder durchs geschlossene Autofenster «gesoffen», ich habe in Rostock am Brunnen der Lebensfreude gesessen und den Kindern zugesehen, wie sie auf den Figuren herumrutschten. Es ist, als ob man den lange gesperrten Seitenflügel eines Schlosses zum ersten Mal wieder betritt, die Fenster stehen offen, verstaubte Teppiche, zerbrochene Stühle liegen herum, nun wird es Zeit, daß die Handwerker kommen.

In der Neujahrspost der Brief einer Archivbenutzerin, die uns einen guten Rutsch wünscht, «hoffentlich ohne Golfkrieg!»
Kersten schreibt, daß er jetzt die Akte über das Großprojekt – die «Stiftung Literaturzentrum Haus Kreienhoop» – schließt. Sein erstes Schreiben in dieser Sache datiert vom Mai 1986. Er signalisiert in einem Nachsatz, daß er eine erhebliche Rechnung schicken wird. Das Ganze wäre also eine In-den-Sand-Setzung erster Klasse.
Wie sagt man heutzutage: «Vergisses».

Nartum   Mo 31. Dezember 1990, Altjahrsabend

An jeden Silvester muß mer Haring asse,
Da bleibt mersch ganze Jahr bei Kasse. (Thüringen)

Schon am Nachmittag das vorzeitige Knallen der Sylvester-Raketen. Robert regte sich darüber auf.

Ich hörte mir Swing-Platten an. «Von acht bis um acht», «Ja und nein, das kann dasselbe sein ...», «Mich hat noch nie ein Mädel angelacht ...» und anderes. Ich saß hinten, alles dunkel.

Heimat, theure Heimat, dir nur allein
Gilt all mein Sehnen, all mein Sein ...

Das muß ich nun im Imperfekt singen. Rostock und Bautzen ziehen nicht mehr, ich hab' das aus-gedacht.
Aber – es ist noch nicht vorbei, da ist noch anderes, das wird durch die Swing-Platten aufgerührt. «Ich sehne mich nach irgend etwas ...» Die Swing-Boys in Warnemünde, das Abschiedswinken des Vaters. Ist denn nur das Heimat, was bereits «drüben» liegt?

Eine Frage bewegt mich in dieser Nacht: Wer war der Wieser-Denunziant?
Es war eine Frau?
Warum hat sie das getan?
Und: wer hatte etwas davon?

In den Fünfzigern stellten wir zu Sylvester Kerzen ins Fenster, zum Gedenken an unsere Brüder und Schwestern. Jetzt sollte man den Brauch wieder aufnehmen, aber zur Erinnerung an das Leid, das sie drüben ertrugen.

Heimat können wir abhaken. Geblieben ist das Heimweh.

Quellen- und Bildnachweis

S. 184: Witold Gombrowicz, *Gesammelte Werke (Band sechs bis acht) – Tagebuch* hrsg. von Rolf Fieguth und Fritz Arnold. Aus dem Polnischen von Olaf Kühl. © 1988 Carl Hanser Verlag, München Wien.

S. 196: Ulrich Dibelius (Hrg.), *Herausforderung Schönberg – Was die Musik des Jahrhunderts veränderte.* © 1974 Carl Hanser Verlag, München Wien

S. 268f.: Johannes Bobrowski, *Gesammelte Werke in sechs Bänden. Erster Band: Die Gedichte.* © 1998 Deutsche Verlag-Anstalt, München, Verlagsgruppe Random House GmbH.

Der Verlag konnte leider nicht alle Rechte an den zitierten Texten ermitteln und bittet darum, bestehende Ansprüche mitzuteilen.

Alle Fotografien stammen aus dem Kempowski Archiv, Nartum. Der Großteil der Bilder wurde vom Autor während seiner Rostock-Besuche im Jahr 1990 aufgenommen.

Register

Hildegard Kempowski wurde nicht aufgenommen, da sie im Tagebuch
sehr häufig erwähnt ist. Orte wurden nur erfaßt, wenn sie besucht und
beschrieben wurden.

Abusch, Alexander 334
Achternbusch, Herbert 319
Adenauer, Konrad 47f.
Adorno, Theodor W. 51
Afanasjew, Jurij 173f.
Albertz, Heinrich 266
Albrecht, Susanne 214ff., 221,
   224
Altenstadt 339
Altmann, Rüdiger 95
Amery, Carl 200, 318
Amsterdam 208ff.
Andersch, Alfred 121, 269
Andrieux, Roger 45
Arafat, Jasir 318
Arnold, Heinz Ludwig (Lutz)
   200f., 386
Assisi, Franz von 336
Auerberg 336f.

Baader, Andreas 215
Babel, Isaak 167
Bachmeier, Marianne 349f.
Bad Bevensen 100
Bad Doberan 397
Bad Kleinen 279
Bad Kreuznach 292, 295
Bahr, Egon 116
Balzer, Thuro 233
Bardot, Brigitte 350

Barlach, Ernst 388
Baruch, Bernard Mannes 235
Baselitz, Georg 240f.
Basilius, Pater 117
Baudelaire, Charles 48, 360
Baumann, Hans 337
Bautzen 158ff.
Becher, Johannes R. 143, 328, 334,
   338
Becker, Jurek 177
Beethoven, Ludwig van 109, 123,
   183, 197, 314, 388, 392
Benda, Ernst 95
Benjamin, Walter 51
Benn, Gottfried 131
Berendt, Joachim-Ernst 11
Berger, Jörg 229
Bergsdorf, Wolfgang 83f.
Berlin 374ff., 386f.
Bernhard, Thomas 104
Bernstein, Leonard 197, 329
Bichsel, Peter 53
Bienek, Horst 54, 202, 331, 396
Biermann, Wolf 252, 264, 266,
   295, 319, 364
Birthler Marianne 297
Bissinger, Manfred 309
Bittel, Karl Heinz 157, 169, 225f.,
   234f., 247, 285, 304f., 352, 367,
   411

421

Blüm, Norbert 88
Bobrowski, Johannes 268f., 323
Bohley, Bärbel 274
Bohm, Hark 54, 112, 116, 157, 358
Böhme, Erich 304
Böhme, Ibrahim 172
Boldt, Gerhard 183
Böll, Heinrich 65, 131, 167f., 184, 377
Bölling, Klaus 116
Bonn 83, 88, 112ff.
Boock, Peter-Jürgen 224
Borchert, Jürgen 192
Bracher, Karl Dietrich 317
Brahms, Johannes 26, 400
Brando, Marlon 175
Brandstätter, Christian 318
Brandt, Willy 116, 124, 138, 152, 313, 357, 391
Braun, Volker 131, 133, 186
Brecht, Bertolt 34, 253, 348
Brecht, Hans 157
Bredel, Willi 18, 409
Breit, Ernst 88
Breitscheid, Rudolf 247
Breker, Arno 337
Bremen 89, 104, 171
Bremervörde 196
Brendel, Alfred 151
Breslau (Jahr 1943) 291
Brilon 359, 365
Brinckman, John 10, 36f., 402
Bronnen, Arnolt 134
Bruckner, Anton 26, 358, 362, 411
Brün, Herbert 196
Bruyn, Günter de 286, 320, 392
Bub, Dieter 308
Bucerius, Gerd 306
Buch, Hans Christoph 53

Büchner, Matthias 301
Buñuel, Luis 233
Burmeister, Brigitte 287
Busch, Ernst 33f.
Busch, Wilhelm 9
Bush, George 263, 314, 347

Capote, Truman 219
Carrell, Rudi 357
Ceauçescu, Nicolae 53, 411
Chabrol, Claude 172, 233
Chandler, Raymond 409f.
Chaplin, Charles 24
Chevènement, Jean-Pierre 149
Clapton, Eric 99
Cohn-Bendit, Daniel 214
Collasius, Hans 291
Collasius, Wilhelm 28, 93, 128, 274, 290
Cordes, Eckart 373
Cramer, Heinz von 269

Damiano, Carla 300, 307, 354
Danella, Utta 318
Däniken, Erich von 318
Daume, Willi 316
Debussy, Claude 351
Dedecius, Karl 326
Delius, Friedrich Christian 388
Delp S. J., Alfred 365
Demski, Eva 181
Denk, Friedrich 270, 322, 324, 326, 328, 331f., 338f., 344
Dessau 377
Deuter, Jörg 157
Dick und Doof 17
Dierhagen 275
Dierkow 402
Dierks, Manfred 54, 155, 157, 256, 350
Dietzel, Ulrich 374

Disney, Walt 58, 413
Dixon, Reginald 298
Döblin, Alfred 175
Dohnanyi, Klaus von 134
Dönhoff, Marion Gräfin 242
Doré, Gustave 29
Dorst, Tankred 202, 344
Dregger, Alfred 213 f.
Dresden 382 f., 386, 388
Drews, Jörg 307, 407
Dutschke, Rudi 214
Duve, Freimut 309
Duyns, Cherry 80, 106 f., 110,
    138 f., 153, 160 ff., 164, 166,
    174, 204, 208 f., 228, 282,
    354 f.
Ebert, Wolfgang 139
Einhorn, Werinhard 197 f.
Eisenach 322 f.
Elsner, Gisela 269
Emmerich, Klaus 146
Engelmann, Bernt 287
Engholm, Björn 404
Ensslin, Gudrun 311
Enzensberger, Hans Magnus
    202
Eppelmann, Rainer 221, 304
Erenz, Benedikt 210, 353
Erhard, Ludwig 240
Erpf, Hans 262
Eschenburg, Hartwig 223
Essen 258, 357–362
Ettal 332

Fallersleben, Hoffmann von 299
Fechner, Eberhard 29, 54, 63, 125,
    135, 146, 160, 178, 189, 244,
    279, 288, 309, 314, 368, 385,
    407
Feddersen, Helga 371

Fendel, Rosemarie 343
Fest, Joachim 386
Feuchtwanger, Lion 409
Fichte, Hubert 53, 331
Filip, Ota 202
Fischer-Fabian, Siegfried 45
Fitzgerald, Ella 11
Flaubert, Gustave 198
Flensburg 129 f.
Frank, Anne 155, 248
Frankfurt 294, 318 f., 348 ff.
Franzen, Günter 366
Freisler, Roland 307, 398
Freud, Sigmund 168
Friedrich Franz IV., Großherzog
    von Mecklenburg 247
Friedrich, Caspar David 278, 332,
    362
Friedrichs, Hanns Joachim 54,
    372 f.
Friedrichsen, Gisela 318
Friesel, Uwe 130
Frisch, Max 168
Fritsch, Willy 246
Fürnberg, Louis 242, 334

Gaddafi, Muammar al 152 f.
Gadebusch 392 f.
Ganghofer, Ludwig 331
Garbo, Greta 366
Gauck, Joachim 42
Gaus, Günter 116, 251, 262 f., 308,
    336, 351
Geibel, Emanuel 236
Geißler, Heiner 303
Gelnhausen 293 f.
Genscher, Hans-Dietrich 114,
    145, 363, 390
Gerlach, Jens 23
Gerstenmaier, Eugen 178, 351
Goebbels, Joseph 189, 217

423

Goethe, Johann Wolfgang v. 219,
286, 327f., 360, 368, 406f.
Gogh, Vincent van 362
Gogolin, Peter 157
Gombrowicz, Witold 184
Gonella, Nat 11, 193
Gorbatschow, Michail 53, 86, 95,
97f., 101, 103f., 143, 148, 152,
242, 268, 294, 314, 353f.
Göring, Hermann 394
Gorki, Maxim 408
Görtz, Franz Joseph 169
Gosselck, Johannes 25
Göttingen 206, 321f.
Graal 193f.
Graf, Stefanie 134
Grass, Günter 85, 103, 131f.,
183f., 240, 268f., 357, 377,
387
Greifswald 278f.
Greiz 326
Grevesmühlen 63f.
Grieg, Edvard 65
Grimm, Jacob und Wilhelm 58f.
Grimmelshausen, Hans Jacob
Christoph von 293
Gross, Johannes 85
Grosschopff, Carl 36f., 279
Grosser, Alfred 237
Grün, Max von der 270, 386ff.
Guevara Serna, Ernesto
(Che Guevara) 71
Guida, Friedrich 355
Güstrow 279, 415
Gutenberg, Johannes 215
Gutzkow, Karl 168
Gysi, Gregor 172, 216, 237,
404

Hacks, Peter 286
Hage, Volker 57

Hager, Kurt 86, 227, 345
Hahn, Ulla 157, 270
Hals, Frans 53
Hamburg 179, 222, 266, 290
(Jahr 1943), 306, 352
Hammen, Ernst 292
Handke, Peter 179f., 328, 377
Hannover 259ff.
Hans-Adam II., Fürst von Liech-
tenstein 256
Harich, Wolfgang 308
Harig, Pastor 261f.
Härtling, Peter 177, 286
Harvey, Lilian 246
Hauptmann, Gerhart 112,
238
Hauser, Jochen 227, 265, 300
Haydn, Joseph 256
Hearn, Lafcadio 29
Heimpel, Hermann 136
Heine, Heinrich 193
Heino 95
Heinritz, Charlotte 299
Henscheid, Eckhard 319
Henze, Hans Werner 23, 196f.
Herburger, Günter 53, 58, 286
Herles, Helmut 391
Hermlin, Stephan 319, 328, 334,
338, 353, 374
Herzfelde, Wieland 338
Herzog, Werner 15
Heß, Rudolf 244
Hesse, Hermann 383
Heuss, Theodor 248, 338
Heym, Stefan 53, 131, 138, 140,
169, 220, 320, 351, 373
Hiddenhausen 355f.
Hindenburg, Paul von 394
Hirche, Walter 269
Hitler, Adolf 8, 16, 49, 83, 149,
183, 233, 239, 252, 257, 258f.,

263, 288, 301, 303, 306f., 318,
325, 328, 330, 338, 355, 377
Hochhuth, Walter 235
Hodler, Ferdinand 362
Hoffmann, Angela 206
Hoffmann, Heinz 118
Hölderlin, Friedrich 15
Holzhausen, Paul 220
Honecker, Erich 8, 227, 276, 302,
345, 351, 353, 364, 394
Höpcke, Klaus 252, 266
Horváth, Ödön von 337
Huber, Lotti 372
Hugo, Victor 181
Hundertwasser, Friedensreich 153

Immenstadt 168f.
Irving, David 214

Jahnn, Hans Henny 53
Jakobs, Theodor 102, 233
Jandl, Ernst 139
Janssen, Gertrud 198
Jaruzelski, Wojciech 299
Jasmund 275
Jelzin, Boris 221
Jens, Inge 83
Jens, Walter 220, 222, 237, 251,
351, 374
Jessen, Jens 253
Johannes, Apostel 187
Johnson, Lyndon B. 312
Johnson, Uwe 33, 103, 129, 183,
265, 279, 303, 377
Jörgens, Franz Ludwig 328
Juist 250
Jung, Carl Gustav 168
Jünger, Ernst 259, 412

Kafka, Franz 124, 168, 347
Kagel, Mauricio 183

Kaiser, Joachim 306
Kandinsky, Wassily 337
Kant, Hermann 130f., 263, 335f.
Kantorowicz, Alfred 155, 328,
334f., 338
Karasek, Hellmuth 49, 56, 66, 84,
306, 343
Kardorff, Ursula von 155
Kaschnitz, Marie Luise 51f., 80,
137, 141, 148
Kassenberg, Andrzej 398
Kaufbeuren 330f.
Kayser, Wolfgang 96
Keele, Alan 111, 209
Keller, Gottfried 404
Kellermann, Bernhard 346
Kempowski, Anna 15, 24
Kempowski, Friedrich Wilhelm
47, 194
Kempowski, Karl-Friedrich (KF)
91f., 103, 279, 345, 350, 369,
375f., 391, 405
Kempowski, Karl-Georg 15, 19,
24, 26f., 29f., 47, 67, 73, 92,
111, 168, 187, 193f., 247, 279,
284, 291, 360, 366, 416
Kempowski, Margarete 14, 18f.,
24, 26–29, 32, 36, 128, 133,
152, 172, 193, 245, 251, 291f.,
297, 336, 360, 385, 393, 408
Kempowski, Renate 116, 177f.,
182, 220, 396, 405f., 415
Kempowski, Robert 9–13, 20ff.,
57, 91, 164, 167, 181, 225, 241,
251, 291, 360, 386, 405, 410f.,
413, 415
Kempowski, Robert William
15, 17, 24, 35, 40, 74, 92, 193,
243
Kempowski, Ursula 91f., 290
Kerr, Alfred 234

425

Kerschensteiner, Georg 207
Kersten, Joachim 415
Kersten, Paul 318, 390
Kesting, Hanjo 371
Kiel 373
Kiesinger, Kurt Georg 9
Kirchhoff, Bodo 319
Kirsch, Rainer 232
Kirsch, Sarah 252, 309, 374
Kishon, Ephraim 270
Klausener, Erich 247
Klee, Paul 261
Kleßmann, Eckart 54, 400
Klier, Freya 267
Kloss, Erich 124
Kluge, Alexander 347
Knaus, Albrecht 50, 91, 202, 207
Knaußt, Harald 164
Knobloch, Heinz 266
Kobell, Franz von 329
Koblischka, Hanne 186, 288
Koeppen, Bundestagsabgeordnete 104
Koeppen, Wolfgang 202, 215, 320
Kohl, Helmut 41, 82, 101, 103 f., 109, 120, 122, 127, 133, 137, 145, 166, 231, 239, 242, 250 f., 289, 313, 331, 353 f., 390, 404 f., 414
Kohout, Pavel 318, 352, 399 f.
Kolbe, Uwe 287
Köln 121, 353
Kolumbus, Christoph 215
Königsberg (Jahr 1936) 411
Konsalik, Heinz G. 377
Konzelmann, Gerhard 372
Kopelew, Lew 298
Kranz, Erich 317, 325
Krawczyk, Stefan 267
Krenz, Egon 87, 328

Kritzmow 15
Krogoll, Johannes 54
Kronauer, Brigitte 354
Krüger, Hardy 371
Krüger, Michael 124, 202 f., 318 f.
Krusche, Günter 64
Kubrick, Stanley 67, 233
Kuby, Erich 355
Kühn, Dieter 181
Kunert, Günter 177, 252, 266, 286, 320, 374
Kunze, Reiner 263, 328

Laederach, Jürg 308
Lafontaine, Oskar 43, 158, 187, 210 f., 222, 225 f., 289, 294, 304, 345, 364, 367, 389 ff., 404
Lage, Klaus 316
Lahl, Fritz 78, 192, 401
Lang, Ernst Maria 317
Lang, Fritz 350
Langen, Klaus Einar 131
Langhoff, Wolfgang 334
Laotse 42, 141
Larsson, Carl 151
Leander, Zarah 8, 15, 30
Lebbin 279
Lechbruck 329 ff.
Lehmann, Wilhelm 232
Leipzig 377 ff.
Lenin, Wladimir Iljitsch 41, 108, 143, 145, 210
Lenz, Hermann 202
Lenz, Siegfried 91, 99 f., 373, 377
Lenzen, Verena 270
Leopold I. von Anhalt-Dessau 55
Lessing, Doris 345
Lieffen, Karl 30, 111, 265, 360

Lobkowicz, Nikolaus 265
Loest, Erich 167f., 217, 349, 372,
    374
Loewe, Lothar 318
Lorenz, Adolf Friedrich 249
Louis Ferdinand, Prinz von
    Preußen 242
Ludwig, Volker 175
Luft, Christa 97
Luschew, Pjotr 304
Luxemburg, Rosa 175

Mahler, Gustav 330
Maizière, Lothar de 201, 204, 313,
    318, 403f.
Malchow 279
Mann, Erika 138, 338
Mann, Familie 40, 72
Mann, Heinrich 334
Mann, Klaus 183
Mann, Michael 50
Mann, Thomas 15, 50f., 60, 137f.,
    183, 209, 285, 327, 331, 390,
    400, 408, 410, 413
Mao Tse-tung 144
Marc, Franz 260
Maron, Monika 319
Martens, Christian von 227,
    229
Marti, Kurt 155
Märtin, Hans 403
Marx Brothers 303
Marx, Karl 114
Maser, Werner 318
Mattheuer, Wolfgang 85
Matthies, Frank-Wolf 286
Mauz, Gerhard 318
Mayer, Hans 140
Mayröcker, Friederike 319f.
McCarthy, Joseph 227
Mechtel, Angelika 266f.

Meckel, Christoph 286f.
Meckel, Markus 82, 95
Meichsner, Dieter 262
Meinhof, Ulrike 215
Meinrad, Hl. 80
Mende, Erich 116f., 351
Menge, Marlies 83
Mensak, Alfred 139
Menzel, Adolph von 362
Messner, Reinhold 319
Meysel, Inge 265
Michelangelo 141
Mielke, Erich 227, 253, 306,
    328
Mittag, Günter 227
Mitterrand, François 140, 314
Modick, Klaus 157
Modrow, Hans 54, 62, 93, 95, 98,
    104, 143, 251, 404, 414
Mohn, Reinhard 122
Momper, Walter 175, 315, 364
Mondrian, Piet 362
Morgenstern, Christian 112,
    198
Mörike, Eduard 154
Mozart, Wolfgang Amadeus 61,
    121, 411
Müller, Heiner 252f., 320, 351,
    353
München 169, 185f., 202f.,
    343f.
Münter, Gabriele 337
Murnau 337
Muschg, Adolf 236f., 374
Musil, Robert 256

Nahmmacher, Detlev 164, 400
Nansen, Odd 155f.
Napoleon 149, 203, 215, 217
Nehring, Alfried 157, 227, 271,
    300, 368, 369

Neteler, Simone 44, 62, 67, 70f.,
76f., 79, 105, 110, 150, 153, 157,
174, 176, 225, 241, 244f., 252,
256, 259, 261, 266, 269f., 299,
307, 312, 314, 316f., 319,
391–394, 403
Neuhaus (Dierhagen) 93, 274,
276f.
Neusel, Hans 251
Nikolaus II. Alexandrowitsch,
Zar von Rußland 392
Nipperdey, Thomas 265
Nonnenmacher, Günther 222
Norderney 228
Novalis 168, 354

Oertzen, Peter v. 204
Ophüls, Max 353
Ortheil, Hanns-Josef 320

Paeschke, Olaf 48f., 146, 202, 288,
352, 399f., 406
Pankraz (d. i. Günter Zehm) 303
Parnass, Peggy 349
Paulus, Friedrich 291
Pavese, Cesare 270
Pepping, Ernst 368
Peterson, Oscar 13f., 354
Peymann, Claus 311
Picker, Henry 307
Pink Floyd 246
Pistor, Gunther 233
Piwitt, Hermann Peter 53
Plenzdorf, Ulrich 304, 311
Plessen, Elisabeth 287
Pogge, Paul 18
Pol Pot 113
Poncet, François 114
Porto, Erich 214
Prerow 274
Proost, Christoph 300

Pröhl, Gertrud 109, 111, 369, 399,
413
Proust, Marcel 328
Pulver, Liselotte 372

Rachhuth, Bernd 54, 157
Raddatz, Fritz J. 54, 285, 298, 336
Radisch, Iris 354
Ranke-Heinemann, Uta 80
Rathenow, Lutz 262
Rau, Johannes 95
Ravel, Maurice 351
Reagan, Ronald 86f.
Reck-Malleczewen, Friedrich
Percyval 155
Redlich, Marie 291
Reich, Jens 295ff.
Reich-Ranicki, Marcel 382
Reinders, Uwe 312
Reinhold, Ursula 21f.
Remarque, Erich Maria 189
Reuter, Fritz 206, 402
Rezzori, Gregor von 348ff.
Rheine 298
Richter, Hans 290
Richter, Hans Werner 183, 268
Richter, Rotraud 290
Richter, Swjatoslaw 355
Rilke, Rainer Maria 123, 248
Rinser, Luise 154
Röhl, Bettina 157
Röhl, Klaus-Rainer 157
Rohmer, Eric 142
Roos, Heinrich von 215, 217f.
Rosendorfer, Herbert 202, 270
Rossini, Gioacchino 314
Rostock 15ff., 60ff., 91ff., 190ff.,
272, 274, 278, 281, 392ff., 397,
401ff., 408f.
Roth, Gerhard 257, 320
Rother, Ilse 99

Rövershagen 19
Rügen 275 ff.
Rühmann, Heinz 357
Rühmkorf, Peter 200 f., 319
Runge, Doris 157
Runge, Erika 270

Saddam Hussein 318, 358, 391,
    414
Sahl, Hans 336
Sandrock, Adele 65
Sarraute, Nathalie 137
Satow 15
Scarlatti, Alessandro 314, 365
Schabowski, Günter 353
Schacht, Ulrich 374
Schädlich, Hans Joachim 200, 267
Schalck-Golodkowski, Alexander
    169, 351
Scharlau, Winfried 124
Schäuble, Wolfgang 331, 412
Schaumann, Ruth 19
Scheel, Walter 317
Schewardnadse, Eduard 294, 404
Schickert, Tanja 50
Schiller, Friedrich 327
Schiller, Karl 351, 353
Schinkel, Karl Friedrich 276
Schleyer, Hanns-Martin 216
Schlotterer, Christoph 49
Schlutup 63
Schmid, Carlo 248
Schmidt, Arno 121, 233
Schmidt, Helmut 104, 109, 201,
    289, 346 f.
Schmitz, Sybille 209
Schmückle, Gerd 118
Schneeweiß, Karol 235, 244, 253,
    345, 369, 413
Schneider, Peter 287
Schneider, Rolf 305

Schnitzler, Karl-Eduard von 45 f.
Schnur, Wolfgang 142 f., 150 ff.
Schoeps, Julius H. 318
Scholl, Hans 300
Scholl, Sophie 300
Scholz, Hans 348
Schönberg, Arnold 196
Schöne, Albrecht 96
Schopenhauer, Arthur 411
Schostakowitsch, Dimitri 107
Schröder, Gerhard 204, 222, 225 f.,
    381
Schröter, Klaus 174
Schubert, Franz 84, 144
Schubert, Helga 285
Schüller, Heidi 45
Schumann, Robert 356
Schütt, Peter 221
Schütz, Helga 286
Schütz, Klaus 351
Schwarze, Hans Werner 232
Schwerin 201
Schwerte 365 f.
Schwilk, Heimo 83
Schwitters, Kurt 51
Seeckt, Hans von 134
Seeg 338
Seghers, Anna 328, 334
Seibt, Gustav 398 f.
Seidel, Ina 306
Seippel, Edda 360
Seydlitz-Kurzbach, Walther von
    291
Shakespeare, William 141, 168
Sichtermann, Barbara 385
Siedler, Wolf Jobst 227
Simone *siehe* Neteler, Simone
Simmel, Johannes Mario 372, 377
Sindermann, Horst 86, 196
Sinding, Christian 135
Söhnker, Hans 413

Sohn-Rethel, Alfred 187
Sontag, Susan 94
Sontheimer, Kurt 214
Sophia 206 f.
Speer, Albert 155, 244
Spiel, Hilde 381 f.
Stalin, Josef 41, 252, 328, 378
Starkmann, Alfred 101
Steffens, Henrich 236
Stein, Charlotte von 328
Stern, Carola 267
Sternburg, Wilhelm v. 123
Stettin (Jahr 1943) 291
Stiller, Klaus 318
Stobbeby, Niels 318
Stockhausen, Karlheinz 314
Stoph, Willi 120
Storm, Theodor 240
Stralsund 275 f., 278
Strauß, Botho 366
Strauven, Michael 407
Striebeck, Peter 357
Strittmatter, Erwin 37
Süskind, Patrick 315
Süskind, Wilhelm Emanuel
    138
Süssmuth, Rita 328
Syberberg, Hans-Jürgen 87, 94,
    183, 288 ff.

Teltschik, Horst 242
Thälmann, Ernst 165, 247
Theophrastus von Hohenheim
    (Paracelsus) 359
Thierse, Wolfgang 396 f.
Timm, Dramaturgin 109, 111
Timm, Regisseur 189
Tisch, Harry 88, 120
Tschirch, Werner 48, 52, 233
Tucholsky, Kurt 155
Turrini, Peter 257

Ulbricht, Walter 227, 308,
    338
Unseld, Siegfried 204
Uphoff, Nicole 134

Vesper, Guntram 386
Viett, Inge 221
Vivaldi, Antonio 392
Voerde 358
Vogel, Hans-Jochen 114
Völlger, Winfried 287
Voscherau, Henning 248

Wackernagel, Christof 157
Wagner, Richard 121, 410
Walden, Matthias 214
Wallraff, Günter 319
Walser, Martin 131, 315, 319
Walter, «Charly» 164, 296
Walther, «Niki» 164
Wandel, Paul 308, 334
Wapnewski, Peter 59
Warneke, Lothar 368
Warnemünde 271 ff., 393 f.
Weber, Dietrich 82
Weber, Waldemar 262
Wecker, Konstantin 396
Wedekind, Frank 238
Wedel 386 ff.
Wehner, Herbert 307
Weidenmann, Alfred 371
Weilheim 338 f.
Weimar 314, 316 ff., 322 ff.,
    327 f.
Weinert, Erich 378
Weinheim 285
Weizsäcker, Richard von 313 f.
Welk, Ehm 397
Wellershoff, Dieter 177, 181
Welles, Orson 95
Wendhof 279

430

Wewel, Günther 95
Wickert, Ulrich 55
Wieben, Wilhelm 201 f.
Wiechert, Ernst 29
Wies 333
Wiesenthal, Simon 242
Wieser, Harald 48 ff., 54, 56, 58,
  66, 80, 99, 116, 128, 156, 206,
  235, 343, 373, 416
Wilson, Teddy 11
Wismar 12
Wohmann, Gabriele 181, 270
Wolf, Christa 53, 220, 228, 240,
  306, 319, 328

Wolf, Markus 119, 239, 262 f., 351,
  353
Wolter, Pastor 78
Wössner, Mark 406
Wuppertal 82

Zehm, Günter 303
Zeidler, Frithjof 399
Zielinski, Adam 262
Zille, Heinrich 136
Zimmermann, Friedrich 120
Zittau 165 f.
Zobten (Jahr 1943) 291
Zweig, Arnold 334